“十二五”江苏省高等学校重点教材

经济应用数学

（第二版）

主编　姬天富　骆汝九

苏州大学出版社

图书在版编目(CIP)数据

经济应用数学 / 姬天富,骆汝九主编. —2 版. —苏州:苏州大学出版社, 2016.6(2024.8 重印)
"十二五"江苏省高等学校重点教材
ISBN 978-7-5672-1786-7

Ⅰ.①经… Ⅱ.①姬…②骆… Ⅲ.①经济数学-高等职业教育-教材 Ⅳ.①F224.0

中国版本图书馆 CIP 数据核字(2016)第 171177 号

经济应用数学(第二版)
姬天富 骆汝九 主编
责任编辑 征 慧

苏州大学出版社出版发行
(地址:苏州市十梓街 1 号 邮编:215006)
广东虎彩云印刷有限公司印装
(地址:东莞市虎门镇黄村社区厚虎路 20 号 C 幢一楼 邮编:523898)

开本 787mm×1092mm 1/16 印张 20 字数 499 千
2016 年 6 月第 1 版 2024 年 8 月第 6 次印刷
ISBN 978-7-5672-1786-7 定价:49.00 元

苏州大学版图书若有印装错误,本社负责调换
苏州大学出版社营销部 电话:0512-67481020
苏州大学出版社网址 http://www.sudapress.com

《经济应用数学》编委会

主　编　姬天富　骆汝九

副主编　张天鹤　陶向东

编　委　冯其明　刘　萍　郭　君　龚三琼

陈　震　鞠正云　郇　潇　陆伟峰

梁　童　张　敏

前 言

按照高职教育的实际情况和人才培养的目标，经济应用数学从知识、能力、素质的三维空间来构建数学内容体系，用有限的课时着重培养学生的思维能力、应用能力、自学能力和创新能力，从而全面提高学生的数学素质，有利于学生职业生涯的可持续发展. 我们在认真研究了高职人才培养目标、高职学生学习特点和国内外优秀教材编写经验的基础上，结合多年来高职经济数学教学改革经验，编写了本教材. 本教材具有以下特点：

1. 融入建模思想、数学实验，渗透数学思想，贯彻“数学应用与素质教育”并重的理念.

2. 以“结合专业、注重能力、突出应用”的思想为指导，教学内容进行“模块化”“分层化”设计.

3. 深化“问题导向、案例驱动”的教学设计，满足学生认知规律与职业发展规律的需要.

4. 使用简单易得且与专业结合紧密的数学学习软件.

5. 突出学生的教学主体地位，教学内容的选取、编排，注意照顾到不同层次学生的差异化需求.

本教材主要划分为“公共基础模块”“专业应用模块”和“数学实验模块”三个模块。“公共基础模块”内容为经管类各专业必学；“专业应用模块”内容可供经管类各专业选学；“数学实验模块”以简单易上手的微软数学(Microsoft Mathematics)作为数学学习软件，鼓励学生充分利用数学软件进行问题的求解.

应高职学生的数学基础差异及分层教学的需求，教材正文部分特别设置带“＋”号与“*”号的内容. 带“＋”号的内容是提高型内容，学生在掌握已有知识的基础上，经过选学可进一步提升能力；带“*”号的内容是拓展型内容，进一步培养学生的创新思维，学生可根据自身的能力进行选学.

本教材在编写过程中参考了一些其他教材，在此编者向有关作者表示感谢！

本教材的编写，我们力求完善，但书中难免有不妥之处，希望得到专家、同行以及广大读者的批评指正.

编者

2016 年 6 月

前言

目 录

公共基础模块

专业应用模块

数学实验模块

公共基础模块

第 1 章　函　数

学 习 目 标

- 理解函数的概念，会求函数的定义域、表达式及函数值，会作出一些简单的分段函数的图象.
- 掌握函数的一些基本性质，会判断函数的单调性、奇偶性、有界性和周期性.
- 掌握基本初等函数的图象和性质.
- 理解复合函数的概念，掌握复合函数的复合过程，能熟练地进行复合函数的分解.
- 理解初等函数的概念.
- 掌握常用经济函数模型，能根据一些实际问题建立函数模型.

在自然现象、工程技术和经济生产中，我们经常会遇到几个紧密相关的变量. 为了研究这些变量之间的相互依赖关系，本章引入函数的一般定义，讨论函数的特性，并介绍常用的几种经济学中的函数.

1.1　函数及其性质

本节我们将在复习中学数学知识的基础上进一步讨论函数的概念及其性质.

1.1.1　区间与邻域

集合是数学中的一个基本概念. 在数学中，我们把具有某种属性的对象的全体，称为一个集合. 把组成集合的对象称为集合的元素. 对于集合中的元素，它具有确定性、无序性和互异性. 例如，某班级的同学就组成一个集合，班级中的每位同学就是该集合中的元素.

习惯上，我们用大写的英文字母表示集合，如 A,B,C 等，用小写的英文字母表示集合中的元素，如 a,b,c 等.

我们把自然数集记作 **N**，整数集记作 **Z**，有理数集记作 **Q**，实数集记作 **R**.

一、区间

设 a,b 为实数，且 $a<b$.

(1) 满足不等式 $a<x<b$ 的所有实数 x 的集合，称为以 a,b 为端点的开区间，记作 (a,b)，如图 1-1 所示，即

$$(a,b)=\{x \mid a<x<b\}.$$

(2) 满足不等式 $a\leqslant x\leqslant b$ 的所有实数 x 的集合，称为以 a,b 为端点的闭区间，记作 $[a,b]$，如图 1-2 所示，即

$$[a,b]=\{x \mid a\leqslant x\leqslant b\}.$$

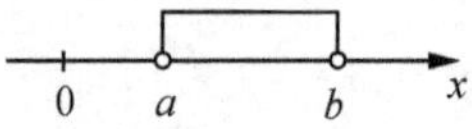

图 1-1

图 1-2

(3) 满足不等式 $a<x\leqslant b$(或 $a\leqslant x<b$)的所有实数 x 的集合，称为以 a,b 为端点的半开半闭区间，记作 $(a,b]$(或 $[a,b)$)，如图 1-3(或图 1-4)所示，即

$$(a,b]=\{x \mid a<x\leqslant b\}(\text{或}[a,b)=\{x \mid a\leqslant x<b\}).$$

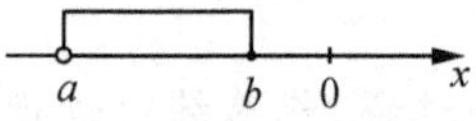

图 1-3

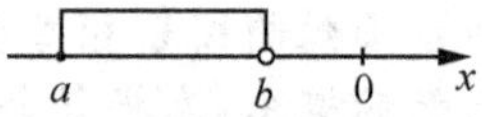

图 1-4

以上三类区间为有限区间，有限区间右端点 b 与左端点 a 的差 $b-a$，称为区间的长.

还有以下几类无限区间：

(4) $(a,+\infty)=\{x \mid x>a\}$，$[a,+\infty)=\{x \mid x\geqslant a\}$.

(5) $(-\infty,b)=\{x \mid x<b\}$，$(-\infty,b]=\{x \mid x\leqslant b\}$.

(6) $(-\infty,+\infty)=\{x \mid -\infty<x<+\infty\}$，即全体实数的集合.

二、邻域

定义 1.1.1 设 $a,\delta\in\mathbf{R}$ 且 $\delta>0$，称开区间 $(a-\delta,a+\delta)=\{x \mid |x-a|<\delta\}$ 为点 a 的 δ 邻域，记作 $U(a,\delta)$. 其中点 a 称为邻域的中心，δ 称为邻域的半径，如图 1-5 所示.

例如，$|x-1|<0.5$，即为以点 $x_0=1$ 为中心，以 0.5 为半径的邻域，也就是开区间 $(0.5,1.5)$，如图 1-6 所示.

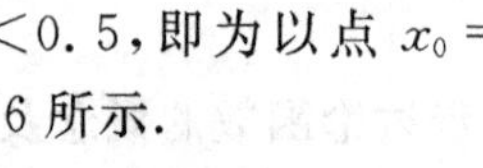

图 1-5

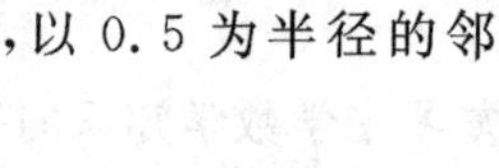

图 1-6

后面我们还经常用到集合

$$\{x \mid 0<|x-x_0|<\delta,\delta>0\}.$$

这是在点 x_0 的邻域内去掉点 x_0，其余的点所组成的集合，即集合 $(x_0-\delta,x_0)\cup(x_0,x_0+\delta)$，称为以 x_0 为中心，δ 为半径的空心邻域，如图 1-7 所示.

例如，$0<|x-1|<0.5$，即表示以 $x_0=1$ 为中心，半径为 0.5 的空心邻域 $(0.5,1)\cup(1,1.5)$，如图 1-8 所示.

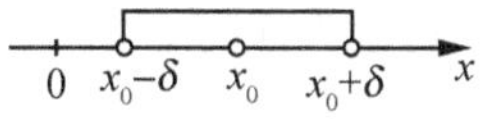

图 1-7

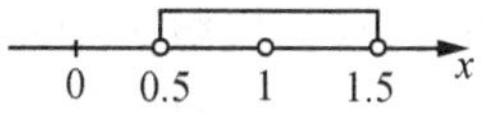

图 1-8

一般用 $U(x_0,\delta)$（或 $U(x_0)$），$\mathring{U}(x_0,\delta)$（或 $\mathring{U}(x_0)$）分别表示点 x_0 的邻域与空心邻域.

1.1.2 函数的概念

定义 1.1.2 若 D 是某个非空实数集合，设有一个对应法则 f，使对每一个 $x\in D$，都有一个确定的实数 y 与之对应，则称这个对应法则 f 为定义在 D 上的一个函数，也称变量 y 是变量 x 的函数，记作 $y=f(x)$，$x\in D$. 其中 x 称为自变量，y 称为因变量，集合 D 称为函数的定义域，记作 $D(f)$.

$x_0\in D(f)$ 所对应的 y 值，记作 y_0 或 $f(x_0)$ 或 $y|_{x=x_0}$，称为当 $x=x_0$ 时函数 $y=f(x)$ 的函数值.

全体函数值的集合称为函数 $y=f(x)$ 的值域，记作 Z 或 $Z(f)$.

函数的对应法则也常常用 g,h,F,Q,X 等表示，那么相应的函数当用 x 表示自变量时记为 $g(x)$，$h(x)$，$F(x)$，$Q(x)$，$X(x)$ 等. 有时为了方便，函数也可直接记作 $y=y(x)$，此时等号左边的 y 表示函数值，右边的 y 表示对应法则.

我们把函数的定义域和对应法则称为函数的两个要素. 当两个函数的两个要素分别相同时，称这两个函数是相同的，而不考虑它们分别使用的是什么字母. 例如，函数 $f(x)=\sin^2 x+\cos^2 x$ 与 $g(x)=1$ 是相同的函数，而 $f(x)=x+1$ 与 $g(t)=\dfrac{t^2-1}{t-1}$ 是不同的函数，只是因为它们的定义域不相同.

下面介绍几个特殊函数.

例 1 符号函数 $y=\operatorname{sgn}x=\begin{cases}1, & x>0,\\ 0, & x=0,\\ -1, & x<0.\end{cases}$ 它的定义域为 $\mathbf{R}$，值域 $Z=\{-1,0,1\}$，其图象如图 1-9 所示.

例 2 取整函数 $y=[x]$，这里的记号 $[x]$ 表示不超过 x 的最大整数. 例如，$[0.6]=0$，$[\sqrt{2}]=1$，$[-0.1]=-1$，$[-3.5]=-4$. 函数 $y=[x]$ 的定义域为 $\mathbf{R}$，值域为全体整数，图象如图 1-10 所示.

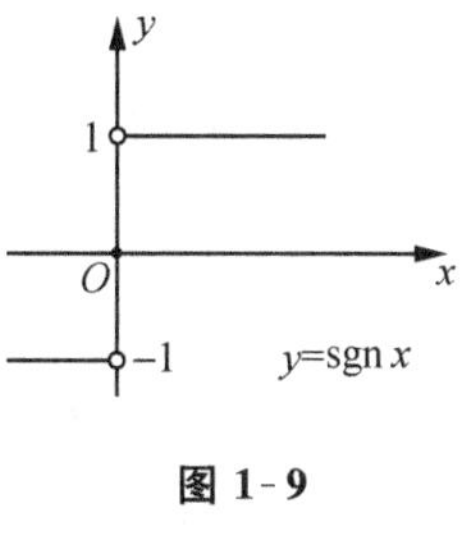

图 1-9

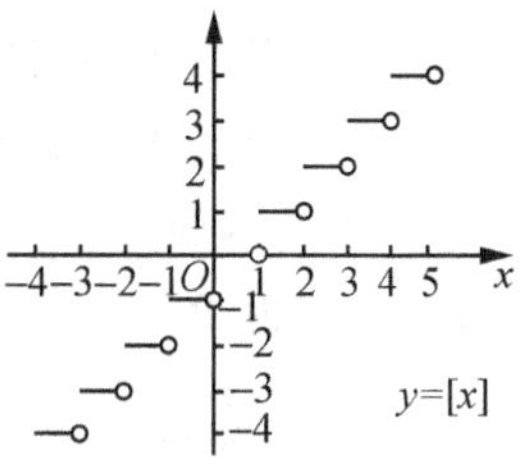

图 1-10

由解析式表达的函数的定义域要注意以下几种情况：

(1) 分式的分母不能为零；

(2) 偶次根号下被开方数非负；

(3) 当函数式为对数时,底数大于零且不等于 1,真数大于零;

(4) 三角函数和反三角函数要符合其定义;

(5) 如果函数解析式由若干项复合而成,那么函数的定义域是各项定义域的公共部分.

例 3 求下列函数的定义域:

(1) $y=\sqrt{2x-1}+\dfrac{1}{3x-2}$; (2) $y=\lg(x+1)+\arcsin\dfrac{x-1}{3}$.

解 (1) 要使函数 y 有定义,x 应满足不等式组 $\begin{cases}2x-1\geqslant 0,\\3x-2\neq 0,\end{cases}$ 即 $\begin{cases}x\geqslant\dfrac{1}{2},\\x\neq\dfrac{2}{3}.\end{cases}$

于是所求的定义域 $D=\left\{x\,\middle|\,x\geqslant\dfrac{1}{2}\text{且 }x\neq\dfrac{2}{3}\right\}$ 或 $D=\left[\dfrac{1}{2},\dfrac{2}{3}\right)\cup\left(\dfrac{2}{3},+\infty\right)$.

(2) 要使函数 y 有定义,x 应满足不等式组 $\begin{cases}x+1>0,\\\left|\dfrac{x-1}{3}\right|\leqslant 1,\end{cases}$ 即 $\begin{cases}x>-1,\\-2\leqslant x\leqslant 4,\end{cases}$ 化简得 $-1<x\leqslant 4$.

于是所求函数的定义域 $D=\{x\,|\,-1<x\leqslant 4\}$ 或 $D=(-1,4]$.

1.1.3 函数的几种特性

一、函数的奇偶性

定义 1.1.3 给定函数 $y=f(x)$.

(1) 若对所有的 $x\in D(f)$,有 $f(-x)=f(x)$,则称 $f(x)$ 为偶函数.

(2) 若对所有的 $x\in D(f)$,有 $f(-x)=-f(x)$,则称 $f(x)$ 为奇函数.

由定义知,函数具有奇偶性,其定义域必定是关于原点对称的,而且奇函数的图象关于原点对称,偶函数的图象关于 y 轴对称.

例 4 判断下列函数的奇偶性:

(1) $f(x)=x^2-2x^4+3$;

(2) $f(x)=\dfrac{1}{2}(a^{-x}-a^x)\ (a>0,a\neq 1)$;

(3) $f(x)=x^3-1$.

解 (1) 函数 $f(x)$ 的定义域为 $\mathbf{R}$,又因为

$$f(-x)=(-x)^2-2(-x)^4+3=x^2-2x^4+3=f(x),$$

所以 $f(x)=x^2-2x^4+3$ 是偶函数.

(2) 函数 $f(x)$ 的定义域为 $\mathbf{R}$,又因为

$$f(-x)=\frac{1}{2}(a^x-a^{-x})=-\frac{1}{2}(a^{-x}-a^x)=-f(x),$$

所以 $f(x)=\dfrac{1}{2}(a^{-x}-a^x)$ 是奇函数.

(3) 函数 $f(x)$ 的定义域为 $\mathbf{R}$,又因为

$$f(-x)=(-x)^3-1=-x^3-1\neq f(x),\text{同时 } f(-x)\neq -f(x),$$

所以 $f(x)$ 既不是奇函数也不是偶函数.

二、函数的单调性

定义 1.1.4　若函数 $y=f(x)$ 对区间 (a,b) 上的任意两点 x_1 和 x_2，当 $x_1<x_2$ 时，有 $f(x_1)<f(x_2)$，则称函数 $y=f(x)$ 在 (a,b) 上是单调增加的；若对于 (a,b) 上的任意两点 x_1 和 x_2，当 $x_1<x_2$ 时，有 $f(x_1)>f(x_2)$，则称函数 $f(x)$ 在 (a,b) 上是单调减少的.

显然，函数 $y=x^2$ 在区间 $(0,+\infty)$ 上单调增加，在区间 $(-\infty,0)$ 上单调减少，在定义域 $(-\infty,+\infty)$ 上不具有单调性.

三、函数的周期性

定义 1.1.5　设函数 $y=f(x)$ 的定义域为 D，若存在正常数 T，使得对任意 $x\in D$，有 $f(x)=f(x\pm T)$ 恒成立，则称函数 $y=f(x)$ 为周期函数，T 称为 $f(x)$ 的一个周期. 其中的最小正数 T 称为最小正周期，简称周期.

例如，$y=\sin x$，$y=\cos x$ 均以 2π 为周期，$y=\tan x$，$y=\cos^2 x$ 均以 π 为周期. 特别地，对于正弦型曲线 $y=A\sin(\omega x+\varphi)$，其周期为 $T=\dfrac{2\pi}{|\omega|}$.

四、函数的有界性

定义 1.1.6　设函数 $y=f(x)$ 在区间 (a,b) 内有定义，若存在一个正数 M，对于所有的 $x\in(a,b)$，恒有 $|f(x)|\leqslant M$，则称函数 $f(x)$ 在 (a,b) 内是有界的. 反之，若不存在这样的正数 M，则称 $f(x)$ 在 (a,b) 内是无界的.

例 5　判断下列函数在指定的区间上是否有界：

(1) $f(x)=\sin x, x\in(-\infty,+\infty)$；

(2) $f(x)=x^2+1, x\in[0,+\infty)$；

(3) $f(x)=x^2+1, x\in[-4,3]$.

解　(1) 因为当 $x\in(-\infty,+\infty)$ 时，恒有 $|f(x)|\leqslant 1$，所以 $f(x)=\sin x$ 在区间 $(-\infty,+\infty)$ 上有界.

(2) 因为不存在正数 M，使得 $|f(x)|\leqslant M(x\in[0,+\infty))$，所以 $f(x)=x^2+1$ 在区间 $[0,+\infty)$ 上无界.

(3) 取 $M=f(-4)=17$，则对于任意 $x\in[-4,3]$，都有 $|f(x)|\leqslant 17$，所以 $f(x)=x^2+1$ 在区间 $[-4,3]$ 上有界.

上例的(2)、(3)两个小题的结果表明：一个函数是否有界，与所给定的实数集密切相关，同一函数在不同的实数集上是否有界的结论可能不一样.

1.1.4　反函数与复合函数

一、反函数

函数 $y=f(x)$ 反映了两个变量 x,y 之间的依赖关系，当自变量 x 取定一个值之后，因变

量 y 的值也随之确定,但是,这种关系有时候往往需要倒过来.例如,设某种商品的销售总收益为 y,销售量为 x,已知该商品的单价为 k.对于每一个给定的销售量 x,可以通过对应的函数关系 $y=kx$ 确定销售总收益 y.反过来,对每一个给定的销售总收益 y,可以由规则 $x=\dfrac{y}{k}$ 确定销售量 x.我们称后一种函数 $\left(x=\dfrac{y}{k}\right)$ 是前一种函数($y=kx$)的反函数,或称它们互为反函数.

定义 1.1.7 设 $y=f(x)$ 是定义在 D 上的一个函数,值域为 Z.若对每一个 $y\in Z$,都有一个确定的且满足 $y=f(x)$ 的 $x\in D$ 与之对应,其对应法则记作 f^{-1},则称这个定义在 Z 上的函数 $x=f^{-1}(y)$ 为 $y=f(x)$ 的反函数,或称它们互为反函数.

由于一个函数与自变量及因变量用何种字母表示无关,为了研究方便,对于反函数 $x=f^{-1}(y)$,习惯上仍用 x 作自变量,y 作因变量,写成 $y=f^{-1}(x)$ 的形式.

由反函数的定义可知,反函数 $y=f^{-1}(x)$ 的定义域是函数 $y=f(x)$ 的值域,而反函数的值域就是 $y=f(x)$ 的定义域.

$y=f(x)$ 与 $y=f^{-1}(x)$ 的关系是 x 与 y 互换,所以它们的图象关于直线 $y=x$ 对称,如图 1-11 所示.

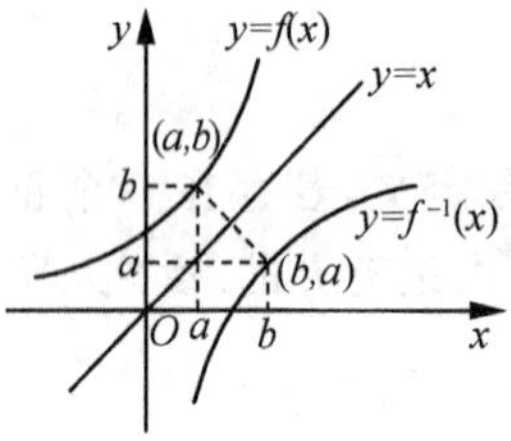

图 1-11

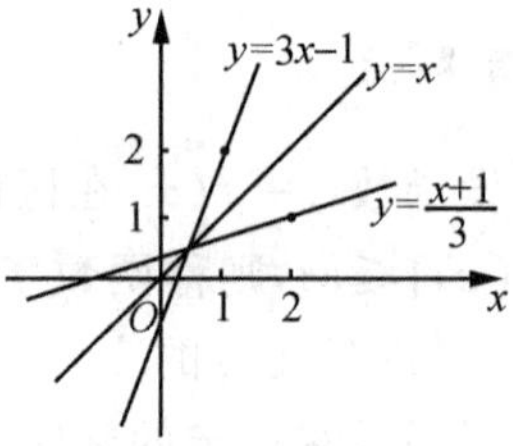

图 1-12

例 6 求下列函数的反函数:

(1) $y=3x-1$;

(2) $y=x^2(0<x<+\infty)$;

(3) $y=x^2(-\infty<x<+\infty)$.

解 (1) 由 $y=f(x)=3x-1$ 可得

$$x=f^{-1}(y)=\frac{y+1}{3}.$$

将上式中的 x 换成 y,y 换成 x,得 $y=3x-1$ 的反函数是 $y=\dfrac{x+1}{3}$,其图象如图 1-12 所示.

(2) 由 $y=x^2(0<x<+\infty)$,解出

$$x=\sqrt{y}(0<y<+\infty).$$

将式中的 x 换成 y,y 换成 x,得 $y=x^2(0<x<+\infty)$ 的反函数是 $y=\sqrt{x}(0<x<+\infty)$.

(3) 由 $y=x^2(-\infty<x<+\infty)$,解出 $x=\pm\sqrt{y}(0<y<+\infty)$.可见,与 y 对应的 x 值不是唯一的.由反函数的定义可知,$y=x^2(-\infty<x<+\infty)$ 没有反函数.

定理 1.1.1(*反函数存在定理*) 若函数 $y=f(x)$ 在某个区间上是单调函数,则它的反函数存在,且也是单调函数.

二、复合函数

定义 1.1.8 设函数 $y=f(u)$ 的定义域为 D,若函数 $u=\varphi(x)$ 的值域为 Z,且 $Z\cap D$ 为非空集合,则称 $y=f[\varphi(x)]$ 为复合函数.其中 x 为自变量,y 为因变量,u 称为中间变量.

例 7 已知 $y=f(u)=\sqrt{u}$,$u=\varphi(x)=a-x^2$,考察当 $a=1$ 及 $a=-1$ 时,函数 $y=f[\varphi(x)]$ 是不是复合函数.

解 (1) 当 $a=1$ 时,$y=\sqrt{u}$,$u=1-x^2$,因为

$D(f)=[0,+\infty)$,$Z(\varphi)=(-\infty,1]$,$Z(\varphi)\cap D(f)=[0,1]$,

所以函数 $y=f[\varphi(x)]=\sqrt{1-x^2}$ 是复合函数且其定义域是 $[-1,1]$.

(2) 当 $a=-1$ 时,$y=\sqrt{u}$,$u=-1-x^2$,因为

$D(f)=[0,+\infty)$,$Z(\varphi)=(-\infty,-1]$,$Z(\varphi)\cap D(f)=\varnothing$,

所以函数 $y=f[\varphi(x)]=\sqrt{-1-x^2}$ 不是复合函数.

例 8 设 $f(x)=\sqrt{1+x^2}$,求:(1) $f[f(x)]$; (2) $f\{f[f(x)]\}$.

解 (1) $f[f(x)]=\sqrt{1+[f(x)]^2}=\sqrt{1+(\sqrt{1+x^2})^2}=\sqrt{2+x^2}$.

(2) 由(1)知 $f[f(x)]=\sqrt{2+x^2}$,所以 $f\{f[f(x)]\}=\sqrt{1+(\sqrt{2+x^2})^2}=\sqrt{3+x^2}$.

例 9 设 $f(x)=\begin{cases} e^x, & 0<x\leqslant 1, \\ 1+x, & 1<x\leqslant 2, \end{cases}$ 求 $f(x+1)$.

解 设 $u=x+1$,则 $f(x+1)$ 可以看作是由函数 $f(u)$ 和 $u=x+1$ 复合而成的,而

$$f(u)=\begin{cases} e^u, & 0<u\leqslant 1, \\ 1+u, & 1<u\leqslant 2. \end{cases}$$

将 $u=x+1$ 代入,得

$$f(x+1)=\begin{cases} e^{x+1}, & 0<x+1\leqslant 1, \\ 2+x, & 1<x+1\leqslant 2, \end{cases}$$

即

$$f(x+1)=\begin{cases} e^{x+1}, & -1<x\leqslant 0, \\ 2+x, & 0<x\leqslant 1. \end{cases}$$

相应地可以利用复合函数的概念,将一个比较复杂的函数看成是由几个简单函数复合而成的,这样方便对函数进行研究.

例 10 指出函数 $y=e^{\sqrt{x^2+1}}$ 是由哪些函数复合而成的.

解 函数 $y=e^{\sqrt{x^2+1}}$ 是由 $y=e^u$,$u=\sqrt{v}$,$v=x^2+1$ 复合而成的.

1.1.5 初等函数

我们经常讨论的一些函数都是由几种最简单的函数复合而成的,这些最简单的函数就是我们在中学已学过的基本初等函数,包括:

(1) 常值函数:$y=C$(C 为常数);

(2) 幂函数:$y=x^\alpha$(α 为常数);

(3) 指数函数:$y=a^x$($a>0$ 且 $a\neq 1$);

(4) 对数函数：$y=\log_a x(a>0$ 且 $a\neq 1)$；

(5) 三角函数：$y=\sin x, y=\cos x, y=\tan x, y=\cot x, y=\sec x, y=\csc x$；

(6) 反三角函数：$y=\arcsin x, y=\arccos x, y=\arctan x, y=\operatorname{arccot} x$.

关于基本初等函数的相关详细内容见附录 2.

定义 1.1.9 由常数和基本初等函数经过有限次加、减、乘、除四则运算和有限次函数的复合运算构成的，并且可以用一个解析表达式表示的函数，称为初等函数.

例如，$y=\lg(x+\sqrt{1+x^2})$，$y=\dfrac{x+\sin x}{\cos^2 x}$，$y=e^{x-\sin x}$ 都是初等函数，而分段函数 $y=f(x)=\begin{cases} e^{\sin x}, & x<0, \\ x+1, & x\geqslant 0 \end{cases}$ 就是非初等函数，因为在其定义域内不能用一个数学式子表示.

*1.1.6 建立函数关系式举例

为了解决实际问题，先要给问题建立数学模型，即建立函数关系. 为此，我们需要明确问题中的因变量与自变量，再根据题意建立等式，从而得出函数关系，然后确定函数的定义域和实际问题的定义域. 在实际问题中，除了要考虑函数的解析式，还要考虑变量在实际问题中的含义.

例 11 已知铁路线上 AB 段的距离为 b km，工厂 C 距 A 处为 a km，AC 垂直于 AB(图 1-13). 为了运输方便，要在 AB 线上选定一点 D 向工厂 C 修筑一条公路 CD. 已知铁路上货运的运费为 m[元/(t·km)]，公路上的运费为 n[元/(k·km)]$(m<n)$，试将每吨货物的运费(元)表示为距离 AD 的函数.

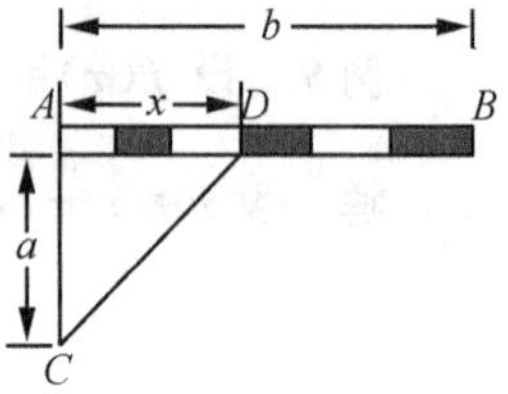

图 1-13

解 设 $AD=x$(km)，每吨货物的运费为 y，根据题意得

$$CD=\sqrt{a^2+x^2}, BD=b-x,$$

则

$$y=m(b-x)+n\sqrt{a^2+x^2}.$$

其定义域为$[0,b]$.

例 12 某运输公司规定每吨货物每千米的运费为：在 100km 以内，3 元/km，超过 100km，超过部分 2 元/km，求每吨货物的运费 m(元)和里程 s(km)之间的函数关系.

解 根据题意可以得到函数关系

$$m=\begin{cases} 3s, & 0<s\leqslant 100, \\ 3s+2(s-100), & 100<s. \end{cases}$$

这里每吨货物的运费 m 和里程 s 之间的函数关系是用分段函数表示的，定义域为$(0,+\infty)$.

同步训练 1.1

1. 求下列函数的定义域：

(1) $y=\sqrt[3]{1-5x}+\dfrac{2x+1}{x^2-3x-4}$；

(2) $y=\lg(5-x)+\arcsin\dfrac{x-1}{6}$；

(3) $y=\sqrt{3x-2}-\ln(5-x)+\dfrac{1}{x^2-4}$；

(4) $y=f(x-1)+f(x+1)$，已知 $f(x)$ 的定义域为 $(0,3)$.

2. 判断下列各题中两个函数是否为相同的函数，并说明理由.

(1) $f(x)=|x|$，$g(x)=\begin{cases}x, & x\geqslant 0,\\ -x, & x<0;\end{cases}$

(2) $f(x)=\dfrac{x^2-1}{x-1}$，$g(x)=x+1$；

(3) $f(x)=\ln x^2$，$g(x)=2\ln x$；

(4) $f(x)=\ln\dfrac{1-x}{x}$，$g(x)=\ln(1-x)-\ln x$.

3. 判断下列函数的奇偶性：

(1) $f(x)=\dfrac{\cos x}{x}$；　　(2) $f(x)=\ln(\sqrt{1+x^2}-x)$；

(3) $f(x)=x^2e^{\cos x}$；　　(4) $f(x)=(x^2+x)\sin x$.

4. 求下列函数的周期：

(1) $y=3\tan\left(3x-\dfrac{\pi}{4}\right)$；　　(2) $y=\sin^2 x$.

5. 下列函数可以看成是由哪些简单函数复合而成的？

(1) $y=\sin^2 x$；　　(2) $y=\arcsin(\ln x)$；

(3) $y=\log_a\sqrt{1+x^2}\ (a>0, a\neq 1)$；　　(4) $y=e^{\cos\frac{1}{x}}$.

6. 已知函数 $f(x)=\begin{cases}1-x, & x\geqslant 0,\\ 2-x, & x<0,\end{cases}$ 求 $f[f(3)]$.

7. 设函数 $f(x)=x^3$，$\varphi(x)=\sin\sqrt{x}$，求 $f[\varphi(x)]$，$\varphi[f(x)]$.

*__8.__ 依法纳税是每一个公民应尽的义务，国家征收个人工资、薪金所得税是分段计算的. 根据最新个税征收办法（2011 年 9 月 1 日起实施）：扣除三险一金等免税项目后月收入不超过 3500 元的免征个人所得税，超过 3500 元的部分需征税. 设月应纳税金额为 x（x= 扣除三险一金等免税项目后月收入 − 3500），税率如表 1-1 所示：

表 1-1

级数	月应纳税金额	税率
1	不超过 1500 元部分	3%
2	超过 1500 至 4500 元部分	10%
3	超过 4500 至 9000 元部分	20%
4	超过 9000 至 35000 元部分	25%
5	超过 35000 至 55000 元部分	30%
6	超过 55000 至 80000 元部分	35%
7	超过 80000 元部分	45%

注：三险一金是指养老保险、失业保险、医疗保险和住房公积金.

(1) 设纳税额为 $f(x)$，试用分段函数表示 1～3 级纳税额 $f(x)$ 的计算公式.

(2) 某人2011年9月份扣除三险一金等免税项目后月收入为8500元,试计算这个人在9月份应缴纳的个人所得税.

+9. 求下列函数的反函数:

(1) $y=2^x+1$;　　(2) $y=\dfrac{1+x}{1-x}$.

1.2　经济学中的常用函数

我们用数学方法去研究和解决实际问题时,经常需要建立数学模型,即建立函数关系式.经济学中许多问题的解决也都依赖于先建立变量之间的函数关系,然后通过微积分等知识分析这些经济函数的性质.本节介绍几种常见的经济函数.

1.2.1　需求函数与价格函数

一、需求函数

在实际生活中,消费者对某种商品的需求是指购买者既有购买商品的欲望,又有购买商品的能力.消费者对某种商品的需求量取决于商品的价格,消费者的人数,消费者的收入、习性、嗜好等.为了简化问题的分析,现在我们假定除商品价格外的其他因素都保持某种状态不变.为此我们可以建立商品的需求量 Q 与该商品的价格 P 之间的函数关系,并称其为需求函数,记作 $Q=Q(P)$.这里,价格 P 是自变量,需求量 Q 是因变量,P 取非负值.

一般地,降低商品价格可以使需求量增加,提高商品价格可以使需求量减少.因此,需求函数通常是价格的单调减少函数,如图1-14所示.

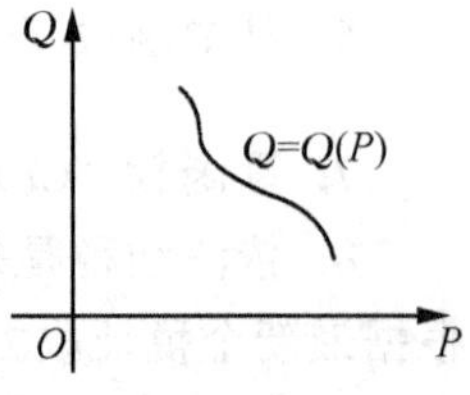

图 1-14

在企业管理和经济学中常见的需求函数有:

(1) 线性需求函数:$Q=a-bP(a\geqslant 0,b\geqslant 0)$;

(2) 二次需求函数:$Q=a-bP-cP^2(a\geqslant 0,b\geqslant 0,c\geqslant 0)$;

(3) 指数需求函数:$Q=ae^{-bP}(a\geqslant 0,b\geqslant 0)$.

二、价格函数

需求函数 $Q=Q(P)$ 的反函数即为价格函数,记作 $P=P(Q)$.价格函数同样也反映商品的需求量与价格之间的关系.

例1　某超市销售某种商品,当该商品售价为100元/件时,每天的销售量为10件,售价每提高10元,销售量相应地减少1件,试求需求函数和价格函数.

解　设商品的需求量为 Q,价格为 P,由题意可得

$$Q=10-\frac{P-100}{10},$$

即需求函数为

$$Q=20-\frac{1}{10}P.$$

所以价格函数为

$$P=200-10Q.$$

1.2.2　供给函数

在市场经济规律下，某种商品的供给量的大小依赖于该商品价格的高低. 记商品的供给量为 S，P 为商品的价格，则商品供给量 S 是价格 P 的函数，称其为供给函数，记作 $S=S(P)$.

一般地，商品的供给量随商品价格的上涨而增加，随价格的下降而减少. 因此，商品供给函数 S 是商品价格 P 的单调增加函数.

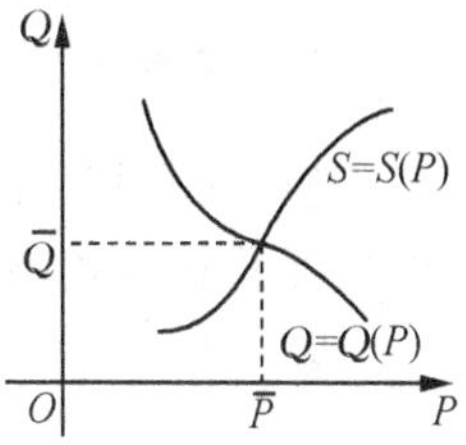

图 1-15

常见的供给函数有线性函数、二次函数、幂函数、指数函数等，其中线性供给函数可以表示为 $S=-c+dP(c\geqslant 0,d\geqslant 0)$.

在市场中，商品最理想的状态是供需平衡，即商品的需求量与供给量相等，此时的价格 $\overline{P}$ 称为均衡价格，对应的 $\overline{Q}$ 称为均衡数量，如图 1-15 所示.

例 2　已知某商品的供给函数 $S=\frac{2}{3}P-4$，需求函数 $Q=20-\frac{1}{3}P$，试求该商品处于市场供需平衡状态下的均衡价格和均衡数量.

解　当 $P=\overline{P}$ 时，有 $S=Q=\overline{Q}$，解方程

$$\frac{2}{3}\overline{P}-4=20-\frac{1}{3}\overline{P},$$

得均衡价格 $\overline{P}=24$，均衡数量 $\overline{Q}=\frac{2}{3}\times 24-4=12$.

1.2.3　总成本函数、总收入函数和利润函数

一、总成本函数

某产品的总成本是指生产一定数量的产品所需的全部经济资源投入的费用总和. 它由固定成本和变动成本组成. 当生产的工艺水平以及生产规模保持不变时，固定成本不变，而变动成本随着生产产品的数量的变化而改变，所以总成本是产品产量的函数.

设 q 为产品的产量，C 为产品的总成本，称 $C=C(q)$ 为产品的总成本函数. 若 C_1 为固定成本，$C_2(q)$ 为变动成本，则总成本函数为

$$C(q)=C_1+C_2(q).$$

单位产品成本的平均值称为平均成本，记作 $\overline{C}(q)$，则

$$\overline{C}(q)=\frac{C(q)}{q}.$$

例 3　某厂生产某种产品，固定成本为 20000 元，每生产一件该产品的成本为 200 元，试求该产品的总成本函数和产量为 100 件时的平均成本.

解 用 q 表示产品的产量，则总成本函数为

$$C(q)=20000+200q.$$

由于 $\overline{C}(q)=\frac{C(q)}{q}$，所以

$$\overline{C}(100)=\frac{C(100)}{100}=\frac{20000+200\times100}{100}=400(\text{元/件}),$$

即当生产 100 件该产品时，平均成本为 400 元/件.

二、总收入函数

总收入是指生产者出售一定量的产品所得到的全部收入. 总收入受价格与销售量的影响，它是价格和销售量的函数.

设 P 为商品的价格，q 为销售量，R 为总收入，则总收入函数为

$$R(q)=P\cdot q.$$

出售单位产品所得到的平均收入称为平均收益，记作 $\overline{R}(q)$，即

$$\overline{R}(q)=\frac{R(q)}{q}.$$

三、利润函数

利润是总收入与总成本的差，我们记作 L，即

$$L(q)=R(q)-C(q).$$

若 $L(q)>0$，则生产处于盈利状态；若 $L(q)<0$，则生产处于亏本状态；若 $L(q)=0$，则生产处于盈亏平衡状态(或称保本点).

平均利润记作 $\overline{L}(q)$，即

$$\overline{L}(q)=\frac{L(q)}{q}.$$

例 4 已知生产某种商品 q 件时的总成本(单位：万元)为

$$C(q)=10+6q+0.1q^2.$$

若该商品的销售单价为 9 万元，试求：

(1) 该商品的利润函数；

(2) 生产 10 件该商品时的总利润和平均利润；

(3) 生产 30 件该商品时的总利润.

解 (1) 该商品的总收入函数为 $R(q)=9q$，从而利润函数为

$$L(q)=R(q)-C(q)=9q-(10+6q+0.1q^2)=3q-10-0.1q^2.$$

(2) 生产 10 件该商品时的总利润为

$$L(10)=3\times10-10-0.1\times10^2=10(\text{万元}).$$

此时的平均利润为

$$\overline{L}(10)=\frac{L(10)}{10}=1(\text{万元/件}).$$

(3) 生产 30 件该商品的总利润为

$$L(30)=3\times30-10-0.1\times30^2=-10(\text{万元}).$$

同步训练 1.2

1. 某加工厂加工某种原料的日加工能力是40t，固定成本为2000元，每加工1t原料，成本增加100元，试求加工厂每日的成本与日加工量的函数关系，并分别求当日加工量是20t、25t时的总成本及平均单位成本.

2. 某种型号的家用电器，当每台价格为1000元时，日需求量为20台，若每台价格打九折促销，即降价到900元时，则日需求量为30台.若需求量与价格之间是线性关系，求此型号家用电器的日需求量Q与价格P的函数关系.

3. 设某种商品的供给函数$S(P)=12P-4$，而需求函数$Q(P)=-3P+26$，试求该商品处于市场供需平衡状态下的均衡价格和均衡数量.

4. 设某产品的价格P与销售量q的关系为$P=10-\frac{q}{5}$，求总收益函数和销售量为30时的总收益、平均收益.

阅读材料一　函数概念的起源与演变

一、函数概念的起源

函数概念起源于对运动与变化的定量研究，作为一个明确的数学概念，它是由17世纪的数学家们引入的，但是，与之相关的问题和方法却至少可以追溯到中世纪后期.

14世纪20年代至40年代，牛津大学默顿学院(Merton College)的一批逻辑学家和自然哲学家曾探究定量变化的问题，即所谓形态幅度.形态(form)一词一般是指任何可以有变化和含有强度的直观概念的质，也就是指诸如速度、加速度、密度等概念.一般地说，形态幅度是形态具有某种质的程度，讨论的中心问题是形态的增和减，或者是这个质的所得或所失的变化.一类典型问题是物体在进行各种变速运动时的瞬时速度、加速度以及所经过的距离，用今天的说法，这些量表现为时间的函数.14世纪中叶，法国数学家奥尔斯姆(N. Oresme，约1323—1382)继续探讨了形态幅度问题.在《论质量与运动的构型》一书中，他用线段(遵循希腊的传统，他用线段代替实数)来度量各种物理变量(如温度、密度、速度)时运用了关于变量之间的函数关系的某种概念(如把速度看成时间的函数)，并且给出了这种关系的图形表示法.这可以看作是向引入坐标系迈进的一步.

函数概念是17世纪的数学家们在对运动的研究中逐渐形成的.伽利略(G. Galileo，1564—1642)创立了近代力学的著作《两门新科学》一书，书中几乎从头至尾包含着这个概念.17世纪引入的绝大部分函数，在函数概念还没有被充分认识以前，是被当作曲线来研究的.例如，法国数学家费马(P. Fermat，1601—1665)在《平面与立体轨迹引论》一书中写道："只要两个未知量出现在一个确定的方程里，就存在一条轨迹，这两个量之一的端点描绘了一条直线或曲线."笛卡儿(R. Descartes，1596—1650)在《几何学》中表达了同样的思想："如

果我们对于线 y 连续地取无穷多个不同的值,我们就将对线 x 得到无穷多个值,从而得到无穷多个不同的点,例如 C,于是所要求的曲线就可以被作出了."他所提出的几何曲线和机械曲线的区别,引出了代数函数和超越函数的区别.与此同时,数学家们越来越习惯于用运动概念来引入旧的和新的曲线,从而把曲线看作是动点的路径.

自从牛顿(I. Newton,1642—1727)于 1665 年开始微积分的工作之后,他一直用"流量"一词来表示变量间的关系.实际上,牛顿通过选取给定的变量充当时间的变量,从而使它起到自变量的作用.他在这方面的观点,在《流数法与无穷级数》中表述得最为清楚:"然而,我们只有通过均匀的位置运动来解释和度量时间,才能估量时间,才能把一些同类量及其增加和减少的速度彼此进行比较.由于这些原因,下面我并不是这样严格地看待时间,而是假定在所提出的一些同类量中有某一个量以均匀的速度增加,所有其他的量都可以参照这个量来考虑,就好像它是时间一样,于是根据类似性原则,就有理由把这个量称为'时间'.因此,今后每当你遇到时间这个词时(正如在本书中为清楚和明确起见我已偶然使用这一词时那样),不应把它理解为严格看待的时间,而应理解为另一个量,可以通过这个量均匀增加或流逝来解释和度量时间."

在 17 世纪,函数概念的定义,以格雷戈里(J. Gregory,1638—1675)在他的论文《论圆和双曲线的求积》中给出的最为明显.他定义函数是这样一个量:它是从一些其他的量经过一系列代数运算而得到的,或者经过任何其他可以想象到的运算而得到的.这里,"其他可以想象到的运算"实际上是指趋于极限的运算.

"函数"(function)一词最早出现在莱布尼兹(G. W. Leibniz,1646—1716)1673 年的一篇手稿中.它表示与曲线上的动点相应的变动的几何量,或者更一般地,表示与曲线有联系的任何量.例如,曲线上点的坐标,曲线的斜率,曲线的曲率半径等.这一术语又出现在莱布尼兹 1692 年和 1694 年的手稿中.他引入了"常量""变量"和"参变量","参变量"一词是用在曲线族中的.在《微分学的历史和起源》一文中,他用"函数"一词表示依赖于一个变量的量.

从历史上看,函数概念的确立依赖于几个重要的先决条件:①对于运动与变化问题的广泛的、定量的研究,特别是关于变速运动与非均匀变化的研究;②代数方法与几何方法的结合,解析几何的创立;③数系的发展;④代数的符号表示,一般数学符号系统的发展.17 至 18 世纪的函数概念局限于解析函数,充分说明了函数概念对代数的符号表示的依赖,特别是,符号表示使得对函数可以进行纯形式的运算,而不必在每一步推理中都提供几何的或物理的意义.

二、函数概念的演变

通过 18 至 19 世纪一些大数学家对函数的定义,我们可以清楚地看到这一概念的演变过程.

约翰·伯努利(Johann Bernoulli,1667—1748)的函数定义:"在这里,一个变量的函数是指由这个变量和常数以任何一种方式构成的一个量."其中的"任何方式"一词,据他自己说是包括代数式和超越式,实际上就是我们所说的解析表达式.

1734 年,欧拉(L. Euler,1707—1783)引入了现在流行的函数记号 $f(x)$.他的《无穷小分析引论》一书是函数概念在其中起着重要而明确作用的第一部著作.把函数而不是曲线作为主要的研究对象,这就使得几何学算术化,使得无穷小分析不再依赖于几何性质.书中首先定义了常量和变量,然后说:"一个变量的函数是由该变量和一些数或常量以任何一种方式构成的解析表达式.”当“构成解析表达式”时，欧拉允许采用的是一些标准的代数运算(包括解代数方程)和各种超越的求值过程(包括求序列的极限、无穷级数之和、无穷乘积等). 他将函数分为代数函数与超越函数、有理函数与无理函数、整函数与分函数、单值函数与多值函数等. 他所说的超越函数，大体上是指三角函数、对数函数、指数函数、变量的无理次幂函数以及某些用积分定义的函数. 他写道，函数间的原则区别在于组成这些函数的变量与常量的组合法不同. 他补充说，例如，超越函数与代数函数的区别在于前者重复后者的那些运算无限多次，也就是说，超越函数可用无穷级数给出. 他和与他同时代的人们都不认为有必要去考虑无穷无尽地应用四则运算而得到的表达式是否有效的问题.

1755 年，欧拉在《微分学原理》一书中给出了函数的另一个定义：“如果某些量以如下方式依赖于另一些量，即当后者变化时，前者本身也变化，则称前一些量是后一些量的函数. 这是一个很广泛的概念，它本身包含各种方式，通过这些方式，使得一些量得以由另一些量所确定. 因此，若以 x 记一个变量，则所有以任何方式依赖于 x 的量或由 x 所确定的量都称作 x 的函数……”这里没有强调“解析表达式”，而且首次明确地用“依赖”关系定义函数. 虽然“各种方式”所指的应该仍是那些标准的代数运算(包括解代数方程)和各种超越的求值过程(包括求序列的极限、无穷级数之和、无穷乘积等). 但无论如何，这个提法本身仍意味着在函数概念上的某种放宽.

18 世纪末，数学家们对函数概念的理解明显地出现了分歧. 许多大数学家如拉格朗日(J. L. Lagrange，1736—1813)所接受的函数概念仍是解析函数，甚至相信任何给定的函数都可以被展开为一个幂级数. 而另外一些数学家却对函数定义作出了关键性的改变. 例如，1797 年，法国数学家拉克鲁瓦(S. F. Lacroix，1765—1843)给出了如下定义：“每一个量，若其值依赖于一个或几个别的量，就称它为后者(这个或这些量)的函数，不管人们知不知道用何种必要的运算可以从后者得到前者.”这里不再强调运算，亦即不再强调函数的解析表达，而只强调自变量与因变量之间的相依关系，从而已在本质上成为今天的函数概念. 当然，对于一个函数是否可以由不同的表达式在某一区间分段定义，或者由更复杂的方式定义，这里并未说明，但无论如何，这是对函数概念的第一个实质性推进.

自从微积分学创立以来，由于把它和运动与量的增长联系在一起，人们曾认为函数的连续性足以保证导数的存在. 但是在 1834 年，捷克数学家波尔查诺(B. Bolzano，1781—1848)给出了一个处处不可微分的连续函数的例子，他的工作在当时并不为人们所知. 19 世纪 60 年代，德国数学家魏尔斯特拉斯(K. T. W. Weierstrass，1815—1897)重新给出了关于这样一个函数的著名例子.

连续函数可以没有导数，不连续函数可以积分，这些发现，以及由狄利克雷(Dirichlet，1805—1859)和黎曼(B. Riemann，1826—1866)关于傅里叶级数方面的工作清楚地显示了对不连续函数的新的见解，还有对函数的间断性的种类和程度的研究.

傅里叶(J. B. J. Fourier，1768—1830)在论文《热的解析理论》中写道：“首先必须注意，我们进行证明时所针对的函数 $f(x)$ 是完全任意的，并且不服从连续性法则……一般地，函数 $f(x)$ 代表一系列的值或纵坐标，它们中的每一个都是任意的. 对于无限多个给定的横坐标 x 的值，有同样多个纵坐标……我们不假定这些纵坐标服从一个共同的规律，它们以任何方式一个接着一个地出现，其中的每一个都像是作为单独的量而给定的.”傅里叶的函数定义可以看作是由拉克鲁瓦的定义发展而来的(当然这里局限于讨论一元函数)，其中特别指出“我们不假定这些纵坐标服从一个共同的规律”和“任何方式”，前者允许函数的分段定义，后者为以完全不同于传统的解析表达的各种复杂方式定义函数提供了可能. 例如，傅里叶在这篇著名论文中，用一个三角级数和的形式表达了一个由不连续的“线”所给出的函数. 稍后人们就进一步看到，任何一个连续函数(而不是局限于周期函数)在区间$[-\pi,\pi]$内都可以用三角级数表示出来. 对三角级数特别是傅里叶级数的研究，极大地推动了函数概念的发展.

虽然傅里叶的函数定义接近了现代的函数概念，但是他实际上采用的间断性的定义仍然是 18 世纪(解析形式的间断性)的定义——他所考虑的函数(和当时其他人考虑的函数一样)最坏也只是逐段光滑的，在每一个有限区间上只有有限个“不连接点”.

1829 年，德国数学家狄利克雷给出了著名的狄利克雷函数：“当变量 x 取有理值时，$f(x)$等于一个确定的常数 c；当 x 取无理值时，$f(x)$等于另一个常数 d.”它是第一个被明确给出的没有解析表达式的函数，也是第一个被明确给出的“真正不连续的”函数. 在此基础上，狄利克雷于 1837 年给出了新的函数定义：“让我们假定 a 和 b 是两个确定的值，x 是一个变量，它顺序变化取遍 a 和 b 之间所有的值. 于是，如果对于每一个 x，有唯一的一个有限的 y 以如下方式同它对应，即当 x 从 a 连续地通过区间到达 b 时，$y=f(x)$也类似地顺序变化，那么 y 就称为该区间中 x 的连续函数. 而且，完全不必要求 y 在整个区间中按同一规律依赖于 x. 确实，没有必要认为函数仅仅是可以用数学运算表示的那种关系. 按几何概念讲，x 和 y 可以想象为横坐标和纵坐标，一个连续函数呈现为一条连贯的曲线，对 a 和 b 之间的每个横坐标，曲线上仅有一个点与之对应.”这个定义已完整地给出了今天流行的函数概念(在不使用集合论概念的情况下)，其中的要点是：①以相依关系定义函数；②函数的单值性；③函数可以在某一区间上分段定义，或者更一般地，分别在不同的子集(虽然当时还没有这个词)上定义；④函数概念并不依赖于常规的数学运算. 这一定义可以看作函数概念的第二次实质性推进. 它可以被看作是由傅里叶开始，狄利克雷加以深化并更为清晰地表述的.

戴德金(R. Dedekind，1831—1916)的函数定义：“系统 S 上的一个映射蕴含了一种规则，按照这种规则，S 中每一个确定的元素 s 都对应着一个确定的对象，它称为 s 的映象，记作 $\varphi(s)$. 我们也可以说，$\varphi(s)$对应于元素 s，$\varphi(s)$由映射 φ 作用于 s 而产生或导出；s 经映射 φ 变换成 $\varphi(s)$.”采用映射的语言，不再局限于普通的数系，使得函数概念极大地一般化了，也为后来用集合论的语言定义函数概念做了准备，因此，可以认为这是函数概念的第三次实质性推进.

19 世纪末，随着康托尔集合论影响的逐渐扩大，一些数学家使用集合论的语言给出了函数概念的更为抽象的表述，加之 20 世纪以来实变函数论、复变函数论以及更一般的抽象分析的发展，函数概念也获得了更一般的意义和更抽象的形式，在此就不多介绍了.

本章小结

一、函数及其性质

若 D 是某个非空实数集合，设有一个对应法则 f，使每一个 $x\in D$，都有一个确定的实数 y 与之对应，则称这个对应法则 f 为定义在 D 上的一个函数，也称变量 y 是变量 x 的函数，

记作 $y=f(x), x\in D$. 这时 x 称为自变量, y 称为因变量.

本章介绍了函数的奇偶性、单调性、周期性、有界性.

二、反函数与复合函数

1. 反函数

设 $y=f(x)$ 是定义在 D 上的一个函数，值域为 Z，若对每一个 $y\in Z$ 都有一个确定的且满足 $y=f(x)$ 的 $x\in D$ 与之对应，其对应法则记作 f^{-1}，则称这个定义在 Z 上的函数 $x=f^{-1}(y)$ 为 $y=f(x)$ 的反函数，并称 $y=f(x)$ 为直接函数.

2. 复合函数

设函数 $y=f(x)$ 的定义域为 D，函数 $u=\varphi(x)$ 的值域为 Z，若 $Z\cap D$ 为非空集合，则称 $y=f[\varphi(x)]$ 为复合函数. 其中 x 为自变量, y 为因变量, u 称为中间变量.

三、初等函数

1. 基本初等函数

我们把常值函数、幂函数、指数函数、对数函数、三角函数、反三角函数称为基本初等函数.

2. 初等函数

由常数和基本初等函数经过有限次加、减、乘、除四则运算和有限次函数的复合运算，并且可以用一个解析表达式表示的函数，称为初等函数.

四、经济学中的常用函数

经济学中常用的函数有需求函数、价格函数、供给函数、总成本函数、总收入函数和利润函数等.

能力训练 A

1. 下列各题中，函数 $f(x)$ 和 $g(x)$ 是否相同?

(1) $f(x)=\ln x^2, g(x)=2\ln x$;

(2) $f(x)=\sqrt{1-\cos^2 x}, g(x)=\sin x$.

2. 求下列函数的定义域：

(1) $f(x)=\dfrac{1}{x}-\sqrt{1-x^2}$;　　(2) $f(x)=\arcsin\dfrac{x-1}{2}$.

3. 设 $f(x)=x^3-x$，计算 $\dfrac{f(x)-f(1)}{x-1}$.

4. 设 $f(x)=x^2$，计算 $\dfrac{f(2+\Delta x)-f(2)}{\Delta x}$.

5. 设 $f(x)=x^2, g(x)=\lg x$，求 $f[g(x)], g[f(x)]$.

6. 指出下列函数可以看成由哪些简单函数复合而成：

(1) $y=\sqrt{3x-1}$;　　(2) $y=\sqrt{\ln\sqrt{x}}$.

7. 设 $f(\sqrt{x}-1)+1=x$,求 $f(x)$.

8. 已知某产品的价格 P 和需求量 Q 之间有函数关系式 $3P+Q=60$,试求:

(1) 需求函数 $Q(P)$ 及 $Q(15)$;

(2) 总收益函数 $R(Q)$ 及 $R(15)$.

9. 证明:设函数 $f(x)$ 在 $(-\infty,+\infty)$ 内有定义,则 $f(x)+f(-x)$ 是偶函数,$f(x)-f(-x)$ 是奇函数.

能力训练 B

1. 下列各组中的两个函数是否相同?

(1) $f(x)=\sqrt{x}\sqrt{(x+1)}$,$g(x)=\sqrt{x(x+1)}$;

(2) $f(x)=1$,$g(x)=\sin^2 x+\cos^2 x$;

(3) $f(x)=\dfrac{e^{2x}-1}{e^x+1}$,$g(x)=e^x-1$.

2. 求下列函数的定义域:

(1) $y=\dfrac{1}{\lg(3x-2)}$;　　(2) $y=\arcsin\dfrac{x-1}{5}+\dfrac{1}{\sqrt{25-x^2}}$.

3. 已知 $f(2x-1)=x^2$,求 $f(x)$,$f(0)$,$f(-1)$,$f(1)$.

4. 指出下列函数可以看成由哪些简单函数复合而成:

(1) $y=(1+\ln x)^2$;　　(2) $y=e^{e^{-x^2}}$.

5. 设 $f(x)=10^x$,$g(x)=\ln x$,求:

(1) $f[g(x)]$,$g[f(x)]$;　　(2) $f[g(100)]$,$g[f(3)]$.

***6.** 设 $f(x)=a^x$,证明:

(1) $f(x)\cdot f(y)=f(x+y)$;　　(2) $\dfrac{f(x)}{f(y)}=f(x-y)$.

7. 设生产与销售某产品的总收益 R 是产量 q 的二次函数,经统计得知:当产量 $q=0,2,4$ 时,总收益 $R=0,6,8$,试确定总收益 R 与产量 q 的关系.

8. 某商品的供给量 Q 对价格 P 的函数关系为

$$Q=Q(P)=a+b\cdot c^P.$$

当 $P=2$ 时,$Q=30$;当 $P=3$ 时,$Q=50$;当 $P=4$ 时,$Q=90$. 求供给量 Q 对价格 P 的函数关系.

9. 已知某种产品的总成本函数为

$$C(q)=1000+\frac{q^2}{10}.$$

求当生产 100 个该产品时的总成本和平均成本.

***10.** 用分段函数表示函数 $y=3-|2-x|$,并画出图形.

第 2 章　极限与连续

学习目标

• 理解极限的概念，掌握函数在一点处极限存在的充分必要条件，会判断极限是否存在.

• 理解无穷小量、无穷大量的概念，会判断无穷小量与无穷大量. 掌握无穷小量的性质以及无穷小量与无穷大量的关系，了解无穷小量阶的比较.

• 掌握极限的四则运算法则，掌握两个重要极限，熟练掌握求极限的一般方法，能熟练地求极限.

• 理解函数连续的概念，掌握判断函数连续的方法，掌握求函数间断点的方法，会求函数的间断点与连续区间.

利用函数研究实际问题时，仅知道函数在变化过程中单个的取值情况是远远不够的，我们想弄清楚自变量变化时函数的变化趋势等情况，就需要一个强有力的工具——极限. 极限是高等数学中最重要的概念之一，是建立、研究许多数学概念（如函数的连续性、导数、积分等）的必不可少的工具. 本章将介绍极限的基本概念和方法，并用极限的方法讨论函数的连续性.

2.1　函数的极限

2.1.1　数列的极限

一、数列

定义 2.1.1　一个定义在正整数集合上的函数 $x_n=f(n)$，当自变量 n 按正整数 1，2，3，…依次增大的顺序取值时，函数值按照相应的顺序排成的一列数：$f(1)$，$f(2)$，$f(3)$，…，$f(n)$，…称为一个数列，记作$\{x_n\}$或$\{f(n)\}$. 其中的每一个 $f(n)$ 的值称为数列的项，第 n 项 $f(n)$ 称为数列的通项.

下面给出数列的几个例子：

(1) $x_n=\frac{1}{2^n}$：$\frac{1}{2}$，$\frac{1}{4}$，$\frac{1}{8}$，$\frac{1}{16}$，…；

(2) $x_n=1+\frac{1}{n}$:$2,\frac{3}{2},\frac{4}{3},\frac{5}{4},\cdots$;

(3) $x_n=3^n$:$3,9,27,81,\cdots$;

(4) $x_n=(-1)^n+1$:$0,2,0,2,\cdots$.

从上面的例子可以看出:项数 n 逐渐增大时,它们有着各自的变化趋势.这种情况在很早就被注意到了.战国时代哲学家庄周所著的《庄子·天下篇》中引用过一句话:"一尺之棰,日取其半,万世不竭."也就是说,一根长为一尺的木杆,每天截去一半,这样的过程可以一直进行下去.其实它所反映的正是数列$\left\{\frac{1}{2^n}\right\}$:$\frac{1}{2},\frac{1}{2^2},\frac{1}{2^3},\cdots,\frac{1}{2^n},\cdots$.很容易发现,随着天数的增加,剩下的杆子长度无限接近于零.

又如,著名的数学家刘徽曾用"割圆术"成功地推算出单位圆的面积.他依次求出单位圆的内接正六边形,正十二边形,正二十四边形,…,正三千零七十二边形等一系列正 $2^{n-1}\times 6$ 边形的面积:$A_1,A_2,A_3,\cdots,A_n,\cdots$.最后指出:"割之弥细,所失弥少,割之又割,以至于不可割,则与圆合体,而无所失矣."这句话的含义是:内接正多边形的边数越多,正多形的面积 A_n 就越接近单位圆的面积 A.

二、数列的极限

对于一个给定的数列$\{y_n\}$,考察当 n 无限增大时(记作 $n\to\infty$),它的项的变化趋势.我们来观察前面列举的四个数列的图象.

(1) $x_n=\frac{1}{2^n}$:$\frac{1}{2},\frac{1}{4},\frac{1}{8},\frac{1}{16},\cdots,\frac{1}{2^n},\cdots$;无限接近于 0,如图 2-1 所示.

(2) $x_n=1+\frac{1}{n}$:$2,\frac{3}{2},\frac{4}{3},\frac{5}{4},\cdots,\frac{n+1}{n},\cdots$;无限接近于 1,如图 2-2 所示.

(3) $x_n=3^n$:$3,9,27,81,\cdots,3^n,\cdots$;无限增大,如图 2-3 所示.

(4) $x_n=1+(-1)^n$:$0,2,0,2,\cdots,1+(-1)^n,\cdots$;交错,如图 2-4 所示.

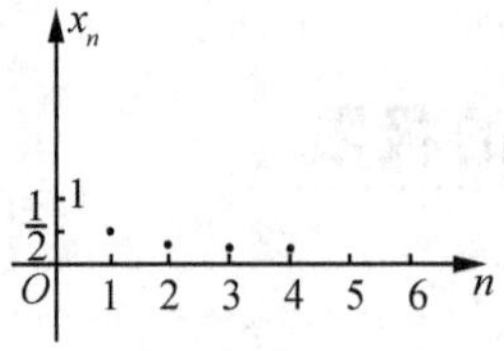

图 2-1

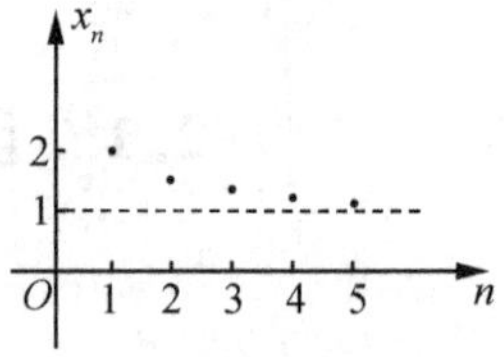

图 2-2

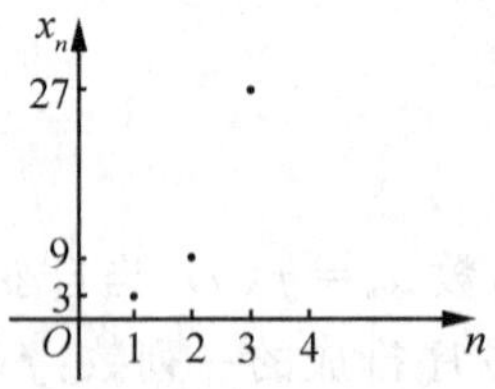

图 2-3

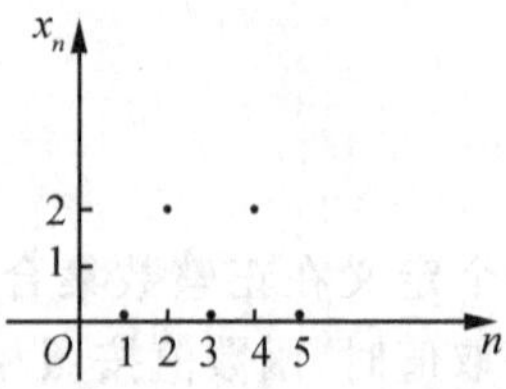

图 2-4

定义 2.1.2 设有数列$\{x_n\}$,若当 n 无限增大时,x_n 无限地接近于一个确定的常数 A,则称 A 为数列$\{x_n\}$的极限,记作

$$\lim_{n\to\infty}x_n=A \text{ 或 } x_n\to A(n\to\infty),$$

也称数列$\{x_n\}$收敛于 A. 否则,称数列$\{x_n\}$是发散的.

据此知前例中,数列(1)有$\lim\limits_{n\to\infty}\frac{1}{2^n}=0$,数列(2)有$\lim\limits_{n\to\infty}\left(1+\frac{1}{n}\right)=1$,而数列(3)、(4)均为发散的.

三、单调数列

定义 2.1.3　若数列$\{x_n\}$满足条件 $x_n\leqslant x_{n+1}$(或 $x_n\geqslant x_{n+1}$)($n\in\mathbf{N}^*$),则称数列$\{x_n\}$是单调增加(或单调减少)的. 单调增加和单调减少的数列统称为单调数列.

准则Ⅰ　单调有界数列必有极限.

根据准则Ⅰ可知一个重要数列$\{x_n\}=\left\{\left(1+\frac{1}{n}\right)^n\right\}$有极限,我们记这个极限为 e,即

$$\lim_{n\to\infty}\left(1+\frac{1}{n}\right)^n=\mathrm{e}.$$

e 是另一个重要的无理数,它的值是

$$\mathrm{e}=2.718281828459045\cdots.$$

2.1.2　函数的极限

一、$x\to\infty$ 时函数 $f(x)$ 的极限

1. $x\to+\infty$ 时函数 $f(x)$ 的极限

观察下列函数当 $x\to+\infty$ 时的变化趋势:

(1) $y=\left(\frac{1}{2}\right)^x$,当 $x\to+\infty$ 时,$y\to0$,如图 2-5 所示;

(2) $y=\arctan x$,当 $x\to+\infty$ 时,当 $y\to\frac{\pi}{2}$,如图 2-6 所示.

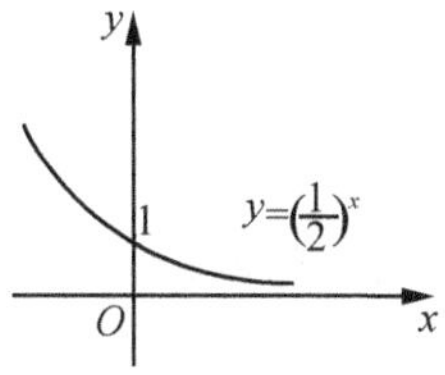

图 2-5

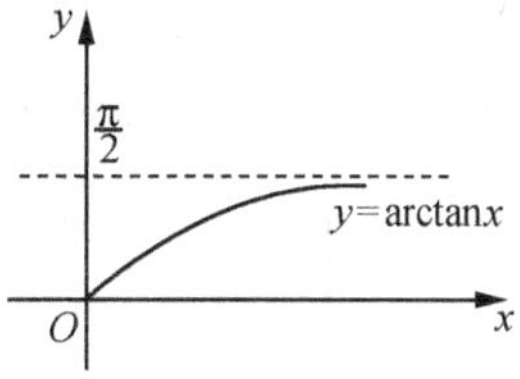

图 2-6

定义 2.1.4　设函数 $y=f(x)$在$(a,+\infty)$内有定义,如果当 $x\to+\infty$ 时,函数值 $f(x)$无限趋近于常数 A,那么称 A 为 $x\to+\infty$ 时函数 $y=f(x)$的极限,记作

$$\lim_{x\to+\infty}f(x)=A\ \text{或}\ f(x)\to A(x\to+\infty).$$

上例中,(1)可记为$\lim\limits_{x\to+\infty}\left(\frac{1}{2}\right)^x=0$,(2)可记为$\lim\limits_{x\to+\infty}\arctan x=\frac{\pi}{2}$.

2. $x\to-\infty$ 时函数 $f(x)$ 的极限

观察下列函数当 $x\to-\infty$ 时的变化趋势:

(1) $y=\mathrm{e}^x$,当 $x\to-\infty$ 时,$y\to0$,如图 2-7 所示;

(2) $y=\arctan x$,当 $x\to-\infty$时,$y\to-\frac{\pi}{2}$,如图 2-8 所示.

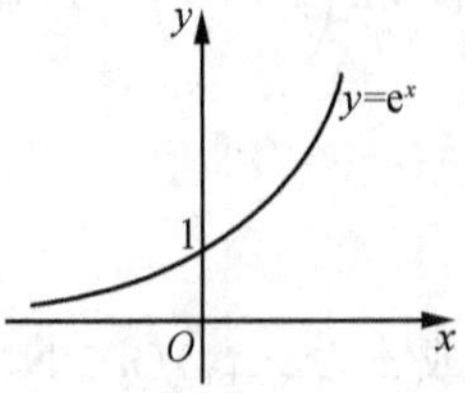

图 2-7

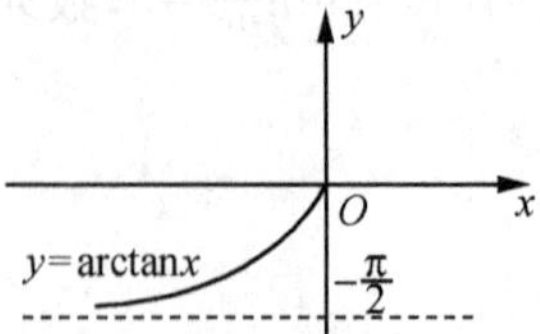

图 2-8

定义 2.1.5 设函数 $y=f(x)$在$(-\infty,a)$内有定义,当 $x\to-\infty$时,如果函数值 $f(x)$无限趋近于常数 A,那么称 A 为 $x\to-\infty$时函数 $y=f(x)$的极限,记作

$$\lim_{x\to-\infty}f(x)=A \text{ 或 } f(x)\to A(x\to-\infty).$$

上例中,(1)可记为 $\lim\limits_{x\to-\infty}e^x=0$,(2)可记为 $\lim\limits_{x\to-\infty}\arctan x=-\frac{\pi}{2}$.

3. $x\to\infty$ 时函数 $f(x)$的极限

观察下列函数当 $x\to+\infty$,$x\to-\infty$时的变化趋势:

(1) $y=1+\frac{1}{x}$,当 $x\to-\infty$时,$y\to1$,当 $x\to+\infty$时,$y\to1$,如图 2-9 所示;

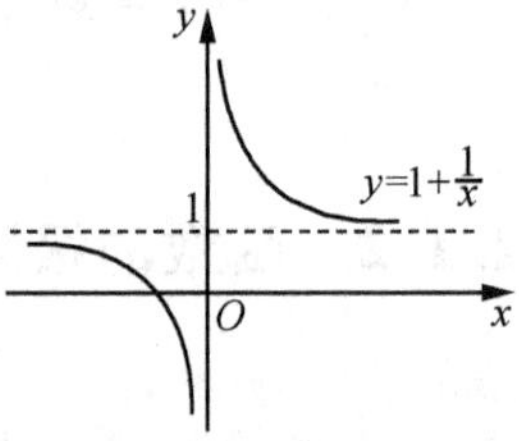

图 2-9

(2) $y=\arctan x$,当 $x\to-\infty$时,$y\to-\frac{\pi}{2}$,当 $x\to+\infty$时,$y\to\frac{\pi}{2}$.

定义 2.1.6 设函数 $y=f(x)$对充分大的$|x|$有定义,A 是一个常数,如果当 x 的绝对值无限增大时,对应的函数值 $f(x)$无限趋近于常数 A,那么称 A 为函数 $f(x)$当 $x\to\infty$时的极限,记作$\lim\limits_{x\to\infty}f(x)=A$ 或$f(x)\to A(x\to\infty)$.

上例中,(1)由于 $\lim\limits_{x\to-\infty}\left(1+\frac{1}{x}\right)=\lim\limits_{x\to+\infty}\left(1+\frac{1}{x}\right)=1$,所以 $\lim\limits_{x\to\infty}\left(1+\frac{1}{x}\right)=1$;(2) 由于 $\lim\limits_{x\to-\infty}\arctan x\neq\lim\limits_{x\to+\infty}\arctan x$,所以$\lim\limits_{x\to\infty}\arctan x$ 不存在.

定理 2.1.1 $\lim\limits_{x\to\infty}f(x)=A$ 的充要条件是 $\lim\limits_{x\to+\infty}f(x)=\lim\limits_{x\to-\infty}f(x)=A$.

例 1 讨论函数 $f(x)=\begin{cases}2^{\frac{1}{x}}, & x>0,\\ 2^x+1, & x\leqslant0\end{cases}$ 当 $x\to\infty$时的极限.

解 因为 $\lim\limits_{x\to+\infty}f(x)=\lim\limits_{x\to+\infty}2^{\frac{1}{x}}=1$, $\lim\limits_{x\to-\infty}f(x)=\lim\limits_{x\to-\infty}(2^x+1)=1$,即

$$\lim_{x\to+\infty}f(x)=\lim_{x\to-\infty}f(x)=1,$$

所以

$$\lim_{x\to\infty}f(x)=1.$$

二、$x\to x_0$ 时函数的极限

1. $x\to x_0$ 时函数的极限

为了讨论当 x 趋近于 x_0(记作 $x\to x_0$)时,对应的函数值 $f(x)$的变化趋势,我们先考察下面的例题.

例 2 讨论下列函数当 $x\to1$ 时的变化趋势:

(1) $f(x)=\dfrac{x^2-1}{x-1}$;

(2) $g(x)=\begin{cases}\dfrac{x^2-1}{x-1}, & x\neq 1,\\ 0, & x=1;\end{cases}$

(3) $h(x)=x+1$.

解　当 $x\neq 1$ 时，$f(x)=g(x)=h(x)$；在 $x=1$ 处，$f(x)$ 无定义，而 $g(x)$，$h(x)$ 均有定义，但 $g(1)=0$，$h(1)=2$.

作出三个函数的图象，如图 2-10 所示.

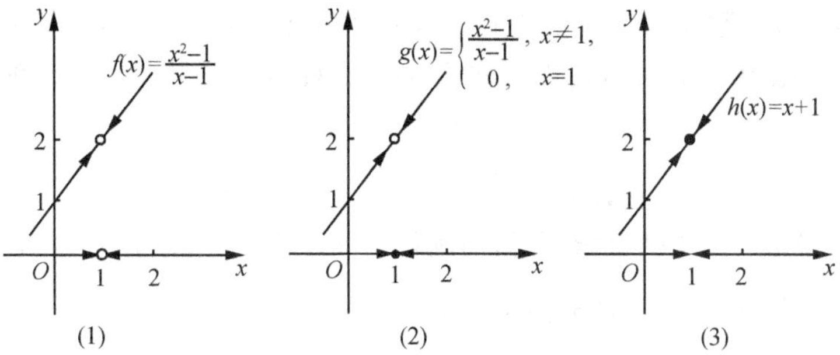

图 2-10

表 2-1 可以清楚地反映上面的结论. 从图 2-10 可观察到，当 $x\to 1$ 时，$f(x)$，$g(x)$，$h(x)$ 的值都无限趋近于常数 2.

表 2-1

x	0.8	0.9	0.99	0.999	$\cdots\to 1\leftarrow\cdots$	1.001	1.01	1.1	1.2
$f(x)$	1.8	1.9	1.99	1.999	$\cdots\to 2\leftarrow\cdots$	2.001	2.01	2.1	2.2
$g(x)$	1.8	1.9	1.99	1.999	$\cdots\to 2\leftarrow\cdots$	2.001	2.01	2.1	2.2
$h(x)$	1.8	1.9	1.99	1.999	$\cdots\to 2\leftarrow\cdots$	2.001	2.01	2.1	2.2

定义 2.1.7　设函数 $y=f(x)$ 在点 x_0 的某一空心邻域 $\mathring{U}(x_0,\delta)$ 内有定义，当 x 在 $\mathring{U}(x_0,\delta)$ 内无限接近于 x_0 时，如果函数值 $f(x)$ 无限接近于常数 A，那么称 A 是当 $x\to x_0$ 时函数 $y=f(x)$ 在点 x_0 处的极限，记为

$$\lim_{x\to x_0} f(x)=A \text{ 或 } f(x)\to A(x\to x_0).$$

那么，例 2 中有

$$\lim_{x\to 1} f(x)=\lim_{x\to 1} g(x)=\lim_{x\to 1} h(x)=2.$$

由例 2 不难发现：$x\to x_0$ 时对应函数值的变化趋势与函数在 x_0 处是否有定义无关，与函数在 x_0 处的函数值也无关.

2. 左极限与右极限

由例 2 的讨论我们可以看到，x 趋近于 x_0 时，有两种趋近方式：一种是从 x_0 的左侧趋近于 x_0，记作 $x\to x_0^-$；一种是从 x_0 的右侧趋近于 x_0，记作 $x\to x_0^+$.

例 3 函数 $f(x)=\begin{cases}1-x, & x\leqslant 0,\\ x, & x>0,\end{cases}$ 如图 2-11 所示,当 $x\to 0^-$ 时,$f(x)\to 1$,当 $x\to 0^+$ 时,$f(x)\to 0$,我们称 1,0 分别是 $f(x)$ 在 $x\to 0$ 时的左极限和右极限.

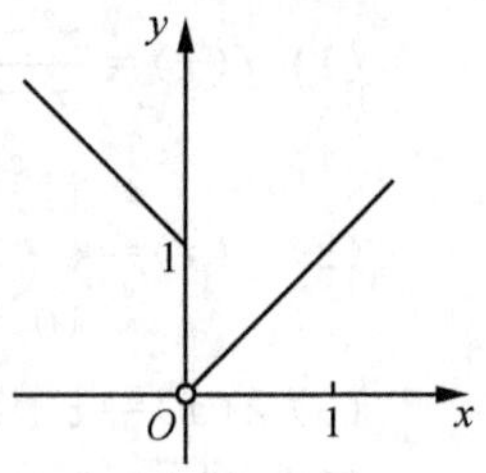

图 2-11

定义 2.1.8 设函数 $y=f(x)$ 在点 x_0 的某一左半邻域 $(x_0-\delta, x_0)$ $(\delta>0)$ 内有定义,如果当 $x\to x_0^-$ 时,函数值 $f(x)$ 无限趋近于常数 A,那么称 A 是函数 $y=f(x)$ 在点 x_0 处的左极限,记作

$$\lim_{x\to x_0^-} f(x)=A(\text{或 } f(x_0^-)=A).$$

定义 2.1.9 设函数 $y=f(x)$ 在点 x_0 的某一右半邻域 $(x_0, x_0+\delta)$ $(\delta>0)$ 内有定义,如果当 $x\to x_0^+$ 时,函数值 $f(x)$ 无限趋近于常数 A,那么称 A 是函数 $y=f(x)$ 在点 x_0 处的右极限,记作

$$\lim_{x\to x_0^+} f(x)=A(\text{或 } f(x_0^+)=A).$$

左极限和右极限均为单侧极限.前面的例题 3 可分别记作 $\lim\limits_{x\to 0^-} f(x)=1$,$\lim\limits_{x\to 0^+} f(x)=0$.

定理 2.1.2 $\lim\limits_{x\to x_0} f(x)=A$ 的充要条件是

$$\lim_{x\to x_0^-} f(x)=\lim_{x\to x_0^+} f(x)=A.$$

例 4 讨论函数 $f(x)=\begin{cases}x+1, & x<0,\\ x-1, & x\geqslant 0\end{cases}$ 当 $x\to 0$ 时的极限.

解 因为 $\lim\limits_{x\to 0^-} f(x)=\lim\limits_{x\to 0^-}(x+1)=1$,$\lim\limits_{x\to 0^+} f(x)=\lim\limits_{x\to 0^+}(x-1)=-1$,即有

$$\lim_{x\to 0^-} f(x)\neq \lim_{x\to 0^+} f(x),$$

所以 $\lim\limits_{x\to 0} f(x)$ 不存在.

例 5 讨论函数 $f(x)=\begin{cases}x+1, & x<0,\\ 0, & x=0,\\ e^x, & x>0\end{cases}$ 当 $x\to 0$ 时的极限.

解 因为 $\lim\limits_{x\to 0^-} f(x)=\lim\limits_{x\to 0^-}(x+1)=1$,$\lim\limits_{x\to 0^+} f(x)=\lim\limits_{x\to 0^+} e^x=1$,即有

$$\lim_{x\to 0^-} f(x)=\lim_{x\to 0^+} f(x)=1,$$

所以

$$\lim_{x\to 0} f(x)=1.$$

同步训练 2.1

1. 观察下列数列的变化趋势,对收敛数列,写出它的极限:

(1) $x_n=\dfrac{1}{2n}$;　　(2) $x_n=\dfrac{n}{n+1}$;

(3) $x_n=(-1)^n\dfrac{1}{2n+1}$;　　(4) $x_n=(-1)^n n$.

2. 下列函数的极限是否存在？若存在，求出它的极限；若不存在，请说明理由.

(1) $\lim\limits_{x\to 0}\sin x$；　　(2) $\lim\limits_{x\to\infty}\sin x$；

(3) $\lim\limits_{x\to\infty}\sin\dfrac{1}{x}$；　　(4) $\lim\limits_{x\to\infty}2^x$；

(5) $\lim\limits_{x\to 0}\dfrac{|x|}{x}$；

(6) $\lim\limits_{x\to 0}f(x)$，其中 $f(x)=\begin{cases}2^x, & x>0,\\ 0, & x=0,\\ 1+x^2, & x<0.\end{cases}$

3. 设函数

$$f(x)=\begin{cases}2x-1, & x<1,\\ 3, & x=1,\\ 1, & x>1,\end{cases}$$

画出它的图象，并分别讨论：(1) $\lim\limits_{x\to 0}f(x)$；　(2) $\lim\limits_{x\to 1}f(x)$；　(3) $\lim\limits_{x\to 2}f(x)$.

4. 设函数

$$f(x)=\begin{cases}x-1, & x\geqslant 1,\\ x, & -1<x<1,\end{cases}$$

分别讨论：(1) $\lim\limits_{x\to 0}f(x)$；　(2) $\lim\limits_{x\to 1}f(x)$；　(3) $\lim\limits_{x\to 2}f(x)$.

2.2 无穷小量与无穷大量

在上一节中，我们发现在 $x\to x_0$（或 $x\to\infty$）的过程中，函数 $y=f(x)$ 有两种变化趋势：一种是 $|f(x)|$ 无限变小，即 $f(x)\to 0$；另一种是 $|f(x)|$ 无限增大，即 $f(x)\to\infty$. 这些就是本节将要研究的内容.

2.2.1 无穷小量

定义 2.2.1 若 $\lim\limits_{x\to x_0}f(x)=0$，则称 $f(x)$ 是当 $x\to x_0$ 时的无穷小量，简称为无穷小.

将定义中的 $x\to x_0$ 换成 $x\to x_0^-$，$x\to x_0^+$，$x\to+\infty$，$x\to-\infty$，$x\to\infty$ 等可以定义不同形式的无穷小量. 例如：

当 $x\to 0$ 时，函数 $\sin x$，$\tan x$，$\cos x-1$ 都是无穷小量；

当 $x\to+\infty$ 时，函数 e^{-x}，$\arctan x-\dfrac{\pi}{2}$ 都是无穷小量；

当 $x\to 1$ 时，函数 $x-1$ 是无穷小量；

当 $x\to-\infty$ 时，函数 e^x，$\arctan x+\dfrac{\pi}{2}$ 都是无穷小量.

注 (1) 无穷小量必须指明自变量 x 的变化趋势，如当 $x\to 2$ 时，$x-1$ 就不是无穷小量；

(2) 绝不能将无穷小量与很小的常量相混淆,零是唯一可作为无穷小量的常数.

例 1 自变量 x 在怎样的变化趋向下,可使下列函数为无穷小量?

(1) $y=2x+1$; (2) $y=2^x$; (3) $y=\frac{1}{x+1}$; (4) $y=\frac{1}{3^x}$.

解 (1) 因为 $\lim\limits_{x\to-\frac{1}{2}}(2x+1)=0$,故当 $x\to-\frac{1}{2}$ 时,$2x+1$ 是无穷小量.

(2) 因为 $\lim\limits_{x\to-\infty}2^x=0$,故当 $x\to-\infty$ 时,2^x 是无穷小量.

(3) 因为 $\lim\limits_{x\to\infty}\frac{1}{x+1}=0$,故当 $x\to\infty$ 时,$\frac{1}{x+1}$ 是无穷小量.

(4) 因为 $\lim\limits_{x\to+\infty}\frac{1}{3^x}=0$,故当 $x\to+\infty$ 时,$\frac{1}{3^x}$ 是无穷小量.

设 $\lim\limits_{x\to x_0}f(x)=A$,即 $x\to x_0$ 时,$f(x)\to A$,也就是 $f(x)-A\to 0$,记 $f(x)-A=\alpha(x)$. 由此有以下定理:

定理 2.2.1 $\lim\limits_{x\to x_0}f(x)=A$ 的充要条件是 $f(x)=A+\alpha(x)$,其中 $\alpha(x)$ 当 $x\to x_0$ 时为无穷小量.

定理中自变量的变化趋势换成其他任何一种情形($x\to x_0^+$,$x\to x_0^-$,$x\to\infty$,$x\to+\infty$,$x\to-\infty$),结论仍成立.

无穷小量有以下重要性质.

性质 1 有限个无穷小量的和是无穷小量.

注 无穷多个无穷小量的和未必是无穷小量,如 $n\to\infty$ 时,$\frac{1}{n^2}$,$\frac{2}{n^2}$,…,$\frac{n}{n^2}$ 都是无穷小,然而

$$\lim_{x\to\infty}\left(\frac{1}{n^2}+\frac{2}{n^2}+\cdots+\frac{n}{n^2}\right)=\lim_{x\to\infty}\frac{n(n+1)}{2n^2}=\frac{1}{2}.$$

性质 2 无穷小量与有界函数的积是无穷小量.

例 2 求 $\lim\limits_{x\to\infty}\frac{\arctan x}{x}$.

解 因为

$$\lim_{x\to\infty}\frac{1}{x}=0,\ |\arctan x|<\frac{\pi}{2},$$

所以

$$\lim_{x\to\infty}\frac{\arctan x}{x}=0.$$

推论 1 常数与无穷小量的积是无穷小量.

推论 2 有限个无穷小量的积是无穷小量.

* **注** 两个无穷小量的商未必是无穷小量,如 $x\to 0$ 时,x,$2x$ 都是无穷小量,但是由 $\lim\limits_{x\to 0}\frac{2x}{x}=2$ 知,$\frac{2x}{x}$ 当 $x\to 0$ 时不是无穷小量.

2.2.2 无穷大量

定义 2.2.2 在自变量 x 的某个变化趋势中,若相应的函数值的绝对值 $|f(x)|$ 无限增

大，则称 $f(x)$ 为该自变量变化过程中的无穷大量；若相应的函数值 $f(x)$（或 $-f(x)$）无限增大，则称 $f(x)$ 为该自变量变化过程中的正（或负）无穷大量. 若函数 $f(x)$ 是 $x\to x_0$ 时的无穷大量，记作 $\lim\limits_{x\to x_0}f(x)=\infty$；若 $f(x)$ 是 $x\to\infty$ 时的正无穷大量，记作 $\lim\limits_{x\to\infty}f(x)=+\infty$；若 $f(x)$ 是 $x\to x_0^+$ 时的负无穷大量，记作 $\lim\limits_{x\to x_0^+}f(x)=-\infty$.

例如，$\lim\limits_{x\to\frac{1}{2}}\dfrac{1}{2x-1}=\infty$，所以 $x\to\dfrac{1}{2}$ 时，$\dfrac{1}{2x-1}$ 为无穷大量；

$\lim\limits_{x\to 0^+}\log_2 x=-\infty$，所以 $x\to 0^+$ 时，$\log_2 x$ 是（负）无穷大量；

$\lim\limits_{x\to-\infty}\left(\dfrac{1}{2}\right)^x=+\infty$，所以 $x\to-\infty$ 时，$\left(\dfrac{1}{2}\right)^x$ 是（正）无穷大量.

定理 2.2.2　在自变量的同一变化过程中，若 $f(x)$ 为无穷大量，则 $\dfrac{1}{f(x)}$ 为无穷小量；反之，若 $f(x)$ 为无穷小量，且 $f(x)\neq 0$，则 $\dfrac{1}{f(x)}$ 为无穷大量.

例如，当 $x\to 1$ 时，$f(x)=1-x$ 是无穷小量，而 $\dfrac{1}{f(x)}=\dfrac{1}{1-x}$ 是无穷大量.

2.2.3　无穷小量的阶

定义 2.2.3　设 $f(x)$ 与 $g(x)$ 当 $x\to x_0$ 时都是无穷小量.

(1) 若 $\lim\limits_{x\to x_0}\dfrac{f(x)}{g(x)}=0$，则称 $f(x)$ 是比 $g(x)$ 高阶的无穷小，记作 $f(x)=o(g(x))\ (x\to x_0)$；

(2) 若 $\lim\limits_{x\to x_0}\dfrac{f(x)}{g(x)}=C\ (C\neq 1)$，则称 $f(x)$ 与 $g(x)$ 是同阶无穷小；

(3) 若 $\lim\limits_{x\to x_0}\dfrac{f(x)}{g(x)}=1$，则称 $f(x)$ 与 $g(x)$ 是等价无穷小，记作 $f(x)\sim g(x)\ (x\to x_0)$.

例如，因为 $\lim\limits_{x\to 0}\dfrac{x^2}{x}=0$，所以 $x^2=o(x)\ (x\to 0)$；因为 $\lim\limits_{x\to 0}\dfrac{2x}{x}=2$，所以 $2x$ 与 x 是同阶无穷小 $(x\to 0)$；在第 4 节中我们将证明 $\lim\limits_{x\to 0}\dfrac{\sin x}{x}=1$，所以 $\sin x\sim x\ (x\to 0)$.

若 $f(x)=o(g(x))$，则 $f(x)$ 趋向于 0 的速度比 $g(x)$ 快得多；若 $f(x)$ 与 $g(x)$ 是同阶无穷小，则 $f(x)$ 趋向于 0 的速度与 $g(x)$ 趋向于 0 的速度差不多. 特别地，若 $f(x)\sim g(x)$，则 $f(x)$ 与 $g(x)$ 趋向于 0 的速度相等.

表 2-2 可以清楚地反映上面的结论.

表 2-2

x	1	0.5	0.25	0.125	0.0625	0.03125	…	$\to 0$
x^2	1	0.25	0.625	0.01563	0.00391	0.000977	…	$\to 0$
$2x$	2	1	0.5	0.25	0.125	0.0625	…	$\to 0$
$\sin x$	0.8415	0.4794	0.2474	0.1247	0.06246	0.03124	…	$\to 0$

同步训练 2.2

1. 观察下列函数,并指出哪些是无穷小量,哪些是无穷大量:

(1) $\sin x(x\to 0)$; (2) $\tan x(x\to 0^-)$;

(3) $e^{-x}(x\to -\infty)$; (4) $\ln x(x\to 0^+)$;

(5) $e^{\frac{1}{x}}(x\to 0^+)$; (6) $2^x-1(x\to 0)$.

2. 指出自变量 x 在怎样的变化过程中,下列函数为无穷小量:

(1) $y=\dfrac{1}{x-1}$; (2) $y=2x-1$;

(3) $y=2^{-x}$; (4) $y=\left(\dfrac{1}{4}\right)^x$.

3. 指出自变量 x 在怎样的变化过程中,下列函数为无穷大量:

(1) $y=\dfrac{1}{x}$; (2) $y=x-1$;

(3) $y=2^{-x}$; (4) $y=2^{\frac{1}{x}}$.

4. 求下列极限:

(1) $\lim\limits_{x\to\infty}\dfrac{1+\sin x}{x}$; (2) $\lim\limits_{x\to 0}x\sin\dfrac{1}{x}$;

(3) $\lim\limits_{x\to 0}x\cos\dfrac{1}{x}$; (4) $\lim\limits_{x\to 0}x\arctan x$.

5. 比较下列无穷小量的阶:

(1) x^2-1 与 $x+1(x\to -1)$; (2) $\left(\dfrac{1}{2}\right)^n$ 与 $\left(\dfrac{1}{3}\right)^n(n\to\infty)$.

2.3 极限的性质与运算法则

本节讨论极限的性质,介绍极限的运算法则,并用这些法则求一些函数的极限.下面仅以 $x\to x_0$ 时的函数极限为例进行阐述,其他形式的极限结果类似.

2.3.1 极限的性质

性质 1(唯一性) 若 $\lim\limits_{x\to x_0}f(x)=A$, $\lim\limits_{x\to x_0}f(x)=B$,则 $A=B$.

性质 2(有界性) 若 $\lim\limits_{x\to x_0}f(x)=A$,则存在点 x_0 的某一空心邻域 $\mathring{U}(x_0,\delta)$,在 $\mathring{U}(x_0,\delta)$ 内函数 $f(x)$ 有界.

性质 3(保号性) 若 $\lim\limits_{x\to x_0}f(x)=A$,且 $A>0$(或 $A<0$),则存在某个空心邻域 $\mathring{U}(x_0,\delta)$,

在$\mathring{U}(x_0,\delta)$内$f(x)>0$(或$f(x)<0$).

推论　若在某个$\mathring{U}(x_0,\delta)$内,$f(x)\geqslant 0$(或$f(x)\leqslant 0$),且$\lim\limits_{x\to x_0}f(x)=A$,则$A\geqslant 0$(或$A\leqslant 0$).

2.3.2　极限的运算法则

定理 2.3.1　设$\lim\limits_{x\to x_0}f(x)=A$,$\lim\limits_{x\to x_0}g(x)=B$,则

(1) $\lim\limits_{x\to x_0}[f(x)\pm g(x)]=\lim\limits_{x\to x_0}f(x)\pm\lim\limits_{x\to x_0}g(x)=A\pm B$;

(2) $\lim\limits_{x\to x_0}[f(x)\cdot g(x)]=\lim\limits_{x\to x_0}f(x)\cdot\lim\limits_{x\to x_0}g(x)=A\cdot B$;

(3) $\lim\limits_{x\to x_0}\dfrac{f(x)}{g(x)}=\dfrac{\lim\limits_{x\to x_0}f(x)}{\lim\limits_{x\to x_0}g(x)}=\dfrac{A}{B}(B\neq 0)$.

我们证明定理中的(2),其余留给读者思考.

证　因为$\lim\limits_{x\to x_0}f(x)=A$,$\lim\limits_{x\to x_0}g(x)=B$,由第2节定理2.2.1,知$f(x)=A+\alpha(x)$,$g(x)=B+\beta(x)$,其中$\alpha(x)$,$\beta(x)$都是当$x\to x_0$时的无穷小量,以下简记为$\alpha$,$\beta$,于是$f(x)\cdot g(x)=(A+\alpha)(B+\beta)=A\cdot B+(A\cdot\beta+B\cdot\alpha+\alpha\cdot\beta)$.又由第2节无穷小量的性质知$A\cdot\beta$,$B\cdot\alpha$,$\alpha\cdot\beta$都是无穷小量,且$A\cdot\beta+B\cdot\alpha+\alpha\cdot\beta$也是无穷小量,因此$\lim\limits_{x\to x_0}[f(x)\cdot g(x)]=\lim\limits_{x\to x_0}f(x)\cdot\lim\limits_{x\to x_0}g(x)=A\cdot B$.

定理中的(1)、(2)可以推广到有限个函数的情形.

推论 1　如果$\lim\limits_{x\to x_0}f(x)$存在,$C$为常数,那么$\lim\limits_{x\to x_0}[Cf(x)]=C\lim\limits_{x\to x_0}f(x)$.

推论 2　如果$\lim\limits_{x\to x_0}f(x)$存在,$n\in\mathbf{N}$,那么$\lim\limits_{x\to x_0}[f(x)]^n=[\lim\limits_{x\to x_0}f(x)]^n$.

例 1　设$P_n(x)=a_0+a_1x+a_2x^2+\cdots+a_nx^n$,对任意$x_0\in\mathbf{R}$,证明:$\lim\limits_{x\to x_0}P_n(x)=P_n(x_0)$.

证　
$$\begin{aligned}\lim_{x\to x_0}P_n(x)&=\lim_{x\to x_0}(a_0+a_1x+a_2x^2+\cdots+a_nx^n)\\&=\lim_{x\to x_0}a_0+a_1\lim_{x\to x_0}x+a_2\lim_{x\to x_0}x^2+\cdots+a_n\lim_{x\to x_0}x^n\\&=a_0+a_1x_0+a_2x_0^2+\cdots+a_nx_0^n.\end{aligned}$$

由例1可知,求多项式函数$P_n(x)$在$x\to x_0$时的极限,只需要计算$P_n(x)$在x_0处的函数值$P_n(x_0)$.

例 2　求$\lim\limits_{x\to 1}(x^3+2x^2-1)$.

解　由例1知$\lim\limits_{x\to 1}(x^3+2x^2-1)=(x^3+2x^2-1)\big|_{x=1}=2$.

例 3　求$\lim\limits_{x\to 1}\dfrac{2x-1}{x^2+2}$.

解　因为$\lim\limits_{x\to 1}(x^2+2)=3\neq 0$,所以
$$\lim_{x\to 1}\frac{2x-1}{x^2+2}=\frac{\lim\limits_{x\to 1}(2x-1)}{\lim\limits_{x\to 1}(x^2+2)}=\frac{1}{3}.$$

例 4　求$\lim\limits_{x\to 1}\dfrac{x^2-3}{x^2-5x+4}$.

解 因为$\lim\limits_{x\to 1}(x^2-5x+4)=0$,所以不能用商的极限运算法则,但是由于$\lim\limits_{x\to 1}(x^2-3)=-2\neq 0$,故$\lim\limits_{x\to 1}\dfrac{x^2-5x+4}{x^2-3}=0$. 根据无穷小量与无穷大量的关系知

$$\lim_{x\to 1}\frac{x^2-3}{x^2-5x+4}=\infty.$$

例 5 求$\lim\limits_{x\to 1}\dfrac{\sqrt{x}-1}{x-1}$.

解 $\lim\limits_{x\to 1}(\sqrt{x}-1)=\lim\limits_{x\to 1}(x-1)=0$,称这种极限为"$\dfrac{0}{0}$"型未定式,与例 4 不同.

方法 1(分母因式分解)

$$\lim_{x\to 1}\frac{\sqrt{x}-1}{x-1}=\lim_{x\to 1}\frac{\sqrt{x}-1}{(\sqrt{x}+1)(\sqrt{x}-1)}=\lim_{x\to 1}\frac{1}{\sqrt{x}+1}=\frac{1}{2}.$$

方法 2(分子有理化)

$$\lim_{x\to 1}\frac{(\sqrt{x}-1)(\sqrt{x}+1)}{(x-1)(\sqrt{x}+1)}=\lim_{x\to 1}\frac{x-1}{(x-1)(\sqrt{x}+1)}=\lim_{x\to 1}\frac{1}{\sqrt{x}+1}=\frac{1}{2}.$$

例 6 求$\lim\limits_{x\to 1}\left(\dfrac{x}{x-1}-\dfrac{2}{x^2-1}\right)$.

解 当 $x\to 1$ 时,$\dfrac{x}{x-1}\to\infty$,$\dfrac{2}{x^2-1}\to\infty$,称这种极限为"$\infty-\infty$"型未定式. 这时一般将其恒等变形成"$\dfrac{0}{0}$"或"$\dfrac{\infty}{\infty}$"型的极限,再去求解.

$$\lim_{x\to 1}\left(\frac{x}{x-1}-\frac{2}{x^2-1}\right)=\lim_{x\to 1}\frac{(x-1)(x+2)}{(x-1)(x+1)}=\frac{3}{2}.$$

例 7 求$\lim\limits_{x\to\infty}(x^3-x+5)$.

解 $\lim\limits_{x\to\infty}(x^3-x+5)=\lim\limits_{x\to\infty}\dfrac{1-\dfrac{1}{x^2}+\dfrac{5}{x^3}}{\dfrac{1}{x^3}}=\infty$.

例 8 求$\lim\limits_{n\to\infty}\dfrac{2n^2-2n+1}{3n^2+n-1}$.

解 将分子、分母同除以 n^2,得

$$\lim_{n\to\infty}\frac{2n^2-2n+1}{3n^2+n-1}=\lim_{n\to\infty}\frac{2-\dfrac{2}{n}+\dfrac{1}{n^2}}{3+\dfrac{1}{n}-\dfrac{1}{n^2}}=\frac{2}{3}.$$

例 9 求$\lim\limits_{x\to\infty}\dfrac{4x^3+x^2+1}{3x^4-1}$.

解 将分子、分母同除以 x^4,得

$$\lim_{x\to\infty}\frac{4x^3+x^2+1}{3x^4-1}=\lim_{x\to\infty}\frac{\dfrac{4}{x}+\dfrac{1}{x^2}+\dfrac{1}{x^4}}{3-\dfrac{1}{x^4}}=0.$$

易知

$$\lim_{x\to\infty}\frac{3x^4-1}{4x^3+x^2+1}=\infty.$$

总结例7、例8、例9及例9的变形式的结果可得如下结论：

$$\lim_{x\to\infty}\frac{a_0+a_1x+a_2x^2+\cdots+a_nx^n}{b_0+b_1x+b_2x^2+\cdots+b_mx^m}=\begin{cases}\dfrac{a_n}{b_m}, & m=n,\\ \infty, & m<n,\\ 0, & m>n,\end{cases}$$

其中 $a_n\neq0,b_m\neq0,m,n$ 均为正整数.

同步训练 2.3

1. 求下列极限：

(1) $\lim\limits_{x\to0}\dfrac{x-5}{x^2+3}$；

(2) $\lim\limits_{x\to1}\dfrac{x^2-1}{x^2+1}$；

(3) $\lim\limits_{x\to1}(3x^2-2x+1)$；

(4) $\lim\limits_{x\to3}\dfrac{x^3-27}{x^2-9}$；

(5) $\lim\limits_{x\to3}\dfrac{x+1}{x-3}$；

(6) $\lim\limits_{x\to1}\dfrac{x^2+2x-3}{x^2-1}$；

(7) $\lim\limits_{x\to2}\dfrac{x^2-4x+4}{x^2-4}$；

(8) $\lim\limits_{h\to0}\dfrac{(x+h)^2-x^2}{h}$；

(9) $\lim\limits_{x\to\infty}\dfrac{x^3-1}{x^4+1}$；

(10) $\lim\limits_{x\to\infty}\dfrac{2-x^2}{x^2+1}$；

(11) $\lim\limits_{x\to\infty}\dfrac{x^5-3x+4}{x^4-3x^2+2x-1}$；

(12) $\lim\limits_{x\to\infty}\dfrac{3x+\sin x}{2x}$；

(13) $\lim\limits_{x\to\frac{\pi}{4}}\dfrac{\cos2x}{\cos x-\sin x}$；

(14) $\lim\limits_{n\to\infty}\left(1+\dfrac{1}{2}+\dfrac{1}{2^2}+\dfrac{1}{2^3}+\cdots+\dfrac{1}{2^n}\right)$.

2. 求 $\lim\limits_{n\to\infty}\left[\dfrac{1}{1\cdot2}+\dfrac{1}{2\cdot3}+\dfrac{1}{3\cdot4}+\cdots+\dfrac{1}{(n-1)n}\right]$.

***3.** 已知 a,b 为常数，$\lim\limits_{n\to\infty}\dfrac{an^2+bn+2}{2n-1}=3$，试确定 a,b 的值.

***4.** 若 $\lim\limits_{x\to1}\dfrac{x^2+ax+b}{1-x}=5$，求常数 a,b 的值.

***5.** 若 $\lim\limits_{x\to\infty}\left(\dfrac{x^2+1}{x+1}-ax-b\right)=0$，求常数 a,b 的值.

2.4 两个重要极限

本节先介绍一个极限存在的准则，然后在此基础上，给出在微分学中具有重要作用的两个极限，并用这两个重要极限求一些函数的极限.

2.4.1 重要极限$\lim\limits_{x\to 0}\frac{\sin x}{x}=1$

准则Ⅱ(夹逼准则) 若

(1) 当 $x\in \mathring{U}(x_0,\delta)$时,有 $g(x)\leqslant f(x)\leqslant h(x)$;

(2) $\lim\limits_{x\to x_0}g(x)=\lim\limits_{x\to x_0}h(x)=A$,

则$\lim\limits_{x\to x_0}f(x)$存在,且$\lim\limits_{x\to x_0}f(x)=A$.

注 若把准则中 $x\to x_0$ 换成自变量的其他变化过程,结论也成立.

$^{+}$**例 1** 用夹逼准则证明:$\lim\limits_{n\to\infty}\left(\frac{1}{\sqrt{n^2+1}}+\frac{1}{\sqrt{n^2+2}}+\cdots+\frac{1}{\sqrt{n^2+n}}\right)=1$.

证 因为

$$\frac{n}{\sqrt{n^2+n}}<\frac{1}{\sqrt{n^2+1}}+\frac{1}{\sqrt{n^2+2}}+\cdots+\frac{1}{\sqrt{n^2+n}}<\frac{n}{\sqrt{n^2+1}},$$

又

$$\lim_{n\to\infty}\frac{n}{\sqrt{n^2+n}}=\lim_{n\to\infty}\frac{1}{\sqrt{1+\frac{1}{n}}}=1,$$

$$\lim_{n\to\infty}\frac{n}{\sqrt{n^2+1}}=\lim_{n\to\infty}\frac{1}{\sqrt{1+\frac{1}{n^2}}}=1,$$

所以根据夹逼准则,有

$$\lim_{n\to\infty}\left(\frac{1}{\sqrt{n^2+1}}+\frac{1}{\sqrt{n^2+2}}+\cdots+\frac{1}{\sqrt{n^2+n}}\right)=1.$$

表 2-3

x	1	0.5	0.25	0.125	0.0625	0.03125	…	$\to 0$
$\frac{\sin x}{x}$	0.8415	0.9588	0.9896	0.9974	0.99935	0.99984	…	$\to 1$

观察表 2-3 可得公式 1.

公式 1 $\lim\limits_{x\to 0}\frac{\sin x}{x}=1$.

证 因为函数$\frac{\sin x}{x}$是偶函数,所以由对称性知只要证明 $\lim\limits_{x\to 0^+}\frac{\sin x}{x}=1$ 即可.事实上,在如图 2-12 所示的单位圆内,当 $0<x<\frac{\pi}{2}$时,显然有 $S_{\triangle OAD}<S_{扇形OAD}<S_{\triangle OAB}$,即

$$\frac{1}{2}\sin x<\frac{1}{2}x<\frac{1}{2}\tan x,$$

于是 $1<\frac{x}{\sin x}<\frac{1}{\cos x}$,即

$$\cos x<\frac{\sin x}{x}<1.$$

而 $\lim\limits_{x\to 0^+}1=\lim\limits_{x\to 0^+}\cos x=1$,由夹逼准则,有

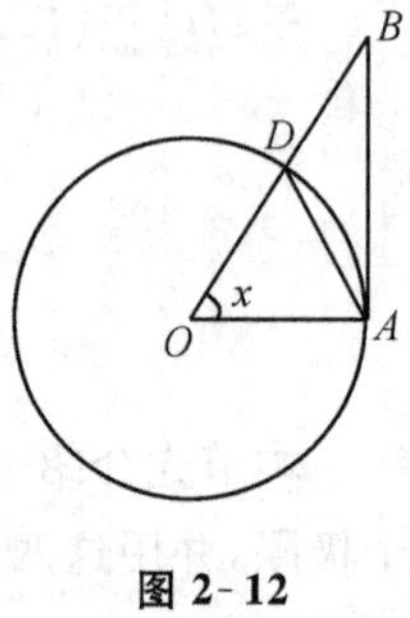

图 2-12

$$\lim_{x\to 0^+}\frac{\sin x}{x}=1,$$

所以$\lim\limits_{x\to 0}\frac{\sin x}{x}=1$.

*注　公式 1 可写成$\lim\limits_{\square\to 0}\frac{\sin\square}{\square}=1$（“□”代表同样的变量或同样的表达式）的形式.

例 2　求$\lim\limits_{x\to 0}\frac{\tan x}{x}$.

解　$\lim\limits_{x\to 0}\frac{\tan x}{x}=\lim\limits_{x\to 0}\frac{\sin x}{x}\cdot\frac{1}{\cos x}=\lim\limits_{x\to 0}\frac{\sin x}{x}\cdot\lim\limits_{x\to 0}\frac{1}{\cos x}=1$.

例 3　求$\lim\limits_{x\to 0}\frac{\arcsin x}{x}$.

解　令 $\arcsin x=t$，则 $x=\sin t$，且 $x\to 0$ 时，$t\to 0$，则

$$\lim_{x\to 0}\frac{\arcsin x}{x}=\lim_{t\to 0}\frac{t}{\sin t}=1.$$

例 4　求$\lim\limits_{x\to 0}\frac{1-\cos x}{x^2}$.

解　$\lim\limits_{x\to 0}\frac{1-\cos x}{x^2}=\lim\limits_{x\to 0}\frac{2\sin^2\frac{x}{2}}{x^2}=\frac{1}{2}\lim\limits_{\frac{x}{2}\to 0}\left(\frac{\sin\frac{x}{2}}{\frac{x}{2}}\right)^2=\frac{1}{2}$.

在第 2 节中，我们介绍了等价无穷小的概念. 由前面内容我们可以得到：当 $x\to 0$ 时，$\sin x\sim x$，$\arcsin x\sim x$，$\tan x\sim x$，$\arctan x\sim x$（请自行验证），$1-\cos x\sim\frac{x^2}{2}$等. 我们可以利用等价无穷小简化某些极限的计算.

定理 2.4.1　设在 $x\to x_0$ 时，$\alpha,\alpha',\beta,\beta'$ 均为无穷小，$\alpha\sim\alpha'$，$\beta\sim\beta'$，且$\lim\limits_{x\to x_0}\frac{\beta'}{\alpha'}$存在，则$\lim\limits_{x\to x_0}\frac{\beta}{\alpha}=\lim\limits_{x\to x_0}\frac{\beta'}{\alpha'}$.

证　$\lim\limits_{x\to x_0}\frac{\beta}{\alpha}=\lim\limits_{x\to x_0}\left(\frac{\beta}{\beta'}\cdot\frac{\alpha'}{\alpha}\cdot\frac{\beta'}{\alpha'}\right)=\lim\limits_{x\to x_0}\frac{\beta}{\beta'}\cdot\lim\limits_{x\to x_0}\frac{\alpha'}{\alpha}\cdot\lim\limits_{x\to x_0}\frac{\beta'}{\alpha'}=\lim\limits_{x\to x_0}\frac{\beta'}{\alpha'}$.

注　在求极限时，分式中分子、分母的无穷小因子（一定要是因子）可以用其等价无穷小代换，从而简化计算.

例 5　求$\lim\limits_{x\to 0}\frac{\sin 5x}{\tan 3x}$.

解　当 $x\to 0$ 时，$\sin 5x\sim 5x$，$\tan 3x\sim 3x$，所以

$$\lim_{x\to 0}\frac{\sin 5x}{\tan 3x}=\lim_{x\to 0}\frac{5x}{3x}=\frac{5}{3}.$$

例 6　求$\lim\limits_{x\to 0}\frac{\tan x-\sin x}{x^3}$.

解　因为 $\tan x-\sin x=\tan x(1-\cos x)$，当 $x\to 0$ 时，$\tan x\sim x$，$1-\cos x\sim\frac{x^2}{2}$，所以

$$\lim_{x\to 0}\frac{\tan x-\sin x}{x^3}=\lim_{x\to 0}\frac{x\cdot\frac{x^2}{2}}{x^3}=\frac{1}{2}.$$

2.4.2 重要极限$\lim\limits_{x\to 0}(1+x)^{\frac{1}{x}}=\mathrm{e}$

由第 1 节准则 Ⅰ 及数列极限$\lim\limits_{n\to\infty}\left(1+\frac{1}{n}\right)^n=\mathrm{e}$,同时观察表 2-4,可以得到公式 2.

表 2-4

x	1	2	5	10	100	1000	10000	100000	$\cdots\to+\infty$
$\left(1+\frac{1}{x}\right)^x$	2	2.250	2.488	2.594	2.705	2.717	2.71814	2.71827	$\cdots$
x	-10	-100	-1000	-10000	-100000	-1000000	$\cdots\to-\infty$		
$\left(1+\frac{1}{x}\right)^x$	2.868	2.732	2.719	2.7184	2.7183	2.71828	$\cdots$		

公式 2 $\lim\limits_{x\to\infty}\left(1+\frac{1}{x}\right)^x=\mathrm{e}.$

令$\frac{1}{x}=t$,则 $x\to\infty$时,$t\to 0$,于是得到公式 2 的一个变形:

$$\lim_{t\to 0}(1+t)^{\frac{1}{t}}=\mathrm{e}\text{ 或}\lim_{x\to 0}(1+x)^{\frac{1}{x}}=\mathrm{e}.$$

*__注__ 公式 2 的形式可以写成

$$\lim_{\square\to\infty}\left(1+\frac{1}{\square}\right)^{\square}=\mathrm{e}\text{ 或}\lim_{\square\to 0}(1+\square)^{\frac{1}{\square}}=\mathrm{e}.$$

以上两式中的“□”代表同一个变量或表达式.

例 7 求$\lim\limits_{x\to\infty}\left(1+\frac{1}{x}\right)^{\frac{x}{2}}$.

解 因为$\left(1+\frac{1}{x}\right)^{\frac{x}{2}}=\left[\left(1+\frac{1}{x}\right)^x\right]^{\frac{1}{2}}$,且$\lim\limits_{x\to\infty}\left(1+\frac{1}{x}\right)^x=\mathrm{e}$,所以

$$\lim_{x\to\infty}\left(1+\frac{1}{x}\right)^{\frac{x}{2}}=\lim_{x\to\infty}\left[\left(1+\frac{1}{x}\right)^x\right]^{\frac{1}{2}}=\left[\lim_{x\to\infty}\left(1+\frac{1}{x}\right)^x\right]^{\frac{1}{2}}=\mathrm{e}^{\frac{1}{2}}.$$

例 8 求$\lim\limits_{x\to\infty}\left(1-\frac{2}{x}\right)^x$.

解 令$-\frac{2}{x}=t$,则 $x=-\frac{2}{t}$,当 $x\to\infty$时,$t\to 0$,于是

$$\lim_{x\to\infty}\left(1-\frac{2}{x}\right)^x=\lim_{t\to 0}(1+t)^{-\frac{2}{t}}=[\lim_{t\to 0}(1+t)^{\frac{1}{t}}]^{-2}=\mathrm{e}^{-2}.$$

+**例 9** 求$\lim\limits_{x\to\infty}\left(\frac{3-x}{2-x}\right)^x$.

解 令$\frac{3-x}{2-x}=1+u$,则 $x=2-\frac{1}{u}$,当 $x\to\infty$时,$u\to 0$,于是

$$\begin{aligned}\lim_{x\to\infty}\left(\frac{3-x}{2-x}\right)^x&=\lim_{u\to 0}(1+u)^{2-\frac{1}{u}}=\lim_{u\to 0}[(1+u)^{-\frac{1}{u}}(1+u)^2]\\&=[\lim_{u\to 0}(1+u)^{\frac{1}{u}}]^{-1}[\lim_{u\to 0}(1+u)^2]=\mathrm{e}^{-1}.\end{aligned}$$

所谓复利计息,就是将前一期的利息与本金之和作为后一期的本金,然后反复计息.

设将一笔本金 A_0 存入银行，年利率为 r，则第一年年末的本利和为

$$A_1=A_0+rA_0=A_0(1+r).$$

把 A_1 作为本金存入银行，年利率为 r，则第二年年末的本利和为

$$A_2=A_1+rA_1=A_1(1+r)=A_0(1+r)^2.$$

再把 A_2 作为本金存入银行，年利率为 r，如此反复，则第 t 年年末的本利和为

$$A_t=A_0(1+r)^t.$$

这就是以一年为期的复利公式. 若把一年均分为 n 期计息，年利率为 r，则每期的利率为 $\frac{r}{n}$，于是推得第 t 年年末的本利和的离散复利公式为

$$A_n(t)=A_0\left(1+\frac{r}{n}\right)^{nt}.$$

若计息期无限缩短，即期数 $n\to\infty$，于是得到计算连续复利的 $\frac{r}{n}$ 复利公式为

$$A(t)=\lim_{n\to\infty}A_n(t)=\lim_{n\to\infty}A_0\left(1+\frac{r}{n}\right)^{nt}=A_0\lim_{n\to\infty}\left[\left(1+\frac{r}{n}\right)^{\frac{n}{r}}\right]^{rt}=A_0e^{rt}.$$

上式中的本金 A_0 称为现在值或现值，第 t 年年末的本利和 $A_n(t)$ 或 $A(t)$ 称为未来值. 已知现在值 A_0，求未来值 $A_n(t)$ 或 $A(t)$ 就是复利问题；已知未来值 $A_n(t)$ 或 $A(t)$，求现在值 A_0 就是贴现问题，这时称利率 r 为贴现率.

对应的离散情况贴现公式为

$$A_0=A_t\left(1+\frac{r}{n}\right)^{-nt}.$$

连续贴现公式为

$$A_0=A_te^{-rt}.$$

类似于连续复利问题的数学模型，在研究人口增长、森林增长、细菌繁殖、购房贷款、物体冷却、放射性元素的衰变等许多实际问题中都会遇到，因此有重要的实际意义.

***例 10**　某医院进口一台彩色超声波诊断仪，贷款 20 万美元，以复利计息，年利率为 4%，九年后到期一次还本付息，试分别按下列方式确定贷款到期时的还款总额：

(1) 若一年计息 2 期；

(2) 若按连续复利计息.

解　(1) $A_0=20$，$r=0.04$，$n=2$，$t=9$. 九年后到期一次还本付息的还款总额为

$$A_9=20\times\left(1+\frac{0.04}{2}\right)^{2\times9}\approx28.5649(\text{万美元}).$$

(2) $A_0=20$，$r=0.04$，$t=9$. 九年后到期一次还本付息的还款总额为

$$A_9=20e^{0.04\times9}\approx28.66658(\text{万美元}).$$

***例 11**　设年利率为 6%，按照下列方式现投资多少元，第十年年末可得 120000 元？

(1) 按离散情况计息，每年计息 4 期；

(2) 按连续复利计息.

解　(1) $A_{10}=120000$，$r=0.06$，$n=4$，$t=10$. 则由对应的离散情况贴现公式得

$$A_0=120000\times\left(1+\frac{0.06}{4}\right)^{-4\times10}\approx66151.48(\text{元}).$$

(2) $A_{10}=120000$, $r=0.06$, $t=10$. 则由连续贴现公式得

$$A_0=120000e^{-0.06\times 10}\approx 65857.35(\text{元}).$$

⁺思考问题:以下四个等式给你怎样的启示?

$$(1+0.01)^{365}=1.01^{365}\approx 37.78343433289,$$
$$(1+0.02)^{365}=1.02^{365}\approx 1377.408291966,$$
$$(1-0.01)^{365}=0.99^{365}\approx 0.02551796445229,$$
$$(1-0.02)^{365}=0.98^{365}\approx 0.0006273611592.$$

同步训练 2.4

1. 求下列极限:

(1) $\lim\limits_{x\to 0}\dfrac{\sin 6x}{\sin 4x}$;

(2) $\lim\limits_{x\to 1}\dfrac{\sin(x^2-1)}{x-1}$;

(3) $\lim\limits_{x\to\infty}x\sin\dfrac{2}{x}$;

(4) $\lim\limits_{x\to\infty}x\tan\dfrac{1}{x}$;

(5) $\lim\limits_{x\to 0^+}\dfrac{x}{\sqrt{1-\cos x}}$;

(6) $\lim\limits_{n\to\infty}2^n\cdot\sin\dfrac{x}{2^n}$;

(7) $\lim\limits_{x\to\pi}\dfrac{\sin x}{\pi-x}$;

(8) $\lim\limits_{x\to 0}\dfrac{x^2}{\sin^2\left(\dfrac{x}{2}\right)}$.

2. 求下列极限:

(1) $\lim\limits_{t\to 0^+}(1-t)^{\frac{1}{t}}$;

(2) $\lim\limits_{x\to 0}(1+\sin x)^{-\csc x}$;

(3) $\lim\limits_{x\to\infty}\left(1+\dfrac{5}{x}\right)^{-x}$;

(4) $\lim\limits_{x\to 0}(1-2x)^{\frac{1}{x}}$;

(5) $\lim\limits_{x\to\infty}\left(\dfrac{x+2}{x+1}\right)^{2x}$;

(6) $\lim\limits_{x\to 0}\left(\dfrac{1+x}{1-x}\right)^{\frac{1}{x}}$;

(7) $\lim\limits_{n\to\infty}\left(1+\dfrac{1}{n+1}\right)^{n}$;

(8) $\lim\limits_{n\to\infty}n[\ln(n+1)-\ln n]$.

⁺**3.** 试比较当 $x\to 0$ 时 $1-\cos x$ 和 x^3 的阶.

2.5 函数的连续性与间断点

自然界和日常生活中的许多现象,如气温的变化、动植物的生长等,其特点是当时间变化很微小时,它们的量的变化也很微小,这类现象反映在数学上就是函数的连续性;另外一些现象,如某些季节性销售的商品等,其特点是当时间变化时,它们的量的变化是不连续的,这种现象反映在数学上就是函数的间断.

2.5.1　函数的连续性

设 x_0 是函数 $y=f(x)$ 在自变量变化区间内的一个给定的值，x 是另一个值，差式 $\Delta x=x-x_0$ 称为自变量 x 在 x_0 处的增量(或改变量)，x 和 x_0 所对应的函数值的差 $\Delta y=f(x)-f(x_0)$ 称为函数在 x_0 处对应的增量(或改变量).

由于 $\Delta x=x-x_0$，故可以改写为 $x=x_0+\Delta x$. 因此函数的增量也可对应地改写为 $\Delta y=f(x_0+\Delta x)-f(x_0)$.

在几何上，函数的增量表示当自变量从 x_0 变到 $x_0+\Delta x$ 时，曲线上对应点的纵坐标的改变量，如图 2-13 所示.

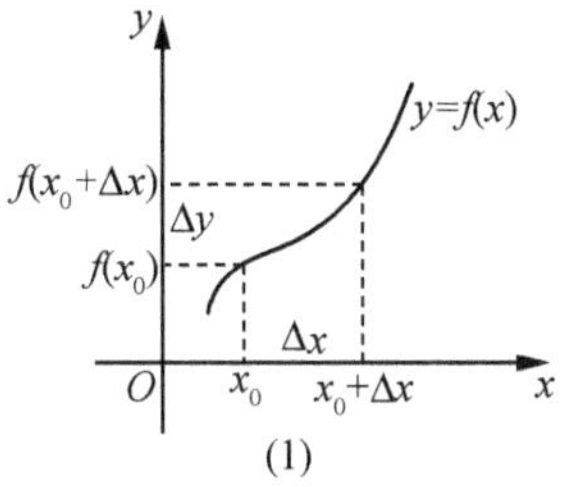

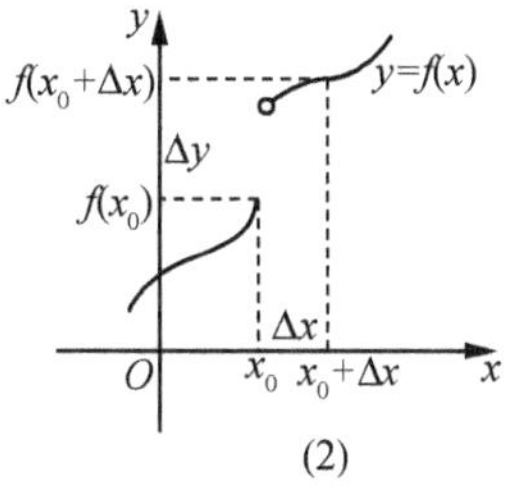

图 2-13

定义 2.5.1　设函数 $y=f(x)$ 在点 x_0 的某邻域 $U(x_0,\delta)$ 内有定义，如果在 x_0 处当自变量的增量 Δx 趋向于零时，对应的函数的增量 Δy 也趋于零，即

$$\lim_{\Delta x\to 0}\Delta y=\lim_{\Delta x\to 0}[f(x_0+\Delta x)-f(x_0)]=0,$$

那么称函数 $y=f(x)$ 在点 x_0 处连续，称点 x_0 为函数的连续点.

定义 2.5.1 有如下等价的定义：

定义 2.5.2　设函数 $y=f(x)$ 在点 x_0 的某邻域 $U(x_0,\delta)$ 内有定义，若 $\lim\limits_{x\to x_0}f(x)=f(x_0)$，则称函数 $f(x)$ 在点 x_0 处连续，点 x_0 称为函数 $f(x)$ 的连续点.

定义 2.5.3　如果函数 $y=f(x)$ 在点 x_0 处的左极限存在，且等于函数值 $f(x_0)$，即

$$f(x_0^-)=\lim_{x\to x_0^-}f(x)=\lim_{\Delta x\to 0^-}f(x)=f(x_0),$$

那么称函数 $f(x)$ 在点 x_0 处左连续；如果函数 $f(x)$ 在点 x_0 处的右极限存在，且等于函数值 $f(x_0)$，即

$$f(x_0^+)=\lim_{x\to x_0^+}f(x)=\lim_{\Delta x\to 0^+}f(x)=f(x_0),$$

那么称函数 $f(x)$ 在点 x_0 处右连续.

定理 2.5.1　函数 $y=f(x)$ 在点 x_0 处连续的充要条件是 $f(x)$ 在点 x_0 处既左连续又右连续，即

$$f(x_0^-)=f(x_0^+)=f(x_0).$$

定义 2.5.4　若函数 $y=f(x)$ 在区间 (a,b) 内的每一点都连续，则称函数 $f(x)$ 在该开区间内连续，或称函数 $f(x)$ 是该开区间内的连续函数.

定义 2.5.5　若函数 $f(x)$ 在开区间 (a,b) 内连续，且在左端点 a 处右连续，在右端点 b 处左连续，则称函数 $f(x)$ 在闭区间 $[a,b]$ 上连续，或称 $f(x)$ 是闭区间 $[a,b]$ 上的连续函数.

若函数 $f(x)$在其定义域内的每一点都连续,则称函数 $f(x)$在其定义域内是连续的. 从几何直观上看,区间上的连续函数的图象是一条不间断的曲线.

例 1 讨论函数

$$f(x)=\begin{cases} x\sin\dfrac{1}{x}, & x\neq 0, \\ 0, & x=0 \end{cases}$$

在 $x=0$ 处的连续性.

解 因为$\lim\limits_{x\to 0}f(x)=\lim\limits_{x\to 0}x\sin\dfrac{1}{x}=0$(有界量函数与无穷小量的乘积仍是无穷小量),$f(0)=0$,所以$\lim\limits_{x\to 0}f(x)=f(0)$. 故 $f(x)$在 $x=0$ 处连续.

例 2 讨论函数

$$g(x)=\begin{cases} 1+\cos x, & x<\dfrac{\pi}{2}, \\ \sin x, & x\geqslant\dfrac{\pi}{2} \end{cases}$$

在 $x=\dfrac{\pi}{2}$处的连续性.

解 由于 $$\lim_{x\to\frac{\pi}{2}^-}g(x)=\lim_{x\to\frac{\pi}{2}^-}(1+\cos x)=1+\cos\frac{\pi}{2}=1=g\left(\frac{\pi}{2}\right),$$

$$\lim_{x\to\frac{\pi}{2}^+}g(x)=\lim_{x\to\frac{\pi}{2}^+}\sin x=\sin\frac{\pi}{2}=1=g\left(\frac{\pi}{2}\right),$$

所以 $g(x)$在 $x=\dfrac{\pi}{2}$处左、右连续,从而 $g(x)$在 $x=\dfrac{\pi}{2}$处连续.

2.5.2 函数的间断点

定义 2.5.6 设函数 $f(x)$在点 x_0 的某一个空心邻域 $\mathring{U}(x_0,\delta)$内有定义,且函数 $f(x)$在点 x_0 处不连续,则称点 x_0 为函数 $f(x)$的间断点.

函数 $f(x)$在点 x_0 处间断,至少属于下列三种情形之一:

(1) $f(x)$在点 x_0 处无定义;

(2) 极限$\lim\limits_{x\to x_0}f(x)$不存在;

(3) 函数 $f(x)$在点 x_0 处有定义且极限$\lim\limits_{x\to x_0}f(x)$存在,但$\lim\limits_{x\to x_0}f(x)\neq f(x_0)$.

间断点 x_0 按下列情形进行分类:

(1) 若 $f(x_0^+)$及 $f(x_0^-)$存在且相等,即$\lim\limits_{x\to x_0}f(x)$存在,则称 x_0 为函数 $f(x)$的可去间断点.

(2) 若 $f(x_0^+)$及 $f(x_0^-)$存在但不相等,则称 x_0 为 $f(x)$的跳跃间断点,并称$|f(x_0^+)-f(x_0^-)|$为函数 $f(x)$在 x_0 处的跃度.

可去间断点与跳跃间断点统称为第一类间断点.

(3) 若 $f(x_0^+)$与 $f(x_0^-)$中至少有一个不存在,则称 x_0 为函数 $f(x)$的第二类间断点.

例 3 讨论函数

$$f(x)=\begin{cases}\dfrac{x^2-1}{x-1}, & x\neq 1,\\ 0, & x=1\end{cases}$$

在 $x=1$ 处的连续性.

解　因为$\lim\limits_{x\to 1}f(x)=2$,而 $f(1)=0$,则

$$\lim_{x\to 1}f(x)\neq f(1),$$

所以 $f(x)$在 $x=1$ 处不连续.

可知函数 $f(x)$在 $x=1$ 处间断,且 $x=1$ 是函数 $f(x)$的可去间断点.

例 4　讨论函数

$$f(x)=\begin{cases}\dfrac{\sin x}{|x|}, & x\neq 0,\\ 1, & x=0\end{cases}$$

在 $x=0$ 处的连续性.

解　因为 $\lim\limits_{x\to 0^+}f(x)=\lim\limits_{x\to 0^+}\dfrac{\sin x}{x}=1$, $\lim\limits_{x\to 0^-}f(x)=\lim\limits_{x\to 0^-}\left(-\dfrac{\sin x}{x}\right)=-1$,

所以$\lim\limits_{x\to 0}f(x)$不存在,从而 $f(x)$在 $x=0$ 处不连续.

可知函数 $f(x)$在 $x=0$ 处间断,且 $x=0$ 是函数 $f(x)$的跳跃间断点,跃度为 2.

* **例 5**　求函数 $f(x)=e^{\frac{1}{x}}$的间断点,并说明其类型.

解　函数 $f(x)=e^{\frac{1}{x}}$在 $x=0$ 处没有定义,又因为 $\lim\limits_{x\to 0^+}f(x)=f(0^+)=\lim\limits_{x\to 0^+}e^{\frac{1}{x}}=+\infty$,所以 $x=0$ 是 $f(x)=e^{\frac{1}{x}}$的第二类间断点.

这种间断点通常称为无穷间断点. 例如,$k\pi+\dfrac{\pi}{2}(k\in\mathbf{Z})$是函数 $y=\tan x$ 的无穷间断点.

2.5.3　连续函数的运算与初等函数的连续性

一、连续函数的运算

定理 2.5.2(连续函数的四则运算)　设 $f(x),g(x)$在点 x_0 处连续,则 $f(x)\pm g(x)$, $f(x)g(x)$, $\dfrac{f(x)}{g(x)}(g(x)\neq 0)$都在点 x_0 处连续.

定理 2.5.3　设函数 $u=\varphi(x)$当 $x\to x_0$ 时的极限存在且等于 a,即$\lim\limits_{x\to x_0}\varphi(x)=a$,而函数 $y=f(u)$在 $u=a$ 处连续,则复合函数 $y=f[\varphi(x)]$当 $x\to x_0$ 时的极限也存在且等于 $f(a)$,即

$$\lim_{x\to x_0}f[\varphi(x)]=f(a)=f[\lim_{x\to x_0}\varphi(x)].$$

定理 2.5.3 表明在其条件下求复合函数 $f[\varphi(x)]$的极限时,函数符号 f 与极限符号可以交换次序.

定理 2.5.4(复合函数的连续性)　设函数 $u=\varphi(x)$在点 x_0 处连续,且 $u_0=\varphi(x_0)$,而函数 $y=f(u)$在点 u_0 处连续,则复合函数 $y=f[\varphi(x)]$在点 x_0 处连续.

定理 2.5.5　设函数 $y=f(x)$在区间 I_x 上单调增加(或单调减少)且连续,则它的反函

数 $x=\varphi(y)$ 在对应的区间 $I_y=\{y|y=f(x),x\in I_x\}$ 上单调增加(或单调减少)且连续.

二、初等函数的连续性

基本初等函数在其定义域内都是连续的.

由初等函数的定义、基本初等函数的连续性、定理2.5.2和定理2.5.4可得如下重要结论:

定理2.5.6 一切初等函数在其定义区间内都是连续的.

所谓定义区间,就是包含在定义域内的区间.

例6 求下列函数的极限:

(1) $\lim\limits_{x\to\frac{\pi}{2}}\ln\sin x$;

(2) $\lim\limits_{x\to 0}\dfrac{\ln(1+x)}{x}$;

*(3) $\lim\limits_{x\to 0}\dfrac{e^x-1}{x}$.

解 (1) 由于 $x=\dfrac{\pi}{2}$ 是初等函数 $\ln\sin x$ 定义区间内的点,所以

$$\lim_{x\to\frac{\pi}{2}}\ln\sin x=\ln\sin\frac{\pi}{2}=\ln 1=0.$$

(2) 由对数函数 $\ln u$ 的连续性,知

$$\lim_{x\to 0}\frac{\ln(1+x)}{x}=\lim_{x\to 0}\ln(1+x)^{\frac{1}{x}}=\ln\left[\lim_{x\to 0}(1+x)^{\frac{1}{x}}\right]=\ln e=1.$$

(3) 令 $e^x-1=u$,则 $x=\ln(1+u)$,且 $x\to 0$ 时,$u\to 0$,于是

$$\lim_{x\to 0}\frac{e^x-1}{x}=\lim_{u\to 0}\frac{u}{\ln(1+u)}=1(\text{由(2)知}).$$

2.5.4 闭区间上连续函数的性质

定义2.5.7 若 $x_1,x_2\in[a,b]$ 且对该区间内的一切 x,有 $f(x_1)\leqslant f(x)\leqslant f(x_2)$,则称 $f(x_1)$,$f(x_2)$ 分别为函数 $f(x)$ 在闭区间 $[a,b]$ 上的最小值与最大值.

定理2.5.7(最大值和最小值定理) 闭区间上的连续函数一定存在最大值和最小值.

这个定理的几何意义是:在一段有限长的连续曲线上,必有最高点和最低点,如图2-14所示.

推论 在闭区间上连续的函数一定在该区间上有界.

定理2.5.8(介值定理) 设函数 $f(x)$ 在闭区间 $[a,b]$ 上连续,且 $f(a)\neq f(b)$,则对于 $f(a)$ 与 $f(b)$ 之间的任意一个数 C,至少存在一点 $\xi\in(a,b)$,使得 $f(\xi)=C$.

这个定理的几何意义是:连续曲线弧 $y=f(x)$ 与直线 $y=C$ 至少有一个交点,如图2-15所示.

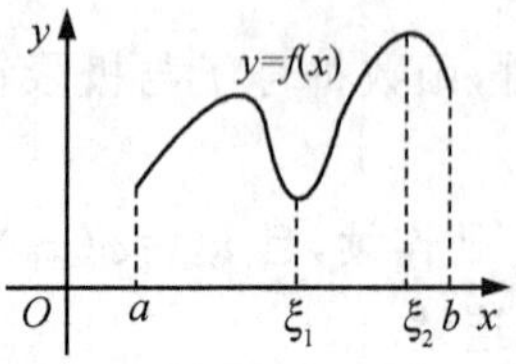

图2-14

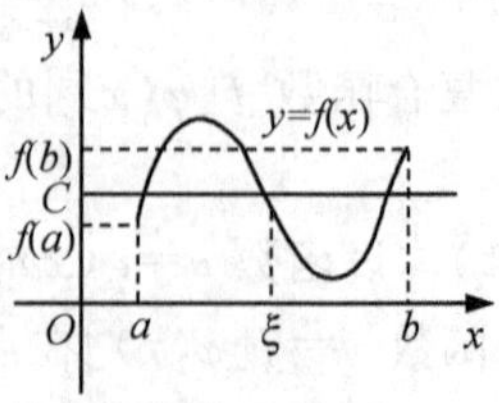

图2-15

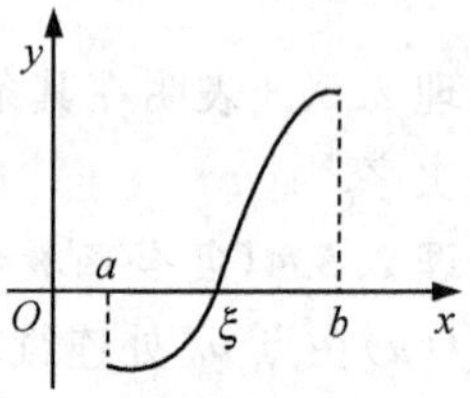

图2-16

推论　在闭区间上连续的函数一定能取得介于最大值 M 与最小值 m 之间的任何值.

定理 2.5.9(零点定理)　设函数 $f(x)$ 在闭区间 $[a,b]$ 上连续，且 $f(a)f(b)<0$，则在 (a,b) 内至少存在一点 ξ，使得 $f(\xi)=0$.

零点定理又称为根的存在定理. 从几何上看，若连续函数 $f(x)$ 曲线的两个端点位于 x 轴的不同侧，则这段曲线弧与 x 轴至少有一个交点. 由于函数 $f(x)$ 的零点就是方程 $f(x)=0$ 的实根，所以这个定理常用来判断方程 $f(x)=0$ 在某区间内是否存在实根，如图 2-16 所示.

例 7　证明方程 $x^5-3x+1=0$ 在开区间 $(0,1)$ 内至少有一个根.

证　设 $f(x)=x^5-3x+1$，$f(x)$ 在闭区间 $[0,1]$ 上连续，且 $f(0)=1>0$，$f(1)=-1<0$，由零点定理知，存在一点 $\xi\in(0,1)$，使 $f(\xi)=0$.

所以方程 $x^5-3x+1=0$ 在 $(0,1)$ 内至少有一个根.

同步训练 2.5

1. 求函数 $y=x^2$ 当 $x=1,\Delta x=0.1$ 时的增量.

2. 求下列函数的间断点，并指出间断点的类型. 若是可去间断点，则补充或改变函数的定义使它在该点连续：

(1) $y=\dfrac{1}{(x+2)^2}$；　　(2) $y=\dfrac{x^2-1}{x^2+x-2}$；

(3) $y=\dfrac{\sin x}{x}$；　　(4) $y=\dfrac{1-\cos x}{\sin x}$；

(5) $y=\begin{cases} x^2, & 0\leqslant x\leqslant 1, \\ 3-x, & 1<x\leqslant 2; \end{cases}$　　(6) $y=\begin{cases} e^{\frac{1}{x}}, & x<0, \\ 1, & x=0, \\ x, & x>0. \end{cases}$

3. 求下列极限：

(1) $\lim\limits_{x\to 0}\sqrt{x^2-2x+3}$；　　(2) $\lim\limits_{x\to 0}\dfrac{\sqrt{1+x}-1}{x}$；

(3) $\lim\limits_{x\to\frac{\pi}{2}}\dfrac{\sin x}{x}$；　　(4) $\lim\limits_{x\to+\infty}(\sqrt{x^2+2x}-x)$；

(5) $\lim\limits_{t\to -1}\dfrac{e^{-2t-1}}{t}$；　　(6) $\lim\limits_{x\to\frac{\pi}{4}}(\sin 2x)^3$；

(7) $\lim\limits_{x\to\infty}\cos\left[\ln\left(1+\dfrac{2x-1}{x^2}\right)\right]$；　　(8) $\lim\limits_{x\to+\infty}x[\ln(x+a)-\ln x](a\neq 0)$.

4. 确定常数 a，使函数

$$f(x)=\begin{cases} \sin x, & x<\dfrac{\pi}{2}, \\ a+x, & x\geqslant\dfrac{\pi}{2} \end{cases}$$

在点 $x=\dfrac{\pi}{2}$ 处连续.

5. 设函数

$$f(x)=\begin{cases} e^{x}, & x<0, \\ x+a, & x\geqslant 0, \end{cases}$$

当 a 为何值时,函数 $f(x)$ 在 $(-\infty,+\infty)$ 内连续?

6. 证明方程 $x^4-4x+2=0$ 在区间(1,2)内至少有一个根.

7. 证明方程 $x^2+2x-6=0$ 至少有一个介于1和3之间的根.

阅读材料二　极限、无穷小与连续性

一、极限

极限是现代数学分析奠基的基本概念,函数的连续性、导数、积分以及无穷级数的和等都是用极限来定义的.

直观的极限思想起源很早.公元前5世纪,希腊数学家安提丰(Antiphon,公元前426年—公元前373年)在研究化圆为方问题时创立了割圆术,即从一个简单的圆内接正多边形(如正方形或正六边形)出发,把每条边所对的圆弧二等分,连结分点,得到一个边数加倍的圆内接正多边形,当重复这一步骤足够多次时,所得圆内接正多边形的面积与圆的面积之差将小于任何给定的限度.实际上,安提丰认为圆内接正多边形与圆最终将会重合.稍后,另一位希腊数学家布里松(Bryson)考虑了用圆的外切正多边形逼近圆的类似步骤.这种以直线形逼近曲边形的过程表明,当时的希腊数学家已经产生了初步的极限思想.公元前4世纪,欧多克索斯(Eudoxus,公元前400年—公元前347年)将上述过程发展为处理面积、体积等问题的一般方法,称为穷竭法.

中国古代成书于春秋末年的《庄子·天下篇》中记载了这样一个命题:"一尺之棰,日取其半,万世不竭."是说一尺长的一根木棒,每天截取其一半,则这个过程一万年也不会完结.成书于春秋末至战国时期的《墨经》对上述过程另有一种观点.《墨经·经下》:"非半弗斱则不动,说在端."《墨经·经说下》:"非,斱半;进前取也,前则中无为半,犹端也;前后取,则端中也.斱必半,毋与非半,不可斱也."大意是,对一条有限长的线段进行无限多次截取其半的操作,最终将得到一个不可再分的点,这个点在原线段上的位置是由截割的方式确定的.公元263年,魏晋间杰出数学家刘徽创立割圆术以推求圆面积和弓形面积,使用极限方法计算了开平方、开立方中的不尽根数以及棱锥的体积.

应该指出,17世纪中叶以前,原始的极限思想与方法曾在世界上一些不同地区和不同时代多次出现,特别是在17世纪早期,一些杰出的数学家从极限观念出发,发展了各种高超的技巧,解决了许多关于求瞬时速度、加速度、切线、极值、复杂的面积与体积等方面的问题.然而,所有这些工作都是直接依赖直观的、不严密的,与今天所说的极限有很大差别.

最早试图明确定义和严格处理极限概念的数学家是牛顿(I. Newton,1643—1727).他在《论曲线的求积》中使用了"初始比和终极比"方法,它实际上就是极限方法.他还指出,用当时流行的,他本人也经常使用的不可分量或无穷小量来进行论证,只不过是以终极比(极限)作为严格数学证明的一种方便的简写法,并不是取代这种严格的证明.

1687 年，牛顿的名著《自然哲学的数学原理》出版，书中充满无穷小思想和极限论证，因而有时被看作是牛顿最早发表的微积分论著. 在第一节的评注中，牛顿特别说明："所谓两个垂逝量（即趋于零的量）的终极比，并非指这两个量消逝前或消逝后的比，而是指它们消逝时的比……两个量消逝时的这种终极比，并非真的是两个终极量的比，而是两个量之比在这两个量无限变小时所收敛的极限. 这些比无限接近这个极限，与其相差小于任何给定的差别，但绝不在这两个量无限变小以前超过或真的取得这个极限值."这本书第一编引理 I 实际上是牛顿想给极限下个定义："两个量或量之比，如果在有限时间内不断趋于相等，且在这一时间终止前互相靠近，使得其差小于任意给定的差别，则最终就成为相等."用现代记号来写，就是说，若给定 $\varepsilon>0$，而在 t 足够接近 a 时，$f(t)$ 与 $g(t)$ 之差小于 ε，则 $\lim\limits_{t\to a}f(t)=\lim\limits_{t\to a}g(t)$.

在 18 世纪，牛顿的上述思想被进一步明确和完善. 1735 年，英国数学家罗宾斯（B. Robins，1707—1751）写道："当一个变量能以任意接近程度逼近一个最终的量（虽然永远不能绝对等于它），我们定义这个最终的量为极限."1750 年，法国著名数学家达朗贝尔（J. L. R. D'Alembert，1717—1783）在为法国科学院出版的《百科全书》第四版所写的条目"微分"中指出："牛顿……从未认为微分学是研究无穷小量，而认为只是求最初比和最终比，即求出这些比的极限的一种方法."他对极限的描述是："一个变量趋于一个固定量，趋近程度小于任何给定量，且变量永远达不到固定量."

虽然到 18 世纪中叶极限已成了微分学的基本概念，但在 19 世纪以前，它仍缺乏精确的表达形式. 极限概念和理论的真正严格化是由柯西开始，而由魏尔斯特拉斯完成的.

1821 年，法国数学家柯西（A. L. Cauchy，1789—1857）在《分析教程第一编 · 代数分析》中写道："当一个变量相继取的值无限接近于一个固定值，最终与此固定值之差要多小就有多小时，该值就称为所有其他值的极限.""当同一变量相继取的数值无限减小，以至降到低于任何给定的数，这个变量就成为人们所称的无穷小或无穷小量. 这类变量以零为其极限.""当同一变量相继取的数值越来越增加以至升到高于每个给定的数，如果它是正变量，则称它以正无穷为其极限，记作 $+\infty$；如果是负变量，则称它以负无穷为其极限，记作 $-\infty$."柯西没有使用 ε-δ 型的极限，他的以零为极限的变量也不可能适应这个框架. 虽然如此，在某些场合他还是给出了一种 ε-δ 式的证明.

1860—1861 年，德国数学家魏尔斯特拉斯对极限概念给出了纯粹算术的表述. 以往极限概念总是具有连续运动的涵义——如果当 x 趋向于 a 时 $f(x)$ 趋向于 L，则称 $\lim\limits_{x\to a}f(x)=L$. 魏尔斯特拉斯反对用这种"动态"方式来描述极限概念，而代之以仅仅涉及实数而不依靠运动或几何思想的"静态"描述：

如果对于给定的 $\varepsilon>0$，存在数 $\delta>0$，使得当 $0<|x-a|<\delta$ 时，$|f(x)-L|<\varepsilon$ 成立，则 $\lim\limits_{x\to a}f(x)=L$.

用这种方式把微积分中出现的各种类型的极限重新表述，分析学的算术化即告完成，从而使得微积分明确地达到了 20 世纪中所阐释的形式.

二、无穷小量

数学史上所说的无穷小量，是指非零而又小于任何指定大小的量，有时它被描述为小到不可再分的量，所以又称为不可分量. 它有时被理解为"正在消失的量"，但更为常见的是被理解为一种静态的、已被确定的量,并且经常与空间性质的几何直观联系在一起,这与今天所说的无穷小量(以 0 为极限的变量)是有很大区别的.它的含义一直很模糊,一再引起哲学家、数学家的关注和争论.

希腊和中国的古代思想家很早就讨论过无穷小和无穷大的概念及有关问题.它们最初被作为哲学问题提出,并逐渐影响到对一些数学问题的处理.公元前 5 世纪,古希腊埃利亚学派的芝诺(Zeno of Elea,公元前 490 年—公元前 430 年)在考虑时间和空间是无限可分的还是由不可再分的微粒组成的问题时提出了四个著名的悖论.稍后,德谟克利特(Democritus,公元前 460—公元前 370 年)创立原子论并用以处理了一些简单的体积计算问题.后来,由于对无穷小、无穷大等问题无法作出逻辑上令人信服的处理,希腊人在数学中基本上排斥了无穷小、无穷大概念.中国春秋末年的《庄子·天下篇》中有"至大无外,谓之大一;至小无内,谓之小一"的命题,其中大一和小一就是(几何中的)无穷大与无穷小概念.

中世纪后期,欧洲一些逻辑学家和自然哲学家继续讨论不可分量问题,17 世纪早期的数学家们将其发展为一套有效的数学方法,对微积分学的早期发展产生了极为重要的影响.然而,在 19 世纪以前,无穷小量概念始终缺少一个严格的数学定义,对其性质的认识也往往是模糊的,并因此导致了相当严重的混乱,引发了数学史上著名的第二次数学危机,直到 19 世纪才得以解决.

牛顿在创立微积分之初是以"瞬"(即时间 t 的无穷小量 o)为其论证基础的,稍后又取变元 x 的无穷小瞬 o 为基础,而这种无穷小瞬的概念在性质上是模糊的.到 17 世纪 80 年代中期,牛顿对微积分的基础在观念上发生变化,提出了"首末比"方法,试图根据有限差值的最初比和最终比,也就是说用极限,来建立起流数的概念.

莱布尼兹的微积分是从研究有限差值开始的,几何变量的离散的无穷小的差在他的方法中起着中心的作用.虽然他似乎并不坚持认为无穷小量实际存在,但无论如何,他已认识到:无穷小量是否存在同按照微积分运算法则对无穷小量进行计算是否可以得到正确答案的问题,两者是独立的.因此,不论无穷小量是否实际存在,它们总是可以作为"一些假想的对象,以便用来普遍进行简写和陈述".虽然莱布尼兹本人对于无穷小量是否存在这个问题相当慎重,但是他的继承人却不加思考地承认无穷小量是数学上的实体.事实上,对于微积分的基础这种不怀疑的大胆做法或许促进了微积分及其应用的迅速发展.

针对作为微积分基础的无穷小量在概念与性质上的含糊不清,英国哲学家贝克莱(G. Berkeley,1685—1753)在《分析学者,或致一个不信教的数学家》一文中对微积分基础的可靠性提出了强烈的质疑,从而引发了第二次数学危机.当时包括麦克劳林(C. Maclaurin,1698—1746)在内的一些数学家试图对此进行辩护,但他们的论证同样不能为无穷小量的概念提供一个令人满意的基础.为此,达朗贝尔在为法国科学院出版的《百科全书》所写的"微分"条目中用极限方法取代了无穷小量方法,大数学家欧拉基本上拒绝了无穷小量概念;18 世纪末,法国数学家拉格朗日(J. L. Lagrange,1736—1813)甚至试图把微分、无穷小和极限等概念从微积分中完全排除.19 世纪,由于柯西、魏尔斯特拉斯等人的努力,严格的极限理论得以建立,无穷小量可以用 $\varepsilon-\delta$ 语言清楚地加以描述,有关的逻辑困难才得到解决.事实上,最初意义上的无穷小量这时已被排除出微积分,直到本世纪 60 年代它才在非标准分析中卷土重来.

三、连续性

连续性是微积分中的一个重要概念，但在微积分发展的早期，数学家们主要依赖几何直观处理与之相关的问题，对这一概念的深入研究直到 19 世纪早期才开始. 这一工作是由波尔查诺首先推动并经过柯西和魏尔斯特拉斯的努力完成的.

波尔查诺："对于处于某些界限之内(或外)的一切 x 值，函数 $f(x)$ 按连续性规律变化，这不过是说：如果 x 是任一这样的值，则可通过把 ω 取得足够小，而使得差 $f(x+\omega)-f(x)$ 小于给定的量."波尔查诺给出了连续函数的定义，第一次明确地指出连续观念的基础存在于极限概念之中. 函数 $f(x)$ 如果对于一个区间内的任一值 x 和无论是正或负的充分小的 Δx，差 $f(x+\Delta x)-f(x)$ 始终小于任一给定的量时，波尔查诺定义这个函数在这个区间内连续. 这个定义和稍后柯西给出的定义没有实质上的差别，它在目前的微积分学中仍然是基本的.

柯西："函数 $f(x)$ 是处于两个指定界限之间的变量 x 的连续函数，如果对这两个界限之间的每个值 x，差 $f(x+a)-f(x)$ 的数值随着 a 的无限减小而无限减小……变量的无穷小增量总导致函数本身的无穷小增量."

魏尔斯特拉斯："如果给定任何一个正数 ε，都存在一个正数 δ，使得对于区间 $|x-x'|<\delta$ 内的所有的 x 都有 $|f(x)-f(x')|<\varepsilon$，则说 $f(x)$ 在 $x=x'$ 处有极限 L. 如果函数 $f(x)$ 在区间内的每一点 x 处都连续，就说 $f(x)$ 在 x 值的这个区间上连续."

本章小结

一、函数极限的定义

1. 数列极限的定义

设有数列 $\{a_n\}$，A 为一确定的常数，如果当项数 n 无限增大时，a_n 无限接近于常数 A，那么称数列 $\{a_n\}$ 收敛，称 A 为数列 $\{a_n\}$ 的极限，记作 $\lim\limits_{n\to\infty}a_n=A$. 否则，称数列 $\{a_n\}$ 发散，发散数列无极限.

2. $x\to\infty$ 时函数极限的定义

设函数 $y=f(x)$ 对充分大的 $|x|$ 有定义，A 是一个常数，如果当 x 的绝对值无限增大时，对应的函数值 $f(x)$ 无限趋近于常数 A，那么称 A 为函数 $f(x)$ 当 $x\to\infty$ 时的极限，记作 $\lim\limits_{x\to\infty}f(x)=A$ 或 $f(x)\to A(x\to\infty)$.

充要条件 1：$\lim\limits_{x\to\infty}f(x)=A$ 的充要条件是 $\lim\limits_{x\to+\infty}f(x)=\lim\limits_{x\to-\infty}f(x)=A$.

3. $x\to x_0$ 时函数极限的定义

设函数 $y=f(x)$ 在点 x_0 的某一空心邻域 $\mathring{U}(x_0,\delta)$ 内有定义，当 x 在 $\mathring{U}(x_0,\delta)$ 内无限接近于 x_0 时，如果函数值 $f(x)$ 无限接近于常数 A，那么称 A 是 $x\to x_0$ 时函数 $y=f(x)$ 在 $x=x_0$ 处的极限，记为 $\lim\limits_{x\to x_0}f(x)=A$ 或 $f(x)\to A(x\to x_0)$.

充要条件 2：$\lim\limits_{x\to x_0}f(x)=A$ 的充要条件是 $\lim\limits_{x\to x_0^-}f(x)=\lim\limits_{x\to x_0^+}f(x)=A$.

二、函数极限的计算

在了解数列极限、函数极限的定义以及极限存在的充要条件的基础上，掌握极限的运算法则和下列求极限的方法：

(1) 利用函数的连续性求极限.

函数 $y=f(x)$ 在 $x=x_0$ 处连续的定义：设 $f(x)$ 是初等函数，定义域为 (a,b)，若 $x_0\in(a,b)$，则 $\lim\limits_{x\to x_0}f(x)=f(x_0)$.

因此，可以利用函数连续的定义直接求极限.

(2) 利用无穷小量与无穷大量的倒数关系求极限.

(3) 利用无穷小量与有界函数的乘积仍是无穷小量求极限.

(4) 利用下列两个重要极限求极限：

① $\lim\limits_{x\to 0}\dfrac{\sin x}{x}=1$； ② $\lim\limits_{x\to 0}(1+x)^{\frac{1}{x}}=\mathrm{e}$.

(5) 对于有理分式的极限，可以按照以下方法来求：

① $x\to x_0$ 时，当分母极限不为零时，可直接利用函数的连续性求极限. 当分母极限为零时，又分为两种情况：如果分子极限不为零，那么由无穷小量与无穷大量的倒数关系可得原式的极限为无穷大；如果分子极限也为零，那么通过分解因式、分子(分母)有理化，消去零因子再求极限.

② $x\to\infty$ 时，有下面结论：$(a_n\neq 0, b_m\neq 0)$

$$\lim_{x\to\infty}\frac{a_nx^n+a_{n-1}x^{n-1}+\cdots+a_0}{b_mx^m+b_{m-1}x^{m-1}+\cdots+b_0}=\begin{cases}0, & m>n,\\ \dfrac{a_n}{b_m}, & m=n,\\ \infty, & m<n.\end{cases}$$

(6) 利用等价无穷小的代换求极限.

三、无穷小量的阶

设 $f(x)$，$g(x)$ 是同一变化过程中的两个无穷小量.

(1) 若 $\lim\dfrac{f(x)}{g(x)}=0$，则称 $f(x)$ 是比 $g(x)$ 高阶的无穷小量；

(2) 若 $\lim\dfrac{f(x)}{g(x)}=C(C\neq 1)$，则称 $f(x)$ 与 $g(x)$ 是同阶无穷小量；

(3) 若 $\lim\dfrac{f(x)}{g(x)}=1$，则称 $f(x)$ 与 $g(x)$ 是等价无穷小量，记作 $f(x)\sim g(x)$.

四、函数的连续性及间断点

1. 连续的三种定义

(1) $\lim\limits_{x\to x_0}f(x)=f(x_0)$；

(2) $\lim\limits_{\Delta x\to 0}\Delta y=0$；

(3) 函数 $f(x)$ 既左连续 $(\lim\limits_{x\to x_0^-}f(x)=f(x_0))$ 又右连续 $(\lim\limits_{x\to x_0^+}f(x)=f(x_0))$.

2. 间断点

(1) 第一类间断点($f(x_0^+)$,$f(x_0^-)$都存在):

① 可去间断点,$f(x_0^+)=f(x_0^-)$;

② 跳跃间断点,$f(x_0^+)\neq f(x_0^-)$.

(2) 第二类间断点($f(x_0^+)$,$f(x_0^-)$不全存在).

3. 一切初等函数在其定义区间内都是连续的

五、闭区间上连续函数的性质

(1) 最值性:闭区间上的连续函数一定有最大值与最小值.

(2) 有界性:闭区间上的连续函数必有界.

(3) 介值定理:设函数 $y=f(x)$在闭区间$[a,b]$上连续,且 $f(a)\neq f(b)$,则对于 $f(a)$与 $f(b)$之间的任意一个数 C,至少存在一点 $\xi\in(a,b)$,使得 $f(\xi)=C$.

(4) 零点定理:设函数 $y=f(x)$在闭区间$[a,b]$上连续,且 $f(a)f(b)<0$,则至少存在一点 $\xi\in(a,b)$,使得 $f(\xi)=0$.

能力训练 A

一、选择题

1. 数列有界是数列有极限的　　（　　）

A. 充分条件　　B. 充要条件　　C. 必要条件　　D. 无关条件

2. $\lim\limits_{x\to -1}\dfrac{\sin(x^2-1)}{x+1}=$　　（　　）

A. 1　　B. -1　　C. 2　　D. -2

3. 当 $x\to 0$ 时,与 x 是等价无穷小量的是　　（　　）

A. $\cos x$　　B. $\ln(1+x)$　　C. $x^2(x+1)$　　D. $\dfrac{1}{x}$

4. 下列极限不正确的是　　（　　）

A. $\lim\limits_{x\to 0}e^{\frac{1}{x}}=\infty$　　B. $\lim\limits_{x\to 0^-}e^{\frac{1}{x}}=0$　　C. $\lim\limits_{x\to 0^+}e^{\frac{1}{x}}=\infty$　　D. $\lim\limits_{x\to\infty}e^{\frac{1}{x}}=1$

5. 要使变量$\dfrac{1}{\ln(x^2-1)}$成为无穷大量,则自变量的变化趋势为　　（　　）

A. $x\to 0$　　B. $x\to\sqrt{2}$　　C. $x\to 1$　　D. $x\to 2$

二、填空题

6. 已知$\lim\limits_{x\to 1}\dfrac{x^2-ax+6}{1-x}=5$,则 $a=$__________.

7. 已知函数 $f(x)=\begin{cases}\dfrac{1}{x}(e^x-1), & x<0,\\ x+a, & x\geqslant 0\end{cases}$ 在 $x=0$ 处极限存在,则 $a=$__________.

8. 要使 $f(x)=\dfrac{\sqrt{1+x}-\sqrt{1-x}}{\sin x}$在 $x=0$ 处连续,则要补充定义 $f(0)=$__________.

9. 设 $f(x)$ 在 $x=2$ 处连续,且 $\lim\limits_{x\to 2}\dfrac{f(x)-1}{x-2}=1$,则 $f(2)=$______________.

10. $\lim\limits_{x\to 0}x\arctan\dfrac{1}{x}=$______________.

三、解答题

11. 设函数 $f(x)=\begin{cases}3x, & -1<x<1,\\ 2, & x=1,\\ 3x^2, & 1<x<2,\end{cases}$ 试问 $f(x)$ 在 $x=1$ 处是否连续?

12. 求下列极限:

(1) $\lim\limits_{h\to 0}\dfrac{(x+h)^3-x^3}{h}$; (2) $\lim\limits_{x\to+\infty}(\sqrt{x+5}-\sqrt{x})$;

(3) $\lim\limits_{x\to 1}\dfrac{\sqrt{x+2}-\sqrt{3}}{x-1}$; (4) $\lim\limits_{x\to+\infty}2^x\sin\dfrac{1}{2^x}$;

(5) $\lim\limits_{x\to 0}\dfrac{x-\sin x}{x+\sin x}$; (6) $\lim\limits_{x\to\infty}\left(1-\dfrac{2}{x}\right)^{\frac{x}{2}-1}$;

(7) $\lim\limits_{x\to 0}\left(\dfrac{2-x}{2}\right)^{\frac{2}{x}}$; (8) $\lim\limits_{x\to 0}\dfrac{\ln(1+2x)}{\sin 3x}$.

13. 求下列函数的间断点:

(1) $y=\dfrac{x^2+1}{x^2-3x-4}$; (2) $y=\dfrac{\sin x}{x}$.

14. 已知 a,b 为常数,$\lim\limits_{x\to 2}\dfrac{ax+b}{x-2}=2$,求 a,b 的值.

15. 设 $f(x)=e^x-2$,证明区间 $(0,2)$ 内至少有一点 ξ,使 $e^{\xi}-2=\xi$.

能力训练 B

一、选择题

1. $\lim\limits_{x\to x_0}f(x)$ 存在是 $f(x)$ 在 x_0 点有定义的 (　　)

A. 充分条件　B. 充要条件　C. 必要条件　D. 无关条件

2. 下列极限存在的是 (　　)

A. $\lim\limits_{n\to\infty}n^2$　B. $\lim\limits_{n\to\infty}\left(\dfrac{4}{3}\right)^n$　C. $\lim\limits_{n\to\infty}(-1)^{n-1}\dfrac{n}{n+1}$　D. $\lim\limits_{n\to\infty}(-1)^{n-1}\dfrac{1}{2^n}$

3. 若变量 $\dfrac{x^2-1}{x(x-1)}$ 是无穷大量,则 (　　)

A. $x\to-1$　B. $x\to 0$　C. $x\to 1$　D. $x\to\infty$

4. 当 $x\to 0$ 时,无穷小量 $u=-x+\sin x^2$ 与 $v=x$ 的关系是 (　　)

A. u 是比 v 较高阶无穷小量　B. u 是比 v 较低阶无穷小量

C. u 是与 v 同阶但非等价无穷小量　D. u 与 v 是等价无穷小量

5. $\lim\limits_{x\to 1}\frac{\sin(x^2-1)}{x-1}=$ ( )

A. -2 B. 0 C. 1 D. 2

6. $\lim\limits_{x\to\infty}\left(1+\frac{2}{x}\right)^{x-2}=$ ( )

A. e^{-2} B. e^2 C. e^{-4} D. e^4

7. 若 $\lim\limits_{x\to a^-}f(x)$与$\lim\limits_{x\to a^+}f(x)$都存在,则 ( )

A. $\lim\limits_{x\to a}f(x)=f(a)$ B. $\lim\limits_{x\to a}f(x)$存在但不等于 $f(a)$

C. $\lim\limits_{x\to a}f(x)$不一定存在 D. $\lim\limits_{x\to a}f(x)$一定不存在

8. 设 $f(x)$是定义在$[-a,a]$$(a>0)$上的连续函数,又 $g(x)=\frac{f(x)+f(-x)}{x-h}$$(h>a)$,则 $g(x)$是$[-a,a]$上的 ( )

A. 连续奇函数 B. 连续偶函数

C. 连续非奇非偶函数 D. 不连续函数

9. 方程 $x^4-x-1=0$ 至少有一个根的区间是 ( )

A. $\left(0,\frac{1}{2}\right)$ B. $\left(\frac{1}{2},1\right)$ C. $(2,3)$ D. $(1,2)$

10. $\lim\limits_{x\to 0}\frac{x^2\sin\frac{3}{x}}{\sin x}=$ ( )

A. 1 B. 3 C. 0 D. 不存在

二、计算题

11. $\lim\limits_{x\to 2}\frac{x^2+2x-4}{x-1}$.

12. $\lim\limits_{x\to 0}\frac{\sin^2\sqrt{x}}{x}$.

13. $\lim\limits_{n\to\infty}\left(1-\frac{1}{n}\right)^{n+5}$.

14. $\lim\limits_{x\to 0}\frac{x^4+x^3}{\sin^3\frac{x}{2}}$.

15. $\lim\limits_{x\to\infty}\left(\frac{2x}{3-x}-\frac{2}{3x^2}\right)$.

16. $\lim\limits_{x\to 0}\frac{1-\cos x}{x^2}$.

17. $\lim\limits_{\Delta x\to 0}\frac{\sqrt{x+\Delta x}-\sqrt{x}}{\Delta x}$.

18. $\lim\limits_{n\to\infty}\frac{2^n+3^n}{2^{n+1}+3^{n+1}}$.

19. $\lim\limits_{x\to\frac{\pi}{4}}\frac{\sin x-\cos x}{\cos 2x}$.

20. $\lim\limits_{x\to 0}\frac{\sin(2\sin x)}{\sin x}$.

三、解答题

*21. 如果极限$\lim\limits_{x\to\infty}f(x)$存在,且 $f(x)=\frac{3x^2+2}{x^2-1}-2\lim\limits_{x\to\infty}f(x)$,求函数 $f(x)$.

四、证明题

*22. 证明:曲线 $f(x)=x^4-3x^2+7x-10$ 在区间$(1,2)$内与 x 轴至少有一个交点.

第3章 导数与微分

学习目标

• 理解导数的概念及其实际意义,了解左、右导数的定义,了解函数可导性与连续性的关系,会用定义求函数在某点处的导数.

• 熟练掌握导数的基本公式、四则运算法则、复合函数求导法则,掌握隐函数的求导方法,能熟练地求函数的导数.

• 理解高阶导数的概念,会熟练地求二阶、三阶导数,会求一些简单函数的 n 阶导数.

• 理解函数微分的概念,掌握微分运算法则与一阶微分形式不变性,理解可微与可导的关系,会求函数的一阶微分.

• 了解微分的近似计算.

• 理解边际与弹性的概念,会利用边际与弹性分析一些简单的经济问题.

• 初步掌握逐步逼近的极限思想,学会对问题进行观察分析、归纳抽象、找出规律的数学思想方法.

我们在解决实际问题时,除了要了解函数随着自变量的变化而产生的改变量之外,还需要进一步讨论函数相对于自变量的变化而变化的快慢程度.例如,物体运动的速度、城市人口增长的速度、劳动生产率等.这些问题的解决都依赖于导数概念的引进.本章从实际问题引出导数和微分的概念,然后再给出求函数导数的运算法则,从而系统地解决初等函数的求导和微分的计算问题.

3.1 导数的概念

3.1.1 引例

一、变速直线运动的瞬时速度

在实际生活中,运动往往是非匀速的,要想精确地刻画物体的运动,就需要讨论物体在运动过程中任一时刻的瞬时速度.

设一质点做变速直线运动,质点的位移函数为 $s=s(t)$,求质点在任一时刻 t_0 的瞬时速度.

先求在时间由 t_0 变到 $t_0+\Delta t$ 时,物体在 Δt 这一段时间内所经过的位移,即

$$\Delta s=s(t_0+\Delta t)-s(t_0),$$

再求这一段时间内的平均速度为

$$\bar{v}=\frac{\Delta s}{\Delta t}=\frac{s(t_0+\Delta t)-s(t_0)}{\Delta t}.$$

在一段很短的时间 Δt 内,速度变化不大,可以近似地看作是匀速的,因此当 $|\Delta t|$ 很小时,$\bar{v}$ 可作为物体在 t_0 时刻的瞬时速度 $v(t_0)$ 的近似值. 当 $|\Delta t|$ 无限小时,$\bar{v}$ 就无限接近于 t_0 时刻的瞬时速度,即

$$v(t_0)=\lim_{\Delta t\to 0}\bar{v}=\lim_{\Delta t\to 0}\frac{\Delta s}{\Delta t}=\lim_{\Delta t\to 0}\frac{s(t_0+\Delta t)-s(t_0)}{\Delta t}.$$

这就是说,物体运动的瞬时速度是当时间增量趋于零时位移函数增量与时间增量之比的极限.

二、平面曲线的切线

设曲线 $y=f(x)$,如图 3-1 所示,点 $M_0(x_0,y_0)$ 为曲线上一定点,在曲线上另取一点 $M(x_0+\Delta x, y_0+\Delta y)$,连结 M_0M,则其为曲线的割线. 设其倾斜角为 φ,则由图知割线 M_0M 的斜率为

$$\tan\varphi=\frac{\Delta y}{\Delta x}=\frac{f(x_0+\Delta x)-f(x_0)}{\Delta x}.$$

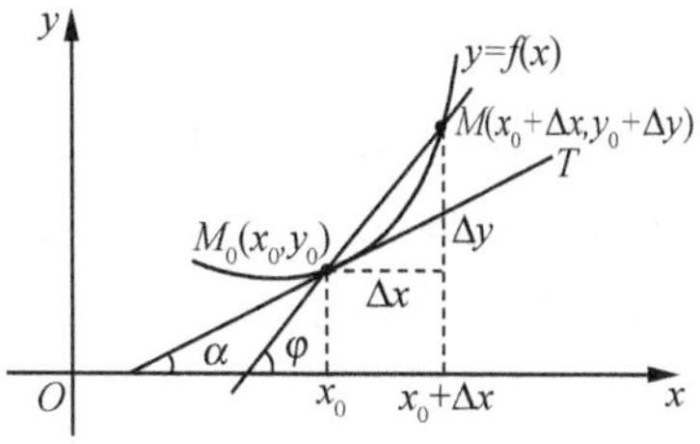

图 3-1

当 $\Delta x\to 0$ 时,动点 M 将沿曲线趋向于定点 M_0,从而割线 M_0M 也随之变动而趋向于极限位置——直线 M_0T. 我们称直线 M_0T 为曲线在定点 M_0 处的切线. 显然,此时倾斜角 φ 趋向于切线 M_0T 的倾斜角 α,即切线 M_0T 的斜率为

$$\tan\alpha=\lim_{M\to M_0}\tan\varphi=\lim_{\Delta x\to 0}\frac{\Delta y}{\Delta x}=\lim_{\Delta x\to 0}\frac{f(x_0+\Delta x)-f(x_0)}{\Delta x}.$$

从上面两个实例来看,它们的实际意义虽然各不相同,但从抽象的数量关系来看,它们的实质是一样的:函数改变量与自变量改变量的比在自变量改变量趋向于 0 时的极限. 我们称这种特殊的极限为函数的导数.

3.1.2　导数的定义

定义 3.1.1　设函数 $y=f(x)$ 在点 x_0 的某个邻域内有定义,当自变量在点 x_0 处取得改变量 $\Delta x(\Delta x\neq 0)$ 时,函数 $f(x)$ 取得相应的改变量

$$\Delta y=f(x_0+\Delta x)-f(x_0).$$

如果当 $\Delta x\to 0$ 时,$\frac{\Delta y}{\Delta x}$ 的极限存在,即

$$\lim_{\Delta x\to 0}\frac{\Delta y}{\Delta x}=\lim_{\Delta x\to 0}\frac{f(x_0+\Delta x)-f(x_0)}{\Delta x}$$

存在,那么称此极限值为函数 $f(x)$ 在点 x_0 处的导数,记作

$$f'(x_0),y'\Big|_{x=x_0},\frac{dy}{dx}\Big|_{x=x_0}\text{或}\frac{d}{dx}f(x)\Big|_{x=x_0}.$$

如果上述极限不存在,我们说函数 $y=f(x)$ 在点 x_0 处不可导.

若记 $x=x_0+\Delta x$,则当 $\Delta x\to 0$ 时,有 $x\to x_0$,故函数 $f(x)$ 在点 x_0 处的导数 $f'(x_0)$ 也可记为

$$f'(x_0)=\lim_{x\to x_0}\frac{f(x)-f(x_0)}{x-x_0}.$$

有了导数这个概念,前面两个引例可以表述为:

(1) 做变速直线运动的物体在时刻 t_0 的瞬时速度,就是位移函数 $s=s(t)$ 在 t_0 处对时间 t 的导数,即

$$v(t_0)=s'(t)\big|_{t=t_0}=\frac{ds}{dt}\Big|_{t=t_0};$$

(2) 曲线 $y=f(x)$ 在点 x_0 处的切线的斜率,就是曲线 $y=f(x)$ 在点 x_0 处的纵坐标对横坐标 x 的导数,即

$$\tan\alpha=f'(x)\big|_{x=x_0}=\frac{dy}{dx}\Big|_{x=x_0}.$$

若函数 $f(x)$ 在某区间 (a,b) 内每一点处都可导,则称函数 $f(x)$ 在区间 (a,b) 内可导. 此时,对于区间 (a,b) 内的每一点 x,都有一个导数值与它对应. 这就定义了一个新的函数,称为函数 $y=f(x)$ 在区间 (a,b) 内对 x 的导函数,简称导数,记作

$$f'(x),y'(x),\frac{dy}{dx}\text{或}\frac{d}{dx}f(x).$$

由导数的定义可将求导数的方法概括为以下几个步骤:

(1) 求出对应于自变量改变量 Δx 的函数改变量

$$\Delta y=f(x+\Delta x)-f(x);$$

(2) 作出比值

$$\frac{\Delta y}{\Delta x}=\frac{f(x+\Delta x)-f(x)}{\Delta x};$$

(3) 求 $\Delta x\to 0$ 时 $\frac{\Delta y}{\Delta x}$ 的极限,即

$$y'=f'(x)=\lim_{\Delta x\to 0}\frac{f(x+\Delta x)-f(x)}{\Delta x}.$$

3.1.3 求导数举例

例 1 求函数 $y=x^2$ 在 $x=1$ 处的导数.

解 由导数的定义得

$$y'(1)=\lim_{\Delta x\to 0}\frac{(1+\Delta x)^2-1^2}{\Delta x}=\lim_{\Delta x\to 0}\frac{2\Delta x+(\Delta x)^2}{\Delta x}=\lim_{\Delta x\to 0}(2+\Delta x)=2.$$

例 2 求 $y=C$(C 为常数)的导数 y'.

解 因为 $\Delta y=C-C=0$,所以 $\frac{\Delta y}{\Delta x}=0$,则

$$y'=C'=\lim_{\Delta x\to 0}\frac{\Delta y}{\Delta x}=0.$$

例 3 设 $y=x^3$，求 y'.

解 因为 $\Delta y=(x+\Delta x)^3-x^3=\Delta x[(x+\Delta x)^2+(x+\Delta x)x+x^2]=\Delta x[3x^2+3x\Delta x+(\Delta x)^2]$，所以

$$\frac{\Delta y}{\Delta x}=3x^2+3x\Delta x+(\Delta x)^2,$$

则
$$y'=\lim_{\Delta x\to 0}\frac{\Delta y}{\Delta x}=3x^2.$$

例 4 设 $y=\sqrt{x}$，求 y' 及 $y'|_{x=1}$.

解 因为
$$\Delta y=\sqrt{x+\Delta x}-\sqrt{x}=\frac{\Delta x}{\sqrt{x+\Delta x}+\sqrt{x}},$$

所以
$$\frac{\Delta y}{\Delta x}=\frac{1}{\sqrt{x+\Delta x}+\sqrt{x}},$$

则
$$y'=\lim_{\Delta x\to 0}\frac{\Delta y}{\Delta x}=\frac{1}{2\sqrt{x}}=\frac{1}{2}x^{-\frac{1}{2}},$$

从而
$$y'\Big|_{x=1}=\frac{1}{2}x^{-\frac{1}{2}}\Big|_{x=1}=\frac{1}{2}.$$

3.1.4 导数的几何意义

由引例中切线问题的讨论及导数的定义可知：函数 $f(x)$ 在点 x_0 处的导数 $f'(x_0)$ 在几何上表示曲线 $y=f(x)$ 在点 $M_0(x_0,f(x_0))$ 处的切线的斜率，即

$$k=f'(x_0)=\tan\alpha,$$

其中 α 是切线的倾斜角.

为了方便，如果 $f'(x)=\infty$，此时 $f(x)$ 在点 x_0 处不可导，但我们通常也说函数 $f(x)$ 在点 x_0 处的导数为 ∞，此时曲线 $y=f(x)$ 在点 $M_0(x_0,f(x_0))$ 处具有垂直于 x 轴的切线 $x=x_0$.

如果函数 $y=f(x)$ 在点 x_0 处可导，那么曲线 $y=f(x)$ 在点 $M_0(x_0,f(x_0))$ 处的切线方程与法线方程分别为

$$y-y_0=f'(x_0)(x-x_0),$$

$$y-y_0=-\frac{1}{f'(x_0)}(x-x_0)\ (f'(x_0)\neq 0).$$

例 5 求抛物线 $y=x^3$ 在点 $(2,8)$ 处的切线的斜率，并写出切线方程和法线方程.

解 由例 3 得切线的斜率 $k=y'|_{x=2}=12$，从而所求的切线方程为 $y-8=12(x-2)$，即

$$12x-y-16=0,$$

所求的法线方程为
$$y-8=-\frac{1}{12}(x-2),$$

即
$$x+12y-98=0.$$

3.1.5 函数的可导性与连续性的关系

定理 3.1.1 若函数 $y=f(x)$ 在点 x_0 处可导，则 $f(x)$ 在点 x_0 处连续.

证 已知函数 $y=f(x)$ 在点 x_0 处可导，即

$$\lim_{\Delta x\to 0}\frac{\Delta y}{\Delta x}=f'(x_0),$$

由具有极限的函数与无穷小的关系可知

$$\frac{\Delta y}{\Delta x}=f'(x_0)+\alpha,$$

其中 α 为当 $\Delta x\to 0$ 时的无穷小量. 从而

$$\Delta y=f'(x_0)\Delta x+\alpha\Delta x,$$

由此得

$$\lim_{\Delta x\to 0}\Delta y=\lim_{\Delta x\to 0}[f'(x_0)\Delta x+\alpha\Delta x]=0.$$

这就表明函数 $y=f(x)$ 在点 x_0 处是连续的.

上面定理表明：函数在某点连续是函数在该点可导的必要条件，但不是充分条件，即函数在某点连续却不一定可导.

*例如，函数 $y=f(x)=\sqrt[3]{x}$ 在点 $x=0$ 处连续(图 3-2)，但该函数在点 $x=0$ 处不可导，这是因为在点 $x=0$ 处，有

$$\lim_{\Delta x\to 0}\frac{f(0+\Delta x)-f(0)}{\Delta x}=\lim_{\Delta x\to 0}\frac{\sqrt[3]{\Delta x}}{\Delta x}=\infty,$$

即导数不存在. 在图象上表现为曲线 $y=f(x)=\sqrt[3]{x}$ 在原点处的切线垂直于 x 轴.

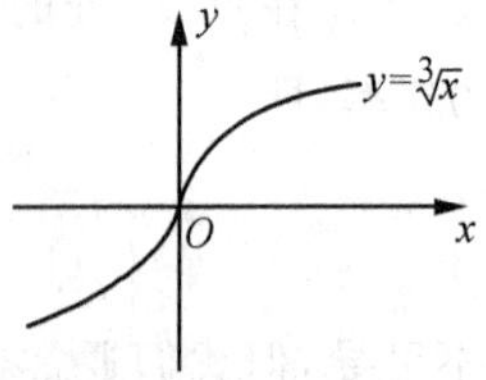

图 3-2

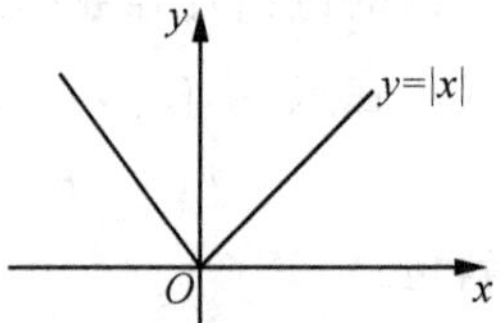

图 3-3

又如，函数 $y=f(x)=|x|$ 在点 $x=0$ 处连续(图 3-3)，但该函数在点 $x=0$ 处不可导. 这是因为在 $x=0$ 处，有

$$\frac{\Delta y}{\Delta x}=\frac{f(0+\Delta x)-f(0)}{\Delta x}=\frac{|\Delta x|}{\Delta x},$$

右极限

$$\lim_{\Delta x\to 0^+}\frac{\Delta y}{\Delta x}=\lim_{\Delta x\to 0^+}\frac{\Delta x}{\Delta x}=1,$$

左极限

$$\lim_{\Delta x\to 0^-}\frac{\Delta y}{\Delta x}=\lim_{\Delta x\to 0^-}\left(-\frac{\Delta x}{\Delta x}\right)=-1,$$

可见左、右极限存在但不相等，因此当 $\Delta x\to 0$ 时，$\frac{\Delta y}{\Delta x}$ 的极限不存在，即导数 $f'(0)$ 不存在. 在图象上表现为曲线 $y=|x|$ 在点(0,0)处没有切线.

定义 3.1.2 如果 $\lim_{\Delta x\to 0^-}\frac{\Delta y}{\Delta x}=\lim_{\Delta x\to 0^-}\frac{f(x_0+\Delta x)-f(x_0)}{\Delta x}$

及
$$\lim_{\Delta x\to 0^+}\frac{\Delta y}{\Delta x}=\lim_{\Delta x\to 0^+}\frac{f(x_0+\Delta x)-f(x_0)}{\Delta x}$$
都存在，那么这两个极限分别称为函数 $f(x)$ 在点 x_0 处的左导数和右导数，记作 $f'(x_0^-)$ 及 $f'(x_0^+)$.

定理 3.1.2 函数 $f(x)$ 在点 x_0 处可导的充分必要条件是函数 $f(x)$ 在该点的左导数和右导数都存在且相等.

同步训练 3.1

1. 某质点做直线运动，在时刻 t 的速度为 $v(t)$，用导数表示该质点在时刻 t 的加速度.

2. 用定义求 $y=\sqrt{x}$ 在 $x=1$ 处的导数值，并求出相应点处曲线的切线方程和法线方程.

3. 如果函数 $f(x)$ 在点 x_0 处可导，求：

(1) $\lim\limits_{\Delta x\to 0}\dfrac{f(x_0-\Delta x)-f(x_0)}{\Delta x}$；　　(2) $\lim\limits_{h\to 0}\dfrac{f(x_0+3h)-f(x_0-h)}{h}$；

*(3) $\lim\limits_{n\to\infty}n\left[f\left(x_0+\dfrac{1}{n}\right)-f(x_0)\right]$.

4. 设函数
$$f(x)=\begin{cases}x^3, & x<0,\\ x^2, & x\geqslant 0,\end{cases}$$
求导函数 $f'(x)$.

5. 设函数
$$f(x)=\begin{cases}x^2, & x\leqslant 1,\\ ax+b, & x>1\end{cases}$$
在 $x=1$ 处可导，求 a,b 的值.

6. 讨论函数在指定点处的连续性与可导性：

(1) $f(x)=\begin{cases}x^2, & x\geqslant 0,\\ x, & x<0\end{cases}$ 在 $x=0$ 处；

(2) $f(x)=\begin{cases}x^2\sin\dfrac{1}{x}, & x\neq 0,\\ 0, & x=0\end{cases}$ 在 $x=0$ 处.

3.2 导数的基本公式与运算法则

根据导数的定义，可以计算一些简单函数的导数，但对于比较复杂的函数，根据定义求导数是很困难的. 本节将介绍一些求导的运算法则，借助于这些法则，就能比较方便地求出常见初等函数的导数.

由导数的定义容易得到的几个基本初等函数的导数公式：

(1) $(C)'=0$(C为常数).

(2) $(x^n)'=nx^{n-1}$(n为正整数).

一般地,$(x^\mu)'=\mu x^{\mu-1}$(μ为实数).

(3) $(\sin x)'=\cos x$.

(4) $(\cos x)'=-\sin x$.

(5) $(\log_a x)'=\dfrac{1}{x\ln a}$.

特别地,当$a=\mathrm{e}$时,有$(\ln x)'=\dfrac{1}{x}$.

(6) $(a^x)'=a^x\ln a(a>0$且$a\neq 1)$.

特别地,当$a=\mathrm{e}$时,有$(\mathrm{e}^x)'=\mathrm{e}^x$.

3.2.1 导数的四则运算

定理 3.2.1 设函数$u(x)$,$v(x)$在点x处可导,则它们的和、差、积、商在点x处也可导,且

(1) $[u(x)\pm v(x)]'=u'(x)\pm v'(x)$;

(2) $[u(x)v(x)]'=u'(x)v(x)+u(x)v'(x)$;

(3) $\left[\dfrac{u(x)}{v(x)}\right]'=\dfrac{u'(x)v(x)-u(x)v'(x)}{v^2(x)}(v(x)\neq 0)$.

推论 1 $(Cu)'=Cu'$(C为常数).

推论 2 $(uvw)'=u'vw+uv'w+uvw'$.

推论 3 $\left(\dfrac{1}{v}\right)'=-\dfrac{v'}{v^2}$.

例 1 设$y=\tan x$,求y'.

解 $y'=\left(\dfrac{\sin x}{\cos x}\right)'=\dfrac{(\sin x)'\cos x-\sin x(\cos x)'}{\cos^2 x}=\dfrac{\cos^2 x+\sin^2 x}{\cos^2 x}=\dfrac{1}{\cos^2 x}=\sec^2 x$.

同理可得$(\cot x)'=-\csc^2 x$(请读者自行验证).

例 2 设$y=\sec x$,求y'.

解 $y'=(\sec x)'=\left(\dfrac{1}{\cos x}\right)'=-\dfrac{(\cos x)'}{\cos^2 x}=\dfrac{\sin x}{\cos^2 x}=\tan x\sec x$.

同理可得$(\csc x)'=-\cot x\csc x$(请读者自行验证).

例 3 $y=5\sin x-x^3+\dfrac{2}{x^2}+3^x-\ln 5$,求$y'$.

解 $y'=\left(5\sin x-x^3+\dfrac{2}{x^2}+3^x-\ln 5\right)'=(5\sin x)'-(x^3)'+\left(\dfrac{2}{x^2}\right)'+(3^x)'-(\ln 5)'$

$=5\cos x-3x^2-4x^{-3}+3^x\ln 3$.

例 4 求曲线$y=x^3-2x$垂直于直线$x+y=0$的切线方程.

解 设切点为(x_0,y_0),由于$y'=3x^2-2$,直线$x+y=0$的斜率为-1,因此由已知有$3x_0^2-2=1$,得$x_0=\pm 1$.当$x_0=1$时,$y_0=-1$;当$x_0=-1$时,$y_0=1$.

所求的切线方程为$y-1=x+1$或$y+1=x-1$,即$y=x\pm 2$.

3.2.2　复合函数的导数

定理 3.2.2　设函数 $u=\varphi(x)$ 在点 x 处可导，函数 $y=f(u)$ 在对应点 u 处可导，则复合函数 $y=f[\varphi(x)]$ 在点 x 处也可导，且 $y'_x=y'_u\cdot u'_x$，或记为

$$\{f[\varphi(x)]\}'=f'(u)\varphi'(x)=f'[\varphi(x)]\varphi'(x)\text{或}\frac{\mathrm{d}y}{\mathrm{d}x}=\frac{\mathrm{d}y}{\mathrm{d}u}\cdot\frac{\mathrm{d}u}{\mathrm{d}x}.$$

注　(1) y'_x, y'_u, u'_x 分别表示 y 对 x 求导、y 对 u 求导、u 对 x 求导. 在不致发生混淆的情况下，y 对自变量 x 求导一般简记为 y'.

(2) $\{f[\varphi(x)]\}'$ 表示 $y=f[\varphi(x)]$ 对变量 x 求导，而 $f'[\varphi(x)]$ 表示 $y=f[\varphi(x)]$ 对变量 $u=\varphi(x)$ 求导.

推论　设 $y=f(u), u=\varphi(v), v=\psi(x)$ 都可导，则 $y=f\{\varphi[\psi(x)]\}$ 也可导，且

$$y'_x=y'_u\cdot u'_v\cdot v'_x=f'(u)\varphi'(v)\psi'(x)=\frac{\mathrm{d}y}{\mathrm{d}u}\cdot\frac{\mathrm{d}u}{\mathrm{d}v}\cdot\frac{\mathrm{d}v}{\mathrm{d}x}.$$

例 5　设 $y=\sin 5x$，求 y'.

解　因为 $y=\sin 5x$ 是 $y=\sin u, u=5x$ 的复合函数，由复合函数求导法则得

$$y'=(\sin 5x)'=(\sin u)'\cdot u'_x=5\cos u=5\cos 5x.$$

例 6　设 $y=(2x-\tan x)^2$，求 y'.

解　因为函数 $y=(2x-\tan x)^2$ 是 $y=u^2, u=2x-\tan x$ 的复合函数，由复合函数求导法则得

$$y'=(u^2)'u'_x=(u^2)'\cdot(2x-\tan x)'=2(2x-\tan x)(2-\sec^2 x).$$

求复合函数的导数熟练后，可不写出中间变量，如例 6 也可以写成

$$y'=[(2x-\tan x)^2]'=2(2x-\tan x)(2x-\tan x)'=2(2x-\tan x)(2-\sec^2 x).$$

例 7　证明：$(x^\mu)'=\mu x^{\mu-1}(\mu\in\mathbf{R})$.

证　因为 $x^\mu=\mathrm{e}^{\mu\ln x}$，把 x^μ 看作一个复合函数，由复合函数的求导法则有

$$(x^\mu)'=(\mathrm{e}^{\mu\ln x})'=\mathrm{e}^{\mu\ln x}(\mu\ln x)'=\frac{\mu}{x}x^\mu=\mu x^{\mu-1}.$$

例 8　设 $y=\ln|x|$，求 y'.

解　因为

$$\ln|x|=\begin{cases}\ln x, & x>0,\\ \ln(-x), & x<0,\end{cases}$$

所以

$$x>0\text{ 时}，(\ln|x|)'=(\ln x)'=\frac{1}{x},$$

$$x<0\text{ 时}，(\ln|x|)'=[\ln(-x)]'=\frac{1}{-x}\cdot(-x)'=\frac{1}{x}.$$

因此

$$(\ln|x|)'=\frac{1}{x}.$$

3.2.3　隐函数的导数

定义 3.2.1　因变量 y 由含有自变量 x 的数学式子直接表示出来，这种函数称为显

函数.

定义 3.2.2 如果变量 x,y 之间的函数关系由某一方程 $F(x,y)=0$ 所确定,那么称这种函数为由方程 $F(x,y)=0$ 所确定的隐函数.

隐函数求导时,我们对等式两边关于自变量 x 求导数,把 y 看作中间变量,利用复合函数求导法则求导,然后整理出关于 y' 的等式即可.

例 9 求由方程 $e^x+e^y-xy=0$ 所确定的隐函数 y 的导数 y'.

解 方程两边同时关于 x 求导得

$$e^x+e^y\cdot y'-(y+xy')=0,$$

解得
$$y'=\frac{y-e^x}{e^y-x}.$$

例 10 求曲线 $3y^2=x^2(x+1)$ 在点(2,2)处的切线方程.

解 方程两边同时关于 x 求导得

$$6yy'=3x^2+2x,$$

于是
$$y'=\frac{3x^2+2x}{6y}(y\neq 0),$$

所以
$$y'|_{(2,2)}=\frac{4}{3}.$$

于是切线方程为 $y-2=\frac{4}{3}(x-2)$,即

$$4x-3y-2=0.$$

由上面的例子可以看到,隐函数导数的表达式中一般是含有 y 的,这一点与显函数的导数显著不同.

利用隐函数的求导方法,对幂指函数 $u(x)^{v(x)}(u(x)>0)$ 或由几个含有多个函数乘除、乘方、开方构成的复合函数求导,可以通过对数求导法进行.

例 11 求 $y=x^x(x>0)$ 的导数.

解 先在方程两边分别取对数得

$$\ln y=x\ln x,$$

用隐函数求导法,上式两边关于 x 求导得

$$\frac{y'}{y}=\ln x+1,$$

整理得
$$y'=y(\ln x+1)=x^x(\ln x+1).$$

$^+$**例 12** 设 $y=\frac{\sqrt{x+2}(3-x)^4}{(x+1)^5}$,求 y'.

解 方程两边分别取对数得

$$\ln y=\frac{1}{2}\ln(x+2)+4\ln(3-x)-5\ln(x+1),$$

上式两边同时关于 x 求导得

$$\frac{y'}{y}=\frac{1}{2(x+2)}-\frac{4}{3-x}-\frac{5}{x+1},$$

所以
$$y'=y\left[\frac{1}{2(x+2)}-\frac{4}{3-x}-\frac{5}{x+1}\right]=\frac{\sqrt{x+2}(3-x)^4}{(x+1)^5}\left[\frac{1}{2(x+2)}-\frac{4}{3-x}-\frac{5}{x+1}\right].$$

3.2.4 反函数的导数

定理 3.2.3 设函数 $y=f(x)$在某区间内单调连续，在该区间内任一点 x 处具有导数，且 $f'(x)\neq 0$，则其反函数 $x=\varphi(y)$在对应点 y 处可导，且有

$$\varphi'(y)=\frac{1}{f'(x)}(f'(x)\neq 0).$$

证 由于函数 $y=f(x)$在给定的区间内单调连续，因此，它的反函数 $x=\varphi(y)$在对应的区间内也是单调连续的. 当 y 有增量 $\Delta y(\Delta y\neq 0)$时，x 相应地有增量 Δx，且 $\Delta x=\varphi(y+\Delta y)-\varphi(y)$，$\Delta x\neq 0$，于是

$$\frac{\Delta x}{\Delta y}=\frac{1}{\frac{\Delta y}{\Delta x}}.$$

由于 $x=\varphi(y)$连续，所以当 $\Delta y\to 0$ 时，也一定有 $\Delta x\to 0$. 又由于 $y=f(x)$在点 x 处可导，且 $f'(x)\neq 0$，即$\lim\limits_{\Delta x\to 0}\frac{\Delta y}{\Delta x}\neq 0$，于是

$$\lim_{\Delta x\to 0}\frac{\Delta x}{\Delta y}=\lim_{\Delta x\to 0}\frac{1}{\frac{\Delta y}{\Delta x}}=\frac{1}{f'(x)},$$

即
$$\varphi'(y)=\frac{1}{f'(x)}(f'(x)\neq 0).$$

这就是说，反函数的导数等于原函数的导数(不等于零)的倒数.

上述定理的结论也可以在选取直接函数的自变量为 y、因变量为 x 时，改写成

$$\varphi'(x)=\frac{1}{f'(y)}(f'(y)\neq 0).$$

例 13 设对数函数 $x=\log_a y(a>0$ 且 $a\neq 1)$是原函数，求其反函数 $y=a^x$ 的导数.

解 因为
$$x'=(\log_a y)'=\frac{1}{y\ln a},$$

所以
$$(a^x)'=\frac{1}{(\log_a y)'}=y\ln a,$$

即
$$(a^x)'=a^x\ln a.$$

例 14 设原函数 $x=\sin y$，求其反函数 $y=\arcsin x$ 的导数.

解 因为
$$x'=(\sin y)'=\cos y,$$

所以
$$y'=(\arcsin x)'=\frac{1}{\cos y}=\frac{1}{\sqrt{1-\sin^2 y}},$$

即
$$(\arcsin x)'=\frac{1}{\sqrt{1-x^2}}.$$

其中，$\cos y=\sqrt{1-x^2}$根式前取正号是因为当$-\frac{\pi}{2}<y<\frac{\pi}{2}$时，$\cos y>0$. 请读者自行验证：

(1) $(\arccos x)'=-\frac{1}{\sqrt{1-x^2}}$;

(2) $(\arctan x)'=\dfrac{1}{1+x^2}$;

(3) $(\text{arccot}x)'=-\dfrac{1}{1+x^2}$.

3.2.5 由参数方程所确定的函数的导数

定理 3.2.4 设由参数方程$\begin{cases}x=\varphi(t),\\ y=\psi(t)\end{cases}$$(t\in(\alpha,\beta))$确定的函数为 $y=f(x)$,其中函数 $\varphi(t),\psi(t)$可导且 $\varphi'(t)\neq 0$,则函数 $y=f(x)$可导且

$$\frac{\mathrm{d}y}{\mathrm{d}x}=\frac{\psi'(t)}{\varphi'(t)}(t\in(\alpha,\beta)).$$

例 15 已知$\begin{cases}x=t+\sin t,\\ y=\mathrm{e}^t,\end{cases}$求 y'.

解 $y'=\dfrac{\mathrm{d}y}{\mathrm{d}x}=\dfrac{(\mathrm{e}^t)'_t}{(t+\sin t)'_t}=\dfrac{\mathrm{e}^t}{1+\cos t}$.

例 16 求由参数方程$\begin{cases}x=a(t-\sin t),\\ y=a(1-\cos t)\end{cases}$所确定的函数的导数$\dfrac{\mathrm{d}y}{\mathrm{d}x}$.

解 $\dfrac{\mathrm{d}y}{\mathrm{d}x}=\dfrac{[a(1-\cos t)]'_t}{[a(t-\sin t)]'_t}=\dfrac{a\sin t}{a(1-\cos t)}(t\neq 2k\pi,k\in\mathbf{Z})$.

3.2.6 高阶导数

我们在讨论变速直线运动时知道,速度函数 $v(t)$是位移函数 $s(t)$对时间 t 的导数,即 $v(t)=s'(t)$;而加速度函数 $a(t)$是速度函数对时间 t 的导数,即 $a(t)=v'(t)=[s'(t)]'$. 因此加速度函数 $a(t)$是位移函数 $s(t)$对时间 t 的导数的导数,称为 $s(t)$对 t 的二阶导数.

定义 3.2.3 若函数 $y=f(x)$的导数 $y'=f'(x)$仍是 x 的可导函数,则称 $y'=f'(x)$的导数为 $y=f(x)$的二阶导数,记作 y'',或 $f''(x)$或$\dfrac{\mathrm{d}^2y}{\mathrm{d}x^2}$等.

$$y''=(y')'\text{或 } f''(x)=[f'(x)]'.$$

类似地,二阶导数的导数称为三阶导数,三阶导数的导数称为四阶导数……一般地,$(n-1)$阶导数的导数称为函数 $f(x)$的 n 阶导数. 分别记作 y''', $y^{(4)}$, …, $y^{(n)}$,或 $f'''(x)$, $f^{(4)}(x)$, …, $f^{(n)}(x)$,或$\dfrac{\mathrm{d}^3y}{\mathrm{d}x^3}$, $\dfrac{\mathrm{d}^4y}{\mathrm{d}x^4}$, …, $\dfrac{\mathrm{d}^ny}{\mathrm{d}x^n}$等. 二阶及二阶以上的导数称为高阶导数. 相应地,把 $y=f(x)$的导数 y'称为 y 的一阶导数.

例 17 已知函数 $y=2x^3-x^2+3$,求 $y^{(n)}$.

解

$$y'=6x^2-2x,$$
$$y''=12x-2,$$
$$y'''=12,$$
$$y^{(n)}=0(n\geqslant 4).$$

例 18 设 $y=a^x$,求 $y^{(n)}$.

解 $$y'=a^x\ln a,$$
$$y''=a^x(\ln a)^2,$$
$$y'''=a^x(\ln a)^3.$$

一般地，$$y^{(n)}=a^x(\ln a)^n.$$

特别地，当 $a=\mathrm{e}$ 时，有
$$(\mathrm{e}^x)^{(n)}=\mathrm{e}^x.$$

*** 例 19** 设 $y=\sin x$，求 $y^{(n)}$.

解 $$y'=\cos x=\sin\left(x+\frac{\pi}{2}\right),$$
$$y''=\cos\left(x+\frac{\pi}{2}\right)=\sin\left(x+2\cdot\frac{\pi}{2}\right),$$
$$y'''=\cos\left(x+2\cdot\frac{\pi}{2}\right)=\sin\left(x+3\cdot\frac{\pi}{2}\right).$$

一般地，$$y^{(n)}=\sin\left(x+n\cdot\frac{\pi}{2}\right),$$

即 $$(\sin x)^{(n)}=\sin\left(x+n\cdot\frac{\pi}{2}\right).$$

类似地，可以得到
$$(\cos x)^{(n)}=\cos\left(x+n\cdot\frac{\pi}{2}\right)\text{（请读者自行验证）}.$$

为了便于查阅，我们把这些导数公式归纳如下：

(1) $(C)'=0$；
(2) $(x^\mu)'=\mu x^{\mu-1}$；
(3) $(\sin x)'=\cos x$；
(4) $(\cos x)'=-\sin x$；
(5) $(\tan x)'=\sec^2 x$；
(6) $(\cot x)'=-\csc^2 x$；
(7) $(\sec x)'=\sec x\tan x$；
(8) $(\csc x)'=-\csc x\cot x$；
(9) $(a^x)'=a^x\ln a$；
(10) $(\mathrm{e}^x)'=\mathrm{e}^x$；
(11) $(\log_a x)'=\dfrac{1}{x\ln a}$；
(12) $(\ln x)'=\dfrac{1}{x}$；
(13) $(\arcsin x)'=\dfrac{1}{\sqrt{1-x^2}}$；
(14) $(\arccos x)'=-\dfrac{1}{\sqrt{1-x^2}}$；
(15) $(\arctan x)'=\dfrac{1}{1+x^2}$；
(16) $(\operatorname{arccot} x)'=-\dfrac{1}{1+x^2}$.

同步训练 3.2

1. 求下列函数的导数：

(1) $y=4x-\dfrac{2}{x^2}+\sin 1$；
(2) $y=\sqrt{\sqrt{\sqrt{x}}}$；
(3) $y=\sqrt{x\sqrt{x\sqrt{x}}}$；
(4) $y=x^2\sin\dfrac{1}{x}$；

(5) $y=\frac{x-1}{x+1}$；

(6) $y=\arcsin\sqrt{x}$；

(7) $y=(2e)^x+xe^{-x}$；

(8) $y=\arctan(x^2)$；

(9) $y=\cos\left(2x+\frac{\pi}{5}\right)$；

(10) $y=\sin^2(2x-1)$；

(11) $y=\sqrt{1+\ln^2x}$；

(12) $y=\frac{\arccos x}{\sqrt{1-x^2}}$.

2. 求下列隐函数的导数：

(1) $y^2-2xy+9=0$；

(2) $e^y+y\ln(1+x)=x$；

(3) $2^x+2y=2^{x+y}$；

(4) $x^2y-e^{2x}=\sin y$；

(5) $x^2+2xy-y^2=2x,y'|_{(2,0)}$.

3. 用对数求导法求下列函数的导数：

(1) $y=x^{\sin x}(x>0)$；

*(2) $y=\sqrt{\frac{(x-1)(x-2)}{(x-3)(x-4)}}(x>4)$；

(3) $y=\left(\frac{x}{1+x}\right)^x$；

*(4) $y=\sqrt[5]{\frac{x^2}{(1+x^2)^3}}$.

4. 求由下列参数方程所确定的函数的导数：

(1) $\begin{cases}x=t^3,\\y=t\sin t;\end{cases}$

(2) $\begin{cases}x=t\cos t,\\y=t\sin t;\end{cases}$

(3) $\begin{cases}x=3e^{-t},\\y=3e^t+t,\end{cases}\frac{dy}{dx}\bigg|_{t=0}$.

5. 求下列函数的二阶导数：

(1) $y=2x^3-3x^2+5$；

(2) $y=x\cos x$；

(3) $y=x\ln x,y''(1)$；

(4) $\begin{cases}x=a(t-\sin t),\\y=a(1-\cos t)\end{cases}(t\neq2n\pi,n\in\mathbf{Z})$.

6. 求下列函数的 n 阶导数：

(1) $y=e^{-2x}$，

(2) $y=xe^x$.

+**7.** 设 $f(x)$是可导函数，$f(x)>0$，求下列函数的导数 y'：

(1) $y=\ln f(2x)$；

(2) $y=f^2(e^x)$.

3.3 函数的微分

在许多实际问题中，不仅需要知道由自变量变化引起函数变化快慢程度的问题，而且还需要计算出自变量在某一点取得一微小增量时，函数取得相应增量的大小. 一般说来，计算函数 $f(x)$的增量 Δy 的精确值是比较繁琐的，在实际问题中往往只需算出它的近似值就可以了，微分概念就由此而来.

3.3.1　微分的定义

例1　有一个边长为 x 的正方形，其面积用 S 表示，显然 $S=x^2$. 如果边长 x 取得一个改变量 Δx，求面积大约变化了多少.

解　　$\Delta S=(x+\Delta x)^2-x^2=2x\Delta x+(\Delta x)^2$.

上式包括两部分：第一部分 $2x\Delta x$ 是 Δx 的线性函数，即图 3-4 中两个带有斜线的矩形面积之和；另一部分 $(\Delta x)^2$，即图中小空白正方形的面积，并且当 $\Delta x\to 0$ 时，$(\Delta x)^2$ 是 Δx 的高阶无穷小量. 显然，$2x\Delta x$ 是面积增量 ΔS 的主要部分，而 $(\Delta x)^2$ 是次要部分. 因此当 $\Delta x\to 0$时，面积增量 ΔS 可以近似地用 $2x\Delta x$ 表示，即

$$\Delta S\approx 2x\Delta x.$$

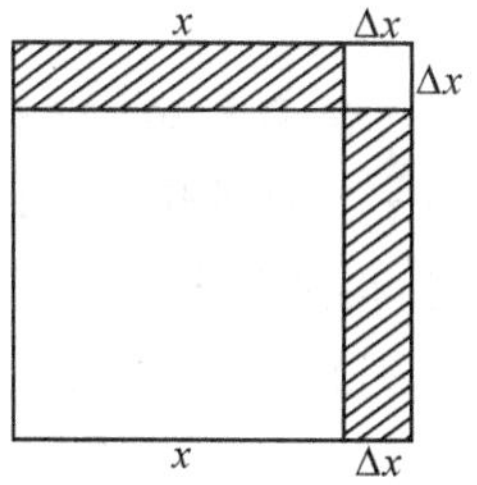

图 3-4

定义 3.3.1　对于自变量在点 x 处的改变量 Δx，如果函数 $y=f(x)$ 的相应改变量 Δy 可以表示为

$$\Delta y=A\Delta x+o(\Delta x)\ (\Delta x\to 0),$$

其中 A 与 Δx 无关，那么称函数 $y=f(x)$ 在点 x 处可微，并称 $A\Delta x$ 为函数 $y=f(x)$ 在点 x 处的微分，记为 $\mathrm{d}y$ 或 $\mathrm{d}f(x)$，即

$$\mathrm{d}y=\mathrm{d}f(x)=A\Delta x.$$

当 $A\neq 0$ 时，$A\Delta x$ 是 Δy 的主要部分 $(\Delta x\to 0)$. 由于 $A\Delta x$ 是 Δx 的线性函数，因此微分 $\mathrm{d}y$ 称为 Δy 的线性主部 $(\Delta x\to 0)$，且当 $|\Delta x|$ 很小时，有 $\Delta y\approx\mathrm{d}y$.

定理 3.3.1　函数 $y=f(x)$ 在点 x_0 处可微的充要条件是 $f(x)$ 在点 x_0 处可导且 $A=f'(x_0)$.

证（必要性）　函数 $f(x)$ 在点 x_0 处可微，则有

$$\frac{\Delta y}{\Delta x}=A+\frac{o(\Delta x)}{\Delta x}.$$

令 $\Delta x\to 0$，得到 $f'(x_0)=A$，即 $f(x)$ 在点 x_0 处可导且 $A=f'(x_0)$.

（充分性）　函数 $f(x)$ 在点 x_0 处可导，则 $f'(x_0)=\lim\limits_{\Delta x\to 0}\dfrac{\Delta y}{\Delta x}$，因此 $\dfrac{\Delta y}{\Delta x}=f'(x_0)+\alpha$（$\Delta x\to 0$ 时，$\alpha\to 0$），即

$$\Delta y=f'(x_0)\Delta x+\alpha\Delta x=f'(x_0)\Delta x+o(\Delta x).$$

$f'(x_0)$ 与 Δx 无关，由可微的定义知 $f(x)$ 在点 x_0 处可微.

由定理 3.3.1 可知，函数 $y=f(x)$ 在点 x_0 处的微分 $\mathrm{d}y=f'(x_0)\Delta x$.

若 $y=x$，则 $\mathrm{d}y=y'\Delta x=\Delta x=\mathrm{d}x$，因此 $\mathrm{d}x$ 又称为自变量的微分. 于是函数 $y=f(x)$ 的微分亦可表示为

$$\mathrm{d}y=f'(x)\mathrm{d}x.$$

这样 $f'(x)=\dfrac{\mathrm{d}y}{\mathrm{d}x}$，即函数的导数等于函数的微分与自变量的微分之商，因此，导数也称"微商".

例2　求函数 $y=x^2$ 在 $x=1$ 处，Δx 分别为 0.1 和 0.01 时的增量与微分.

解　$\Delta x=0.1$ 时，$\Delta y=(1+0.1)^2-1^2=0.21$，$\mathrm{d}y=y'(1)\Delta x=0.2$；

$\Delta x=0.01$ 时，$\Delta y=(1+0.01)^2-1^2=0.0201$，$dy=y'(1)\Delta x=0.02$.

例 3 求函数 $y=2x+x^2e^x$ 的微分.

解 $dy=d(2x+x^2e^x)=(2x+x^2e^x)'dx=(2+2xe^x+x^2e^x)dx$.

3.3.2 微分的几何意义

设函数 $y=f(x)$ 的图象如图 3-6 所示，M_0T 是 $M_0(x_0, f(x_0))$ 处的切线，M_0T 的倾斜角为 α. 当自变量 x 有增量 Δx 时，得到曲线上另一点 $M((x_0+\Delta x), f(x_0+\Delta x))$.

由于 $M_0Q=\Delta x$，$QM=\Delta y$，于是

$$QP=M_0Q\cdot\tan\alpha=f'(x_0)\Delta x,$$

即

$$dy=QP.$$

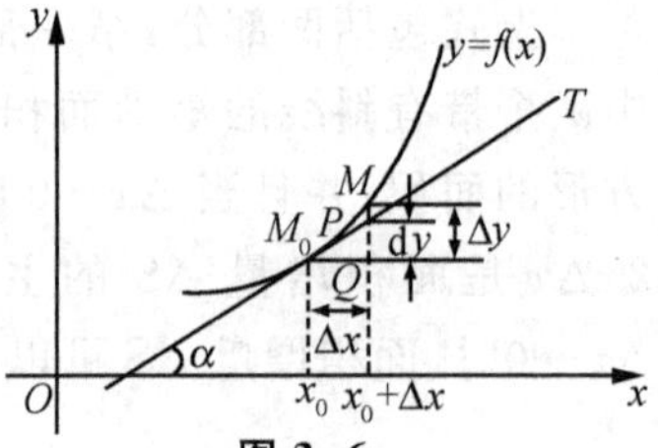

图 3-6

由此可见，当 Δy 是曲线 $y=f(x)$ 上的点的纵坐标的增量时，dy 就是曲线的切线上点的纵坐标的相应增量，即当 $|\Delta x|$ 很小时，$\Delta y\approx dy$.

3.3.3 基本初等函数的微分公式与微分运算法则

因为函数 $y=f(x)$ 的微分 $dy=y'dx$，所以根据导数公式和导数运算法则，可得如下的微分公式和微分运算法则.

一、基本初等函数的微分公式

(1) $d(C)=0$；

(2) $d(x^\mu)=\mu x^{u-1}dx$；

(3) $d(\sin x)=\cos x dx$；

(4) $d(\cos x)=-\sin x dx$；

(5) $d(\tan x)=\sec^2 x dx$；

(6) $d(\cot x)=-\csc^2 x dx$；

(7) $d(\sec x)=\sec x\tan x dx$；

(8) $d(\csc x)=-\csc x\cot x dx$；

(9) $d(a^x)=a^x\ln a dx$；

(10) $d(e^x)=e^x dx$；

(11) $d(\log_a x)=\frac{1}{x\ln a}dx$；

(12) $d(\ln x)=\frac{1}{x}dx$；

(13) $d(\arcsin x)=\frac{1}{\sqrt{1-x^2}}dx$；

(14) $d(\arccos x)=-\frac{1}{\sqrt{1-x^2}}dx$；

(15) $d(\arctan x)=\frac{1}{1+x^2}dx$；

(16) $d(\text{arccot} x)=-\frac{1}{1+x^2}dx$.

二、函数的和、差、积、商的微分法则

设 $u=u(x)$ 及 $v=v(x)$ 可微，则

(1) $d(u\pm v)=du\pm dv$；

(2) $d(uv)=vdu+udv$；

(3) $d(Cu)=Cdu$（C 是常数）；

(4) $d\left(\frac{u}{v}\right)=\frac{vdu-udv}{v^2}$ $(v\neq 0)$.

三、复合函数的微分法则

设 $u=\varphi(x)$ 在点 x 处可导，$y=f(u)$ 在对应点 u 处可导，则复合函数 $y=f[\varphi(x)]$ 的导数为

$$y'=f'(u)\varphi'(x).$$

于是，复合函数 $y=f[\varphi(x)]$ 的微分为

$$\mathrm{d}y=f'(u)\varphi'(x)\mathrm{d}x.$$

由于
$$\mathrm{d}u=\varphi'(x)\mathrm{d}x,$$
因此
$$\mathrm{d}y=f'(u)\mathrm{d}u.$$

由上述公式可知，无论 u 是自变量还是中间变量，微分形式 $\mathrm{d}y=f'(u)\mathrm{d}u$ 保持不变，这一性质称为一阶微分形式不变性. 我们可以利用一阶微分形式不变性来求复合函数的微分.

例 4　已知 $y=\mathrm{e}^{(ax+bx^2)}$，求 $\mathrm{d}y$.

解　*方法 1*　利用 $\mathrm{d}y=y'\mathrm{d}x$ 得

$$\mathrm{d}y=[\mathrm{e}^{(ax+bx^2)}]'\mathrm{d}x=\mathrm{e}^{(ax+bx^2)}(ax+bx^2)'\mathrm{d}x=(a+2bx)\mathrm{e}^{ax+bx^2}\mathrm{d}x.$$

方法 2　令 $u=ax+bx^2$，则 $y=\mathrm{e}^u$，由一阶微分形式不变性可得

$$\mathrm{d}y=(\mathrm{e}^u)'\mathrm{d}u=\mathrm{e}^u\mathrm{d}u=\mathrm{e}^{(ax+bx^2)}\mathrm{d}(ax+bx^2)=(a+2bx)\mathrm{e}^{ax+bx^2}\mathrm{d}x.$$

*3.3.4　函数微分的近似计算

如果函数 $y=f(x)$ 在点 x 处的导数 $f'(x)\neq 0$，那么当 $|\Delta x|$ 很小时，我们有

$$\Delta y=f(x_0+\Delta x)-f(x_0)\approx \mathrm{d}y=f'(x_0)\Delta x.$$

上式还可改写为

$$f(x_0+\Delta x)\approx f(x_0)+f'(x_0)\Delta x.$$

若记 $x=x_0+\Delta x$，即 $\Delta x=x-x_0$，则上式还可写为

$$f(x)\approx f(x_0)+f'(x_0)(x-x_0).$$

特别地，若令 $x_0=0$，则当 $|x|$ 很小时，有

$$f(x)\approx f(0)+f'(0)x.$$

应用上式可以推得下面一些常用的近似公式：

(1) $\sqrt[n]{1+x}\approx 1+\dfrac{x}{n}$；　　(2) $\sin x\approx x$；

(3) $\tan x\approx x$；　　(4) $\ln(1+x)\approx x$；

(5) $\mathrm{e}^x\approx 1+x$.

例 5　计算 $\sqrt[3]{8.02}$ 的近似值.

解　*方法 1*　取函数 $f(x)=\sqrt[3]{x}$，在点 $x_0=8$ 处 $\Delta x=0.02$，则

$$f(8)=\sqrt[3]{8}=2,\ f'(8)=\frac{1}{3}x^{-\frac{2}{3}}\Big|_{x=8}=\frac{1}{12}.$$

所以　$f(8.02)=f(8+0.02)\approx f(8)+f'(8)\Delta x=2+\dfrac{1}{12}\times 0.02=2+\dfrac{1}{600}\approx 2.0017$，

即
$$\sqrt[3]{8.02}\approx 2.0017.$$

方法 2 $\sqrt[3]{8.02}=\sqrt[3]{8(1+0.0025)}=2\sqrt[3]{1+0.0025}.$

先计算 $\sqrt[3]{1+0.0025}\approx 1+\frac{0.0025}{3}.$

因此 $\sqrt[3]{8.02}\approx 2\left(1+\frac{0.0025}{3}\right)\approx 2.0017.$

同步训练 3.3

1. 求函数 $y=x^3$ 在 $x=2,\Delta x=0.01$ 时的增量及微分.

2. 求下列函数的微分：

(1) $y=\sqrt{1-x^2}$； (2) $y=\frac{x}{1-x}$；

(3) $y=x^2e^{2x}$； (4) $y=\arcsin\sqrt{1-x^2}(0\leqslant x\leqslant 1)$；

(5) $y=\ln\sin x$； (6) $y=e^x\cos x$；

(7) $y=e^{\cos x}$； (8) $y=\sin(\ln x)$.

3. 将适当的函数填入下列括号内，使等式成立：

(1) $d(\quad\quad)=\cos t\,dt$； (2) $d(\quad\quad)=\frac{1}{1+x}dx$；

(3) $d(\quad\quad)=\sec^2 5x\,dx$； (4) $d(\quad\quad)=\frac{1}{\sqrt{x}}dx$；

(5) $d(\quad\quad)=\cos 2x\,dx$； (6) $d(\quad\quad)=e^{-2x}dx$.

***4.** 求下列近似值：

(1) $\sin 31°$； (2) $\sqrt[3]{996}$.

***5.** 当 $|x|$ 很小时，验证下列近似公式：

(1) $\ln(1+x)\approx x$； (2) $\frac{1}{1+x}\approx 1-x$.

3.4 经济学中的边际问题与弹性问题

导数在经济领域内有非常广泛的应用，下面我们来研究导数的一些具体应用问题.

3.4.1 边际分析

定义 3.4.1 设函数 $y=f(x)$ 可导，导函数 $f'(x)$ 也称边际函数. 函数 $y=f(x)$ 在点 $x=x_0$ 处的导数 $f'(x)$ 称为函数 $f(x)$ 在点 $x=x_0$ 处的变化率，也称为 $f(x)$ 在点 $x=x_0$ 处的边际函数值.

定义 3.4.2 成本函数 $C(q)$ 的边际 $C'(q)$ 称为边际成本.

边际成本的经济意义：产量为 q_0 时，再生产一个单位产品所需成本的近似值. 这是因为产量 q_0 的增量 Δq 的绝对值 $|\Delta q|$ 的最小值是一个单位产品，所以 $\Delta q=\pm 1$. 当 $\Delta q=1$ 时，$C(q_0+1)-C(q_0)=\Delta C\approx \mathrm{d}C=C'(q_0)\Delta q=C'(q_0)$（当 $\Delta q=-1$ 时，标志着 q 减少一个单位）. 在应用问题中解释边际函数值的具体意义时往往忽略"近似"二字.

定义 3.4.3　收入函数 $R(q)$ 的边际 $R'(q)$ 称为边际收入.

边际收入的经济意义：销量为 q_0 时，再多销售一个单位产品所得的收入.

定义 3.4.4　利润函数 $L(q)$ 的边际 $L'(q)$ 称为边际利润.

边际利润的经济意义：销量为 q_0 时，再多销售一个单位产品所得的利润.

$$L'(q)=R'(q)-C'(q),$$

即边际利润为边际收入与边际成本之差.

例 1　某企业生产一种产品，每天的利润 $L(q)$（元）与产量 q（吨）之间的关系为 $L(q)=250q-5q^2$，求 $q=10,25,30$ 时的边际利润，并解释所得结果的经济意义.

解　边际利润 $L'(q)=250-10q$，于是

$$L'(10)=150, L'(25)=0, L'(30)=-50,$$

即在每天生产 10 吨产品的基础上再多生产 1 吨，利润增加 150 元；在每天生产 25 吨产品的基础上再多生产 1 吨，利润没有增加；而在每天生产 30 吨产品的基础上再多生产 1 吨，总利润反而减少 50 元. 这说明该产品并非生产越多利润越高.

例 2　某种产品的总成本 C（万元）与产量 q（万件）之间的函数关系为 $C(q)=200+2q-0.5q^2+0.03q^3$，求生产水平为 $q=10$（万件）时的平均成本和边际成本，并从降低成本角度分析继续提高产量是否合适.

解　当 $q=10$ 时的总成本为

$$C(10)=200+2\times 10-0.5\times 10^2+0.03\times 10^3=200\text{（万元）}.$$

平均成本　$\overline{C}(10)=\dfrac{C(10)}{10}=\dfrac{200}{10}=20$（元/件）.

边际成本　$C'(q)=2-q+0.09q^2$，$C'(10)=2-10+0.09\times 10^2=1$（元/件）.

在生产水平为 10 万件时，每增加 1 个单位产品，总成本仅增加 1 元，远小于 20 元的单位成本. 因此，从降低成本角度看，应继续扩大产量.

3.4.2　弹性分析

导数解决了函数的变化率问题，在经济问题中还需要研究函数的相对变化率. 例如，商品甲、乙的单价分别是 $P_1=10$（元），$P_2=1000$（元），市场需求 Q 分别为 $Q_1=100$（台）和 $Q_2=200$（台）. 两种商品单价各涨价 1 元，即 $\Delta P_1=\Delta P_2=1$（元），需求分别下降 4 台和 2 台，即 $\Delta Q_1=-4$（台），$\Delta Q_2=-2$（台）. 试判断哪种商品价格的变动对该商品的市场需求影响大. 这个问题不能仅从甲、乙商品的市场需求分别下降 4 台和 2 台，就认为甲商品价格的变动对它的市场需求影响大，尽管都涨价 1 元，但与其各自的原价相比，两者涨价的百分比却有很大的不同，商品甲涨了 $\dfrac{\Delta P_1}{P_1}=10\%$，而商品乙仅涨了 $\dfrac{\Delta P_2}{P_2}=0.1\%$. 市场需求的改变与原需求相比也是不同的，$\dfrac{\Delta Q_1}{Q_1}=-4\%$，即商品甲的需求下降了 4%，$\dfrac{\Delta Q_2}{Q_2}=-1\%$，即商品乙的

需求下降了1%.两者应该在商品涨价的百分比相同的情况下,由需求量下降的百分比来进行比较.需求函数的弹性概念反映了价格变动时引起需求变化的强弱程度.

定义 3.4.5 设函数 $y=f(x)$在点 x_0 处可导,且 $f(x_0)\neq 0$,极限

$$\lim_{\Delta x\to 0}\frac{\dfrac{\Delta y}{y_0}}{\dfrac{\Delta x}{x_0}}=\frac{x_0}{y_0}\lim_{\Delta x\to 0}\frac{\Delta y}{\Delta x}=\frac{x_0}{f(x_0)}f'(x_0)$$

称为函数 $f(x)$在点 x_0 处的相对变化率或弹性,记作

$$\left.\frac{Ey}{Ex}\right|_{x=x_0}\text{或}\left.\frac{Ef}{Ex}\right|_{x=x_0}.$$

当$\left|\dfrac{\Delta x}{x_0}\right|$很小时,

$$\frac{\Delta y}{y_0}\approx\left.\frac{Ey}{Ex}\right|_{x=x_0}\cdot\frac{\Delta x}{x_0}.$$

注 函数在点 x_0 处的弹性近似地反映了当 x 在 x_0 产生1%的改变量时,$f(x)$近似地改变了$\dfrac{Ey}{Ex}$%.例如,函数 $f(x)$在点 x_0 处的弹性是3,它近似地表示当 x 增加 x_0 的1%时,函数值增加 $f(x_0)$的3%;函数 $f(x)$在点 x_0 处的弹性是-4,说明当 x 增加 x_0 的1%时,函数值约减少 $f(x_0)$的4%.

定义 3.4.6 如果函数 $y=f(x)$在开区间(a,b)内可导,且 $f(x)\neq 0$,那么称

$$\frac{Ey}{Ex}=\frac{x}{f(x)}f'(x)$$

为函数 $y=f(x)$在(a,b)内的弹性函数.

由于函数的弹性与量纲无关,这使得其在经济学中有广泛的应用.某种商品的市场需求 $Q=Q(P)$在点 P_0 可导,则

$$\left.\frac{EQ}{EP}\right|_{P=P_0}=\frac{P_0}{Q(P_0)}Q'(P_0)$$

称为该商品在 P_0 价位的需求弹性,记作 $\eta(P_0)$或 $\eta|_{P=P_0}$,即

$$\eta(P_0)=\frac{P_0}{Q(P_0)}\cdot Q'(P_0).$$

需求弹性 $\eta(P)$表示某商品的需求量 Q 对价格 P 变动反应的强弱程度.因为在通常情况下,价格上升(或下降)时,需求一般总是减少(或增加)的,所以需求弹性一般是负值.

当$|\eta(P)|<1$时,表示需求变动的幅度小于价格变动的幅度,这时商品价格的变动对需求影响不大,称为低弹性;当$|\eta(P)|>1$时,称为高弹性.

例 3 设某商品的需求函数为 $Q=e^{-\frac{P}{5}}$(其中 P 为价格,Q 为需求量).

(1) 求需求弹性函数 $\eta(P)$;

(2) 分别求当 $P=3,P=5,P=6$ 时的需求弹性,并解释其经济意义.

解 (1) $Q'=-\dfrac{1}{5}e^{-\frac{P}{5}}$,于是

$$\eta(P)=Q'\cdot\frac{P}{Q}=-\frac{1}{5}e^{-\frac{P}{5}}\cdot\frac{P}{e^{-\frac{P}{5}}}=-\frac{P}{5}.$$

(2) $\eta(3)=-\frac{3}{5}=-0.6$，表示当价格 $P=3$ 时，价格每上涨 1%，需求将减少0.6%，说明需求变化的幅度小于价格变化的幅度；

$\eta(5)=-\frac{5}{5}=-1$，表示当价格 $P=5$ 时，价格每上涨 1%，需求将减少 1%，说明需求变化的幅度等于价格变化的幅度；

$\eta(6)=-\frac{6}{5}=-1.2$，表示当价格 $P=6$ 时，价格每上涨 1%，需求将减少 1.2%，说明需求变化的幅度大于价格变化的幅度.

可见，当价格增大时，需求量对价格的敏感程度越来越高；当价格大于 5 时，该商品的需求量下降的速度越来越大于价格的涨幅速度.

例 4　设某商品的需求函数为 $Q=12-\frac{P}{2}$.

(1) 求需求弹性函数 $\eta(P)$；

(2) 求 $P=6$ 时的需求弹性；

(3) 在 $P=6$ 时，若价格每上涨 1%，总收入是增加还是减少？将变化百分之几？

解　(1) $\eta(P)=Q'\cdot\frac{P}{Q}=-\frac{1}{2}\cdot\frac{P}{12-\frac{P}{2}}=-\frac{P}{24-P}$.

(2) $\eta(6)=-\frac{6}{24-6}=-\frac{1}{3}\approx-0.33$.

(3) 收入函数为 $R(P)=Q(P)\cdot P=\left(12-\frac{P}{2}\right)\cdot P$，则

$$R'(P)=12-P,$$

于是

$$\left.\frac{ER}{EP}\right|_{P=6}=R'(6)\cdot\frac{6}{R(6)}=\frac{2}{3}\approx0.67.$$

所以价格每上涨 1%，总收入增加 0.67%.

同步训练 3.4

1. 某加工厂某产品的日生产能力为 200 台，每日产品的总成本 C(万元)是日产量q(台)的函数：$C(q)=100+2q+5\sqrt{q}(0\leqslant q\leqslant200)$. 求：

(1) 产量为 100 台时的总成本；

(2) 产量为 100 台时的平均成本；

(3) 产量为 100 台时，总成本的变化率(边际成本)，并解释其经济意义.

2. 求函数 $y=3+2x$ 在 $x=3$ 处的弹性.

3. 求函数 $y=100e^{3x}$ 的弹性函数$\frac{Ey}{Ex}$及$\left.\frac{Ey}{Ex}\right|_{x=2}$.

$^{+}$**4.** 某商品的需求函数为

$$Q(P)=75-P^2.$$

(1) 求 $P=4$ 时的边际需求,并说明其经济意义.

(2) 求 $P=4$ 时的弹性需求,并说明其经济意义.

(3) 当 $P=4$ 时,若价格 P 上涨 1%,总收益将变化百分之几?是增加还是减少?

(4) 当 $P=6$ 时,若价格 P 上涨 1%,总收益将变化百分之几?是增加还是减少?

阅读材料三　导数与微分

一、导数

在微积分的初创阶段,导数的概念是十分模糊的,不仅在牛顿和莱布尼兹的工作中找不到导数的明确定义,在此后相当长的一个时期,这个概念都没有得到认真的处理.

大约在 1629 年,法国数学家费马(P. de Fermat,1601—1665)研究了作曲线的切线和求函数极值的方法.1637 年左右,他将这些方法写成了一篇手稿《求最大值和最小值的方法》.在作切线时,他构造了差分 $f(A+E)-f(A)$,并注意到对于他所研究的多项式函数,这个差分包含 E 作为因子.除以 E,最后消去仍然含有因子 E 的那些项,最终得到一个量

$$\left.\frac{f(A+E)-f(A)}{E}\right|_{E=0}.$$

今天我们称这个量为导数并记为 $f'(A)$,但费马既没有给它命名,也没有引入任何特定的记号.

牛顿称自己的微积分学为流数法,称变量为流量,称变量的变化率为流数,相当于我们所说的导数.假定 x 和 y 是流量,则它们的流数被用带点的字母记为 $\dot{x}$ 和 $\dot{y}$.虽然牛顿给出了许多计算流数的实例,却从未给出过它的明确定义.根据他写于 1691—1692 年的《曲线求积术》一文中的论述,可以将流数的实质概括为:它的重点在于一个变量的函数,而不在于一个多变量的方程,在于自变量的变化与函数的变化的比的构成,最后在于决定这个比当变化趋于零时的极限.

莱布尼兹在微积分方面的全部工作都是以微分作为基点的,在他那里导数不过是微分之比,相当于今天所说的微商.虽然他认识到了两无穷小量之比的重要性,却从未想到这个比是一个单一的数,而总是把它看作不确定量的商,或者是与它们成比例的确定量的商.

1737 年,英国数学家辛普森(T. Simpson,1710—1761)在《有关流数的一篇新论文》中写道:"一个流动的量,按它在任何一个位置或瞬间所产生的速率(从该位置或瞬间起持续不变),在一段给定的时间内,所均匀增长的数量称为该流动量在该位置或瞬间的流数."换言之,他是在用 $\frac{\mathrm{d}y}{\mathrm{d}t}\Delta t$ 来定义导数.

1750 年,达朗贝尔(J. L. R. D'Alembert,1717—1783)在为法国科学院出版的《百科全书》第四版写的"微分"条目中提出了关于导数的一种观点,可以用现代符号简单地表示为

$$\frac{\mathrm{d}y}{\mathrm{d}x}=\lim_{\Delta x\to 0}\frac{\Delta y}{\Delta x}.$$

也就是说,他把导数看作增量之比的极限,而不是看作微分或流数之比,这是十分值得注意的.由于他坚持微分学只能严格地用极限来理解,这才接近了导数的现代概念.但是,他的思

想仍然受到几何直观的束缚.

拉格朗日(J. Lagrange,1736—1813)在《解析函数论》中首次给出了"导数"这一名称,并用 $f'(x)$ 来表示.

1817 年,波尔查诺(B. Bolzano,1781—1848)第一个将导数定义为当 Δx 经由负值和正值趋于 0 时,比 $\frac{f(x+\Delta x)-f(x)}{\Delta x}$ 无限接近地趋向的量 $f'(x)$,并强调 $f'(x)$ 不是两个 0 的商,也不是两个消失了的量的比,而是前面所指出的比所趋近的一个数.

1823 年,柯西(A. L. Cauchy,1789—1857)在他的《无穷小分析教程概论》中用与波尔查诺同样的方式定义导数:"如果函数 $y=f(x)$ 在变量 x 的两个给定的界限之间保持连续,并且我们为这样的变量指定一个包含在这两个不同界限之间的值,那么使变量得到一个无穷小增量,就会使函数本身产生一个无穷小增量. 因此,如果我们设 $x=i$,那么差比 $\frac{\Delta y}{\Delta x}=\frac{f(x+i)-f(x)}{i}$ 中的两项都是无穷小量. 虽然这两项同时无限地趋向于零,但是差比本身可能收敛于另一个极限,它既可以为正,也可以为负. 当这个极限存在时,对于 x 的每一个特定值,它具有一个确定的值. 但是这个值随 x 的变化而变化……作为差比 $\frac{f(x+i)-f(x)}{i}$ 的极限的新函数的形式,依赖于给定的函数 $y=f(x)$ 的形式. 为了说明这种依赖关系,我们把这个新函数称为导出函数,并且用带"′"的符号 y' 或 $f'(x)$ 来表示."这个定义与今天导数定义的差别仅仅是没有使用 ε-δ 语言.

19 世纪 60 年代以后,魏尔斯特拉斯(K. Weierstrass,1815—1897)创造了 ε-δ 语言,对微积分中出现的各种类型的极限重新表述,导数的定义也就获得了今天通常见到的形式.

二、微分

在牛顿、莱布尼兹创立微积分学之前,一些数学家已经隐约地触及了与微分概念有关的一些问题和方法,尤为重要的是在求曲线的切线的过程中逐渐形成了特征三角形(即微分三角形)的初步概念. 实际上,早在 1624 年,荷兰数学家施内尔(W. Snell,1580—1626)就曾考虑过一个由经线、纬线和斜驶线所围成的小球面形,它相当于一个平面直角三角形. 在 17 世纪中叶的几何著作中可以找到许多类似于微分三角形的图形.

1657 年,法国数学家帕斯卡(B. Pascal,1623—1662)开始系统地研究"不可分量"方法. 1658 年 6 月,他提出了一项数学竞赛,截止日期是 1658 年 10 月 1 日,要求确定任何一段摆线下的面积和形心,以及确定这样一段摆线绕它的底或纵坐标旋转而成的旋转体的体积和形心. 当时大多数一流的数学家对这项竞赛都很感兴趣. 在经过审查确认没有得到完全满意的答案后,帕斯卡以戴东维尔(Dettonville)为笔名发表了他自己在这方面的研究结果. 在短文"论圆的一个象限的正弦"中,他隐约地使用了特征三角形. 1714 年,莱布尼兹发表了《微分学的历史和起源》一文,其中明确地谈到他发现微分三角形是受到了帕斯卡上述工作的启发.

1670 年,巴罗(I. Barrow,1630—1677)出版的《几何学讲义》是根据他自 1664 年以来在剑桥大学讲授几何学的材料整理而成的,其中给出了一种作曲线切线的方法,用到了特征三角形,本质上就是微分三角形.

然而,在所有上述著作中,特征三角形两边的商对于决定切线的重要性似乎都被忽视了,直到牛顿、莱布尼兹的工作中这一点才被明确地揭示出来.

牛顿积分理论的核心是反微分,即不定积分.他给出了一些基本的微分法则,也计算了一些函数的微分,但始终没有给出微分的明确定义.在他的微分学中,基本概念是"流量"(变量)及其"流数"(相当于导数),微分只是一种方便的表述方式而已.

如前所述,莱布尼兹在微积分方面的全部工作都是以微分作为基点的.他在1675年10月的一篇手稿中,首次引入了微分的概念和符号,也就是今天我们使用的符号.1677年,他未加证明地给出了两个函数的和、差、积、商以及幂和方根的微分法则.1684年,莱布尼兹发表了题为《一种求极大值与极小值和切线的新方法,它也适用于无理量,以及这种方法的奇妙类型的计算》的论文,这是最早发表的微积分文献.在这篇文章中,他对一阶微分给出了一个比较令人满意的定义.他说,横坐标 x 的微分 $\mathrm{d}x$ 是个任意量,而纵坐标 y 的微分 $\mathrm{d}y$ 则定义为它与 $\mathrm{d}x$ 之比等于纵坐标与次切距之比的那个量.次切距是这样定义的:给定曲线上一点 P,由 P 点向横坐标轴作垂线,设垂足为点 Q,又设曲线在 P 点的切线与横坐标轴交于点 T,称 TQ 为次切线或次切距.然而,关于 $\mathrm{d}y$,$\mathrm{d}x$ 和 $\frac{\mathrm{d}y}{\mathrm{d}x}$ 的最终的含义,莱布尼兹仍然是含糊的.他说 $\mathrm{d}x$ 是两个无限接近的点的 x 值的差,切线是连结这样两点的直线,有时他将无穷小量 $\mathrm{d}x$ 和 $\mathrm{d}y$ 描述成正在消失的或刚出现的量,与已形成的量相对应.这些无穷小量不是0,但小于任何有限量.

微分概念在牛顿、莱布尼兹之后的相当长一个时期一直是含糊的.1750年,达朗贝尔在前述"微分"条目中把它定义为"无穷小量或者至少小于任何给定值的量".1797年,拉格朗日甚至试图把微分等概念从微积分中完全排除.

1823年,法国数学家柯西在《无穷小分析教程概论》中首先用因变量与自变量差商之比的极限定义了导数,并使之成了微分学的核心概念.然后,他通过把 $\mathrm{d}x$ 定义为任一有限量而把 $\mathrm{d}y$ 定义为 $f'(x)\mathrm{d}x$,从而把导数概念与微分概念统一起来.这样,微分通过导数也就有了意义,但只是一个辅助概念.他还指出,整个18世纪所用的微分表达式的含义就是通过导数来表示的.

本章小结

一、基本概念

1. 导数

导数是函数改变量与自变量的改变量之比当自变量的改变量趋于零时的极限.因此,导数是一种特殊的极限.

已知函数 $y=f(x)$,则

$$y'=\frac{\mathrm{d}y}{\mathrm{d}x}=\lim_{\Delta x\to 0}\frac{\Delta y}{\Delta x}=\lim_{\Delta x\to 0}\frac{f(x+\Delta x)-f(x)}{\Delta x}\xlongequal{\text{记 }\Delta x=x-x_0}\lim_{x\to x_0}\frac{f(x)-f(x_0)}{x-x_0}.$$

单侧导数:左、右导数的统称.

充要条件：函数 $y=f(x)$ 在 x_0 点可导的充要条件是 $f(x)$ 在 x_0 点的左、右导数存在且相等，即

$$\lim_{\Delta x\to 0}\frac{\Delta y}{\Delta x}=A\Leftrightarrow \lim_{\Delta x\to 0^-}\frac{\Delta y}{\Delta x}=\lim_{\Delta x\to 0^+}\frac{\Delta y}{\Delta x}=A.$$

导数的几何意义：$y'|_{x=x_0}$ 是曲线 $y=f(x)$ 在点 $(x_0,f(x_0))$ 处的切线的斜率.

2. 微分

微分是函数增量的近似，即

$$\Delta y=f(x+\Delta x)-f(x)\approx \mathrm{d}y=f'(x)\mathrm{d}x.$$

3. 可导与连续的关系

可导必连续，连续未必可导.

二、导数的计算

1. 运用导数基本公式和运算法则求简单函数的导数

2. 利用链式求导法则求复合函数的导数

若 $y=f(u),u=\varphi(x)$，则 $y'_x=f'_u\cdot u'_x=f'(u)\cdot\varphi'(x)$.

3. 隐函数求导

(1) 在方程两边关于 x 求导，把 y 看作 x 的函数.

(2) 求解关于 y' 的方程（一般是 x,y 的表达式）.

4. 参数方程求导

若 $\begin{cases}x=\varphi(t),\\ y=\psi(t)\end{cases}$ $(t\in(\alpha,\beta))$ 所确定的函数为 $y=f(x)$，则

$$\frac{\mathrm{d}y}{\mathrm{d}x}=\frac{\psi'(t)\mathrm{d}t}{\varphi'(t)\mathrm{d}t}=\frac{\psi'(t)}{\varphi'(t)}.$$

*5. 对数求导法

主要解决两类函数的导数：

(1) 幂指函数 $y=u(x)^{\theta(x)}$；

(2) 形如 $y=\sqrt{\dfrac{u_1(x)u_2(x)\cdots u_s(x)}{\theta_1(x)\theta_2(x)\cdots\theta_t(x)}}$ 的函数.

通过两边取自然对数，利用对数的性质将其转化为隐函数再求导.

6. 高阶导数

逐次求导即可.

三、导数、微分的应用

1. 求切线方程和法线方程

曲线 $y=f(x)$ 在点 $M_0(x_0,y_0)$ 处的切线方程和法线方程分别为

$$y-y_0=f'(x_0)(x-x_0),$$

$$y-y_0=-\frac{1}{f'(x_0)}(x-x_0).$$

2. 微分的近似计算

$$f(x_0+\Delta x)\approx f(x_0)+f'(x_0)\Delta x.$$

四、边际分析与弹性分析

经济函数的边际函数即为其对自变量的导数.

$y=f(x)$的弹性函数为$\frac{Ey}{Ex}=y'\frac{x}{y}$.

能力训练 A

一、选择题

1. 函数 $y=|\sin x|$ 在点 $x=0$ 处的导数是 ( )

A. 0　　B. -1　　C. 1　　D. 不存在

2. 若函数 $f(x)$在点 x_0 处可导,则$\lim\limits_{\Delta x\to 0}\frac{f(x_0-2\Delta x)-f(x_0)}{\Delta x}=$ ( )

A. $-f'(x_0)$　　B. $f'(x_0)$　　C. $-2f'(x_0)$　　D. $2f'(x_0)$

3. 设 $f'(0)=0$,则$\lim\limits_{x\to 0}f(x)=$ ( )

A. $f(0)$　　B. $f'(x)$　　C. 0　　D. 不存在

4. 若函数 $y=f(x)$在点 x_0 处有增量 $\Delta x=0.2$,对应的函数增量的线性主部等于 0.8,则 $f'(x_0)=$ ( )

A. 0.4　　B. 0.16　　C. 4　　D. 1.6

5. 设某产品的总收入函数 $R(q)=20q-\frac{q^2}{5}$(其中 q 是产品的产量),则销售量在 15 个单位时的边际收益是 ( )

A. 17　　B. 14　　C. 20　　D. 16

二、填空题

6. 若 $f'(3)=2$,则$\lim\limits_{h\to 0}\frac{f(3-4h)-f(3)}{3h}=$________.

7. 设函数 $y=f(e^{-x})$,则 $dy=$________.

8. 若 $y=x^{50}$,则 $y^{(51)}|_{x=1}=$________.

9. 若函数 $y=f(x)$在点 x_0 处的切线与 x 轴平行,则 $f'(x_0)=$________.

10. 由方程 $x^2+y^2=1$ 所确定的隐函数 y 的导数 $y'=$________.

三、解答题

11. 求下列函数的导数:

(1) $y=\arcsin(1-2x)$;　　(2) $y=\ln(1+x^2)$;

(3) $x^3+y^3-3axy=0$;　　(4) $y=5-xe^y$.

12. 求下列函数的微分:

(1) $y=x\sin 2x+3$;　　(2) $y=e^{-x}\cos(3-x)$.

13. 求下列函数的二阶导数:

(1) $y=2x^2+\ln x+\frac{1}{5}$;　　(2) $y=xe^{x^2}+\ln 2$.

14. 求下列曲线在给定点处的切线及法线方程：

(1) $\begin{cases} x=\sin t, \\ y=\cos 2t, \end{cases}$ 在 $t=\dfrac{\pi}{4}$ 处；　　(2) $\begin{cases} x=2e^{t}, \\ y=e^{-t}, \end{cases}$ 在 $t=0$ 处.

***15.** 某商品的需求量 Q 为价格 P 的函数 $Q=150-2P^2$，求：

(1) 当 $P=6$ 时的边际需求，并说明经济意义；

(2) 当 $P=6$ 时的需求弹性，并说明其经济意义；

(3) 当 $P=6$ 时，若价格下降 2%，总收益将变化百分之几？是增加还是减少？

能力训练 B

一、选择题

1. 设函数 $y=f(e^{-x})$，则 $dy=$　　(　　)

A. $f'(e^{-x})dx$　　B. $e^{-x}\cdot f'(e^{-x})dx$

C. $-e^{-x}f'(e^{-x})dx$　　D. $-f'(e^{-x})dx$

2. 设 $y=x^{100}$，则 $y^{(100)}|_{x=1}=$　　(　　)

A. 0　　B. 100　　C. 1　　D. 100!

3. 若函数 $f(x)=x|x|$，则 $f'(0)=$　　(　　)

A. -1　　B. 0　　C. 1　　D. 不存在

4. 若 $f'(x_0)$ 存在，则 $\lim\limits_{\Delta x\to 0}\dfrac{f^2(x_0+\Delta x)-f^2(x_0)}{\Delta x}=$　　(　　)

A. 0　　B. $f(x_0)f'(x_0)$　　C. $2f(x_0)f'(x_0)$　　D. 不存在

5. 若 $f(x)$ 为可微函数，而 $y=f(e^x)\cdot e^{f(x)}$，则 y' 为　　(　　)

A. $e^{f(x)}\cdot[f'(x)\cdot f(e^x)+e^x\cdot f'(e^x)]$

B. $e^{f(x)}\cdot[f'(x)\cdot f(e^x)+f'(e^x)]$

C. $e^{f(x)}f'(e^x)+e^{f'(x)}f(e^x)$

D. $e^x e^{f(x)}f'(e^x)+e^{f'(x)}f(e^x)$

6. 函数 $f(x)=\begin{cases} \dfrac{x}{3+e^{\frac{1}{x}}}+1, & x\neq 0, \\ 1, & x=0 \end{cases}$ 在点(0,1)处　　(　　)

A. 左导数不存在　　B. 右导数不存在

C. 导数 $f'(0)=0$　　D. 不可导

7. 设 $f(x)$ 在点 x_0 处可导，且 $f(x_0)=0$，则 $\lim\limits_{h\to\infty}h\cdot f\left(x_0-\dfrac{2}{h}\right)=$　　(　　)

A. $2f'(x_0)$　　B. $-2f'(x_0)$　　C. ∞　　D. 0

8. 曲线 $y=\ln x$ 在点 $M(e,1)$ 处的切线方程是　　(　　)

A. $y=\dfrac{x}{e}$　　B. $y=\dfrac{x}{e}+1$　　C. $y=e^x$　　D. $y=ex+e$

9. 设某产品的总成本 C 是产量 x 的函数 $C(x)$，则生产 x_0 个产品时的边际成本是　　(　　)

A. $\dfrac{C(x)}{x}$　　B. $\left.\dfrac{C(x)}{x}\right|_{x=x_0}$　　C. $\dfrac{\mathrm{d}C(x)}{\mathrm{d}x}$　　D. $\left.\dfrac{\mathrm{d}C(x)}{\mathrm{d}x}\right|_{x=x_0}$

10. 设某商品的需求量 Q 是价格 P 的函数，已知需求函数 $Q=a-bP(a>0,b>0)$，则需求量对价格的弹性为　　(　　)

A. $\dfrac{bP}{a-bP}$　　B. $\dfrac{-bP}{a-bP}$　　C. $\dfrac{bP}{a-b}$　　D. $\dfrac{-bP}{a-b}$

二、计算题

11. 已知 $f\left(\dfrac{1}{x}\right)=\dfrac{x}{1+x}$，求 $\mathrm{d}f(x)$.

12. 设 $\mathrm{e}^x-\mathrm{e}^y=\arctan y$，求$\dfrac{\mathrm{d}y}{\mathrm{d}x}$.

13. 设 $y=f(\cos x)$，求 y''.

14. 设函数 $f(x)=\begin{cases}ax^2+b, & x\geqslant 1,\\ \mathrm{e}^{\frac{1}{x}}, & x<1\end{cases}$ 在 $x=1$ 处可导，求 a,b 的值.

三、应用题

15. 设某产品的需求函数为 $P=20-\dfrac{q}{5}$，其中 P 为价格，q 为销售量，求：

(1) 销售量为 15 个单位时的平均收益与边际收益；

(2) 当销售量从 15 个单位增加到 20 个单位时收益的平均变化率.

16. 某商品的需求函数为 $Q=10-\dfrac{P}{2}$，求：

(1) 需求价格弹性函数；

(2) 当 $P=3$ 时的需求价格弹性；

(3) 在 $P=3$ 时，若价格上涨 1%，其总收益是增加的，还是减少的？它将变化百分之几？

第 4 章　微分中值定理与导数的应用

学 习 目 标

• 了解罗尔定理、拉格朗日中值定理及它们的几何意义.

• 掌握洛必达法则，会用洛必达法则求“$\frac{0}{0}$”“$\frac{\infty}{\infty}$”“$0\cdot\infty$”“$\infty-\infty$”“1^∞”“0^0”“∞^0”型等未定式的极限.

• 掌握函数单调性的判别方法，会利用导数判定函数的单调性，会求函数的单调区间，会利用函数的单调性证明一些简单的不等式.

• 理解函数极值的概念，掌握求极值的基本方法，会求函数的极值和最值，能够运用求函数极值的方法解决简单经济问题中的最优化问题.

本章先介绍微分中值定理和洛必达法则，再介绍如何用导数来研究函数的单调性和极值等性态，并讨论导数在经济管理中的应用.

4.1　微分中值定理与洛必达法则

4.1.1　微分中值定理

微分学中有三个重要的中值定理：罗尔定理、拉格朗日中值定理和柯西中值定理. 下面逐个进行讨论.

首先我们看一个引理.

引理(费马定理)　设函数 $f(x)$在点 x_0 的某邻域$U(x_0)$内有定义，并且在点 x_0 处可导，如果对任意的 $x\in U(x_0)$，有

$$f(x)\leqslant f(x_0)(\text{或 } f(x)\geqslant f(x_0)),$$

那么 $f'(x_0)=0$.

例如，函数 $y=x^2+1$ 与 $y=-x^2$ 在 $x=0$ 处都有 $y'(0)=0$.

一、罗尔定理

定理 4.1.1(罗尔定理)　如果函数 $y=f(x)$满足：

(1) 在闭区间$[a,b]$上连续，

(2) 在开区间(a,b)内可导，

(3) $f(a)=f(b)$，

那么在开区间(a,b)内至少存在一点ξ,使得$f'(\xi)=0$.

证 由于函数$y=f(x)$在闭区间$[a,b]$上连续，根据闭区间上连续函数的性质，$y=f(x)$在$[a,b]$上有最大值M和最小值m.由费马定理，只要证明函数$y=f(x)$至少有一个最值点落在(a,b)内.

(1) 若$M=m$，此时$f(x)$在$[a,b]$上恒为常数，则对任意$x\in(a,b)$，都有$f'(x)=0$.

(2) 若$M>m$，则由于$f(a)=f(b)$，故M和m这两个数中至少有一个不等于端点的函数值，不妨设为M，则结论得证.

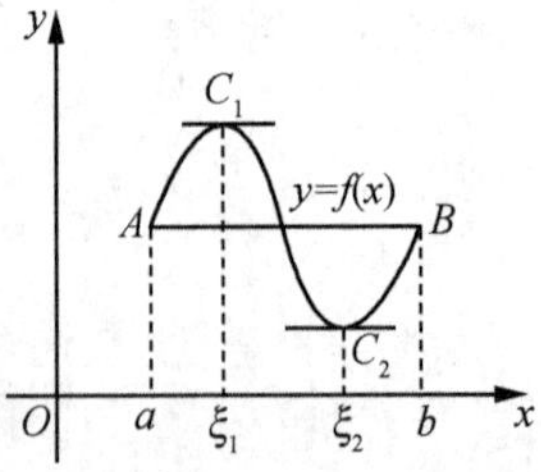

图 4-1

罗尔定理的几何意义：如图 4-1 所示，若在连续曲线$y=f(x)$的弧$\overparen{AB}$上，除端点外处处有不垂直于x轴的切线，则在这段弧上至少有一点C，在该点处曲线的切线平行于x轴，从而平行于弦AB.

例 1 对函数$y=x^3-3x+1$在闭区间$[-\sqrt{3},\sqrt{3}]$上验证罗尔定理成立.

证 由于$y'=3x^2-3$在$[-\sqrt{3},\sqrt{3}]$上成立，所以函数$y=x^3-3x+1$在$[-\sqrt{3},\sqrt{3}]$上可导.又$y(-\sqrt{3})=y(\sqrt{3})=1$，因此函数$y$在$[-\sqrt{3},\sqrt{3}]$上满足罗尔定理，从而有$\xi\in(-\sqrt{3},\sqrt{3})$，使$f'(\xi)=0$.

实际上$f'(\xi)=3\xi^2-3$，当$\xi=1$或$\xi=-1$时，都有$f'(\xi)=0$.显然$\pm1\in(-\sqrt{3},\sqrt{3})$，因此罗尔定理成立.

例 2 不求函数$f(x)=(x-1)(x-2)(x-3)$的导数，说明方程$f'(x)=0$有几个实根.

解 函数$f(x)$是多项式函数，因此在$(-\infty,+\infty)$上可导.又因为$f(1)=f(2)=f(3)=0$，所以至少存在一个$\xi_1\in(1,2)$，$\xi_2\in(2,3)$，使得$f'(\xi_1)=f'(\xi_2)=0$.由于$f'(x)=0$是二次方程，它至多有两个实根，故方程$f'(x)=0$有且仅有两个实根分别落在区间$(1,2)$，$(2,3)$内.

二、拉格朗日中值定理

定理 4.1.2(拉格朗日中值定理) 如果$y=f(x)$满足：

(1) 在闭区间$[a,b]$上连续，

(2) 在开区间(a,b)内可导，

那么在(a,b)内至少存在一点ξ,使

$$f(b)-f(a)=f'(\xi)(b-a).$$

证 引进辅助函数

$$\varphi(x)=f(x)-f(a)-\frac{f(b)-f(a)}{b-a}(x-a),$$

则$\varphi(a)=\varphi(b)=0$，结合定理的条件(1)和(2)知函数$\varphi(x)$在区间$[a,b]$上满足罗尔定理的条件.

由罗尔定理，在(a,b)内至少有一点ξ，使得

$$\varphi'(\xi)=f'(\xi)-\frac{f(b)-f(a)}{b-a}=0,$$

从而有

$$f(b)-f(a)=f'(\xi)(b-a).$$

拉格朗日中值定理的几何意义：如图 4-2 所示，若在连续曲线 $y=f(x)$ 的弧 $\overset{\frown}{AB}$ 上，除端点外处处有不垂直于 x 轴的切线，则在这段弧上至少有一点 C，在该点处曲线的切线平行于弦 AB.

在拉格朗日中值定理中，若 $f(a)=f(b)$，则拉格朗日中值定理即为罗尔定理，所以罗尔定理是拉格朗日中值定理的特例.

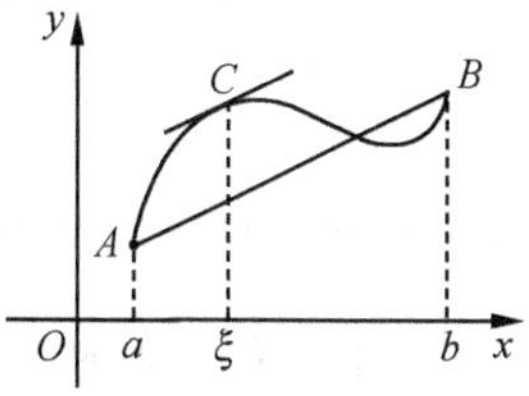

图 4-2

设 $x, x+\Delta x\in(a,b)$，则有介于 x 与 $x+\Delta x$ 之间的 ξ，使得

$$f(x+\Delta x)-f(x)=f'(\xi)\Delta x,$$

即 $\Delta y=f'(\xi)\Delta x$.

上式称为拉格朗日中值定理的增量形式.

前面我们知道，当 $f'(x)\neq 0$ 且 $|\Delta x|$ 很小时，函数 $y=f(x)$ 的增量 $\Delta y\approx \mathrm{d}y=f'(x)\Delta x$ 是一个近似表达式，而上式则是增量 Δy 的准确表达式，且不要求 $f'(x)\neq 0$ 及 $|\Delta x|$ 很小，而只要求 Δx 是有限量，这就使得拉格朗日中值定理在微分学中占有重要地位，通常称它为微分学基本定理.

由拉格朗日中值定理，可推出下面两个重要结论：

推论 1　若函数 $y=f(x)$ 在区间 I 上的导数恒为零，则 $f(x)$ 在区间 I 上是一个常数.

证　对任意 $x_1, x_2\in I$，由拉格朗日中值定理知存在 $\xi\in(x_1, x_2)$，使得

$$f(x_2)-f(x_1)=f'(\xi)(x_2-x_1).$$

由假设知 $f'(\xi)=0$，所以 $f(x_1)=f(x_2)$. 由 x_1, x_2 的任意性知 $f(x)=C$（C 为常数），$x\in[a,b]$.

推论 2　若在区间 I 上 $f'(x)=g'(x)$，则 $f(x)=g(x)+C$（C 为常数），$x\in I$.

请读者由推论 1 自行证明.

例 3　证明：$\arcsin x+\arccos x=\dfrac{\pi}{2}(-1\leqslant x\leqslant 1)$.

证　设 $f(x)=\arcsin x+\arccos x(-1\leqslant x\leqslant 1)$，则

$$f'(x)=\frac{1}{\sqrt{1-x^2}}-\frac{1}{\sqrt{1-x^2}}=0.$$

由推论 1 知 $f(x)=C, x\in[-1,1]$.

令 $x=0$，得 $f(0)=C=\dfrac{\pi}{2}$，因此

$$\arcsin x+\arccos x=\frac{\pi}{2}.$$

三、柯西中值定理

定理 4.1.3（柯西中值定理）　如果函数 $f(x)$ 及 $g(x)$ 满足条件：

(1) 在闭区间 $[a,b]$ 上连续，

(2) 在开区间 (a,b) 内可导，且 $g'(x)\neq 0$，

那么在 (a,b) 内至少存在一点 ξ，使得

$$\frac{f'(\xi)}{g'(\xi)}=\frac{f(b)-f(a)}{g(b)-g(a)}.$$

显然,如果取 $g(x)=x$,那么 $g(b)-g(a)=b-a$,$g'(x)=1$,于是上式为

$$f'(\xi)=\frac{f(b)-f(a)}{b-a},$$

即为拉格朗日中值定理,因此拉格朗日中值定理是柯西中值定理的特例.

柯西中值定理的几何意义:如图 4-3 所示,由参数方程 $\begin{cases}X=g(x),\\Y=f(x)\end{cases}$ $(a\leqslant x\leqslant b)$ 确定的弧 $\widehat{AB}$ 上至少有一个点 $C(g(\xi),f(\xi))$,使曲线在 C 点处的切线平行于弦 AB.

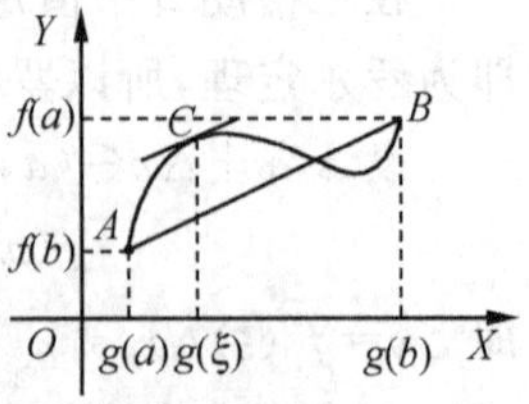

图 4-3

罗尔定理、拉格朗日中值定理和柯西中值定理统称为微分中值定理.

4.1.2 洛必达法则

如果当 $x\to x_0$(或 $x\to\infty$)时,两个函数 $f(x)$ 与 $g(x)$ 都趋于零或都趋于无穷大,那么极限 $\lim\limits_{\substack{x\to x_0\\(x\to\infty)}}\frac{f(x)}{g(x)}$ 可能存在,也可能不存在. 通常称这种极限为未定式,并分别简记为 $\frac{0}{0}$ 或 $\frac{\infty}{\infty}$. 下面我们将根据柯西中值定理推导出求这类极限的一种简单且重要的方法——洛必达法则.

洛必达法则Ⅰ 设

(1) $\lim\limits_{x\to x_0}f(x)=\lim\limits_{x\to x_0}g(x)=0$;

(2) 在 x_0 的某个空心邻域内,$f'(x)$,$g'(x)$ 存在且 $g'(x)\neq 0$;

(3) $\lim\limits_{x\to x_0}\frac{f'(x)}{g'(x)}=A$($A$ 可为有限数也可为无穷大).

则

$$\lim_{x\to x_0}\frac{f(x)}{g(x)}\overset{\left(\frac{0}{0}\right)}{=}\lim_{x\to x_0}\frac{f'(x)}{g'(x)}(=A).$$

证 令 $f(x_0)=g(x_0)=0$,于是由条件(1)和(2)知,$f(x)$ 和 $g(x)$ 在点 x_0 的某一邻域内是连续且可导(x_0 点的可导性除外)的. 又因为 $g'(x)\neq 0$,所以在以 x_0 为端点包含在该邻域内的闭区间 $[x_0,x]$ 或 $[x,x_0]$ 上,$f(x)$ 和 $g(x)$ 满足柯西中值定理的条件. 因此有

$$\frac{f(x)}{g(x)}=\frac{f(x)-f(x_0)}{g(x)-g(x_0)}=\frac{f'(\xi)}{g'(\xi)}(\xi\text{ 在 }x_0\text{ 与 }x\text{ 之间}).$$

令 $x\to x_0$,对上式两边取极限,注意到 $x\to x_0$ 时 $\xi\to x_0$,再由定理的条件(3)即可得证.

例 4 求 $\lim\limits_{x\to 0}\frac{\sin 3x}{\sin 2x}$.

解 $\lim\limits_{x\to 0}\frac{\sin 3x}{\sin 2x}\overset{\left(\frac{0}{0}\right)}{=}\lim\limits_{x\to 0}\frac{3\cos 3x}{2\cos 2x}=\frac{3}{2}$.

例 5 求 $\lim\limits_{x\to\frac{\pi}{2}}\frac{\cos x}{x-\frac{\pi}{2}}$.

解 $\lim\limits_{x\to\frac{\pi}{2}}\frac{\cos x}{x-\frac{\pi}{2}}\overset{\left(\frac{0}{0}\right)}{=}\lim\limits_{x\to\frac{\pi}{2}}\frac{-\sin x}{1}=-1$.

例 6　求$\lim\limits_{x\to 0}\frac{x-\sin x}{x^3}$.

解　$\lim\limits_{x\to 0}\frac{x-\sin x}{x^3}\overset{\left(\frac{0}{0}\right)}{=}\lim\limits_{x\to 0}\frac{1-\cos x}{3x^2}\overset{\left(\frac{0}{0}\right)}{=}\lim\limits_{x\to 0}\frac{\sin x}{6x}=\frac{1}{6}$.

例 7　求$\lim\limits_{x\to 0}\frac{e^x-e^{-x}-2x}{x-\sin x}$.

解　$\lim\limits_{x\to 0}\frac{e^x-e^{-x}-2x}{x-\sin x}\overset{\left(\frac{0}{0}\right)}{=}\lim\limits_{x\to 0}\frac{e^x+e^{-x}-2}{1-\cos x}\overset{\left(\frac{0}{0}\right)}{=}\lim\limits_{x\to 0}\frac{e^x-e^{-x}}{\sin x}\overset{\left(\frac{0}{0}\right)}{=}\lim\limits_{x\to 0}\frac{e^x+e^{-x}}{\cos x}=2$.

洛必达法则Ⅱ　如果函数 $f(x)$和 $g(x)$满足以下条件：

(1) $\lim\limits_{x\to x_0}f(x)=\lim\limits_{x\to x_0}g(x)=\infty$；

(2) 在 x_0 的某个空心邻域内，$f'(x)$，$g'(x)$存在且 $g'(x)\neq 0$；

(3) $\lim\limits_{x\to x_0}\frac{f'(x)}{g'(x)}=A$($A$ 可为有限数，也可为无穷大).

那么

$$\lim_{x\to x_0}\frac{f(x)}{g(x)}\overset{\left(\frac{\infty}{\infty}\right)}{=}\lim_{x\to x_0}\frac{f'(x)}{g'(x)}(=A).$$

例 8　求 $\lim\limits_{x\to +\infty}\frac{\ln x}{x^\alpha}$(常数 $\alpha>0$).

解　$\lim\limits_{x\to +\infty}\frac{\ln x}{x^\alpha}\overset{\left(\frac{\infty}{\infty}\right)}{=}\lim\limits_{x\to +\infty}\frac{1}{\alpha x^\alpha}=0$.

例 9　求 $\lim\limits_{x\to +\infty}\frac{\frac{\pi}{2}-\arctan x}{\frac{1}{x}}$.

解　$\lim\limits_{x\to +\infty}\frac{\frac{\pi}{2}-\arctan x}{\frac{1}{x}}\overset{\left(\frac{0}{0}\right)}{=}\lim\limits_{x\to +\infty}\frac{-\frac{1}{1+x^2}}{-\frac{1}{x^2}}=\lim\limits_{x\to +\infty}\frac{x^2}{1+x^2}\overset{\left(\frac{\infty}{\infty}\right)}{=}\lim\limits_{x\to +\infty}\frac{2x}{2x}=1$.

例 10　求$\lim\limits_{x\to\infty}\frac{x+\cos x}{x}$，并说明不能用洛必达法则求此极限.

解　$\lim\limits_{x\to\infty}\frac{x+\cos x}{x}=\lim\limits_{x\to\infty}\left(1+\frac{1}{x}\cos x\right)=1+0=1$.

由于$\lim\limits_{x\to\infty}\frac{(x+\cos x)'}{x'}=\lim\limits_{x\to\infty}(1-\sin x)$，$\lim\limits_{x\to\infty}(1-\sin x)$不存在，不满足洛必达法则的条件(3)，所以不能用洛必达法则求此极限.

例 11　求$\lim\limits_{x\to 0}\frac{\tan x-x}{x^2\sin x}$.

解　因为当 $x\to 0$ 时，$\sin x\sim x$，$\tan x\sim x$，所以

$$\lim_{x\to 0}\frac{\tan x-x}{x^2\sin x}=\lim_{x\to 0}\frac{\tan x-x}{x^3}\overset{\left(\frac{0}{0}\right)}{=}\lim_{x\to 0}\frac{\sec^2x-1}{3x^2}=\lim_{x\to 0}\frac{\tan^2x}{3x^2}=\lim_{x\to 0}\frac{x^2}{3x^2}=\frac{1}{3}.$$

求极限时，要多种方法综合运用，有时利用等价无穷小的代换可以使过程得到简化.

除了“$\frac{0}{0}$”和“$\frac{\infty}{\infty}$”型未定式外，还有“$0\cdot\infty$”“$\infty-\infty$”“0^0”“1^∞”“∞^0”型等未定式，可将它

们转化为“$\frac{0}{0}$”或“$\frac{\infty}{\infty}$”型未定式，再利用洛必达法则来求极限.

例 12 求 $\lim\limits_{x\to0^+}x\ln x$.

解 $\lim\limits_{x\to0^+}x\ln x\xlongequal{(0\cdot\infty)}\lim\limits_{x\to0^+}\dfrac{\ln x}{\frac{1}{x}}\xlongequal{(\frac{\infty}{\infty})}\lim\limits_{x\to0^+}\dfrac{\frac{1}{x}}{-\frac{1}{x^2}}=\lim\limits_{x\to0^+}(-x)=0.$

例 13 求 $\lim\limits_{x\to0^+}x^x$.

解 此题属于 0^0 型未定式. 设 $y=x^x$，两边取对数得 $\ln y=x\ln x$.

因为 $\lim\limits_{x\to0^+}\ln y=\lim\limits_{x\to0^+}x\ln x\xlongequal{例12}0$，所以 $\lim\limits_{x\to0^+}x^x=e^0=1$.

例 14 求 $\lim\limits_{x\to0}\left(\dfrac{1}{\sin^2x}-\dfrac{1}{x^2}\right)$.

解 $\lim\limits_{x\to0}\left(\dfrac{1}{\sin^2x}-\dfrac{1}{x^2}\right)\xlongequal{(\infty-\infty)}\lim\limits_{x\to0}\dfrac{x^2-\sin x^2}{x^2\sin^2x}=\lim\limits_{x\to0}\dfrac{x^2-\sin^2x}{x^4}\xlongequal{(\frac{0}{0})}\lim\limits_{x\to0}\dfrac{2x-\sin2x}{4x^3}$

$$\xlongequal{(\frac{0}{0})}\lim\limits_{x\to0}\frac{1-\cos2x}{6x^2}\xlongequal{(\frac{0}{0})}\lim\limits_{x\to0}\frac{1}{3}\left(\frac{\sin2x}{2x}\right)=\frac{1}{3}.$$

同步训练 4.1

1. 对函数 $f(x)=x^2-2x-3$ 在区间$[-1,3]$上验证满足罗尔定理的条件，并求出满足定理的 ξ 值.

2. 不求导数，判断 $f(x)=x(x-1)(x-2)(x-3)$ 的导数有几个实根以及其所在的范围.

3. 对函数 $f(x)=x^2-2x$ 在区间$[1,2]$上验证满足拉格朗日中值定理，并求出满足定理的 ξ 值.

4. 在区间(a,b)内函数 $f(x)$，$g(x)$可导且 $f'(x)=g'(x)$，证明：$x\in(a,b)$时，$f(x)=g(x)+C$(C 为常数).

$^+$**5.** 证明下列不等式：

(1) 当 $x>1$ 时，$e^x>ex$；

(2) $\arctan x_2-\arctan x_1\leqslant x_2-x_1\ (x_1<x_2)$.

6. 求下列极限：

(1) $\lim\limits_{x\to1}\dfrac{\ln x}{x-1}$；　　(2) $\lim\limits_{x\to0}\dfrac{\ln(\sin x+1)}{x}$；

(3) $\lim\limits_{x\to0}\dfrac{e^{\tan^2x}-1}{\sin^2x}$；　　(4) $\lim\limits_{x\to0}\dfrac{e^x-1}{x^2-x}$；

(5) $\lim\limits_{x\to+\infty}\dfrac{x^2}{e^x}$；　　(6) $\lim\limits_{x\to\frac{\pi}{2}}\dfrac{\tan x}{\tan3x}$；

(7) $\lim\limits_{x\to\infty}x\left(\cos\dfrac{1}{x}-1\right)$；　　(8) $\lim\limits_{x\to0}\left(\dfrac{1}{x}-\dfrac{1}{e^x-1}\right)$；

(9) $\lim\limits_{x\to+\infty} x\left(\frac{\pi}{2}-\arctan x\right)$；　　(10) $\lim\limits_{x\to0}\left(\frac{1}{x}-\frac{1}{\sin x}\right)$；

(11) $\lim\limits_{x\to0}(1-\sin x)^{\frac{2}{x}}$；　　(12) $\lim\limits_{x\to\infty}\left(\frac{x}{x+1}\right)^{2x}$.

+7. 验证下列极限存在，但不能用洛必达法则求其极限：

(1) $\lim\limits_{x\to0}\frac{x^2\sin\frac{1}{x}}{\sin x}$；　　(2) $\lim\limits_{x\to\infty}\frac{x+\sin x}{x-\sin x}$.

4.2　函数的单调性与曲线的凹凸性、渐近线

4.2.1　函数的单调性、极值与最值

一、函数的单调性

定理 4.2.1(函数单调性的判定法)　设函数 $y=f(x)$ 在 $[a,b]$ 上连续，在 (a,b) 内可导，则

(1) 如果在 (a,b) 内 $f'(x)>0$，那么函数 $y=f(x)$ 在 $[a,b]$ 上单调增加；

(2) 如果在 (a,b) 内 $f'(x)<0$，那么函数 $y=f(x)$ 在 $[a,b]$ 上单调减少.

证　在 (a,b) 内任取两点 x_1 和 x_2(不妨设 $x_1<x_2$)，由于 $f(x)$ 在 $[x_1,x_2]$ 上连续，在 (x_1,x_2) 内可导，应用拉格朗日中值定理有

$$f(x_2)-f(x_1)=f'(\xi)(x_2-x_1)\ (x_1<\xi<x_2).$$

在上式中，已知 $x_2-x_1>0$，因为在 (a,b) 内 $f'(x)>0$，故一定有 $f'(\xi)>0$，于是

$$f(x_2)-f(x_1)=f'(\xi)(x_2-x_1)>0,$$

即

$$f(x_2)>f(x_1).$$

由 x_1,x_2 的任意性可知函数 $y=f(x)$ 在 $[a,b]$ 上单调增加.

同理，如果在 (a,b) 内 $f'(x)<0$，可推出函数 $y=f(x)$ 在 $[a,b]$ 上单调减少.

注　如果把定理中的闭区间换成其他各种区间(包括无穷区间)，结论也成立.

例 1　判定函数 $f(x)=\frac{\ln x}{x}$ 在 $[1,\mathrm{e}]$ 上的单调性.

解　因为在 $(1,\mathrm{e})$ 内

$$f'(x)=\frac{1-\ln x}{x^2}>0,$$

所以，由定理 4.2.1 可知，函数 $f(x)=\frac{\ln x}{x}$ 在 $[1,\mathrm{e}]$ 上单调增加.

例 2　确定函数 $f(x)=x^3-3x$ 的单调区间.

解　$f'(x)=3x^2-3=3(x+1)(x-1)$.

当 $x\in(-\infty,-1)$ 时，$f'(x)>0$，函数 $f(x)$ 在 $(-\infty,-1)$ 上单调增加；

当 $x\in(-1,1)$ 时，$f'(x)<0$，函数 $f(x)$ 在 $(-1,1)$ 上单调减少；

当 $x\in(1,+\infty)$ 时，$f'(x)>0$，函数 $f(x)$ 在 $(1,+\infty)$ 上单调增加.

如图 4-4 所示.

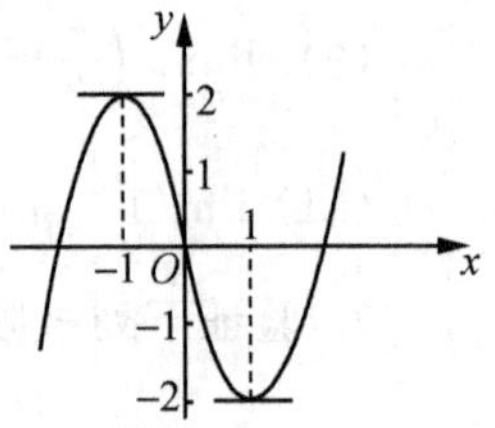

图 4-4

列表如下：

表 4-1

x	$(-\infty,-1)$	-1	$(-1,1)$	1	$(1,+\infty)$
$f'(x)$	+	0	−	0	+
$f(x)$	↗	2	↘	-2	↗

(符号"↗"表示单调增加，符号"↘"表示单调减少)

例 3 证明：$x>0$ 时，$\ln(1+x)<x$.

证 设 $f(x)=x-\ln(1+x)$，则 $f(x)$ 在 $[0,+\infty)$ 上连续且 $f(0)=0$. 在 $(0,+\infty)$ 内，$f'(x)=1-\dfrac{1}{1+x}=\dfrac{x}{1+x}>0$，所以函数 $f(x)$ 在 $[0,+\infty)$ 上单调增加. 故 $x>0$ 时，$f(x)>f(0)=0$，即

$$x>\ln(1+x).$$

二、函数的极值

定义 4.2.1 设函数 $f(x)$ 在 $\mathring{U}(x_0,\delta)$ 内有定义. 若对任意 $x\in\mathring{U}(x_0,\delta)$，恒有 $f(x)<f(x_0)$，则称 $f(x_0)$ 为函数 $f(x)$ 的极大值，x_0 称为函数 $f(x)$ 的极大值点；若对任意 $x\in\mathring{U}(x_0,\delta)$，恒有 $f(x)>f(x_0)$，则称 $f(x_0)$ 为函数 $f(x)$ 的极小值，x_0 称为函数 $f(x)$ 的极小值点.

极大值与极小值统称为极值，极大值点与极小值点统称为极值点. 例如，例 2 中函数 $f(x)=x^3-3x$ 有极大值 $f(-1)=2$ 和极小值 $f(1)=-2$，点 $x=-1$ 和 $x=1$ 分别是函数 $f(x)$ 的极大值点和极小值点.

函数的极值是一个局部性的概念，它只是与极值点邻近的所有点的函数值相比较而言，并不意味着它在函数的整个定义区间内最大或最小.

如图 4-5 所示，函数 $f(x)$ 在点 x_1,x_3 取得极大值 $f(x_1)$ 和 $f(x_3)$，在点 x_2 和 x_4 取得极小值 $f(x_2)$ 和 $f(x_4)$，而极大值 $f(x_1)$ 还小于极小值 $f(x_4)$，且可以看出，极大值与极小值并不是定义区间上的最大值与最小值.

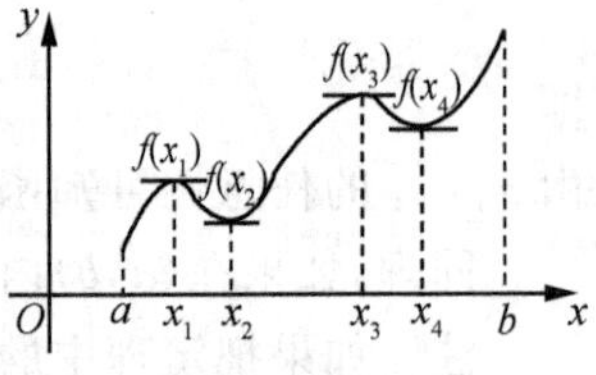

图 4-5

我们有函数极值的如下定理：

定理 4.2.2(极值的必要条件) 设函数 $f(x)$ 在点 x_0 处取得极值，则 $f'(x_0)=0$ 或 $f'(x_0)$ 不存在.

证 只要证明：若函数 $f(x)$ 在点 x_0 处可导，则 $f'(x_0)=0$. 不妨设 $f(x_0)$ 是极小值，于是存在 x_0 的某个邻域 $\mathring{U}(x_0,\delta)$，对于任一点 $x\in\mathring{U}(x_0,\delta)$，恒有 $f(x)>f(x_0)$.

当 $x>x_0$ 时，$\dfrac{f(x)-f(x_0)}{x-x_0}>0$，因此

$$f'(x_0)=f'(x_0^+)=\lim_{x\to x_0^+}\frac{f(x)-f(x_0)}{x-x_0}\geqslant 0;$$

当 $x<x_0$ 时，$\dfrac{f(x)-f(x_0)}{x-x_0}<0$，因此

$$f'(x_0)=f'(x_0^-)=\lim_{x\to x_0^-}\frac{f(x)-f(x_0)}{x-x_0}\leqslant 0.$$

从而得到

$$f'(x_0)=0.$$

使导数为零的点称为函数 $f(x)$ 的驻点. 定理 4.2.2 的逆命题并不成立，如函数 $y=x^3$ 有驻点 $x=0$，但它不是极值点，如图 4-6 所示. 同样地，函数 $y=\sqrt[3]{x}$ 在 $x=0$ 处的导数不存在，但 $x=0$ 也不是 $y=\sqrt[3]{x}$ 的极值点，如图 4-7 所示. 因此，函数的极值点是它的驻点或导数不存在的点；相反地，函数的驻点和导数不存在的点未必是它的极值点. 通常把函数在定义域内的驻点和导数不存在的点称为函数的极值可疑点.

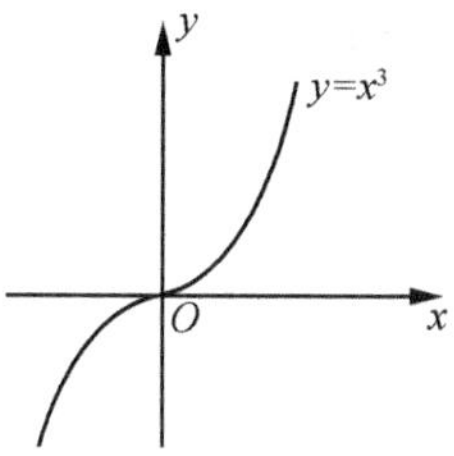

图 4-6

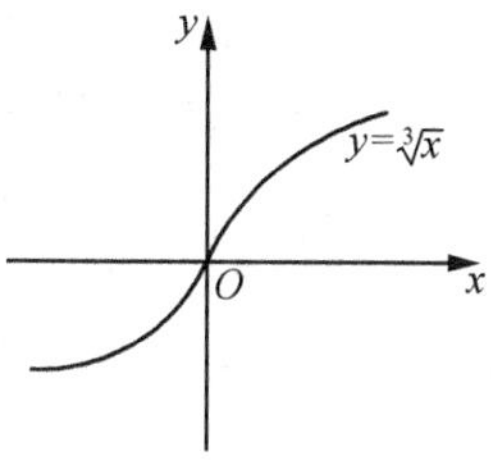

图 4-7

定理 4.2.3（极值的第一充分条件）　设函数 $f(x)$ 在点 x_0 处连续且在 $\mathring{U}(x_0,\delta)$ 内可导，则

(1) 如果当 $x\in(x_0-\delta,x_0)$ 时，$f'(x)>0$，当 $x\in(x_0,x_0+\delta)$ 时，$f'(x)<0$，那么 $f(x)$ 在 x_0 处取得极大值；

(2) 如果当 $x\in(x_0-\delta,x_0)$ 时，$f'(x)<0$，当 $x\in(x_0,x_0+\delta)$ 时，$f'(x)>0$，那么 $f(x)$ 在 x_0 处取得极小值；

(3) 如果当 $x\in\mathring{U}(x_0,\delta)$ 时，恒有 $f'(x)>0$（或 $f'(x)<0$），那么 $f(x)$ 在 x_0 处不取极值.

证　(1) 当 $x\in(x_0-\delta,x_0)$ 时，$f'(x)>0$，则 $f(x)$ 在 $(x_0-\delta,x_0)$ 内单调增加，所以 $f(x_0)>f(x)$；

当 $x\in(x_0,x_0+\delta)$ 时，$f'(x)<0$，则 $f(x)$ 在 $(x_0,x_0+\delta)$ 内单调减少，所以 $f(x_0)>f(x)$.

故对任意 $x\in\mathring{U}(x_0,\delta)$，恒有 $f(x)<f(x_0)$. 所以 $f(x_0)$ 为 $f(x)$ 的极大值.

(2) 同理可证.

(3) 因为在 $(x_0-\delta,x_0+\delta)$ 内 $f'(x)$ 不变号，所以 $f'(x)>0$ 或 $f'(x)<0$，因此 $f(x)$ 在 x_0 的左右两边均单调增加或单调减少，所以在点 x_0 处不取极值.

根据前面的定理可知，求函数 $y=f(x)$ 的极值点和极值的步骤为：

(1) 求 $f'(x)$；

(2) 求出使 $f'(x)=0$ 的点及 $f'(x)$ 不存在的点；

(3) 用求出的这些点将函数的定义域分成若干区间，考察 $f'(x)$ 在各区间内的符号，根据定理确定极值点，并求出极值.

例 4　求函数 $f(x)=2x^3-3x^2-12x+25$ 的极值.

解　函数的定义域为 $(-\infty,+\infty)$，且 $f'(x)=6x^2-6x-12=6(x+1)(x-2)$. 令 $f'(x)=0$，得驻点 $x_1=-1$，$x_2=2$. 在定义域内没有 y 不存在的点. 列表如下：

表 4-2

x	$(-\infty,-1)$	-1	$(-1,2)$	2	$(2,+\infty)$
$f'(x)$	$+$	0	$-$	0	$+$
$f(x)$	↗	32	↘	5	↗

于是,在 $x_1=-1$ 处,$f(x)$有极大值 $f(-1)=32$;在 $x=2$ 处,$f(x)$有极小值 $f(2)=5$.

如果函数的二阶导数易于计算,那么可直接在函数的驻点处求二阶导数进行判断,一般无需考察函数在驻点左右一阶导数的符号.

定理 4.2.4(极值的第二充分条件) 设 x_0 是函数 $f(x)$的驻点,且 $f''(x_0)\neq 0$,则

(1) 当 $f''(x_0)<0$ 时,函数 $f(x)$在点 x_0 处取得极大值;

(2) 当 $f''(x_0)>0$ 时,函数 $f(x)$在点 x_0 处取得极小值.

证 (1) 由于 $f''(x_0)<0$,由二阶导数的定义有

$$f''(x_0)=\lim_{x\to x_0}\frac{f'(x)-f'(x_0)}{x-x_0}=\lim_{x\to x_0}\frac{f'(x)}{x-x_0}<0.$$

根据极限的保号性,在 x_0 的某空心邻域$\mathring{U}(x_0,\delta)$内必有

$$\frac{f'(x)}{x-x_0}<0.$$

于是当 $x\in(x_0-\delta,x_0)$时,$f'(x)>0$;当 $x\in(x_0,x_0+\delta)$时,$f'(x)<0$. 由第一充分条件知,$f(x)$在点 x_0 处取得极大值.

(2) 类似可证.

对于本节例 2 中函数 $f(x)=x^3-3x$,$f'(x)=3x^2-3$,$f''(x)=6x$,知在驻点 $x_1=-1$ 处,$f''(-1)=-6<0$,在驻点 $x_2=1$ 处,$f''(1)=6>0$,因此函数 $f(x)$在 $x_1=-1$ 和 $x_2=1$ 处分别取得极大值和极小值.

注 (1) 定理 4.2.4 只能用来判断驻点是不是极值点.

(2) 若 $f'(x_0)=0$,$f''(x_0)=0$,则定理 4.2.4 失效. 事实上,当 $f'(x_0)=0$,$f''(x_0)=0$ 时,$f(x)$在点 x_0 处可能有极值也可能没有极值.(请读者举例说明)

三、函数的最值

在实际问题中常常会遇到求函数的最大值或最小值问题. 在第 2 章中我们知道,闭区间上的连续函数必有最大值和最小值. 于是可得如下结论:

闭区间上连续函数的最大值和最小值只可能在驻点、区间端点以及不可导的点处取得. 比较这些点的函数值,最大的就是函数的最大值,最小的就是函数的最小值. 特别地,如果函数 $f(x)$在区间(a,b)内只有唯一一个极大(或小)值点,那么函数在该点处必然取得最大(或小)值;如果函数 $f(x)$在$[a,b]$上为单调函数,那么函数在端点处取得最大(或小)值.

例 5 求函数 $f(x)=x^3-3x+3$ 在闭区间$\left[-3,\frac{3}{2}\right]$上的最大值与最小值.

解 $f'(x)=3x^2-3=3(x+1)(x-1)$,$f'(x)$没有不可导点.

令 $f'(x)=0$,得驻点 $x_1=-1$,$x_2=1$. $f(-1)=5$,$f(1)=1$,$f(-3)=-15$,$f\left(\frac{3}{2}\right)=\frac{15}{8}$.

比较各函数值,知函数 $f(x)$在闭区间$\left[-3,\frac{3}{2}\right]$上的最大值是 $f(-1)=5$,最小值是

$f(-3)=-15$.

*例 6　要做一个容积为 V 的圆柱形罐头筒，怎样设计才能使所用材料最省？

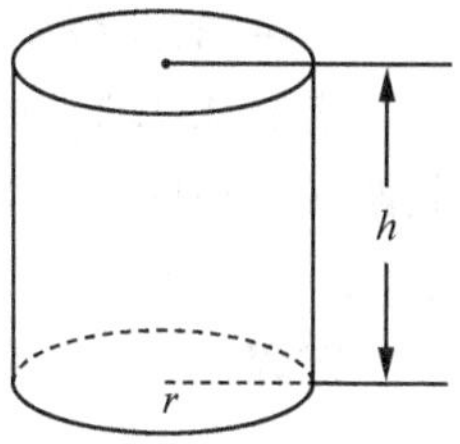

图 4-8

解　要使材料最省，就是要使罐头筒的总表面积最小. 设罐头筒的底面半径为 r，高为 h，如图 4-8 所示，则它的侧面积为 $2\pi rh$，底面积为 πr^2. 因此总表面积为

$$S=2\pi r^2+2\pi rh.$$

由体积公式 $V=\pi r^2 h$ 有 $h=\frac{V}{\pi r^2}$. 代入上式有

$$S=2\pi r^2+\frac{2V}{r},r\in(0,+\infty).$$

$$S'=4\pi r-\frac{2V}{r^2}=\frac{2(2\pi r^3-V)}{r^2}.$$

令 $S'=0$，得

$$r=\sqrt[3]{\frac{V}{2\pi}}.$$

$$S''=4\pi+\frac{4V}{r^3}.$$

因为 π，V 都是正数，$r>0$，所以 $S''>0$，因此 S 在点 $r=\sqrt[3]{\frac{V}{2\pi}}$ 处取得极小值，也就是最小值. 这时相应的高为

$$h=\frac{V}{\pi r^2}=\frac{V}{\pi\left(\sqrt[3]{\frac{V}{2\pi}}\right)^2}=2\sqrt[3]{\frac{V}{2\pi}}=2r.$$

所以当所做罐头筒的高与底面直径相等时，所用材料最省.

4.2.2　曲线的凹凸性及拐点

一、曲线的凹凸性

我们先来观察图 4-9.

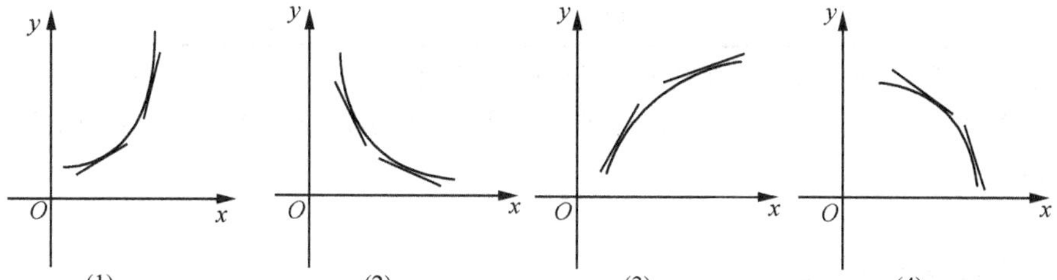

图 4-9

我们发现图 4-9(1)、图 4-9(3)虽然都是单调增加的，但增加的方式不同. 同样地，图 4-9(2)、图 4-9(4)虽然都是单调减少的，但减少的方式也不同. 这些情况如果只通过单调性是不能

刻画的.同时我们发现图 4-9(1)、图 4-9(2)中的曲线始终位于切线的上方，而图 4-9(3)、图 4-9(4)的曲线始终位于切线的下方.下面我们来探讨这些问题.

定义 4.2.2 如果在某区间内，曲线 $y=f(x)$ 位于其上每点的切线的上(下)方，那么称此曲线在该区间内是凹(凸)的，也可以称为是上(下)凹的.该区间称为曲线的凹(凸)区间或上(下)凹区间.

定理 4.2.5 设函数 $f(x)$ 在区间 (a,b) 内具有二阶导数.

(1) 若 $x\in(a,b)$ 时，恒有 $f''(x)>0$，则曲线 $y=f(x)$ 在 (a,b) 内是凹(或下凸)的；

(2) 若 $x\in(a,b)$ 时，恒有 $f''(x)<0$，则曲线 $y=f(x)$ 在 (a,b) 内是凸(或下凹)的.

因为若在 (a,b) 内 $f''(x)>0$，则 $f'(x)$ 单调增加，即曲线 $f(x)$ 的切线的斜率随 x 的增大而增大，曲线弧是凹的(图 4-9(1)、图 4-9(2))；若在 (a,b) 内 $f''(x)<0$，则 $f'(x)$ 单调减少，即曲线 $f(x)$ 的切线的斜率随 x 的增大而减小，曲线弧是凸的(图 4-9(3)、图 4-9(4)).

二、曲线的拐点

定义 4.2.3 连续曲线 $y=f(x)$ 上凹弧与凸弧的分界点 $(x_0,f(x_0))$，称为曲线 $y=f(x)$ 的拐点.

通常把函数在定义域内的使 $f''(x)=0$ 的点或 $f''(x)$ 不存在的点称为函数的拐点可疑点.

求函数 $y=f(x)$ 的凹凸区间与拐点的步骤为：

(1) 求 $f'(x)$ 和 $f''(x)$；

(2) 求出使 $f''(x)=0$ 的点及 $f''(x)$ 不存在的点；

(3) 用求出的这些点将函数的定义域分成若干区间，考察 $f''(x)$ 在各区间内的符号，根据定理确定曲线在区间上的凹凸性，进而求出拐点.

例 7 求曲线 $f(x)=x^4-2x^3+1$ 的凹凸区间与拐点.

解 $f'(x)=4x^3-6x^2$，$f''(x)=12x^2-12x=12x(x-1)$，无二阶导数不存在的点.

令 $f''(x)=0$，得 $x_1=0$，$x_2=1$.

列表如下：

表 4-3

x	$(-\infty,0)$	0	$(0,1)$	1	$(1,+\infty)$
$f''(x)$	+	0	−	0	+
$f(x)$	$\smile$	(0,1)拐点	$\frown$	(1,0)拐点	$\smile$

(符号“$\smile$”表示曲线弧是凹的，符号“$\frown$”表示曲线弧是凸的)

可见，曲线在区间 $(-\infty,0)$，$(1,+\infty)$ 上是凹的，在区间 $(0,1)$ 上是凸的，曲线的拐点是 $(0,1)$ 和 $(1,0)$.

4.2.3 曲线的渐近线

定义 4.2.4 若曲线上的一点沿着曲线趋于无穷远时，动点与某条直线的距离趋于 0，则称此直线为曲线的渐近线.

如果给定曲线方程 $y=f(x)$，如何确定该曲线是否有渐近线？如果有渐近线又怎样求出来呢？下面我们分三种情形讨论：

一、水平渐近线

定义 4.2.5　若曲线 $y=f(x)$ 的定义域是无限区间，且有

$$\lim_{x\to-\infty} f(x)=b\left(\text{或} \lim_{x\to+\infty} f(x)=b\right),$$

则称直线 $y=b$ 为曲线 $y=f(x)$ 的水平渐近线.

例 8　求曲线 $y=\arctan x$ 的水平渐近线.

解　因为 $\lim\limits_{x\to+\infty}\arctan x=\dfrac{\pi}{2}$，$\lim\limits_{x\to-\infty}\arctan x=-\dfrac{\pi}{2}$，所以曲线 $y=\arctan x$ 有 $y=\dfrac{\pi}{2}$，$y=-\dfrac{\pi}{2}$ 两条水平渐近线(图 4-10).

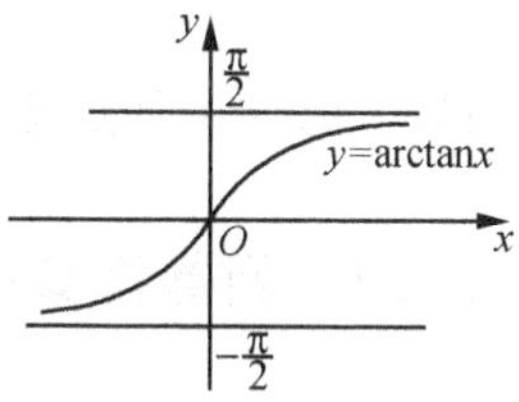

图 4-10

二、垂直渐近线

定义 4.2.6　若曲线 $y=f(x)$ 在 $x=x_0$ 处间断，且 $\lim\limits_{x\to x_0^-} f(x)=\infty$ (或 $\lim\limits_{x\to x_0^+} f(x)=\infty$)，则称直线 $x=x_0$ 为曲线 $y=f(x)$ 的垂直渐近线.

例 9　求曲线 $y=\dfrac{1}{x-1}$ 的垂直渐近线.

解　因为 $x=1$ 是 $y=\dfrac{1}{x-1}$ 的间断点，且

$$\lim_{x\to1^-}\frac{1}{x-1}=-\infty,\ \lim_{x\to1^+}\frac{1}{x-1}=+\infty,$$

所以 $x=1$ 是曲线 $y=\dfrac{1}{x-1}$ 的一条垂直渐近线(图 4-11).

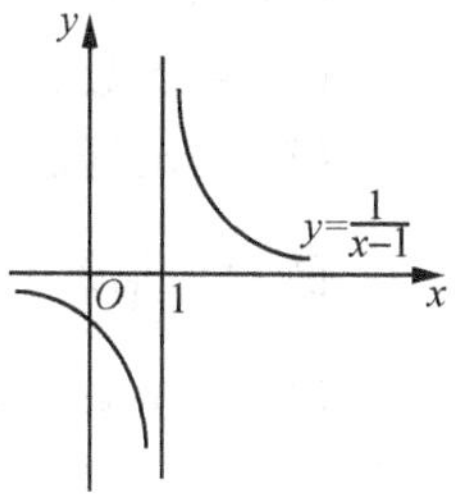

图 4-11

*三、斜渐近线

定义 4.2.7　若 $\lim\limits_{x\to\infty}[f(x)-(ax+b)]=0$ 成立，则称 $y=ax+b$ 是曲线的斜渐近线.

下面说明计算 a，b 的公式：

由定义式知

$$\lim_{x\to\infty}[f(x)-ax]=b. \tag{4.2.1}$$

又由 $\lim\limits_{x\to\infty}\left[\dfrac{f(x)}{x}-a\right]=\lim\limits_{x\to\infty}\dfrac{1}{x}[f(x)-ax]=0\cdot b=0$，得到

$$\lim_{x\to\infty}\frac{f(x)}{x}=a. \tag{4.2.2}$$

由上面的(4.2.1)和(4.2.2)两式可得 a，b.

例 10　求曲线 $y=\dfrac{x^2}{x+1}$ 的渐近线.

解　(1) 由于 $x=-1$ 是 $y=\dfrac{x^2}{x+1}$ 的间断点，且

$$\lim_{x\to-1^-}\frac{x^2}{x+1}=-\infty,\ \lim_{x\to-1^+}\frac{x^2}{x+1}=+\infty,$$

所以 $x=-1$ 是曲线的垂直渐近线.

*(2) 由
$$a=\lim_{x\to\infty}\frac{f(x)}{x}=\lim_{x\to\infty}\frac{x}{x+1}=1,$$
又
$$b=\lim_{x\to\infty}[f(x)-ax]=\lim_{x\to\infty}\left(\frac{x^2}{x+1}-x\right)=\lim_{x\to\infty}\frac{-x}{x+1}=-1,$$
所以 $y=x-1$ 是曲线的斜渐近线.

4.2.4 函数图象的描绘

前面我们对函数各种性态的讨论可以用函数图象进行描绘，描绘函数图象的一般步骤如下：

(1) 确定函数的定义域；

(2) 确定函数的对称性(奇偶性)及周期性；

(3) 讨论函数的单调性和极值；

(4) 讨论函数的凹凸区间与拐点；

(5) 确定函数图象的渐近线；

(6) 由函数表达式再确定一些辅助点，特别是曲线与坐标轴的交点坐标；

(7) 作出函数的图象.

例 11 描绘函数 $y=\frac{1}{\sqrt{2\pi}}e^{-\frac{x^2}{2}}$ 的图象.

解 (1) 函数的定义域为 **R**，函数是偶函数，图象关于 y 轴对称，因此只要作出函数在区间 $[0,+\infty)$ 上的图象，利用对称性就可得到 $(-\infty,0]$ 上的图象.

(2) $y'=-\frac{1}{\sqrt{2\pi}}xe^{-\frac{x^2}{2}}$，$y''=\frac{x^2-1}{\sqrt{2\pi}}e^{-\frac{x^2}{2}}$，在 $[0,+\infty)$ 上函数 y 有二阶导数，并有驻点 $x_1=0$，二阶导数为零的点 $x_2=1$.

(3) 列表：

表 4-4

x	0	$(0,1)$	1	$(1,+\infty)$
y'	0	−	−	−
y''	−	−	0	+
y	极大值	↘	拐点	↘

(表中符号"↘"表示曲线在该区间上单调减小且是凸的，"↘"表示曲线在该区间上单调减小且是凹的. 同样地，还可以用"↗"表示曲线在该区间上单调增加且是凸的，"↗"表示曲线在该区间上单调增加且是凹的)

又由 $\lim_{x\to+\infty}f(x)=0$，所以 $y=0$ 为函数图象的水平渐近线，函数既无垂直渐近线又无斜渐近线.

由 $y(0)=\frac{1}{\sqrt{2\pi}}$，$y(1)=\frac{1}{\sqrt{2\pi e}}$，$y(2)=\frac{1}{\sqrt{2\pi}e^2}$，得到图象上

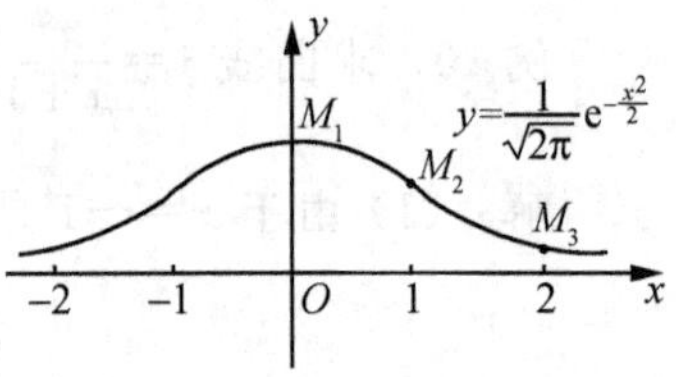

图 4-12

的点 $M_1\left(0,\frac{1}{\sqrt{2\pi}}\right)$,$M_2\left(1,\frac{1}{\sqrt{2\pi e}}\right)$,$M_3\left(2,\frac{1}{\sqrt{2\pi}e^2}\right)$. 结合表 4-4,描出函数在$[0,+\infty)$上的图象,再作其关于 y 轴的对称图象,如图 4-12 所示.

函数 $y=\frac{1}{\sqrt{2\pi}}e^{-\frac{x^2}{2}}$的图象是概率统计中有重要应用的标准正态分布曲线.

同步训练 4.2

1. 求下列函数的单调区间:

(1) $y=x^3-3x^2$;　　(2) $y=x^4-2x^2-5$;

(3) $y=3x^2+6x+5$;　　(4) $y=\frac{x^2}{1+x^2}$.

2. 求下列函数的极值:

(1) $f(x)=2x^3-x^4$;　　(2) $f(x)=x^2e^{-x}$;

(3) $f(x)=x^3-3x^2-9x+1$;　　(4) $f(x)=x\ln x$.

3. 求下列函数在给定区间上的最大值与最小值:

(1) $f(x)=x^4-2x^2+5,[-2,2]$;

(2) $f(x)=-x^2+4x-3,(-\infty,+\infty)$;

(3) $f(x)=2x^3+3x^2-12x,[-3,2]$;

(4) $f(x)=x+\sqrt{x},[0,4]$.

4. 试确定 a,b 的值,使得 $y=a\ln x+bx^2+x$ 在 $x=1,x=2$ 处均取得极值,并求出该极值.

5. 求下列曲线的凹凸区间和拐点:

(1) $y=x^4-2x^3+3$;　　(2) $y=x^3-6x^2+12x+4$;

(3) $y=xe^{-x}$;　　(4) $y=x^2\ln x$.

6. 求当 a,b 为何值时,点$(1,-2)$为曲线 $y=ax^3+bx^2$ 的拐点.

7. 求下列曲线的渐近线:

(1) $y=\frac{4(x-1)}{x^2}-2$;　　(2) $y=\frac{x}{x^2-1}$;

(3) $y=\frac{(x-3)^2}{4(x-1)}$;　　(4) $y=\frac{x^3}{x^2+2x-3}$.

***8.** 作出下列函数的图象:

(1) $y=\frac{x}{(x-1)^2}$;　　(2) $y=x^3-3x^2$.

+**9.** 证明下列不等式:

(1) 当 $x>0$ 时,$e^x>1+x$;

(2) 当 $x>0$ 时,$x>\sin x>x-\frac{x^2}{2}$.

4.3 导数在经济管理中的应用

4.3.1 最大利润问题

在经济活动中,有时我们追求最大利润,可以令

$$L'(q)=R'(q)-C'(q)=0.$$

从而得到

$$R'(q)=C'(q).$$

但是我们知道 $L'(q)=0$ 只是取极值的必要条件,为确保 $L(q)$在此条件下达到最大,我们希望还有

$$L''(q)=R''(q)-C''(q)<0.$$

所以我们可以得出:当 $R'(q)=C'(q)$且 $R''(q)<C''(q)$时,利润达到最大.这是利润最大原则.当然,如果实际问题存在最值,并且仅有唯一驻点时,也可以直接判断其就是最值点.

例 1 已知某产品的价格函数为 $P(q)=10-\frac{q}{5}$,成本函数为 $C(q)=50+2q$.求产量为多少时总利润最大,并验证是否符合最大利润原则.

解 已知 $P(q)=10-\frac{q}{5}$,$C(q)=50+2q$,则

$$R(q)=P(q)\cdot q=10q-\frac{q^2}{5},$$

$$L(q)=R(q)-C(q)=8q-\frac{q^2}{5}-50,$$

$$L'(q)=8-\frac{2}{5}q,L''(q)=-\frac{2}{5}.$$

令 $L'(q)=0$,得 $q=20$,$L''(20)=-\frac{2}{5}<0$,所以当 $q=20$ 时,总利润 $L(q)$最大.又

$$R'(q)=10-\frac{2}{5}q,C'(q)=2,R'(20)=2=C'(20),$$

$$R''(q)=-\frac{2}{5},R''(20)=-\frac{2}{5},C''(q)=0,C''(20)=0,$$

所以

$$R''(20)<C''(20).$$

综上有 $R'(20)=C'(20)$且 $R''(20)<C''(20)$,所以符合最大利润原则.

4.3.2 成本最低问题

例 2 已知某商品的成本函数为

$$C=C(q)=100+\frac{q^2}{4},$$

其中 C 为成本(单位:万元),q 为产量(单位:吨),求平均成本最小的产量水平.

解　由 $C(q)=100+\frac{q^2}{4}$,有$\overline{C}(q)=\frac{100}{q}+\frac{q}{4}$,则

$$\overline{C}'=-\frac{100}{q^2}+\frac{1}{4},\overline{C}''(q)=\frac{200}{q^3}.$$

令$\overline{C}'=0$,得 $q^2=400$,即 $q=20$(取 $q>0$),$\overline{C}''(20)>0$,所以 $q=20$ 时,平均成本最小.

$$\overline{C}(20)=10(\text{万元/吨}),$$

即平均成本的最小值为 10 万元/吨.

4.3.3　库存管理问题

在实际生产管理中,为了完成生产任务或销售目标,必须储存足量的原材料,保证生产或销售正常进行.但是,在总需求量一定的条件下,如果订购批量大,订购次数少,订购费用就低,保管费用就要相应增加;如果订购批量小,订购次数多,订购费用就高,保管费用就要相应减少.因此,企业存在如何确定订购批量,才能使总费用最少的问题.

在经济管理中,把订购费用与保管费用之和(即总费用)最小时的批量称为最优订购批量,订购次数称为最优订购次数,订购周期称为最优订购周期.

例 3　某超市每月可销售某种商品 24000 件,每件商品每月的库存费用为 4.8 元,超市分批进货,每批订购费用为 3600 元,如果销售是均匀的(即商品库存数为批量的一半),问每批订购多少件商品,可使每月的订购费与库存费之和最少?这笔费用是多少?

解　设每批订购商品为 x 件,每月的订购费与库存费之和为 y,根据题意建立函数关系得

$$y=\frac{24000}{x}\times 3600+\frac{x}{2}\times 4.8=\frac{86400000}{x}+2.4x(0\leqslant x\leqslant 24000),$$

$$y'=-\frac{86400000}{x^2}+2.4,y''=\frac{172800000}{x^3}.$$

令 $y'=0$,得 $x=6000$(取 $x>0$),$y''(x)>0$,则

$$y_{\min}=y|_{x=6000}=\frac{24000}{6000}\times 3600+\frac{6000}{2}\times 4.8=28800(\text{元}).$$

所以每批订购商品 6000 件时,可使每月的订购费与库存费之和最少,这笔费用是28800元.

同步训练 4.3

1. 一物业公司有 50 套门面房要出租,当租金定为每套每月 1800 元时,房子可全部租出,当租金每套每月增加 100 元时,租不出的房子就多 1 套,而租出的房子每月需 20 元的整修维护费.问房租定为多少可获得最大收入?

2. 某工厂生产某电器产品,年产量为 800 万台,分若干批进行生产,每批生产准备费为 500 万元.设产品均匀投入市场,且上一批用完后立即生产下一批,即平均库存量为批量的

一半.已知每年每台库存费为 5 元,若设批量为 x,库存费与生产费的和为 $P(x)$,则有一年中库存费与生产费的和与批量的函数关系:$P(x)=\dfrac{4\times10^{13}}{x}+2.5x, x\in(0,8\times10^{6})$.问在不考虑生产能力的条件下,每批生产多少台时,$P(x)$最小?并求出此时的 $P(x)$.

3. 某工厂生产某种产品,固定成本为 20000 元,每生产 1 单位产品,成本增加 100 元.已知总收益 R 是年产量 q 的函数

$$R(q)=\begin{cases}400q-\dfrac{1}{2}q^{2}, & 0\leqslant q\leqslant 400,\\ 80000, & q>400.\end{cases}$$

问每年生产多少产品时,总利润最大?此时总利润是多少?

4. 设商品的价格为 P,需求量为 Q,它们之间的关系为 $Q(P)=50-5P$.

(1) 求需求量为 20 时的总收益、平均收益及边际收益;

(2) Q 为多少时总收益最大?

阅读材料四　一元微分学

一、隐函数的导数

今天几乎所有的微积分教科书都是先介绍显函数的求导,然后借助其结果确定隐函数的导数,然而在微积分的创始人那里却没有这样的分别.1666 年 10 月,牛顿在他的第一篇微积分文献《流数短论》中考虑的第一个问题就是:当给定 x 和 y 之间的关系 $f(x,y)=0$ 时,求流数 x 和 y 之间的关系.也就是说,在牛顿那里,求导方法对于显函数与隐函数是统一地给出的.

二、中值定理

1691 年,法国数学家罗尔(M. Rolle,1652—1719)在他的《任意次方程的一个解法的证明》中断言:在多项式方程

$$f(x)=0 \tag{1}$$

的两个相邻的实根之间,方程

$$f'(x)=0 \tag{2}$$

至少有一个根.在这里,罗尔并没有使用导数的概念和符号,但他给出的第二个多项式实际上就是第一个多项式的导数.这个结果本来与微积分并无直接联系,而且罗尔也没有给出它的证明.1846 年,尤斯托·伯拉维提斯给出了推广了的定理,并将其命名为罗尔定理:如果函数 $f(x)$在区间$[a,b]$上连续,且在这个区间内部 $f'(x)$存在,$f(a)=f(b)$,那么在$[a,b]$内至少有一点 C,使 $f'(C)=0$.

1797 年,法国数学家拉格朗日(J. L. Lagrange,1736—1813)在他的《解析函数论》中研究泰勒级数时未加证明地给出了后人所说的拉格朗日中值定理:

$$f(b)-f(a)=f'(c)(b-a)\ (a<c<b).$$

然后他利用这个定理推导出了带有“拉格朗日余项”的泰勒定理.

1823 年,法国数学家柯西(A. L. Cauchy,1789—1857)在他的《无穷小分析教程概论》中定义导数时利用了拉格朗日的上述结果,称之为平均值定理. 1829 年,柯西在他的《微分计算教程》中通过考察导数正负号的意义研究中值定理. 由于

$$y'=\frac{dy}{dx}=\lim_{\Delta x\to 0}\frac{\Delta y}{\Delta x},$$

他注意到:如果在点 x_0 处 $y'>0$,则当 Δx 足够小时,Δy 和 Δx 必定同号(若 $y'<0$,则反号). 因此,当 x 增加而通过 x_0 时,$y=f(x)$ 增加. 所以他说,如果我们使 x 从 $x=x_0$ 到 $x=X$ 增加一个“可以察觉的量”,那么函数 $f(x)$ 当其导数为正时总是增加的,当其导数为负时总是减小的. 特别地,如果在 $[x_0,X]$ 上 $f'(x)>0$,那么 $f(X)>f(x_0)$. 在此基础上,柯西叙述并证明了他的“广义中值定理”.

三、洛必达法则

1696 年,法国数学家洛必达(G. F. A. de L′Hospital,1661—1704)出版了《用于理解曲线的无穷小分析》一书,这是世界上第一部系统的微积分教程,其中给出了求分子和分母同趋于零的分式极限的法则,后人称之为“洛必达法则”,但实际上这一结果是约翰·伯努利(John Bernoulli,1667—1748)在 1694 年 7 月 22 日的信中告诉洛必达的. 约翰·伯努利在 1691 至 1692 年间写了两篇关于微积分的短文,但未发表. 不久之后,他开始为洛必达讲授微积分,定期领取薪金. 作为交换,他把自己的数学发现传授给洛必达并允许他随时利用,因而洛必达的著作中许多内容都取材于约翰·伯努利的早期著作.

四、函数的极值

极值问题是 16 至 17 世纪导致微积分产生的几类基本问题之一,它们最初都是从当时的科学技术发展过程中提出的. 例如,由于火炮的使用,需要研究火炮的最大射程与大炮倾角的关系. 17 世纪初,德国天文学家、数学家开普勒(J. Kelper,1571—1630)得到了著名的行星运动三大定律,第一定律:所有行星的运动轨道都是椭圆,太阳位于椭圆的一个焦点. 第二定律:行星的向径(太阳中心到行星中心的连线)在相等的时间内扫过的面积相等. 根据这两条定律,行星在围绕太阳公转时,其运行速度随时都在改变,并且在近日点达到最大,在远日点达到最小.

对于求函数最大值和最小值问题的近代研究是由开普勒的观察开始的. 他在酒桶体积的测量中提出了一个确定最佳比例的问题,这启发他考虑很多有关的极大、极小问题. 他的方法是通过列表,从观察中得出结果. 他发现:当体积接近极大值时,由于尺寸的变化所产生的体积变化越来越小. 这正是在极值点导数为零这一命题的原始形式.

费马在《求极大值与极小值的方法》中把求切线与求极值的方法统一了起来,这对后来牛顿、莱布尼兹创立统一的基本方法——微分法有很大启发.

1671 年,牛顿在《流数法与无穷级数》中将极大值和极小值问题作为一个基本问题加以叙述和处理:“当一个量取极大值或极小值时,它的流数既不增加也不减少,因为如果增加,就说明它的流数还是较小的,并且即将变大;反之,如果减少,则情况恰好相反. 所以,[用以前叙述的方法]求出它的流数,并且令这个流数等于零.”

1684 年,莱布尼兹发表了《一种求极大、极小值与切线的新方法》,这是数学史上第一篇公开发表的微积分学论文.文中指出,当纵坐标 v 随 x 增加而增加时,$\mathrm{d}v$ 是正的;当 v 随 x 增加而减少时,$\mathrm{d}v$ 是负的.此外,因为"当 v 既不增加也不减少时,就不会出现这两种情况,这时 v 是平稳的",所以极大值或极小值的必要条件是 $\mathrm{d}v=0$,相当于水平切线.同时,他还说明了拐点的必要条件是 $\mathrm{d}(\mathrm{d}v)=0$.

本章小结

一、微分中值定理

表 4-5

中值定理	条件	结论
罗尔定理	函数 $y=f(x)$:(1)在$[a,b]$上连续;(2) 在(a,b)上可导;(3) $f(a)=f(b)$	至少存在一点 $\xi\in(a,b)$,使 $f'(\xi)=0$
拉格朗日中值定理	函数 $y=f(x)$:(1)在$[a,b]$上连续;(2) 在(a,b)上可导	在(a,b)内至少存在一点 ξ,使 $f'(\xi)=\dfrac{f(b)-f(a)}{b-a}$
柯西中值定理	函数 $f(x)$和 $g(x)$在$[a,b]$上连续,在(a,b)内可导,且 $g'(x)$在开区间(a,b)内恒不为零	在(a,b)内至少存在一点 ξ,使$\dfrac{f(b)-f(a)}{g(b)-g(a)}=\dfrac{f'(\xi)}{g'(\xi)}$

二、洛必达法则

设(1) $\lim\limits_{x\to x_0}f(x)=\lim\limits_{x\to x_0}g(x)=0$;

(2) 在 x_0 的某个空心邻域内,$f'(x)$,$g'(x)$存在且 $g'(x)\neq0$;

(3) $\lim\limits_{x\to x_0}\dfrac{f'(x)}{g'(x)}=A$($A$ 可以是有限数,也可以是无穷大),

则
$$\lim_{x\to x_0}\frac{f(x)}{g(x)}=\lim_{x\to x_0}\frac{f'(x)}{g'(x)}=A.$$

上面的分式$\dfrac{f(x)}{g(x)}$属于"$\dfrac{0}{0}$"型未定式,当属于"$\dfrac{\infty}{\infty}$"型未定式时,结论类似.对于其他的未定式如"$0\cdot\infty$""$\infty-\infty$""1^∞""0^0""∞^0"等,都先转化为"$\dfrac{0}{0}$"或"$\dfrac{\infty}{\infty}$"型,再使用洛必达法则.

上面的结论是针对 $x\to x_0$ 的情形,事实上,对 $x\to x_0^-$,$x\to x_0^+$,$x\to\infty$,$x\to-\infty$,$x\to+\infty$ 的情形,洛必达法则仍成立.

使用洛必达法则时要结合前面求极限的方法,如等价无穷小的代换等方法,这样可以使得式子简化,易求.

三、函数的单调性与极值

1. 函数单调性的判断

设函数 $y=f(x)$ 在区间 (a,b) 内可导，若当 $x\in(a,b)$ 时，$f'(x)>0$，则 $f(x)$ 在区间 (a,b) 内单调增加；若当 $x\in(a,b)$ 时，$f'(x)<0$，则 $f(x)$ 在区间 (a,b) 内单调减少.

2. 判断函数的极值

(1) 极值可疑点：一阶导数等于零的点(即驻点)或一阶导数不存在的点.

(2) 极值的第一充分条件：设函数 $f(x)$ 在点 x_0 处连续且在 $\mathring{U}(x_0,\delta)$ 内可导，则

①如果当 $x\in(x_0-\delta,x_0)$ 时，$f'(x)>0$，当 $x\in(x_0,x_0+\delta)$ 时，$f'(x)<0$，那么 $f(x)$ 在点 x_0 处取得极大值；

②如果当 $x\in(x_0-\delta,x_0)$ 时，$f'(x)<0$，当 $x\in(x_0,x_0+\delta)$ 时，$f'(x)>0$，那么 $f(x)$ 在点 x_0 处取得极小值.

(3) 极值的第二充分条件：当 $f'(x_0)\neq 0$ 时，若 $f''(x_0)>0$，则 x_0 是函数 $f(x)$ 的极小值点；若 $f''(x_0)<0$，则 x_0 是函数 $f(x)$ 的极大值点.

3. 求函数的单调区间与极值的步骤

(1) 求出函数的定义域；

(2) 求出函数 $f(x)$ 的一阶导数，并找出极值可疑点；

(3) 用极值可疑点把定义域分成若干区间，考察这些点两侧的导数情况，根据单调性判定定理及极值的两个充分条件进行判定，确定单调区间与极值.

4. 函数的最值

求出函数在极值可疑点的函数值与函数在区间端点的函数值进行比较，其中最大的就是最大值，最小的就是最小值.

在实际问题中，如果函数 $f(x)$ 在区间 (a,b) 内只有唯一一个极大(或小)值点，那么函数在该点处取得最大(或小)值；如果函数 $f(x)$ 在 $[a,b]$ 上为单调函数，那么在端点处取得最大(或小)值.

四、函数的凹凸性及拐点

1. 函数的凹凸性

在某个区间内，若 $f''(x)<0$，则曲线是凸的；若 $f''(x)>0$，则曲线是凹的.

2. 拐点

(1) 拐点可疑点：二阶导数等于零或二阶导数不存在的点.

(2) 判断：该点两侧二阶导数如果异号，那么该点是拐点，否则不是.

五、渐近线及函数图象的描绘

1. 渐近线

曲线上的点沿着直线趋向无穷远时，曲线上的点到某条定直线的距离趋于零，该定直线是曲线的渐近线.

水平渐近线：若 $\lim\limits_{x\to-\infty} f(x)=b$(或 $\lim\limits_{x\to+\infty} f(x)=b$)，则直线 $y=b$ 是水平渐近线.

垂直渐近线：若$\lim\limits_{x\to x_0^-}f(x)=\infty$(或$\lim\limits_{x\to x_0^+}f(x)=\infty$)，则直线$x=x_0$是垂直渐近线.

*斜渐近线：若$\lim\limits_{x\to\infty}[f(x)-(ax+b)]=0$成立，则称直线$y=ax+b$是斜渐近线，其中$\lim\limits_{x\to\infty}\dfrac{f(x)}{x}=a$，$\lim\limits_{x\to\infty}[f(x)-ax]=b$.

2. 函数图象的描绘

根据函数的特性、单调区间及极值、凹凸区间与拐点、渐近线及某些特殊点，可以作出函数的图象，这有助于对函数的整体认识.

六、导数在经济管理中的应用

主要讨论了导数在最大利润问题、成本最低、库存管理等问题等在经济管理问题中的导数的应用.

能力训练 A

一、选择题

1. 对于函数$f(x)=\dfrac{1}{1+x^2}$，满足罗尔定理条件的区间是 (　　)

A. $[-2,0]$　　B. $[0,1]$　　C. $[-1,2]$　　D. $[-3,3]$

2. 曲线$y=3x^2-x^3$在$(0,1)$上 (　　)

A. 单调增加且是凹的　　B. 单调增加且是凸的

C. 单调减少且是凹的　　D. 单调减少且是凸的

3. 若函数$y=f(x)$在点$x=x_0$处取得极小值，则必有 (　　)

A. $f'(x_0)=0$　　B. $f''(x_0)>0$

C. $f'(x_0)=0$且$f''(x_0)>0$　　D. $f'(x_0)=0$或$f'(x_0)$不存在

4. 设点$(1,3)$是曲线$y=ax^3+bx^2+1$的拐点，则a,b的值为 (　　)

A. $a=1,b=-3$　　B. $a=-\dfrac{1}{3},b=1$　　C. $a=\dfrac{1}{3},b=-1$　　D. $a=-1,b=3$

5. 关于曲线$y=\dfrac{2x-1}{(x-1)^2}$，下列叙述正确的是 (　　)

A. $y=1$是其水平渐近线　　B. $x=1$是其垂直渐近线

C. $x=\dfrac{1}{2}$是其垂直渐近线　　D. 它没有渐近线

二、填空题

6. 已知$\dfrac{\mathrm{d}}{\mathrm{d}x}[f(x^3)]=\dfrac{1}{x}$，则$f'(x)=$__________.

7. 当$x=$________时，函数$y=x\cdot 2^x$取最小值.

8. 若函数$y=x^2+2kx+1$在点$x=-1$处取得极小值，则$k=$__________.

9. 函数$y=\dfrac{\mathrm{e}^x}{1+x}$对应的曲线有水平渐近线__________，垂直渐近线__________.

10. 函数 $y=x^3$ 有拐点____________.

三、解答题

11. 求下列函数的极限：

(1) $\lim\limits_{x\to 0}\dfrac{e^x-e^{-x}}{\sin x}$；　　(2) $\lim\limits_{x\to \frac{\pi}{2}}\dfrac{\ln\sin x}{(\pi-2x)^2}$；

(3) $\lim\limits_{x\to 0}x^2 e^{\frac{1}{x^2}}$；　　(4) $\lim\limits_{x\to 0}\dfrac{1-\cos x^2}{x^2\sin x^2}$；

(5) $\lim\limits_{x\to 0}\left(\cot x-\dfrac{1}{x}\right)$；　　(6) $\lim\limits_{x\to 0^+}\sin x\ln x$.

12. 求函数 $y=-x^4+2x^2$ 的单调区间和极值.

13. 求函数 $y=\ln(x^2+1)$在$[-1,2]$上的最值.

14. 求函数 $y=x^2-x^3$ 的凹凸区间和拐点.

15. 若方程 $x^4+x^3+x^2+bx+a=0$ 有四个不同的实根，证明：$4x^3+3x^2+2x+b=0$ 的所有根皆为实根.

***16.** 证明：当 $x>1$ 时，$x\ln x>x-1$.

17. 已知生产某种产品 q 个单位时的费用为 $C(q)=5q+200$，收入函数为 $R(q)=10q-0.01q^2$，问每批生产多少个单位的产品，才能使利润最大？

能力训练 B

一、选择题

1. 设 $f(x)$在$[a,b]$上连续，在(a,b)内可导，且 $f'(x)<0$，若 $f(b)>0$，则在(a,b)内$f(x)$　　(　　)

A. 大于 0　　B. 小于 0　　C. $f(x)$的符号不能确定　　D. 等于 0

2. 函数 $f(x)=\dfrac{1}{2}(e^x+e^{-x})$的极小值点　　(　　)

A. 为 $x=0$　　B. 为 $x=-1$　　C. 为 $x=1$　　D. 不存在

3. 函数 $y=f(x)$在点 $x=x_0$处取得极大值，则必有　　(　　)

A. $f'(x_0)=0$　　B. $f''(x_0)<0$

C. $f'(x_0)=0, f''(x_0)<0$　　D. $f'(x_0)=0$ 或不存在

4. 下列求极限问题中，不能使用洛必达法则的是　　(　　)

A. $\lim\limits_{x\to 0}\dfrac{\sin x}{x}$　　B. $\lim\limits_{x\to\infty}\dfrac{x-\sin x}{x+\sin x}$

C. $\lim\limits_{x\to 1}\dfrac{\ln x}{x-1}$　　D. $\lim\limits_{x\to+\infty}x\cdot\left(\dfrac{\pi}{2}-\arctan x\right)$

5. 曲线 $y=xe^{-2x}$的拐点是　　(　　)

A. $(1,e^{-2})$　　B. $(0,0)$　　C. $(1,e^{-1})$　　D. $(2,e^{-2})$

6. 设 $f(x)$在 $x=0$ 的某邻域内可导，且 $f'(0)=0$，又$\lim\limits_{x\to 0}\dfrac{f'(x)}{x}=\dfrac{1}{2}$，则 $f(0)$　　(　　)

A. 一定是 $f(x)$的极大值　　B. 一定是 $f(x)$的极小值

C. 一定不是 $f(x)$ 的极值 　　D. 不能判断 $f(0)$ 是否为 $f(x)$ 的极值

7. 已知函数 $y=a\sin x+\frac{1}{3}\sin 3x$(其中 a 为常数)在 $x=\frac{\pi}{3}$ 取得极值,则 $a=$ ( )

A. 0 　　B. 1 　　C. 2 　　D. 3

8. 设 $\lim\limits_{x\to a}\frac{f(x)-f(a)}{(x-a)^2}=-1$,则在点 $x=a$ 处 $f(x)$ ( )

A. 可导且 $f'(a)\neq 0$ 　　B. 不可导

C. 取得极小值 　　D. 取得极大值

9. 若点(0,1)是曲线 $y=ax^3+bx^2+c$ 的拐点,则有 ( )

A. $a=1,b=-3,c=1$ 　　B. a 为任意值,$b=0,c=1$

C. $a=1,b=0,c$ 为任意值 　　D. a,b 为任意值,$c=1$

10. 若函数 $f(x)$ 在点 x_0 处具有二阶导数,则 $\lim\limits_{h\to 0}\frac{f(x_0+h)+f(x_0-h)-2f(x_0)}{h^2}=$ ( )

A. $f''(x_0)$ 　　B. $2f''(x_0)$ 　　C. $2f'(x_0)f''(x_0)$ 　　D. 0

二、计算题

11. $\lim\limits_{x\to 0}\frac{\cos x-1}{e^x+e^{-x}-2}$.

12. $\lim\limits_{x\to 0}\left(\frac{1}{\sin x}-\frac{1}{e^x-1}\right)$.

13. 求函数 $y=2x^3-3x^2-12x+14$ 的单调区间、极值点和极值.

14. 求函数 $y=x^3-3x^2-24x-2$ 在给定区间 $[-5,5]$ 上的最大值和最小值.

15. 求函数 $y=x^3-5x^2+3x-5$ 的凹凸区间和拐点.

16. 求曲线 $y=\frac{1}{x^2-4x-5}$ 的渐近线.

三、应用题

***17.** 某产品每次销售量不超过 10000 件时,每件价格为 50 元;若每次多销售 2000 件,则每件相应降价 2 元. 生产这种产品的固定成本为 60000 元,变动成本为每件 20 元. 求:

(1) 价格函数;

(2) 成本函数和边际成本函数;

(3) 收益函数和边际收益函数;

(4) 产量为多少时,利润最大,并求最大利润.

四、证明题

+**18.** 证明:当时 $x>0$ 时,$\ln(1+x)>\frac{x}{1+x}$.

第 5 章　积分及其应用

学习目标

- 理解原函数和不定积分的概念和性质，熟记基本积分公式.
- 掌握求不定积分的各种方法，能熟练地求函数的不定积分.
- 理解定积分的概念、几何意义和基本性质.
- 理解变上限积分函数的概念，掌握变上限积分函数的导数.
- 掌握牛顿-莱布尼兹公式，掌握定积分的换元积分法与分部积分法.
- 能运用积分解决经济和几何方面的实际问题.
- 了解函数的广义积分.
- 掌握定积分的模型思想，树立“以直代曲”“逐步逼近”的辩证观点.

在前面的章节中，我们研究了求已知函数的导数或微分的问题. 但是在工程技术和经济等方面的许多问题中，常常需要解决与之相对的问题，就是要由一个函数的导数或微分，求出这个函数. 我们把这种由函数的已知导数或微分去求原来的函数的问题，称为求不定积分，它是积分学的基本问题之一.

5.1　不定积分的概念与性质

5.1.1　不定积分的概念

如果已知物体的位移方程为 $s=s(t)$，则此物体的速度 v 是位移 s 对时间 t 的导函数. 反之，如果已知物体运动的速度 v 是时间 t 的函数 $v=v(t)$，求物体的运动方程 $s=s(t)$，使得 $s'(t)=v(t)$. 这就是一个与微分学中求导数相对的问题.

一般地，可以给出下面的定义：

定义 5.1.1　设 $f(x)$ 是定义在区间 I 上的已知函数，若存在一个函数 $F(x)$，对于该区间上每一点都满足：

$$F'(x)=f(x) \text{或} \mathrm{d}F(x)=f(x)\mathrm{d}x,$$

则称函数 $F(x)$ 是已知函数 $f(x)$ 在该区间上的一个原函数.

例如，在区间 $(-\infty,+\infty)$ 上，已知函数 $f(x)=\cos x$，由于函数 $F(x)=\sin x$ 满足 $F'(x)=$

$(\sin x)'=\cos x$,所以 $F(x)=\sin x$ 是 $f(x)=\cos x$ 的一个原函数.

显然 $\sin x-1$,$\sin x+\sqrt{3}$,$\sin x+C$ 都是 $\cos x$ 的原函数,所以已知函数的原函数不止一个.事实上,一个已知函数的原函数有无穷多个.这是由于如果 $F(x)$是 $f(x)$的一个原函数,则$[F(x)+C]'=F'(x)=f(x)$(其中 C 是任意常数),所以 $F(x)+C$ 都是 $f(x)$的原函数.由拉格朗日中值定理的推论可知:若 $F(x)$,$G(x)$都是 $f(x)$的原函数,则它们相差一个常数,即 $G(x)=F(x)+C$.因此,若 $f(x)$的一个原函数是 $F(x)$,则 $f(x)$的所有原函数可以表示为 $F(x)+C$(其中 C 是任意常数)的形式.

定义 5.1.2 在区间 I 上函数 $f(x)$的带有任意常数值的原函数,称为 $f(x)$在区间 I 上的不定积分,记为

$$\int f(x)\mathrm{d}x .$$

其中 $\int$ 称为积分号,x 称为积分变量,$f(x)$称为被积函数,$f(x)\mathrm{d}x$ 称为被积表达式,C 称为积分常数.

因此,求一个函数的不定积分就是求出它的一个原函数,然后再加上任意常数 C.

例 1 求函数 $f(x)=2x$ 的不定积分.

解 因为$(x^2)'=2x$,所以

$$\int 2x\mathrm{d}x = x^2 + C .$$

例 2 求函数 $f(x)=\frac{1}{x}$的不定积分.

解 因为当 $x>0$ 时,$(\ln x)'=\frac{1}{x}$,所以

$$\int \frac{1}{x}\mathrm{d}x = \ln x + C \ (x > 0).$$

当 $x<0$ 时,$[\ln(-x)]'=\frac{1}{x}$,所以

$$\int \frac{1}{x}\mathrm{d}x = \ln(-x) + C \ (x < 0).$$

合并上面两式,得到

$$\int \frac{1}{x}\,\mathrm{d}x=\ln|x|+C \ (x\neq 0).$$

可以证明:若函数 $f(x)$在某区间上连续,则在此区间上 $f(x)$一定存在原函数.因为初等函数在其定义区间上都是连续的,所以初等函数在其定义区间内都有原函数,即 $\int f(x)\mathrm{d}x$ 一定存在.

5.1.2 不定积分的几何意义

设 $F(x)$是 $f(x)$的一个原函数,$y=F(x)$表示平面上的一条曲线,这条曲线称为 $f(x)$的积分曲线.由于 $f(x)$的不定积分是 $\int f(x)\mathrm{d}x = F(x)+C$,因此对于每一个给定的 C,都有一

个确定的原函数，在几何上，相应地就有一条确定的曲线. 因为 C 可以取任意值，所以不定积分表示 $f(x)$ 的一簇积分曲线，而 $f(x)$ 正是积分曲线的斜率，且曲线簇中的每一条积分曲线在具有同一横坐标 x 的点处的切线都是平行的，它们中任意两条曲线的纵坐标之间相差一个常数. 所以，积分曲线簇 $y=F(x)+C$ 中每一条曲线都可以由曲线 $y=F(x)$ 沿 y 轴方向上、下移动而得到，如图 5-1 所示.

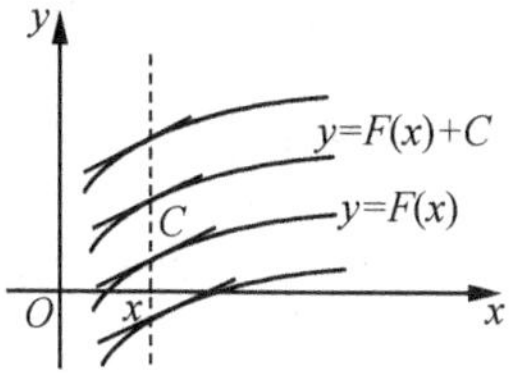

图 5-1

如果给定一个初始条件，就可以确定一个 C 的值，因而就确定了一个原函数，从而就确定了一条积分曲线.

例 3　求经过点(0,2)，且其切线的斜率为 $2x$ 的曲线方程.

解　由例 1 知

$$\int 2x\mathrm{d}x = x^2 + C,$$

得曲线簇 $y=x^2+C$. 将 $x=0$，$y=2$ 代入，得 $C=2$.

因此所求的曲线方程为 $F(x)=x^2+2$.

5.1.3　不定积分的性质

性质 1　求不定积分与求导数或微分互为逆运算.

(1) $\left[\int f(x)\mathrm{d}x\right]' = f(x)$ 或 $\mathrm{d}\left[\int f(x)\mathrm{d}x\right] = f(x)\mathrm{d}x$；

(2) $\int F'(x)\mathrm{d}x = F(x) + C$ 或 $\int \mathrm{d}F(x) = F(x) + C$.

即不定积分的导数（或微分）等于被积函数（或被积表达式），一个函数的导数（或微分）的不定积分与这个函数相差一个任意常数.

性质 2　有限个可积函数和、差的积分等于各函数积分的和、差，即

$$\int [f_1(x) \pm f_2(x) \pm \cdots \pm f_n(x)]\mathrm{d}x = \int f_1(x)\mathrm{d}x \pm \int f_2(x)\mathrm{d}x \pm \cdots \pm \int f_n(x)\mathrm{d}x.$$

性质 3　不为 0 的常数因子可以移到积分号前面，即

$$\int kf(x)\mathrm{d}x = k\int f(x)\mathrm{d}x \ (k\neq 0, k \text{ 为常数}).$$

5.1.4　基本积分公式

由于求不定积分是求导数的逆运算，所以由基本导数公式对应地可以得到基本积分公式. 为了便于读者对照，右边同时给出了求导公式.

基本积分公式	导数公式
(1) $\int 0\mathrm{d}x = C$，	$(C)' = 0$；
(2) $\int x^\alpha \mathrm{d}x = \dfrac{1}{\alpha+1}x^{\alpha+1} + C(\alpha \neq -1, x > 0)$，	$(x^\alpha)' = \alpha x^{\alpha-1}$；
(3) $\int \dfrac{1}{x}\mathrm{d}x = \ln\lvert x\rvert + C(x \neq 0)$，	$(\ln x)' = \dfrac{1}{x}$；

(4) $\int a^x dx = \frac{a^x}{\ln a} + C(a>0 且 a\neq 1)$，　　$(a^x)' = a^x \ln a(a>0 且 a\neq 1)$；

(5) $\int e^x dx = e^x + C$，　　$(e^x)' = e^x$；

(6) $\int \cos x dx = \sin x + C$，　　$(\sin x)' = \cos x$；

(7) $\int \sin x dx = -\cos x + C$，　　$(\cos x)' = -\sin x$；

(8) $\int \sec^2 x dx = \tan x + C$，　　$(\tan x)' = \sec^2 x$；

(9) $\int \csc^2 x dx = -\cot x + C$，　　$(\cot x)' = -\csc^2 x$；

(10) $\int \sec x \tan x dx = \sec x + C$，　　$(\sec x)' = \sec x \tan x$；

(11) $\int \csc x \cot x dx = -\csc x + C$，　　$(\csc x)' = -\csc x \cot x$；

(12) $\int \frac{1}{\sqrt{1-x^2}} dx = \arcsin x + C$　　$(\arcsin x)' = \frac{1}{\sqrt{1-x^2}}$，

$= -\arccos x + C$，　　$(\arccos x)' = -\frac{1}{\sqrt{1-x^2}}$；

(13) $\int \frac{1}{1+x^2} dx = \arctan x + C$　　$(\arctan x)' = \frac{1}{1+x^2}$，

$= -\operatorname{arccot} x + C$，　　$(\operatorname{arccot} x)' = -\frac{1}{1+x^2}$.

例 4　求$\int (2e^x - 5\cos x + 3\sqrt{x}) dx$.

解　$\int (2e^x - 5\cos x + 3\sqrt{x}) dx = \int 2e^x dx - \int 5\cos x dx + \int 3\sqrt{x} dx$

$$= 2\int e^x dx - 5\int \cos x dx + 3\int x^{\frac{1}{2}} dx$$

$$= 2e^x - 5\sin x + 3\,\frac{x^{\frac{1}{2}+1}}{\frac{1}{2}+1} + C$$

$$= 2e^x - 5\sin x + 2x\sqrt{x} + C.$$

注　(1) 在各项积分后，虽然每个不定积分都分别含有任意常数，但由于任意常数的代数和仍是任意常数，因此只要在最后总的加上一个任意常数就行了.

(2) 如果要检验积分计算正确与否，只要对积分结果求导数，看它是否等于被积函数.若相等，就是正确的；否则，就是错误的.

例 5　求$\int \frac{(1-x)^3}{x^2} dx$.

解　$\int \frac{(1-x)^3}{x^2} dx = \int \left(\frac{1}{x^2} - \frac{3}{x} + 3 - x\right) dx = \int x^{-2} dx - 3\int \frac{dx}{x} + 3\int dx - \int x dx$

$$= -\frac{1}{x} - 3\ln|x| + 3x - \frac{x^2}{2} + C.$$

例 6　求$\int \frac{x^4}{x^2+1}\mathrm{d}x$.

解　因为　$\frac{x^4}{x^2+1}=\frac{x^4-1+1}{x^2+1}=\frac{(x^2-1)(x^2+1)+1}{x^2+1}=x^2-1+\frac{1}{x^2+1}$，

所以　$\int \frac{x^4}{x^2+1}\mathrm{d}x=\int\left(x^2-1+\frac{1}{x^2+1}\right)\mathrm{d}x=\int x^2\mathrm{d}x-\int\mathrm{d}x+\int\frac{1}{1+x^2}\mathrm{d}x$

$$=\frac{x^3}{3}-x+\arctan x+C.$$

例 7　求$\int \tan^2 x\mathrm{d}x$.

解　$\int \tan^2 x\mathrm{d}x=\int(\sec^2 x-1)\mathrm{d}x=\int\sec^2 x\mathrm{d}x-\int\mathrm{d}x=\tan x-x+C.$

例 8　求$\int \cos^2\frac{x}{2}\mathrm{d}x$.

解　$\int \cos^2\frac{x}{2}\mathrm{d}x=\int\frac{1+\cos x}{2}\mathrm{d}x=\frac{1}{2}\int(1+\cos x)\mathrm{d}x=\frac{1}{2}\int\mathrm{d}x+\frac{1}{2}\int\cos x\mathrm{d}x$

$$=\frac{1}{2}x+\frac{1}{2}\sin x+C.$$

***例 9**　求$\int \frac{1}{\sin^2 x\cos^2 x}\mathrm{d}x$.

解　$\int \frac{1}{\sin^2 x\cos^2 x}\mathrm{d}x=\int\frac{\sin^2 x+\cos^2 x}{\sin^2 x\cos^2 x}\mathrm{d}x=\int\left(\frac{1}{\cos^2 x}+\frac{1}{\sin^2 x}\right)\mathrm{d}x$

$$=\int\frac{1}{\cos^2 x}\mathrm{d}x+\int\frac{1}{\sin^2 x}\mathrm{d}x=\tan x-\cot x+C.$$

同步训练 5.1

1. 验证下列等式是否正确：

(1) $\int\cos 2x\mathrm{d}x=\frac{1}{2}\sin 2x+C$；

(2) $\int\ln x\mathrm{d}x=x(\ln x-1)+C$；

(3) $\int\frac{1}{\sqrt{1+x^2}}\mathrm{d}x=\sqrt{1+x^2}+C$.

2. 求下列不定积分：

(1) $\int\left(\frac{2}{x}+\frac{x}{3}\right)^2\mathrm{d}x$；

(2) $\int\frac{1}{x^2\sqrt{x}}\mathrm{d}x$；

(3) $\int\cot^2 x\mathrm{d}x$；

(4) $\int\sqrt{x\sqrt{x\sqrt{x}}}\mathrm{d}x$；

(5) $\int\left(\sin\frac{x}{2}\right)^2\mathrm{d}x$；

(6) $\int\sqrt{\sqrt{\sqrt{x}}}\mathrm{d}x$；

(7) $\int 3^x\cdot\mathrm{e}^x\mathrm{d}x$；

(8) $\int\frac{2x^2+1}{x^2(1+x^2)}\mathrm{d}x$；

(9) $\int \frac{e^{2x}-1}{e^x+1}dx$；　　　　(10) $\int \frac{\sin^2 x}{1+\cos 2x}dx$；

(11) $\int \frac{x^4+1}{x^2+1}dx$；　　　　(12) $\int \frac{\cos 2x}{\sin^2 x\cos^2 x}dx$.

3. 设$\int f(x)dx = \ln(1+x^2)+C$,试求 $f(x)$.

4. 设 e^{x^2} 为 $f(x)$的一个原函数,试求不定积分 $\int e^{-x^2} f(x)dx$.

5. 已知某曲线上任意一点处的切线斜率等于该点的横坐标,且曲线通过点(0,1),求此曲线的方程.

6. 生产某产品 x 个单位的总成本 $C(x)$为产量 x 的函数,已知边际成本函数为 $C'(x)=100-0.01x$,固定成本为 1000 元,求总成本 $C(x)$与产量 x 的函数关系.

5.2 不定积分法

在上一节中,我们直接利用基本积分公式和不定积分的性质计算了一些简单的不定积分.但是仅靠这些,能够计算的不定积分是相当有限的.因此,我们必须进一步研究不定积分的计算方法.本节介绍不定积分的换元积分法和分部积分法,下面我们先介绍换元积分法.

5.2.1 换元积分法

换元积分法,简称换元法.它的基本思想是把复合函数的求导法则反过来用于求不定积分.利用换元法,可以通过适当的变量代换,把某些不定积分化为基本积分公式中的形式,从而求出不定积分.

一、第一类换元积分法(凑微分法)

我们先看一个例子.

例 1 求$\int \sin 2x dx$.

分析 若直接对照基本积分公式(7):$\int \sin x dx = -\cos x + C$,得

$$\int \sin 2x dx = -\cos 2x + C.$$

但是,不难验证上面的结果是错误的.这是因为

$$(-\cos 2x + C)' = 2\sin 2x \neq \sin 2x,$$

所以

$$\int \sin 2x dx \neq -\cos 2x + C.$$

我们来分析产生错误的原因:

公式(7)中

$$\int \sin \underline{x}\,\mathrm{d}\,\underline{x} = -\cos \underline{x} + C,$$

相同

而

$$\int \sin \underline{2x}\,\mathrm{d}\,\underline{x} \neq -\cos \underline{2x} + C.$$

不相同

由于 $\sin 2x$ 是复合函数，其中 $u=2x$，则 $\mathrm{d}u=\mathrm{d}(2x)=2\mathrm{d}x$，因此，如果把 $\mathrm{d}x$ 变换为 $\frac{1}{2}\mathrm{d}(2x)$，那么

$$\int \sin 2x\mathrm{d}x = \frac{1}{2}\int \sin \underline{2x}\,\mathrm{d}(\underline{2x}).$$

相同

令 $u=2x$，于是

$$\int \sin 2x\mathrm{d}x = \frac{1}{2}\int \sin 2x\mathrm{d}(2x) = \frac{1}{2}\int \sin u\mathrm{d}u = -\frac{1}{2}\cos u + C.$$

最后回代 $u=2x$，即可求出积分的正确结果为

$$\int \sin 2x\mathrm{d}x = -\frac{1}{2}\cos 2x + C.$$

根据以上分析，可得

解 令 $u=2x$，则 $\mathrm{d}u=2\mathrm{d}x$，$\mathrm{d}x=\frac{1}{2}\mathrm{d}u$. 于是

$$\int \sin 2x\mathrm{d}x = \frac{1}{2}\int \sin u\mathrm{d}u = -\frac{1}{2}\cos u + C = -\frac{1}{2}\cos 2x + C.$$

像上例中所采用的变量代换法，就是第一类换元积分法.

定理 5.2.1 设函数 $f(u)$ 具有原函数 $F(u)$，$u=\varphi(x)$ 可导，则 $F[\varphi(x)]$ 是 $f[\varphi(x)]\varphi'(x)$ 的原函数，并有换元积分公式：

$$\int f[\varphi(x)]\varphi'(x)\mathrm{d}x \xlongequal{\text{令 } u=\varphi(x)} \int f(u)\mathrm{d}u = F(u) + C \xlongequal{\text{回代 } u=\varphi(x)} F[\varphi(x)] + C.$$

定理 5.2.1 的关键在于：当所求不定积分的被积函数以复合函数形式出现时，若能把被积表达式变形为 $f[\varphi(x)]\varphi'(x)\mathrm{d}x$ 的形式，进而把 $\varphi'(x)\mathrm{d}x$ 凑成微分 $\mathrm{d}[\varphi(x)]$，则通过变量代换 $u=\varphi(x)$，只要 $\int f(u)\mathrm{d}u$ 容易积出，再把 $u=\varphi(x)$ 回代还原到原积分变量 x，则问题得到解决. 这种积分法的关键在于使被积表达式变成 $f[\varphi(x)]\mathrm{d}[\varphi(x)]$ 的形式，从而找到所需的变量代换 $u=\varphi(x)$. 因此第一类换元积分法也称为凑微分法.

例 2 求 $\int \frac{1}{2x+1}\mathrm{d}x$.

解 令 $u=2x+1$，则 $\mathrm{d}u=2\mathrm{d}x$，得

$$\int \frac{1}{2x+1}\mathrm{d}x = \frac{1}{2}\int \frac{1}{u}\mathrm{d}u = \frac{1}{2}\ln |u| + C = \frac{1}{2}\ln|2x+1| + C.$$

例 3 求 $\int x\mathrm{e}^{x^2}\mathrm{d}x$.

解 令 $u=x^2$，则 $\mathrm{d}u=2x\mathrm{d}x$，得

$$\int x\mathrm{e}^{x^2}\mathrm{d}x = \frac{1}{2}\int \mathrm{e}^{x^2}\mathrm{d}(x^2) = \frac{1}{2}\int \mathrm{e}^u\mathrm{d}u = \frac{1}{2}\mathrm{e}^u + C = \frac{1}{2}\mathrm{e}^{x^2} + C.$$

当运算熟练以后,可以不必把 u 写出来,而直接计算下去.

例 4 求 $\int x\sqrt{x^2-3}\mathrm{d}x$.

解 $\int x\sqrt{x^2-3}\mathrm{d}x=\frac{1}{2}\int(x^2-3)^{\frac{1}{2}}\mathrm{d}(x^2-3)=\frac{1}{3}(x^2-3)^{\frac{3}{2}}+C$

$$=\frac{1}{3}(x^2-3)\sqrt{x^2-3}+C.$$

例 5 求 $\int\frac{1}{a^2+x^2}\mathrm{d}x$.

解 $\int\frac{1}{a^2+x^2}\mathrm{d}x=\frac{1}{a^2}\int\frac{1}{1+\left(\frac{x}{a}\right)^2}\mathrm{d}x=\frac{1}{a}\int\frac{1}{1+\left(\frac{x}{a}\right)^2}\mathrm{d}\left(\frac{x}{a}\right)=\frac{1}{a}\arctan\frac{x}{a}+C.$

例 6 求 $\int\tan x\mathrm{d}x$.

解 $\int\tan x\mathrm{d}x=\int\frac{\sin x}{\cos x}\mathrm{d}x=-\int\frac{1}{\cos x}\mathrm{d}(\cos x)=-\ln|\cos x|+C.$

请读者自己验证: $\int\cot x\mathrm{d}x=\ln|\sin x|+C.$

例 7 求 $\int\frac{1}{a^2-x^2}\mathrm{d}x$.

解 $\int\frac{1}{a^2-x^2}\mathrm{d}x=\frac{1}{2a}\int\left(\frac{1}{a+x}+\frac{1}{a-x}\right)\mathrm{d}x=\frac{1}{2a}\int\frac{1}{a+x}\mathrm{d}x+\frac{1}{2a}\int\frac{1}{a-x}\mathrm{d}x$

$$=\frac{1}{2a}\ln|a+x|-\frac{1}{2a}\ln|a-x|+C=\frac{1}{2a}\ln\left|\frac{a+x}{a-x}\right|+C.$$

例 8 求 $\int\sin^2x\mathrm{d}x$.

解 $\int\sin^2x\mathrm{d}x=\int\frac{1}{2}(1-\cos2x)\mathrm{d}x=\frac{1}{2}\int\mathrm{d}x-\frac{1}{2}\int\cos2x\mathrm{d}x=\frac{1}{2}x-\frac{1}{4}\sin2x+C.$

例 9 求 $\int\sin^3x\mathrm{d}x$.

解 $\int\sin^3x\mathrm{d}x=\int\sin^2x\sin x\mathrm{d}x=-\int(1-\cos^2x)\mathrm{d}(\cos x)=\int\cos^2x\mathrm{d}(\cos x)-\int\mathrm{d}(\cos x)$

$$=\frac{1}{3}\cos^3x-\cos x+C.$$

要能准确而迅速地掌握这种积分方法,关键是要熟悉函数微分的运算及其变形.例如,$\mathrm{d}x=\frac{1}{a}\mathrm{d}(ax+b)$,$x\mathrm{d}x=\frac{1}{2a}\mathrm{d}(ax^2+b)$($a,b$ 为常数且 $a\neq0$),$\cos x\mathrm{d}x=\mathrm{d}(\sin x)$,$\sin x\mathrm{d}x=-\mathrm{d}(\cos x)$,$\frac{1}{1+x^2}\mathrm{d}x=\mathrm{d}(\arctan x)$,$\frac{1}{\sqrt{1-x^2}}\mathrm{d}x=\mathrm{d}(\arcsin x)$等.

二、第二类换元积分法

第一类换元积分法虽然在求不定积分时有着广泛的应用,但是在求诸如:$\int\sqrt{a^2-x^2}\mathrm{d}x$,$\int\frac{\mathrm{d}x}{\sqrt{x^2-a^2}}$等问题时就不一定适用.下面来介绍第二类换元法,我们先看一个例子.

例 10　求$\int \frac{x}{\sqrt{x-3}}\mathrm{d}x$.

解　这个积分不能利用基本积分公式求得,我们作一个代换,把被积函数中的根号去掉.令$\sqrt{x-3}=t$,即$x=t^2+3(t>0)$,则$\mathrm{d}x=2t\mathrm{d}t$.于是

$$\int \frac{x}{\sqrt{x-3}}\mathrm{d}x=\int \frac{t^2+3}{t}\cdot 2t\mathrm{d}t=2\int (t^2+3)\mathrm{d}t=2\left(\frac{t^3}{3}+3t\right)+C.$$

再将$t=\sqrt{x-3}$回代,整理得

$$\int \frac{x}{\sqrt{x-3}}\mathrm{d}x=\frac{2}{3}(x+6)\sqrt{x-3}+C.$$

一般地,若积分$\int f(x)\mathrm{d}x$不易求得,如果能适当地选择变量代换$x=\varphi(t)$,把原积分化为积分$\int f[\varphi(t)]\varphi'(t)\mathrm{d}t$,而后者比较容易积出,那么只要再把结果中的$t$回代就可以了.

定理 5.2.2　设$x=\varphi(t)$是单调可微的函数,且$\varphi'(t)\neq 0$.又设$f[\varphi(t)]\varphi'(t)$具有原函数$F(t)$,则$F[\varphi^{-1}(x)]$是$f(x)$的原函数(其中$t=\varphi^{-1}(x)$是$x=\varphi(t)$的反函数),且有换元公式

$$\int f(x)\mathrm{d}x \xlongequal{\text{令 } x=\varphi(t)} \int f[\varphi(t)]\varphi'(t)\mathrm{d}t=F(t)+C$$

$$\xlongequal{\text{回代 } t=\varphi^{-1}(x)} F[\varphi^{-1}(x)]+C.$$

*__例 11__　求$\int \sqrt{a^2-x^2}\mathrm{d}x\ (a>0)$.

解　为了化去根式,利用三角恒等式$\sin^2 t+\cos^2 t=1$.

令$x=a\sin t\left(-\frac{\pi}{2}<t<\frac{\pi}{2}\right)$,则$\mathrm{d}x=a\cos t\mathrm{d}t$,$\sqrt{a^2-x^2}=\sqrt{a^2-a^2\sin^2 t}=\sqrt{a^2\cos^2 t}=|a\cos t|=a\cos t$.于是

$$\int \sqrt{a^2-x^2}\mathrm{d}x=\int a\cos t\cdot a\cos t\mathrm{d}t=\frac{a^2}{2}\int (1+\cos 2t)\mathrm{d}t=\frac{a^2}{2}\left(t+\frac{1}{2}\sin 2t\right)+C$$

$$=\frac{a^2}{2}(t+\sin t\cos t)+C.$$

由于$x=a\sin t$,$\sin t=\frac{x}{a}$,所以

$$t=\arcsin\frac{x}{a}.$$

$$\cos t=\sqrt{1-\sin^2 t}=\sqrt{1-\left(\frac{x}{a}\right)^2}=\frac{\sqrt{a^2-x^2}}{a}.$$

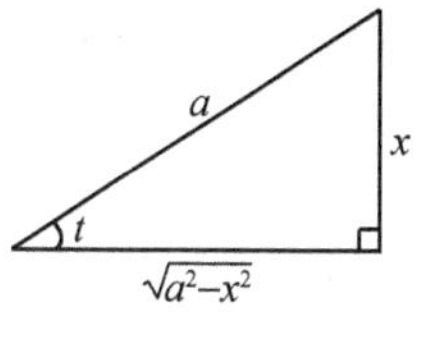

图 5-2

也可根据$\sin t=\frac{x}{a}$作一个辅助的直角三角形(图 5-2),按边角关系可得$\cos t=\frac{\sqrt{a^2-x^2}}{a}$.

因此　$$\int \sqrt{a^2-x^2}\mathrm{d}x=\frac{a^2}{2}\left(\arcsin\frac{x}{a}+\frac{x}{a}\,\frac{\sqrt{a^2-x^2}}{a}\right)+C$$

$$=\frac{a^2}{2}\arcsin\frac{x}{a}+\frac{1}{2}x\sqrt{a^2-x^2}+C.$$

*例 12　求$\int \frac{1}{\sqrt{x^2-a^2}}dx\ (a>0)$.

解　为了消去被积函数中的根式,可令 $x=a\sec t\left(0<t<\frac{\pi}{2}\right)$,则 $dx=a\sec t\tan t dt$. 于是

$$\int \frac{1}{\sqrt{x^2-a^2}}dx=\int \frac{a\sec t\tan t}{\sqrt{a^2\sec^2 t-a^2}}dt=\int \frac{a\sec t\tan t}{a\tan t}dt=\int \sec t dt=\ln|\sec t+\tan t|+C_1.$$

根据 $\sec t=\frac{x}{a}$ 作辅助三角形(图 5-3),得

$$\tan t=\frac{\sqrt{x^2-a^2}}{a}.$$

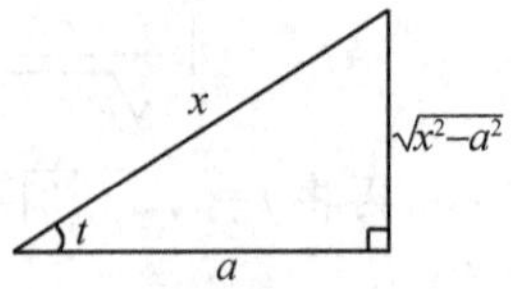

图 5-3

因此

$$\int \frac{dx}{\sqrt{x^2-a^2}}=\ln\left|\frac{x}{a}+\frac{\sqrt{x^2-a^2}}{a}\right|+C_1=\ln|x+\sqrt{x^2-a^2}|+C,$$

其中 $C=C_1-\ln a$ 为任意常数.

上面两个例子中所用的方法称为三角代换法.

一般地,如果被积函数中含有 $\sqrt{a^2-x^2}$,可以作代换 $x=a\sin t$(或 $x=a\cos t$)化去根式;如果被积函数中含有 $\sqrt{x^2-a^2}$,可作代换 $x=a\sec t$ 化去根式;如果被积函数中含有 $\sqrt{x^2+a^2}$,可以作代换 $x=a\tan t$ 化去根式(读者可仿照练习 $\int \frac{1}{\sqrt{x^2+a^2}}dx(a>0)=\ln(x+\sqrt{x^2+a^2})+C$).

5.2.2　分部积分法

前面介绍的换元积分法是在复合函数求导公式的基础上得到的,虽然它的应用范围很广,但是当被积函数是两个不同类型函数的乘积时,如 $\int x\cos x dx$, $\int x^2 e^x dx$, $\int e^x \sin x dx$ 等,换元积分法就不一定有效.下面我们介绍另一种求积分的基本方法——分部积分法.

设函数 $u=u(x)$ 及 $v=v(x)$ 具有连续导数,则由求导公式有

$$(uv)'=u'v+uv'.$$

根据不定积分的定义及性质有

$$\int(uv'+vu')dx=\int uv'dx+\int vu'dx=uv+C,$$

移项得

$$\int uv'dx=uv-\int vu'dx+C.$$

因为右端不定积分 $\int vu'dx$ 中包含有任意常数项,从而上式可以写成

$$\int uv'dx=uv-\int vu'dx. \tag{5.2.1}$$

或记为

$$\int u dv=uv-\int v du. \tag{5.2.2}$$

公式(5.2.1)或公式(5.2.2)称为分部积分公式.

例 13　求$\int x\cos x\mathrm{d}x$.

解　令 $u=x$,$\mathrm{d}v=\cos x\mathrm{d}x=\mathrm{d}(\sin x)$,则 $\mathrm{d}u=\mathrm{d}x$,$v=\sin x$. 于是

$$\int x\cos x\mathrm{d}x=x\sin x-\int\sin x\mathrm{d}x=x\sin x+\cos x+C.$$

例 14　求$\int\ln x\mathrm{d}x$.

解　令 $u=\ln x$,$\mathrm{d}v=\mathrm{d}x$,则 $\mathrm{d}u=\frac{1}{x}\mathrm{d}x$,$v=x$. 于是

$$\int\ln x\mathrm{d}x=x\ln x-\int x\cdot\frac{\mathrm{d}x}{x}=x\ln x-x+C.$$

在计算方法熟练后,分部积分法的替换过程可以省略.

例 15　求$\int x^2\mathrm{e}^x\mathrm{d}x$.

解　$$\int x^2\mathrm{e}^x\mathrm{d}x=\int x^2\mathrm{d}(\mathrm{e}^x)=x^2\mathrm{e}^x-2\int x\mathrm{e}^x\mathrm{d}x=x^2\mathrm{e}^x-2\int x\mathrm{d}(\mathrm{e}^x)$$
$$=x^2\mathrm{e}^x-2x\mathrm{e}^x+2\mathrm{e}^x+C=(x^2-2x+2)\mathrm{e}^x+C.$$

例 16　求$\int\mathrm{e}^x\sin x\mathrm{d}x$.

解　$$\int\mathrm{e}^x\sin x\mathrm{d}x=\int\mathrm{e}^x\mathrm{d}(-\cos x)=-\mathrm{e}^x\cos x+\int\mathrm{e}^x\cos x\mathrm{d}x=-\mathrm{e}^x\cos x+\int\mathrm{e}^x\mathrm{d}(\sin x)$$
$$=-\mathrm{e}^x\cos x+\mathrm{e}^x\sin x-\int\mathrm{e}^x\sin x\mathrm{d}x,$$

即
$$\int\mathrm{e}^x\sin x\mathrm{d}x=-\mathrm{e}^x\cos x+\mathrm{e}^x\sin x-\int\mathrm{e}^x\sin x\mathrm{d}x,$$

整理得

$$\int\mathrm{e}^x\sin x\mathrm{d}x=\frac{1}{2}(\sin x-\cos x)\mathrm{e}^x+C.$$

注　一般地,选取 u 和 $\mathrm{d}v$ 的原则为:(1) v 要容易求得;(2) $\int v\mathrm{d}u$ 要比$\int u\mathrm{d}v$ 容易求出.

例 17　求$\int\mathrm{e}^{\sqrt[3]{x}}\mathrm{d}x$.

解　先用换元法. 令$\sqrt[3]{x}=t$,则 $x=t^3$,$\mathrm{d}x=3t^2\mathrm{d}t$. 于是

$$\int\mathrm{e}^{\sqrt[3]{x}}\mathrm{d}x=3\int t^2\mathrm{e}^t\mathrm{d}t.$$

再用分部积分法,由例 15 知

$$\int t^2\mathrm{e}^t\mathrm{d}t=\mathrm{e}^t(t^2-2t+2)+C_1.$$

所以

$$\int\mathrm{e}^{\sqrt[3]{x}}\mathrm{d}x=3\int t^2\mathrm{e}^t\mathrm{d}t=3\mathrm{e}^t(t^2-2t+2)+C$$
$$=3\mathrm{e}^{\sqrt[3]{x}}(\sqrt[3]{x^2}-2\sqrt[3]{x}+2)+C(\text{其中 }C=3C_1).$$

同步训练 5.2

1. 填空：

(1) ________ $dx=d(2x+1)$；

(2) ________ $dx=d(2x^2+3)$；

(3) ________ $dx=d(\sqrt{x})$；

(4) ________ $dx=d(e^{x^2})$；

(5) ________ $dx=d(2+\ln x)$；

(6) ________ $dx=d(\sqrt{1-x^2})$.

2. 求下列不定积分：

(1) $\int x^2\sqrt{1+x^3}dx$；

(2) $\int(3-2x)^3dx$；

(3) $\int\frac{\ln^2(1+x)}{1+x}dx$；

(4) $\int e^{2x-3}dx$；

(5) $\int(2x-1)\cos(x^2-x+1)dx$；

(6) $\int\frac{2x-1}{\sqrt{1-x^2}}dx$；

(7) $\int\tan^2xdx$；

(8) $\int\tan^3xdx$；

(9) $\int xe^{-x^2}dx$；

(10) $\int\left(1-\frac{1}{x^2}\right)e^{\left(x+\frac{1}{x}\right)}dx$；

(11) $\int\frac{e^{\arcsin x}}{\sqrt{1-x^2}}dx$；

(12) $\int\frac{1}{e^x+e^{-x}}dx$；

(13) $\int\frac{1}{(x-1)(x+2)}dx$；

(14) $\int\frac{x^2}{x^2-2x+2}dx$；

(15) $\int\frac{\arctan x}{1+x^2}dx$；

(16) $\int\cos^3xdx$.

3. 求下列不定积分：

(1) $\int\frac{1}{1+\sqrt{x}}dx$；

(2) $\int\frac{dx}{\sqrt{x}(1+x)}$；

(3) $\int\frac{dx}{x\sqrt{x-1}}$；

(4) $\int x\sqrt{1-x}dx$；

(5) $\int\frac{\arctan\sqrt{x}}{\sqrt{x}(1+x)}dx$；

(6) $\int\frac{1}{x^2\sqrt{1-x^2}}dx$；

(7) $\int\frac{1}{x\sqrt{x^2-1}}dx$；

(8) $\int\frac{dx}{x^2\sqrt{1+x^2}}$.

4. 求下列不定积分：

(1) $\int xe^xdx$；

(2) $\int\arctan xdx$；

(3) $\int x\ln xdx$；

(4) $\int\arcsin xdx$；

(5) $\int\cos\sqrt{t}dt$；

(6) $\int\arctan\sqrt{x}dx$.

*5. 设 $\frac{\ln x}{x}$ 为 $f(x)$ 的一个原函数，求 $\int xf'(x)\mathrm{d}x$.

5.3　定积分的概念与性质

定积分是一元函数积分学中的另一个基本内容，下面以一些典型问题为背景引入定积分的概念与性质.

5.3.1　定积分的概念

一、两个实例

1. 曲边梯形的面积

一般地，由连续曲线 $y=f(x)(x\geqslant 0)$，x 轴，直线 $x=a$、$x=b(a<b)$ 围成的图形称为曲边梯形(图 5-4). 由于在 $[a,b]$ 上 $f(x)$ 不是常数，即曲边梯形的面积不能直接用矩形的面积公式计算，但曲边梯形的高 $f(x)$ 在区间 $[a,b]$ 上是连续变化的，当曲边梯形的底边很窄时，$f(x)$ 的变化很小，可以近似地看作不变. 这样，每一个窄曲边梯形的面积可以用一个同底的窄矩形的面积来近似地代替，把所有的这些窄矩形的面积加起来，就得到整个曲边梯形面积的近似值. 显然，分割得越细，所得的近似值就越接近曲边梯形的面积，因此，我们将无限细分(即每个窄矩形的底边长都趋向于零)时所得的近似值的极限定义为曲边梯形面积的精确值.

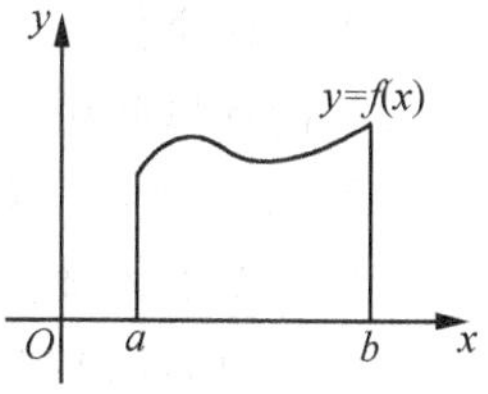

图 5-4

上面的分析可以具体地归纳如下：

(1) 分割　在区间 $[a,b]$ 上任意插入 $n-1$ 个分点 $a=x_0<x_1<x_2<\cdots<x_{i-1}<x_i<\cdots<x_{n-1}<x_n=b$，把区间 $[a,b]$ 分成 n 个小区间：

$$[x_0,x_1],[x_1,x_2],\cdots,[x_{i-1},x_i],\cdots,[x_{n-1},x_n].$$

它们的长度依次为

$$\Delta x_1=x_1-x_0,\Delta x_2=x_2-x_1,\cdots,\Delta x_i=x_i-x_{i-1},\cdots,\Delta x_n=x_n-x_{n-1}.$$

或简写为

$$\Delta x_i=x_i-x_{i-1}(i=1,2,\cdots,n).$$

经过每一个分点作平行于 y 轴的直线段，把曲线梯形分成 n 个窄曲边梯形(图 5-5)，这些窄曲边梯形的面积依次记为 $\Delta A_i(i=1,2,\cdots,n)$，则整个曲边梯形的面积为

$$A=\Delta A_1+\Delta A_2+\cdots+\Delta A_n=\sum_{i=1}^{n}\Delta A_i.$$

其中，符号“$\sum$”表示求和的意思，$\sum\limits_{i=1}^{n}\Delta A_i$ 表示从 ΔA_i 中依次

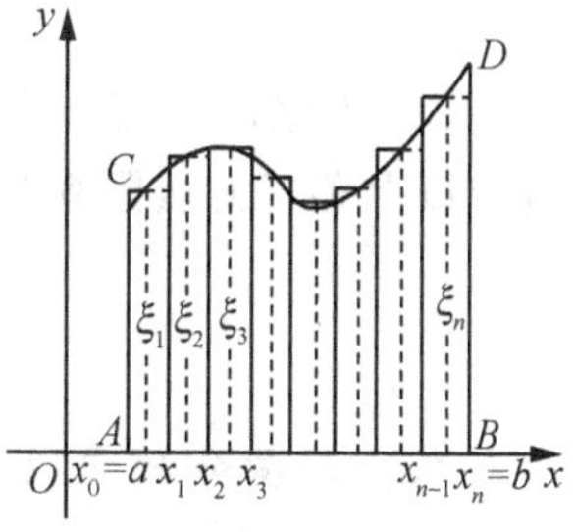

图 5-5

取 $i=1,2,\cdots,n$ 时所得的 n 项之和.

(2) 近似　在每个小区间 $[x_{i-1},x_i]$ 上任取一点 $\xi_i(x_{i-1}\leqslant\xi_i\leqslant x_i)$，把以 $f(\xi_i)$ 为高、Δx_i 为底的窄矩形的面积 $f(\xi_i)\Delta x_i$ 作为相应的窄曲边梯形的面积 ΔA_i 的近似值，即

$$\Delta A_i\approx f(\xi_i)\Delta x_i(i=1,2,\cdots,n).$$

(3) 求和　把上面 n 个窄曲边梯形面积的近似值加起来，就得到所求曲边梯形面积 A 的近似值，即

$$A=\sum_{i=1}^{n}\Delta A_i\approx\sum_{i=1}^{n}f(\xi_i)\Delta x_i.$$

(4) 取极限　为了保证所有分割后的小区间的长度都无限缩小，只需要求所有小区间长度中的最大值趋于零. 记 $\lambda=\max\{\Delta x_1,\Delta x_2,\cdots,\Delta x_i,\cdots,\Delta x_n\}$，则上述条件可表示为 $\lambda\to0$(这时小区间的个数 n 无限增多，即 $n\to\infty$)时，取上式右端和式的极限，即得曲边梯形面积 A 的精确值为

$$A=\lim_{\lambda\to0}\sum_{i=1}^{n}f(\xi_i)\Delta x_i.$$

注　请读者自行思考为什么不是直接以 $n\to\infty$ 取极限呢.

通过这个例子，我们看到了如何利用“分割、近似、求和、取极限”的方法，解决了曲边梯形面积的计算问题.

2. 变速直线运动的路程

设一个物体做直线运动，已知速度 $v(t)$ 是时间间隔 $[T_1,T_2]$ 上的一个连续函数，求 T_1 到 T_2 这段时间内物体通过的位移 s. 由于物体做变速运动，因此不能以物体在某一时刻的速度代替 $[T_1,T_2]$ 这段时间内的速度，但已知速度函数是连续的，可以采用与处理曲边梯形面积类似的方法.

(1) 分割　在时间区间 $[T_1,T_2]$ 内插入 $n-1$ 个分点

$$T_1=t_0<t_1<t_2<\cdots<t_{n-1}<t_n=T_2,$$

得到 n 个小区间 $[t_{i-1},t_i](i=1,2,\cdots,n)$，记第 i 个小区间的长为 $\Delta t_i(\Delta t_i=t_i-t_{i-1})$，这时位移 s 相应地被分成 n 个小位移区间 $\Delta s_i(i=1,2,\cdots,n)$.

(2) 近似　在时间间隔 $[t_{i-1},t_i]$ 上任取一个时刻 τ_i，用时刻 τ_i 的速度 $v(\tau_i)$ 近似代替在 $[t_{i-1},t_i]$ 上各时刻的速度，则

$$\Delta s_i\approx v(\tau_i)\Delta t_i(i=1,2,\cdots,n).$$

(3) 求和　把上面 n 个位移的近似值加起来，就得到物体在 $[T_1,T_2]$ 这段时间的位移的近似值，即

$$s=\sum_{i=1}^{n}\Delta s_i\approx\sum_{i=1}^{n}v(\tau_i)\Delta t_i.$$

(4) 取极限　记 n 个小区间的长度的最大值为 λ，即 $\lambda=\max\{\Delta t_i\,|\,i=1,2,\cdots,n\}$，当 $\lambda\to0$ 时取以上和式的极限就是物体在 $[T_1,T_2]$ 这段时间通过的位移，即

$$s=\lim_{\lambda\to0}\sum_{i=1}^{n}v(\tau_i)\Delta t_i.$$

二、定积分的定义

上面的两个实例有不同的背景和实际意义，但其数学形式是相同的，都是归结为函数在

某一区间上的一种特定的和式的极限.还有许多实际问题的解决也是归结于这类极限.因此,我们有必要在抽象的形式下研究它,这样就引出了定积分的概念.

定义 5.3.1　设函数 $f(x)$在区间$[a,b]$上有界,在区间$[a,b]$上任意插入 $n-1$ 个分点

$$a=x_0<x_1<x_2<\cdots<x_{i-1}<x_i<\cdots<x_{n-1}<x_n=b,$$

把区间$[a,b]$分割成 n 个小区间:

$$[x_0,x_1],[x_1,x_2],\cdots,[x_{i-1},x_i],\cdots,[x_{n-1},x_n],$$

各个小区间的长度为

$$\Delta x_i=x_i-x_{i-1}(i=1,2,\cdots,n).$$

在每一个小区间$[x_{i-1},x_i]$上任取一点 $\xi_i(x_{i-1}\leqslant\xi_i\leqslant x_i)$,作函数值 $f(\xi_i)$与小区间长度 Δx_i 的乘积 $f(\xi_i)\Delta x_i(i=1,2,\cdots,n)$,并作出和式(也称为积分和)

$$\sum_{i=1}^{n}f(\xi_i)\Delta x_i.$$

记 $\lambda=\max\{\Delta x_1,\Delta x_2,\cdots,\Delta x_n\}$,若不论对区间$[a,b]$怎样分法,也不论在小区间$[x_{i-1},x_i]$上点 ξ_i 怎样取法,只要当 $\lambda\to0$ 时,上述和式的极限

$$\lim_{\lambda\to0}\sum_{i=1}^{n}f(\xi_i)\Delta x_i$$

存在,则称这个极限为函数 $f(x)$在区间$[a,b]$上的定积分(简称积分),记作 $\int_a^b f(x)\mathrm{d}x$,即

$$\int_a^b f(x)\mathrm{d}x=\lim_{\lambda\to0}\sum_{i=1}^{n}f(\xi_i)\Delta x_i .$$

其中,函数 $f(x)$称为被积函数,$f(x)\mathrm{d}x$ 称为被积表达式,变量 x 称为积分变量,a 称为积分下限,b 称为积分上限,区间$[a,b]$称为积分区间.

由定积分的定义,前面两个实例可分别表述为:

由曲线 $y=f(x)(f(x)\geqslant0)$,直线 $x=a$、$x=b$ 和 x 轴围成的曲边梯形的面积

$$A=\int_a^b f(x)\mathrm{d}x;$$

以速度 $v(t)(v(t)\geqslant0)$做变速直线运动的物体,从时刻 T_1 到 T_2 通过的位移

$$s=\int_{T_1}^{T_2}v(t)\mathrm{d}t.$$

下面对定积分的定义再作以下几点说明:

(1) 函数 $f(x)$在$[a,b]$上可积有两个充分条件:$f(x)$在闭区间$[a,b]$上连续或者在$[a,b]$上除有限个第一类间断点外处处连续.

(2) 极限 $\lim\limits_{\lambda\to0}\sum\limits_{i=1}^{n}f(\xi_i)\Delta x_i$ 存在是指对区间$[a,b]$的任意分法以及 ξ_i 在$[x_{i-1},x_i]$中的任意取法,只要 $\lambda\to0$, $\sum\limits_{i=1}^{n}f(\xi_i)\Delta x_i$ 都趋于同一个值.因此,如果已知 $f(x)$在$[a,b]$上可积,在用定积分的定义求 $\int_a^b f(x)\mathrm{d}x$ 时,为了简化计算,对$[a,b]$可采用特殊的分法以及 ξ_i 的特殊取法.

(3) 定积分 $\int_a^b f(x)\mathrm{d}x$ 是乘积和的极限,它是一个数,与函数 $f(x)$、区间$[a,b]$有关,而与

积分变量的选择无关,即 $\int_a^b f(x)\mathrm{d}x = \int_a^b f(t)\mathrm{d}t = \int_a^b f(u)\mathrm{d}u$.

(4) 为了应用方便起见,我们作以下的补充规定:

当 $a=b$ 时,规定 $\int_a^b f(x)\mathrm{d}x = 0$;

当 $a>b$ 时,规定 $\int_a^b f(x)\mathrm{d}x = -\int_b^a f(x)\mathrm{d}x$.

三、定积分的几何意义

由定积分的定义可得定积分的几何意义如下:

(1) 在 $[a,b]$ 上,若函数 $f(x)\geqslant 0$,则 $\int_a^b f(x)\mathrm{d}x$ 在几何上表示由曲线 $y=f(x)$,直线 $x=a$、$x=b$ 和 x 轴围成的曲边梯形的面积(图 5-6).

(2) 在 $[a,b]$ 上,若函数 $f(x)\leqslant 0$,则 $\int_a^b f(x)\mathrm{d}x$ 在几何上表示由曲线 $y=f(x)$,直线 $x=a$、$x=b$ 和 x 轴围成的曲边梯形(在 x 轴下方)的面积的相反数(图 5-7).

(3) 在 $[a,b]$ 上,$f(x)$ 有正有负时,如果我们约定位于 x 轴上方的面积为"正",下方的面积为"负",这时 $\int_a^b f(x)\mathrm{d}x$ 在几何上表示介于 x 轴及直线 $x=a$、$x=b$ 和曲线 $y=f(x)$ 之间的各部分面积的代数和,如图 5-8 所示,即

$$\int_a^b f(x)\mathrm{d}x = A_1 - A_2 + A_3.$$

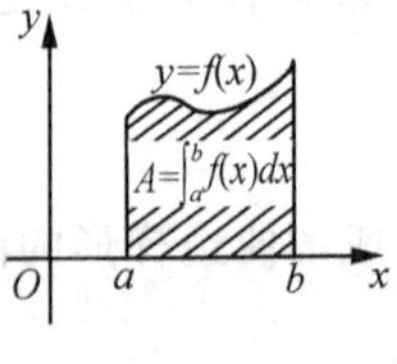

图 5-6

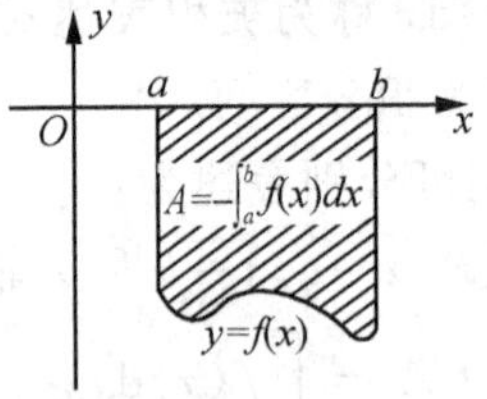

图 5-7

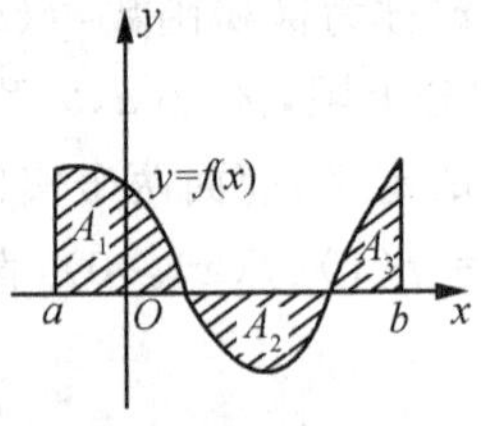

图 5-8

例 1 利用定积分的几何意义计算定积分 $\int_a^b x\mathrm{d}x (0<a<b)$ 的值.

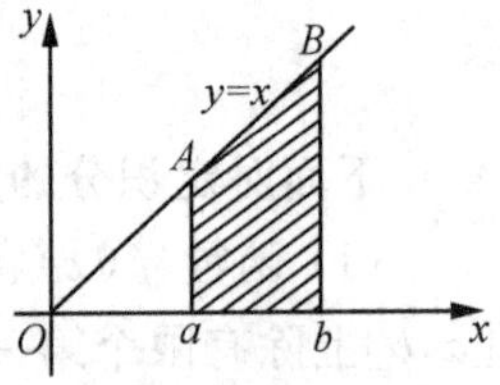

图 5-9

解 由定积分的几何意义可知,计算所给的定积分就相当于计算由直线 $y=x$、$x=a$、$x=b$ 及 x 轴所围成的梯形的面积(图 5-9).利用梯形的面积公式,不难求得这个梯形的面积为

$$A=\frac{1}{2}(a+b)(b-a)=\frac{1}{2}(b^2-a^2),$$

即

$$\int_a^b x\mathrm{d}x = \frac{1}{2}(b^2-a^2).$$

例 2 利用定积分的定义计算定积分 $\int_0^1 x^2\mathrm{d}x$ 的值.

解 所求的积分值等于由抛物线 $y=x^2$、直线 $x=1$ 和 x 轴所围成的曲边三角形的面积(图 5-10).

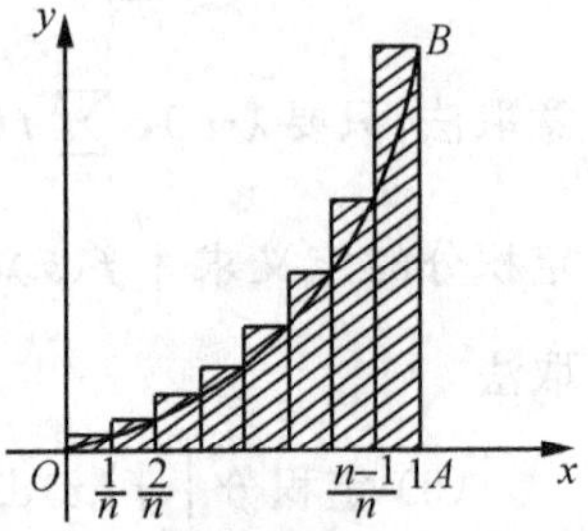

图 5-10

因为被积函数 $f(x)=x^2$ 在 $[0,1]$ 上连续，所以定积分（和式的极限）存在，且与对区间 $[0,1]$ 的分法及点 ξ_i 的取法无关. 因此，具体分以下四步来进行：

（1）分割　为了方便计算，把区间 $[0,1]$ 分成 n 等份，每个小区间的长均为 $\Delta x=\frac{1}{n}$，即插入点 $\frac{1}{n},\frac{2}{n},\cdots,\frac{n-1}{n}$.

（2）近似　在每个小区间 $[x_{i-1},x_i]$ 上取点 ξ_i 为区间的右端点，即

$$\xi_1=x_1=\frac{1}{n},\xi_2=x_2=\frac{2}{n},\cdots,\xi_n=x_n=1.$$

于是

$$f(\xi_1)\Delta x_1=f\left(\frac{1}{n}\right)\Delta x=\left(\frac{1}{n}\right)^2\frac{1}{n},$$

$$f(\xi_2)\Delta x_2=f\left(\frac{2}{n}\right)\Delta x=\left(\frac{2}{n}\right)^2\frac{1}{n},$$

$$\vdots$$

$$f(\xi_n)\Delta x_n=f(1)\Delta x=\left(\frac{n}{n}\right)^2\cdot\frac{1}{n}.$$

（3）求和　把上面各式相加，即

$$\begin{aligned}\sum_{i=1}^{n}f(\xi_i)\Delta x_i&=f(\xi_1)\Delta x_1+f(\xi_2)\Delta x_2+\cdots+f(\xi_n)\Delta x_n\\&=\frac{1}{n}\left[\left(\frac{1}{n}\right)^2+\left(\frac{2}{n}\right)^2+\cdots+\left(\frac{n}{n}\right)^2\right]\\&=\frac{1}{n^3}(1^2+2^2+\cdots+n^2)=\frac{1}{n^3}\cdot\frac{1}{6}n(n+1)(2n+1)\\&=\frac{1}{6}\left(1+\frac{1}{n}\right)\left(2+\frac{1}{n}\right).\end{aligned}$$

（4）取极限　当 $\lambda=\Delta x=\frac{1}{n}\to 0$，即 $n\to\infty$ 时，取上面和式的极限，得

$$\lim_{\lambda\to 0}\sum_{i=1}^{n}f(\xi_i)\Delta x_i=\lim_{n\to\infty}\frac{1}{6}\left(1+\frac{1}{n}\right)\left(2+\frac{1}{n}\right)=\frac{1}{3}.$$

由定积分的定义可得

$$\int_0^1 x^2\mathrm{d}x=\lim_{\lambda\to 0}\sum_{i=1}^{n}f(\xi_i)\Delta x_i=\frac{1}{3}.$$

5.3.2　定积分的性质

在下面的讨论中，我们总假设函数在所讨论的区间上都是可积的.

性质 1　$\int_a^b k\,\mathrm{d}x=k(b-a)$（$k$ 为常数）.

特别地，当 $k=1$ 时，$\int_a^b\mathrm{d}x=b-a$.

性质 2　$\int_a^b[f(x)\pm g(x)]\mathrm{d}x=\int_a^b f(x)\mathrm{d}x\pm\int_a^b g(x)\mathrm{d}x$.

注意,这个性质对于被积函数是有限多个函数的代数和的情形也是成立的.

性质 3 对任意 $k\in\mathbf{R}$, $\int_a^b kf(x)\mathrm{d}x=k\int_a^b f(x)\mathrm{d}x$.

性质 4 设 a,b,c 为常数,则

$$\int_a^b f(x)\mathrm{d}x=\int_a^c f(x)\mathrm{d}x+\int_c^b f(x)\mathrm{d}x.$$

这个性质表明,定积分对于积分区间是具有可加性的.

性质 5 如果在区间 $[a,b]$ 上,有 $f(x)\leqslant g(x)$,那么

$$\int_a^b f(x)\mathrm{d}x\leqslant\int_a^b g(x)\mathrm{d}x.$$

由性质 1 和性质 5 可得:

性质 6 设 M 及 m 分别是函数 $f(x)$ 在区间 $[a,b]$ 上的最大值及最小值,则

$$m(b-a)\leqslant\int_a^b f(x)\mathrm{d}x\leqslant M(b-a).$$

性质 6 也称为定积分的估值定理.

性质 7(积分中值定理) 设函数 $f(x)$ 在闭区间 $[a,b]$ 上连续,则存在 $\xi\in[a,b]$,使

$$\int_a^b f(x)\mathrm{d}x=f(\xi)(b-a)\ (a\leqslant\xi\leqslant b).$$

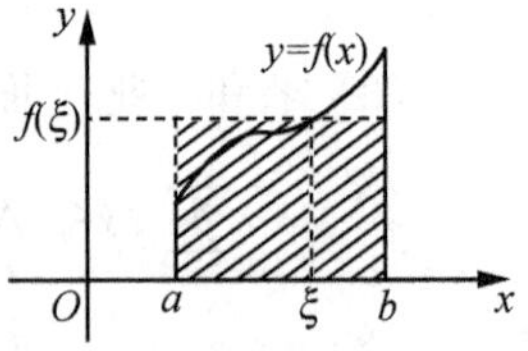

图 5-11

当 $f(x)\geqslant0(a\leqslant x\leqslant b)$ 时,积分中值定理的几何解释是:由曲线 $y=f(x)$,直线 $y=0$、$x=a$、$x=b$ 所围成的曲边梯形的面积等于以区间 $[a,b]$ 为底、该区间内某一点 ξ 的函数值 $f(\xi)$ 为高的矩形的面积(图 5-11).

一般地,称数值

$$u=\frac{1}{b-a}\int_a^b f(x)\mathrm{d}x$$

为函数 $f(x)$ 在区间 $[a,b]$ 上的平均值.

例 3 利用定积分的性质比较下列各对积分值的大小.

(1) $\int_1^{\mathrm{e}}\ln x\mathrm{d}x$ 与 $\int_1^{\mathrm{e}}(\ln x)^2\mathrm{d}x$;　　(2) $\int_0^{\frac{\pi}{2}}x\mathrm{d}x$ 与 $\int_0^{\frac{\pi}{2}}\sin x\mathrm{d}x$.

解 (1) 因为在 $[1,\mathrm{e}]$ 上,有 $0\leqslant\ln x\leqslant1$,从而有

$$\ln x\geqslant(\ln x)^2.$$

故由定积分的性质 5 可知 $\int_1^{\mathrm{e}}\ln x\mathrm{d}x\geqslant\int_1^{\mathrm{e}}(\ln x)^2\mathrm{d}x$.

(2) 因为在 $\left[0,\frac{\pi}{2}\right]$ 上,可得

$$x\geqslant\sin x\text{(请读者自行验证)}.$$

故由定积分的性质 5 可知 $\int_0^{\frac{\pi}{2}}x\mathrm{d}x\geqslant\int_0^{\frac{\pi}{2}}\sin x\mathrm{d}x$.

***例 4** 估计定积分 $\int_{-1}^1\mathrm{e}^{-x^2}\mathrm{d}x$ 的值.

解 先求出函数 $f(x)=\mathrm{e}^{-x^2}$ 在区间 $[-1,1]$ 上的最小值和最大值.

由 $f'(x)=-2x\mathrm{e}^{-x^2}$,令 $f'(x)=0$,求得驻点 $x=0$. 又因为 $f(0)=1$, $f(\pm1)=\frac{1}{\mathrm{e}}$,所以

函数的最大值与最小值分别为 1 和$\frac{1}{e}$. 根据定积分的性质 6，得

$$\frac{2}{e} \leqslant \int_{-1}^{1} e^{-x^2} dx \leqslant 2.$$

同步训练 5.3

$^+$**1.** 利用定积分的定义计算定积分$\int_0^1 x^3 dx$的值. $\left(提示: 1^3+2^3+\cdots+n^3=\left[\frac{1}{2}n(n+1)\right]^2\right)$

2. 不计算积分，比较下列各组积分值的大小：

(1) $\int_0^1 x^2 dx$与$\int_0^1 x^3 dx$；　　(2) $\int_1^2 x dx$与$\int_1^2 \sqrt{x} dx$；

(3) $\int_0^1 e^x dx$与$\int_0^1 e^{x^2} dx$；　　(4) $\int_1^e x dx$与$\int_1^e \ln(1+x) dx$.

3. 证明下列不等式：

(1) $1 \leqslant \int_0^1 (1+\sqrt{x}) dx \leqslant 2$；　　(2) $6 \leqslant \int_1^4 (x^2+1) dx \leqslant 51$；

(3) $\pi \leqslant \int_{\frac{\pi}{4}}^{\frac{5\pi}{4}} (1+\sin^2 x) dx \leqslant 2\pi$；　　(4) $1 \leqslant \int_0^1 e^{x^2} dx \leqslant e$.

5.4　微积分基本定理

我们从上一节关于定积分的讨论中可以看到，利用定积分的定义计算定积分就是归结为计算和式的极限，这是比较麻烦的. 因此，我们必须寻求计算定积分的简便而又有效的方法. 本节中将得到计算定积分的基本公式——牛顿-莱布尼兹公式.

5.4.1　变上限积分函数

定义 5.4.1　设函数 $f(t)$ 在 $[a,b]$ 上可积，$x\in[a,b]$，则变上限积分 $\int_a^x f(t)dt$ 是 x 的函数，称为变上限积分函数，记为 $\Phi(x)$.

变上限积分函数 $\int_a^x f(t)dt$ 是 x 的函数，对取定的 x，它有确定的值，与积分变量 t 无关. 变上限积分函数的几何意义如图 5-12 所示.

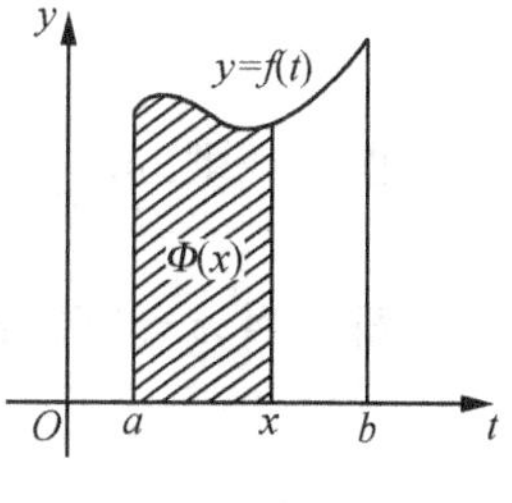

图 5-12

定理 5.4.1　设函数 $f(x)$ 在 $[a,b]$ 上连续，则变上限积分函数 $\Phi(x)=\int_a^x f(t)dt$ 在 $[a,b]$ 上可导，且

$$\Phi'(x)=\left[\int_a^x f(t)dt\right]'=f(x).$$

证 设 $x\in[a,b]$ 且有增量 $\Delta x(x+\Delta x\in[a,b])$，函数 $\Phi(x)$ 的相应增量为 $\Delta\Phi$(图5-13)，则

$$\Delta\Phi=\Phi(x+\Delta x)-\Phi(x)=\int_a^{x+\Delta x}f(t)\mathrm{d}t-\int_a^x f(t)\mathrm{d}t=\int_x^{x+\Delta x}f(t)\mathrm{d}t.$$

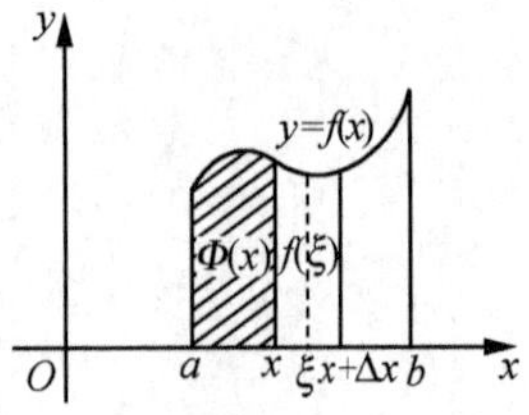

图 5-13

由积分中值定理可知 $\Delta\Phi=f(\xi)\Delta x$($\xi$ 在 x 与 $x+\Delta x$ 之间)，于是

$$\frac{\Delta\Phi}{\Delta x}=f(\xi).$$

令 $\Delta x\to0$，则 $\xi\to x$，由函数 $f(x)$ 在点 x 处连续，有 $\lim\limits_{\Delta x\to0}\dfrac{\Delta\Phi}{\Delta x}=\lim\limits_{\xi\to x}f(\xi)=f(x)$，即

$$\Phi'(x)=f(x).$$

定理 5.4.2(*原函数存在定理*) 如果函数 $f(x)$ 在区间 $[a,b]$ 上连续，那么函数

$$\Phi(x)=\int_a^x f(t)\mathrm{d}t$$

就是 $f(x)$ 在 $[a,b]$ 上的一个原函数.

定理 5.4.2 是定理 5.4.1 的直接结果. 这个定理的重要性在于：一方面肯定了连续函数的原函数是存在的，另一方面也揭示了定积分和被积函数的原函数之间的联系，从而有可能通过被积函数的原函数来计算定积分.

例 1 设 $\Phi(x)=\int_a^x \mathrm{e}^{-t^2}\mathrm{d}t$，求 $\Phi'(1)$.

解 $\Phi'(x)=\dfrac{\mathrm{d}}{\mathrm{d}x}\int_a^x\mathrm{e}^{-t^2}\mathrm{d}t=\mathrm{e}^{-x^2}$，$\Phi'(1)=\mathrm{e}^{-x^2}\big|_{x=1}=\mathrm{e}^{-1}$.

例 2 求 $\dfrac{\mathrm{d}}{\mathrm{d}x}\int_{\frac{\pi}{2}}^{x^2}\dfrac{\sin t}{t}\mathrm{d}t$.

解 令 $u=x^2$，则 $\int_{\frac{\pi}{2}}^{x^2}\dfrac{\sin t}{t}\mathrm{d}t$ 可以看作是由

$$\Phi(u)=\int_{\frac{\pi}{2}}^{u}\frac{\sin t}{t}\mathrm{d}t,u=x^2$$

复合而成的复合函数，则

$$\frac{\mathrm{d}}{\mathrm{d}x}\int_{\frac{\pi}{2}}^{x^2}\frac{\sin t}{t}\mathrm{d}t=\frac{\mathrm{d}}{\mathrm{d}u}\int_{\frac{\pi}{2}}^{u}\frac{\sin t}{t}\mathrm{d}t\cdot(u)'_x=\frac{\sin u}{u}\cdot2x=\frac{2\sin x^2}{x}.$$

一般地，若 $\varphi(x)$ 可导，则

$$\left[\int_a^{\varphi(x)}f(t)\mathrm{d}t\right]'=f[\varphi(x)]\cdot\varphi'(x).$$

***例 3** 求 $\lim\limits_{x\to0}\dfrac{1}{x^2}\int_0^x\ln(1+t)\mathrm{d}t$.

解 当 $x\to0$ 时，此极限为"$\dfrac{0}{0}$"型未定式，利用洛必达法则，有

$$\lim_{x\to0}\frac{1}{x^2}\int_0^x\ln(1+t)\mathrm{d}t=\lim_{x\to0}\frac{\int_0^x\ln(1+t)\mathrm{d}t}{x^2}=\lim_{x\to0}\frac{\ln(1+x)}{2x}=\frac{1}{2}\lim_{x\to0}\ln(1+x)^{\frac{1}{x}}=\frac{1}{2}.$$

5.4.2 微积分基本定理

定理 5.4.3 设 $f(x)$在$[a,b]$上连续,$F(x)$是 $f(x)$在$[a,b]$上的一个原函数,则

$$\int_a^b f(x)\mathrm{d}x = F(b) - F(a).$$

证 由定理 5.4.1 知,$\Phi(x) = \int_a^x f(t)\mathrm{d}t$ 是 $f(x)$ 在$[a,b]$ 上的一个原函数,又因为已知 $F(x)$ 也是 $f(x)$ 在$[a,b]$ 上的原函数,所以由原函数的性质,有

$$\Phi(x) = F(x) + C\ (a \leqslant x \leqslant b, C \text{ 为某个常数}).$$

在上式中分别令 $x=a, x=b$,可得到

$$\Phi(b) - \Phi(a) = F(b) - F(a).$$

又 $\Phi(b) = \int_a^b f(x)\mathrm{d}x, \Phi(a) = 0$,所以

$$\int_a^b f(x)\mathrm{d}x = F(b) - F(a).$$

为了书写方便,常把 $F(b)-F(a)$写成$[F(x)]_a^b$ 或 $F(x)\big|_a^b$,即

$$\int_a^b f(x)\mathrm{d}x = [F(x)]_a^b = F(x)\big|_a^b.$$

定理 5.4.3 揭示了定积分与被积函数的原函数之间的内在联系,因此它被称为微积分基本公式,又叫牛顿-莱布尼兹公式,它为定积分的运算提供了一种有效而简便的方法.

例 4 求$\int_0^1 x^2\mathrm{d}x$ 的值.

解 $\int_0^1 x^2\mathrm{d}x = \left[\frac{1}{3}x^3\right]_0^1 = \frac{1}{3} - 0 = \frac{1}{3}.$

例 5 求$\int_{-2}^{-1}\frac{\mathrm{d}x}{x}$ 的值.

解 $\int_{-2}^{-1}\frac{\mathrm{d}x}{x} = [\ln|x|]_{-2}^{-1} = -\ln 2.$

***例 6** 求$\int_0^2 |1-x|\,\mathrm{d}x$ 的值.

解 被积函数是 $|1-x|$,不能直接积分.由于

$$|1-x| = \begin{cases} 1-x, & x \leqslant 1, \\ x-1, & x > 1, \end{cases}$$

由定积分的可加性,有

$$\int_0^2 |1-x|\,\mathrm{d}x = \int_0^1 (1-x)\mathrm{d}x + \int_1^2 (x-1)\mathrm{d}x = \left[x - \frac{x^2}{2}\right]_0^1 - \left[\frac{x^2}{2} - x\right]_1^2 = 1.$$

+例 7 已知函数 $f(x) = \begin{cases} x-1, & x \leqslant 0, \\ x+1, & x > 0, \end{cases}$ 求$\int_{-1}^2 f(x)\mathrm{d}x$ 的值.

解 因为 $f(x)$ 在$[-1,2]$ 上除 $x=0$ 是它的第一类间断点外处处连续,所以有

$$\int_{-1}^2 f(x)\mathrm{d}x = \int_{-1}^0 f(x)\mathrm{d}x + \int_0^2 f(x)\mathrm{d}x = \int_{-1}^0 (x-1)\mathrm{d}x + \int_0^2 (x+1)\mathrm{d}x$$

$$= \left[\frac{x^2}{2} - x\right]_{-1}^{0} + \left[\frac{x^2}{2} + x\right]_{0}^{2} = \frac{5}{2}.$$

$^{+}$**注意** (1) 若函数 $f(x)$在区间$[a,b]$上除第一类间断点 $c(a<c<b)$外,在其余点都连续,由定积分的性质,则定积分$\int_a^b f(x)\mathrm{d}x$ 可以按照$\int_a^b f(x)\mathrm{d}x = \int_a^c f(x)\mathrm{d}x + \int_c^b f(x)\mathrm{d}x$ 来计算. 在计算$\int_a^c f(x)\mathrm{d}x$ 时,视作 $f(c) = f(c^-)$,在计算$\int_c^b f(x)\mathrm{d}x$ 时,视作 $f(c) = f(c^+)$,这样 $f(x)$ 是$[a,c]$,$[c,b]$ 上的连续函数. 若函数 $f(x)$ 在$[a,b]$ 上有若干个第一类间断点,则方法类似.

(2) 若函数在所讨论的区间上不满足可积条件,则定理 5.4.3 不能使用. 例如,$\int_{-1}^{1} \frac{1}{x^2}\mathrm{d}x$,若按定理 5.4.3 计算,则有$\int_{-1}^{1} \frac{1}{x^2}\mathrm{d}x = -\left[\frac{1}{x}\right]_{-1}^{1} = -2$,这是错误的. 因为被积函数 $f(x) = \frac{1}{x^2}$ 在积分区间$[-1,1]$ 上大于零,所以积分值不应该为负. 计算出错的原因在于 $f(x)$ 在 $x = 0$ 处不连续,点 $x = 0$ 为 $f(x)$ 的无穷间断点,因此 $f(x)$ 在积分区间$[-1,1]$ 上不满足可积条件,进而不能使用牛顿-莱布尼兹公式.

同步训练 5.4

1. 求下列导数:

(1) $\frac{\mathrm{d}}{\mathrm{d}x}\int_a^b f(x)\mathrm{d}x$;　　(2) $\frac{\mathrm{d}}{\mathrm{d}x}\int_x^a f(t)\mathrm{d}t$;

(3) $\frac{\mathrm{d}}{\mathrm{d}x}\int_0^x \sqrt{1+t^2}\,\mathrm{d}t$;　　(4) $\frac{\mathrm{d}}{\mathrm{d}x}\int_{-x}^1 \sin(t^2)\mathrm{d}t$;

(5) $\frac{\mathrm{d}}{\mathrm{d}x}\int_x^1 t^2 \mathrm{e}^{-t}\mathrm{d}t$;　　(6) $\frac{\mathrm{d}}{\mathrm{d}x}\int_0^{x^3} \frac{1}{1+t^3}\mathrm{d}t$.

2. 求下列极限:

(1) $\lim\limits_{x\to x_0}\frac{\int_0^x \cos t^2\,\mathrm{d}t}{x}$;　　(2) $\lim\limits_{x\to x_0}\frac{\int_1^{\cos x} \mathrm{e}^{-t^2}\mathrm{d}t}{x^2}$;

(3) $\lim\limits_{x\to x_0}\frac{\tan x^2}{\int_x^0 \sin t\mathrm{d}t}$;　　(4) $\lim\limits_{x\to x_0}\frac{\int_0^x t^2\mathrm{d}t}{\int_0^x (1-\cos t)\mathrm{d}t}$.

3. 求下列定积分:

(1) $\int_1^2 \left(x+\frac{1}{x}\right)^2\mathrm{d}x$;　　(2) $\int_0^1 (1-x)\sqrt{x\sqrt{x}}\,\mathrm{d}x$;

(3) $\int_1^{\sqrt{3}} \frac{1}{1+x^2}\mathrm{d}x$;　　(4) $\int_0^{\pi} \cos^2\frac{x}{2}\mathrm{d}x$;

(5) $\int_0^{\frac{1}{2}} \frac{1}{\sqrt{1-x^2}}\mathrm{d}x$;　　(6) $\int_0^1 2^x \mathrm{e}^x\mathrm{d}x$;

(7) $\int_{-1}^0 \frac{3x^4+3x^2+1}{x^2+1}\mathrm{d}x$;　　(8) $\int_0^{\frac{\pi}{2}} \frac{\sin^2 x}{1-\cos x}\mathrm{d}x$;

(9) $\int_1^4 |x-2|\,\mathrm{d}x$；　　　(10) $\int_1^{\sqrt{3}} \frac{2x^2+1}{x^2(1+x^2)}\mathrm{d}x$.

4. 求下列定积分：

(1) $\int_{-1}^1 f(x)\mathrm{d}x$,其中 $f(x)=\begin{cases} x, & x \geqslant 0, \\ \sin x, & x<0; \end{cases}$

(2) $\int_0^2 f(x)\mathrm{d}x$,其中 $f(x)=\begin{cases} x+1, & x \leqslant 1, \\ \frac{1}{2}x^2, & x>1. \end{cases}$

5.5　定积分的积分法

上一节我们得到了牛顿-莱布尼兹公式,它为计算定积分提供了一种基本的方法——把定积分的计算转化为求不定积分,从而使得求解不定积分的各种法则都可以用于计算定积分.本节将在不定积分换元积分法、分部积分法的基础上,建立相应的定积分的积分法.

5.5.1　定积分的换元积分法

先看一个例子.

例 1　计算 $\int_0^a \sqrt{a^2-x^2}\mathrm{d}x\ (a>0)$.

解　首先求不定积分.利用换元积分法,设 $x=a\sin t$,则 $\mathrm{d}x=a\cos t\mathrm{d}t$,从而

$$\begin{aligned}\int \sqrt{a^2-x^2}\mathrm{d}x &= a^2\int \cos^2 t\mathrm{d}t = \frac{a^2}{2}\int(1+\cos 2t)\mathrm{d}t = \frac{a^2}{2}\left(t+\frac{1}{2}\sin 2t\right)+C \\ &= \frac{a^2}{2}\arcsin\frac{x}{a}+\frac{1}{2}x\sqrt{a^2-x^2}+C.\end{aligned}$$

于是应用牛顿-莱布尼兹公式,得

$$\int_0^a \sqrt{a^2-x^2}\mathrm{d}x = \left[\frac{a^2}{2}\arcsin\frac{x}{a}+\frac{1}{2}x\sqrt{a^2-x^2}\right]_0^a = \frac{\pi a^2}{4}.$$

如果我们在换元的同时,根据所作的代换 $x=a\sin t$,相应地变换定积分的上、下限:当 $x=0$ 时,$t=0$,当 $x=a$ 时,$t=\frac{\pi}{2}$,则不必将 t 回代就能求得定积分:

$$\int_0^a \sqrt{a^2-x^2}\mathrm{d}x = a^2\int_0^{\frac{\pi}{2}}\cos^2 t\mathrm{d}t = \frac{a^2}{2}\left[t+\frac{1}{2}\sin 2t\right]_0^{\frac{\pi}{2}} = \frac{\pi a^2}{4}.$$

显然,后面的计算要简便得多,这里使用了定积分的换元积分法.

定理 5.5.1　假设函数 $f(x)$ 在区间 $[a,b]$ 上连续,函数 $x=\varphi(t)$ 满足下列条件:

(1) $\varphi(\alpha)=a,\varphi(\beta)=b$;

(2) $\varphi(t)$ 在 $[\alpha,\beta]$(或 $[\beta,\alpha]$)上具有连续导数 $\varphi'(t)$,且当 t 在 α 与 β 之间变化时,$x=\varphi(t)$ 的值在区间 $[a,b]$ 上变化.

则有

$$\int_a^b f(x)\mathrm{d}x = \int_\alpha^\beta f[\varphi(t)]\varphi'(t)\mathrm{d}t.$$

这就是定积分的换元积分公式.

*注 (1) 积分上、下限要跟着变换,即 a,b 与 α,β 的关系是 $a=\varphi(\alpha)$,$b=\varphi(\beta)$,这里下限 α 不一定小于上限 β;

(2) 求出 $f[\varphi(t)]\varphi'(t)$ 的一个原函数 $F(t)$ 后,不必像求不定积分那样,把变量 t 换回原来的变量 x,而只要把新变量 t 的上、下限依次代入 $F(t)$ 中,直接应用牛顿-莱布尼兹公式即可.

例 2 计算 $\int_0^3 \frac{x}{\sqrt{1+x}}\mathrm{d}x$.

解 令 $\sqrt{1+x}=t$,则 $x=t^2-1$,$\mathrm{d}x=2t\mathrm{d}t$. 且当 $x=0$ 时,$t=1$;当 $x=3$ 时,$t=2$. 于是

$$\int_0^3 \frac{x}{\sqrt{1+x}}\mathrm{d}x = \int_1^2 \frac{t^2-1}{t}\cdot 2t\mathrm{d}t = 2\int_1^2 (t^2-1)\mathrm{d}t = \left[\frac{2}{3}t^3-2t\right]_1^2$$

$$= \left(\frac{16}{3}-4\right)-\left(\frac{2}{3}-2\right) = \frac{4}{3}-\left(-\frac{4}{3}\right) = \frac{8}{3}.$$

例 3 求 $\int_0^{\frac{\pi}{2}} \cos^3 t\sin t\mathrm{d}t$ 的值.

解 令 $\cos t = x$,则 $\mathrm{d}x = -\sin t\mathrm{d}t$. 且当 $t=0$ 时,$x=1$;当 $t=\frac{\pi}{2}$ 时,$x=0$. 于是

$$\int_0^{\frac{\pi}{2}} \cos^3 t\sin t\mathrm{d}t = -\int_1^0 x^3\mathrm{d}x = \int_0^1 x^3\mathrm{d}x = \left[\frac{x^4}{4}\right]_0^1 = \frac{1}{4}.$$

当然,在例 3 中,可以不明显地写出新变量 x,这时上、下限不变,计算过程如下:

$$\int_0^{\frac{\pi}{2}} \cos^3 t\sin t\mathrm{d}t = -\int_0^{\frac{\pi}{2}} \cos^3 t\mathrm{d}(\cos t) = -\left[\frac{\cos^4 t}{4}\right]_0^{\frac{\pi}{2}} = \frac{1}{4}.$$

例 4 计算 $\int_{-1}^{\sqrt{7}} 2t\sqrt[3]{1+t^2}\mathrm{d}t$.

解 $\int_{-1}^{\sqrt{7}} (1+t^2)^{\frac{1}{3}}\mathrm{d}(1+t^2) = \frac{3}{4}\left[(1+t^2)^{\frac{4}{3}}\right]_{-1}^{\sqrt{7}} = \frac{3}{4}(16-2\sqrt[3]{2}) = \frac{3}{2}(8-\sqrt[3]{2}).$

由以上几例可见,除了积分限的差别之外,定积分的换元法与不定积分的换元法在方法上基本相同.

例 5 设函数 $f(x)$ 在闭区间 $[-a,a]$ 上连续,证明:

(1) 当 $f(x)$ 为奇函数时,$\int_{-a}^a f(x)\mathrm{d}x = 0$;

(2) 当 $f(x)$ 为偶函数时,$\int_{-a}^a f(x)\mathrm{d}x = 2\int_0^a f(x)\mathrm{d}x$.

证 $\int_{-a}^a f(x)\mathrm{d}x = \int_{-a}^0 f(x)\mathrm{d}x + \int_0^a f(x)\mathrm{d}x.$

对 $\int_{-a}^0 f(x)\mathrm{d}x$,令 $x=-t$,则 $\mathrm{d}x=-\mathrm{d}t$. 且当 $x=-a$ 时,$t=a$;当 $x=0$ 时,$t=0$. 于是

$$\int_{-a}^0 f(x)\mathrm{d}x = \int_a^0 f(-t)(-\mathrm{d}t) = \int_0^a f(-t)\mathrm{d}t = \int_0^a f(-x)\mathrm{d}x.$$

从而

$$\int_{-a}^{a}f(x)\mathrm{d}x=\int_{0}^{a}f(-x)\mathrm{d}x+\int_{0}^{a}f(x)\mathrm{d}x=\int_{0}^{a}[f(-x)+f(x)]\mathrm{d}x.$$

(1) 若 $f(x)$ 为奇函数,则有 $f(-x)+f(x)=0$,所以 $\int_{-a}^{a}f(x)\mathrm{d}x=0$;

(2) 若 $f(x)$ 为偶函数,则有 $f(-x)+f(x)=2f(x)$,所以 $\int_{-a}^{a}f(x)\mathrm{d}x=2\int_{0}^{a}f(x)\mathrm{d}x$.

该题的几何意义是明显的,如图 5-14、图 5-15 所示.

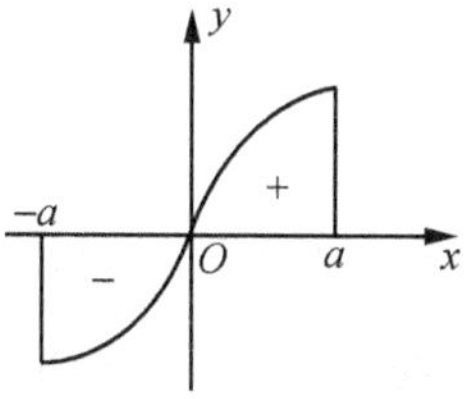

图 5-14

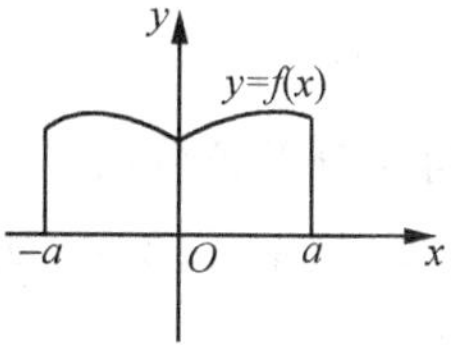

图 5-15

例 6　计算 $\int_{-\frac{\pi}{4}}^{\frac{\pi}{4}}\frac{1+x^3}{\cos^2 x}\mathrm{d}x$.

解　由于 $\frac{1}{\cos^2 x},\frac{x^3}{\cos^2 x}$ 分别是 $\left[-\frac{\pi}{4},\frac{\pi}{4}\right]$ 上的偶函数和奇函数,所以由例 5 有

$$\int_{-\frac{\pi}{4}}^{\frac{\pi}{4}}\frac{1+x^3}{\cos^2 x}\mathrm{d}x=\int_{-\frac{\pi}{4}}^{\frac{\pi}{4}}\frac{1}{\cos^2 x}\mathrm{d}x+\int_{-\frac{\pi}{4}}^{\frac{\pi}{4}}\frac{x^3}{\cos^2 x}\mathrm{d}x=2\int_{0}^{\frac{\pi}{4}}\frac{\mathrm{d}x}{\cos^2 x}=2[\tan x]_{0}^{\frac{\pi}{4}}=2.$$

例 7　求 $\int_{-2}^{2}\sqrt{4-x^2}\mathrm{d}x$.

解　*方法 1*　由于被积函数是偶函数,所以 $\int_{-2}^{2}\sqrt{4-x^2}\mathrm{d}x=2\int_{0}^{2}\sqrt{4-x^2}\mathrm{d}x$,由例 1 知

$$\int_{-2}^{2}\sqrt{4-x^2}\mathrm{d}x=2\left[2\arcsin\frac{x}{2}+\frac{x}{2}\sqrt{4-x^2}\right]_{0}^{2}=2\pi.$$

方法 2　$y=\sqrt{4-x^2}(-2\leqslant x\leqslant 2)$ 是以原点为圆心、2 为半径的上半圆周,由定积分的几何意义,有

$$\int_{-2}^{2}\sqrt{4-x^2}\mathrm{d}x=\frac{1}{2}\pi\cdot 2^2=2\pi.$$

5.5.2　定积分的分部积分法

设函数 $u=u(x)$ 与 $v=v(x)$ 在区间 $[a,b]$ 上有连续导数,则 $(uv)'=u'v+uv'$,即 $uv'=(uv)'-vu'$. 等式两端取 x 由 a 到 b 的积分,得到

$$\int_{a}^{b}uv'\mathrm{d}x=uv\big|_{a}^{b}-\int_{a}^{b}vu'\mathrm{d}x,$$

即

$$\int_{a}^{b}u\mathrm{d}v=uv\big|_{a}^{b}-\int_{a}^{b}v\mathrm{d}u.$$

上面两个公式就是定积分的分部积分公式.

例 8　求积分 $\int_{1}^{5}\ln x\mathrm{d}x$.

解 令 $u=\ln x, dv=dx$，则 $du=\frac{1}{x}dx, v=x$. 于是

$$\int_1^5 \ln x dx=[x\ln x]_1^5-\int_1^5 x\cdot\frac{dx}{x}=[x\ln x]_1^5-[x]_1^5=5\ln 5-4.$$

例 9 计算 $\int_0^1 xe^x dx$.

解 $\int_0^1 xe^x dx=\int_0^1 x d(e^x)=[xe^x]_0^1-\int_0^1 e^x dx=[xe^x]_0^1-[e^x]_0^1=[e^x(x-1)]_0^1=1.$

例 10 计算 $\int_1^4 e^{\sqrt{x}} dx$.

解 先换元，再用分部积分法.

令 $\sqrt{x}=t$，则 $x=t^2$，$dx=2tdt$. 当 $x=1$ 时，$t=1$；当 $x=4$ 时，$t=2$. 于是

$$\int_1^4 e^{\sqrt{x}} dx=\int_1^2 2te^t dt=2\int_1^2 te^t dt=[2e^t(t-1)]_1^2=2e^2.$$

同步训练 5.5

1. 求下列定积分：

(1) $\int_0^1 \frac{1}{\sqrt{4-x^2}}dx$；

(2) $\int_0^1 \frac{1}{(2x+1)^3}dx$；

(3) $\int_0^{\frac{\pi}{2}} e^{\sin x}\cos x dx$；

(4) $\int_1^e \frac{1+\ln^2 x}{x}dx$；

(5) $\int_0^8 \frac{1}{1+\sqrt[3]{x}}dx$；

(6) $\int_0^1 \frac{x}{\sqrt{3x+1}}dx$；

(7) $\int_0^1 x^2\sqrt{1-x^2}dx$；

(8) $\int_0^{\frac{\pi}{2}} \cos^5 x\sin 2x dx$.

2. 求下列定积分：

(1) $\int_0^{\frac{\pi}{2}} x\cos x dx$；

(2) $\int_0^1 \arctan x dx$；

(3) $\int_0^1 xe^{-2x}dx$；

(4) $\int_1^{e^2} x\ln x dx$.

3. 求下列定积分：

(1) $\int_{-\pi}^{\pi} x\sin^6 x dx$；

(2) $\int_{-1}^1 (1+x^4\tan x)dx$；

(3) $\int_{-\sqrt{3}}^{\sqrt{3}} \frac{x^5\cos x}{1+x^2}dx$；

(4) $\int_{-1}^1 \frac{x\cos x+1}{1+x^2}dx$.

4. 设 $f(x)$ 在 $[a,b]$ 上连续，试证：$\int_a^b f(x)dx=\int_a^b f(a+b-x)dx$.

5. 设 $f(x)$ 的一个原函数为 $\sin x$，求 $\int_0^{\frac{\pi}{2}} xf(x)dx$.

*5.6　广义积分

前面我们讨论定积分时，是以有限积分区间与有界函数(特别是连续函数)为前提的. 但是为了解决某些问题，有时不得不考察无限区间上的积分或无界函数的积分. 这就是本节要讨论的广义积分.

5.6.1　无限区间上的广义积分

定义 5.6.1　设函数 $f(x)$ 在区间 $[a,+\infty)$ 上连续，如果极限 $\lim\limits_{b\to+\infty}\int_a^b f(x)\mathrm{d}x\,(a<b)$ 存在，就称此极限值为 $f(x)$ 在 $[a,+\infty)$ 上的广义积分，记作

$$\int_a^{+\infty} f(x)\mathrm{d}x=\lim_{b\to+\infty}\int_a^b f(x)\mathrm{d}x.$$

这时我们也称广义积分 $\int_a^{+\infty} f(x)\mathrm{d}x$ 存在或收敛. 若 $\lim\limits_{b\to+\infty}\int_a^b f(x)\mathrm{d}x$ 不存在，则称 $\int_a^{+\infty} f(x)\mathrm{d}x$ 不存在或发散.

类似地，可以定义 $f(x)$ 在 $(-\infty,b]$ 及 $(-\infty,+\infty)$ 上的广义积分：

$$\int_{-\infty}^b f(x)=\lim_{a\to-\infty}\int_a^b f(x)\mathrm{d}x,$$

$$\int_{-\infty}^{+\infty} f(x)\mathrm{d}x=\int_{-\infty}^c f(x)\mathrm{d}x+\int_c^{+\infty} f(x)\mathrm{d}x，其中\ c\in(-\infty,+\infty).$$

对于广义积分 $\int_{-\infty}^{+\infty} f(x)\mathrm{d}x$，其收敛的充要条件是：$\int_{-\infty}^c f(x)\mathrm{d}x$ 与 $\int_c^{+\infty} f(x)\mathrm{d}x$ 都收敛.

例 1　求广义积分 $\int_0^{+\infty} x\mathrm{e}^{-x^2}\mathrm{d}x$.

解　由广义积分的定义，有

$$\begin{aligned}\int_0^{+\infty} x\mathrm{e}^{-x^2}\mathrm{d}x&=\lim_{b\to+\infty}\int_0^b x\mathrm{e}^{-x^2}\mathrm{d}x=\lim_{b\to+\infty}\left[-\frac{1}{2}\int_0^b \mathrm{e}^{-x^2}\mathrm{d}(-x^2)\right]\\&=-\frac{1}{2}\lim_{b\to+\infty}\left[\mathrm{e}^{-x^2}\right]_0^b=-\frac{1}{2}\lim_{b\to+\infty}(\mathrm{e}^{-b^2}-\mathrm{e}^0)=\frac{1}{2}.\end{aligned}$$

例 2　判别下列广义积分的敛散性，当积分收敛时求其值：

(1) $\int_1^{+\infty}\frac{1}{x^2}\mathrm{d}x$；　　(2) $\int_{-\infty}^{+\infty}\frac{x}{1+x^2}\mathrm{d}x$.

解　(1) 因为　$\lim\limits_{b\to+\infty}\int_1^b\frac{1}{x^2}\mathrm{d}x=\lim\limits_{b\to+\infty}\left[-\frac{1}{x}\right]_1^b=\lim\limits_{b\to+\infty}\left(1-\frac{1}{b}\right)=1$，

所以广义积分 $\int_1^{+\infty}\frac{1}{x^2}\mathrm{d}x$ 收敛，且有

$$\int_1^{+\infty}\frac{1}{x^2}\mathrm{d}x=\lim_{b\to+\infty}\int_1^b\frac{1}{x^2}\mathrm{d}x=1.$$

(2) 因为 $\lim\limits_{b\to+\infty}\int_0^b\frac{x}{1+x^2}\mathrm{d}x=\frac{1}{2}\lim\limits_{b\to+\infty}\left[\ln(1+x^2)\right]_0^b=\frac{1}{2}\lim\limits_{b\to+\infty}\ln(1+b^2)=+\infty$(不存在)，

所以广义积分$\int_0^{+\infty}\frac{x}{1+x^2}dx$发散. 故不论广义积分$\int_{-\infty}^0\frac{x}{1+x^2}dx$是否收敛，广义积分$\int_{-\infty}^{+\infty}\frac{x}{1+x^2}dx$总是发散的.

例 3 讨论广义积分$\int_a^{+\infty}\frac{dx}{x^p}\ (a>0)$的敛散性,其中$p$为任意正实数.

解 当$p=1$时,$\lim\limits_{b\to+\infty}\int_a^b\frac{dx}{x^p}=\lim\limits_{b\to+\infty}\int_a^b\frac{1}{x}dx=\lim\limits_{b\to+\infty}[\ln x]_a^b=\lim\limits_{b\to+\infty}\ln b-\ln a=+\infty$,所以广义积分发散.

当$p\neq1$时,$\lim\limits_{b\to+\infty}\int_a^b\frac{1}{x^p}dx=\lim\limits_{b\to+\infty}\left[\frac{x^{1-p}}{1-p}\right]_a^b=\lim\limits_{b\to+\infty}\frac{b^{1-p}}{1-p}-\frac{a^{1-p}}{1-p}=\begin{cases}+\infty, & p<1,\\ \frac{a^{1-p}}{p-1}, & p>1.\end{cases}$

所以$p<1$时,广义积分发散;$p>1$时,广义积分收敛,且

$$\int_a^{+\infty}\frac{1}{x^p}dx=\frac{a^{1-p}}{p-1}(p>1).$$

综上所述,当$0<p\leqslant1$时,广义积分$\int_a^{+\infty}\frac{1}{x^p}dx$发散;当$p>1$时,广义积分$\int_a^{+\infty}\frac{dx}{x^p}$收敛.

5.6.2 无界函数的广义积分

定义 5.6.2 设函数$f(x)$在$(a,b]$上连续,当$x\to a^+$时,$f(x)\to\infty$,如果$\lim\limits_{\varepsilon\to0}\int_{a+\varepsilon}^b f(x)dx$ $(\varepsilon>0)$存在,就称此极限值为无界函数$f(x)$在$[a,b]$上的广义积分,记作

$$\int_a^b f(x)dx=\lim_{\varepsilon\to0}\int_{a+\varepsilon}^b f(x)dx\ (\varepsilon>0).$$

这时我们也称广义积分$\int_a^b f(x)dx$存在或收敛. 若$\lim\limits_{\varepsilon\to0}\int_{a+\varepsilon}^b f(x)dx\ (\varepsilon>0)$不存在,则称$\int_{a+\varepsilon}^b f(x)dx$不存在或发散.

类似地,可以定义$f(x)$在$[a,b)$上有定义,而当$x\to b^-$时,$f(x)\to\infty$的广义积分:

$$\int_a^b f(x)dx=\lim_{\varepsilon\to0}\int_a^{b-\varepsilon}f(x)dx\ (\varepsilon>0);$$

$f(x)$在$[a,b]$上除c点外连续,而当$x\to c$时,$f(x)\to\infty$的广义积分:

$$\int_a^b f(x)dx=\lim_{\varepsilon_1\to0}\int_a^{c-\varepsilon_1}f(x)dx+\lim_{\varepsilon_2\to0}\int_{c+\varepsilon_2}^b f(x)dx\ (\varepsilon_1,\varepsilon_2>0).$$

对于$x\to c$时,$f(x)\to\infty$的广义积分$\int_a^b f(x)dx$,其存在的充要条件是:$\lim\limits_{\varepsilon_1\to0}\int_a^{c-\varepsilon_1}f(x)dx$与$\lim\limits_{\varepsilon_2\to0}\int_{c+\varepsilon_2}^b f(x)dx(\varepsilon_1,\varepsilon_2>0)$都存在.

我们又把以上三种无界函数的广义积分称为瑕积分,其中的无穷间断点称为$f(x)$的瑕点.

讨论无界函数的广义积分的敛散性与无穷区间上的广义积分一样,首先在除去瑕点的区间上求定积分,然后看相应的极限是否存在,再判断它们的敛散性.

例 4 求积分$\int_0^1 \ln x \mathrm{d}x$.

解 因为被积函数 $\ln x$ 在 $x \to 0^+$ 时无界,所以由定义 5.6.2 有

$$\int_0^1 \ln x \mathrm{d}x = \lim_{\varepsilon\to 0}\int_\varepsilon^1 \ln x \mathrm{d}x = \lim_{\varepsilon\to 0}[x\ln x - x]_\varepsilon^1 = \lim_{\varepsilon\to 0}(-1-\varepsilon\ln\varepsilon+\varepsilon) = -1-\lim_{\varepsilon\to 0}\varepsilon\ln\varepsilon.$$

对最后一项应用洛必达法则,有

$$\lim_{\varepsilon\to 0}\varepsilon\ln\varepsilon = \lim_{\varepsilon\to 0}\frac{\ln\varepsilon}{\frac{1}{\varepsilon}} = \lim_{\varepsilon\to 0}\frac{\frac{1}{\varepsilon}}{-\frac{1}{\varepsilon^2}} = \lim_{\varepsilon\to 0}(-\varepsilon) = 0.$$

所以
$$\int_0^1 \ln x \mathrm{d}x = -1.$$

例 5 求积分$\int_0^1 \frac{1}{\sqrt{1-x^2}}\mathrm{d}x$.

解 函数$\frac{1}{\sqrt{1-x^2}}$在$[0,1)$上连续,1 是它的一个瑕点.

$$\int_0^1 \frac{1}{\sqrt{1-x^2}}\mathrm{d}x = \lim_{\varepsilon\to 0}\int_0^{1-\varepsilon}\frac{1}{\sqrt{1-x^2}}\mathrm{d}x = \lim_{\varepsilon\to 0}[\arcsin x]_0^{1-\varepsilon} = \lim_{\varepsilon\to 0}[\arcsin(1-\varepsilon)] = \frac{\pi}{2}.$$

例 6 证明广义积分$\int_0^1 \frac{1}{x^q}\mathrm{d}x$ 当 $q<1$ 时收敛,当 $q\geqslant 1$ 时发散.

证 当 $q=1$ 时,$\int_0^1 \frac{1}{x^q}\mathrm{d}x = \int_0^1 \frac{1}{x}\mathrm{d}x$. 因为

$$\lim_{\varepsilon\to 0}\int_\varepsilon^1 \frac{1}{x}\mathrm{d}x = \lim_{\varepsilon\to 0}[\ln x]_\varepsilon^1 = -\lim_{\varepsilon\to 0}\ln\varepsilon = +\infty,$$

所以当 $q=1$ 时,广义积分$\int_0^1 \frac{1}{x^q}\mathrm{d}x$ 发散.

当 $q\neq 1$ 时,$\lim_{\varepsilon\to 0}\int_\varepsilon^1 \frac{1}{x^q}\mathrm{d}x = \lim_{\varepsilon\to 0}\left[\frac{x^{1-q}}{1-q}\right]_\varepsilon^1 = \frac{1}{1-q} - \lim_{\varepsilon\to 0}\frac{\varepsilon^{1-q}}{1-q} = \begin{cases}\frac{1}{1-q}, & q<1,\\ +\infty, & q>1.\end{cases}$

综上所述,当 $q<1$ 时,广义积分$\int_0^1 \frac{1}{x^q}$ 收敛,其值为$\frac{1}{1-q}$;当 $q\geqslant 1$ 时,广义积分$\int_0^1 \frac{1}{x^q}\mathrm{d}x$ 发散.

同步训练 5.6

求下列广义积分:

(1) $\int_{-1}^1 \frac{\mathrm{d}x}{x^2}$;

(2) $\int_{-\infty}^0 \frac{\mathrm{d}x}{1-x}$;

(3) $\int_0^{+\infty} \mathrm{e}^{-2x}\mathrm{d}x$;

(4) $\int_{\mathrm{e}}^{+\infty} \frac{1}{x(\ln x)^2}\mathrm{d}x$;

(5) $\int_{-\infty}^{+\infty} \frac{\mathrm{d}x}{x^2+2x+2}$;

(6) $\int_{1^+}^2 \frac{x}{\sqrt{x-1}}\mathrm{d}x$;

(7) $\int_{0^+}^{1} \frac{1}{\sqrt{x}}\mathrm{d}x$;　　(8) $\int_{-1}^{1} \frac{x}{\sqrt{1-x^2}}\mathrm{d}x$;

(9) $\int_{0}^{2} \frac{1}{(1-x)^2}\mathrm{d}x$;　　(10) $\int_{1}^{e} \frac{1}{x\sqrt{1-(\ln x)^2}}\mathrm{d}x$.

5.7　定积分的应用

在前面的内容中,我们讨论了定积分的概念与计算.本节着重讨论定积分在几何及经济中的一些应用.

5.7.1　定积分的微元法

在讨论曲边梯形的面积、变速直线运动的路程等实际问题时,无论是几何量还是物理量,它们都与某个区间有关.计算这些量时,都采用了"分割、近似、求和、取限极"四个步骤建立所求量的积分式.

一般地,如果所求的量 Q 与某个函数 $f(x)$ 和区间 $[a,b]$ 有关,且满足:

(1) 当区间 $[a,b]$ 被分成 n 个小区间 $[x_{i-1},x_i]$($i=1,2,\cdots,n$)时,总量 Q 对每个小区间 $[x_{i-1},x_i]$ 上相应的部分量 ΔQ_i 具有可加性,即 $Q=\sum\limits_{i=1}^{n}\Delta Q_i$;

(2) 对每个部分量 ΔQ_i 有近似式 $f(\xi_i)\Delta x_i$($\Delta x\to 0$ 时,$f(\xi_i)\Delta x_i$ 是 ΔQ_i 的线性主部),其中 $\Delta x_i=x_i-x_{i-1}$,这时可用定积分 $\int_a^b f(x)\mathrm{d}x$ 计算总量 Q,即

$$Q=\int_a^b f(x)\mathrm{d}x.$$

为了更方便地用定积分计算量 Q,对 $x\in[a,b]$,量 Q 在区间 $[a,x]$ 上的相应量记为 $Q(x)$,取 $[x,x+\mathrm{d}x]$(代替区间 $[x_{i-1},x_i]$)作为分割区间 $[a,b]$ 时的代表区间,则 $Q(x)$ 在代表区间 $[x,x+\mathrm{d}x]$ 上的增量 ΔQ 的线性主部 $\mathrm{d}Q$(即 $Q(x)$ 在 x 处的微分)称为量 Q 的微元. $\mathrm{d}Q$ 在 $[a,b]$ 上的无穷累加为 Q,即 $Q=\int_a^b \mathrm{d}Q$.

上述方法称为定积分的微元法.

用微元法计算 Q 时,关键是求 Q 的微元 $\mathrm{d}Q$,求 $\mathrm{d}Q$ 时通常用以直代曲、以常量化变量的方法. 如图 5-16 所示的由连续曲线 $y=f(x)$,直线 $x=a$、$x=b$ 和 x 轴围成的曲边梯形的面积为 A,面积 A 在代表区间 $[x,x+\mathrm{d}x]$ 上相应的面积微元 $\mathrm{d}A$ 为图中画有阴影线的窄矩形面积 $f(x)\mathrm{d}x$,显然 $f(x)\mathrm{d}x$ 是 ΔA 的线性主部,即 $\mathrm{d}A=f(x)\mathrm{d}x$. 由定积分的微元法,有

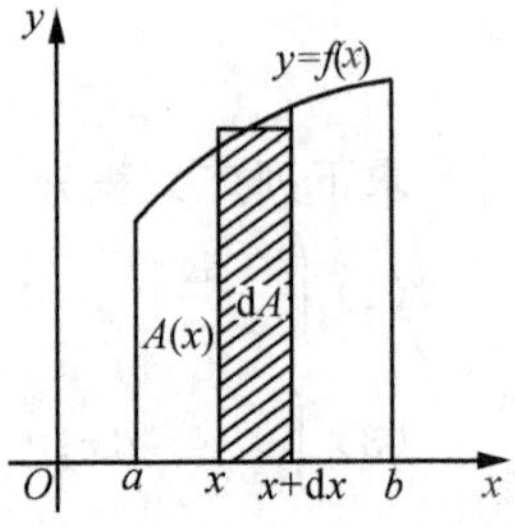

图 5-16

$$A=\int_a^b \mathrm{d}A=\int_a^b f(x)\mathrm{d}x.$$

5.7.2　平面图形的面积

设平面图形是由曲线 $y=f(x)$、$y=g(x)$ 和直线 $x=a$、$x=b(a<b)$ 围成的，且在 $[a,b]$ 上有 $g(x)\leqslant f(x)$，如图 5-17 所示. 取 x 为积分变量，其变化区间为 $[a,b]$，在 $[a,b]$ 上任取代表区间 $[x,x+\mathrm{d}x]$，相应区间上的窄条面积近似于高为 $[f(x)-g(x)]$、底为 $\mathrm{d}x$ 的矩形面积，从而得到面积微元

$$\mathrm{d}A=[f(x)-g(x)]\mathrm{d}x.$$

以面积微元为被积表达式，在 $[a,b]$ 上作定积分得所求面积为

$$A=\int_a^b[f(x)-g(x)]\mathrm{d}x. \tag{5.7.1}$$

同理，如果平面图形是由曲线 $x=\varphi(y)$、$x=\psi(y)$ 和直线 $y=c$、$y=d(c<d)$ 围成的且在 $[c,d]$ 上有 $\psi(y)\leqslant\varphi(y)$，如图 5-18 所示，那么此平面图形的面积为

$$A=\int_c^d[\varphi(y)-\psi(y)]\mathrm{d}y. \tag{5.7.2}$$

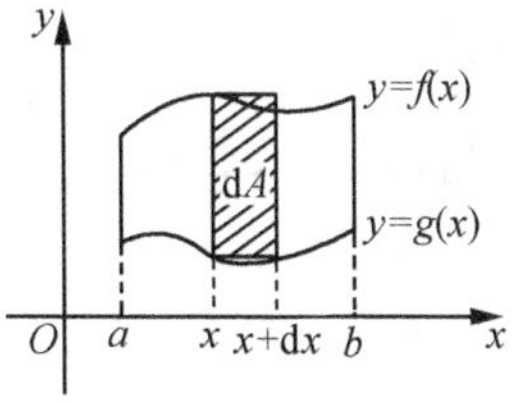

图 5-17

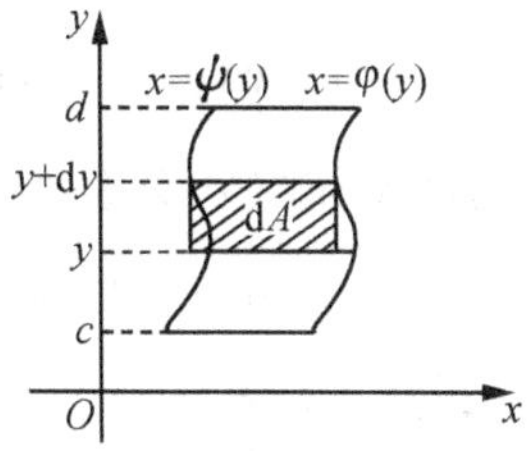

图 5-18

例 1　求由两条抛物线 $y=x^2$、$y^2=x$ 围成的图形的面积.

解　方法 1　所给两条抛物线围成的图形如图 5-19 所示，先求出这两条曲线的交点. 为此，解方程组 $\begin{cases}y^2=x,\\ y=x^2,\end{cases}$ 得交点 $(0,0)$ 及 $(1,1)$. 取 x 为积分变量，则图形在直线 $x=0$ 与 $x=1$ 之间. 应用公式(5.7.1)得

$$A=\int_0^1(\sqrt{x}-x^2)\mathrm{d}x=\left[\frac{2}{3}x^{\frac{3}{2}}-\frac{1}{3}x^3\right]_0^1=\frac{1}{3}.$$

方法 2　同方法 1 求得交点 $(0,0)$ 及 $(1,1)$，取 y 为积分变量，则图形在直线 $y=0$ 与 $y=1$ 之间. 应用公式(5.7.2)得

$$A=\int_0^1(\sqrt{y}-y^2)\mathrm{d}y=\left[\frac{2}{3}y^{\frac{3}{2}}-\frac{1}{3}y^3\right]_0^1=\frac{1}{3}.$$

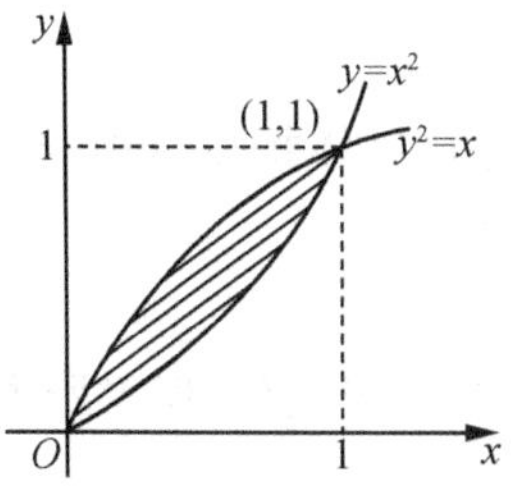

图 5-19

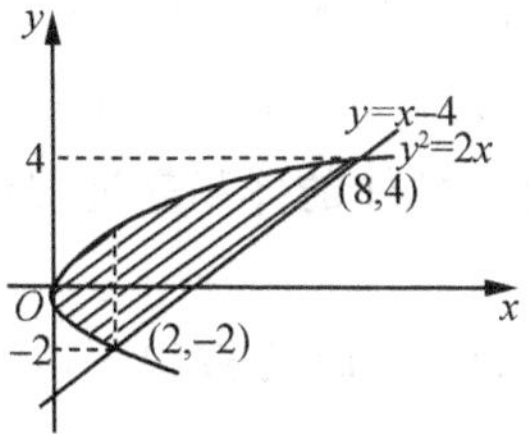

图 5-20

例 2 求由抛物线 $y^2=2x$ 与直线 $y=x-4$ 围成的图形的面积.

解 方法 1 所围图形如图 5-20 所示,先求抛物线与直线的交点. 解方程组 $\begin{cases} y^2=2x, \\ y=x-4, \end{cases}$ 得交点(2,−2)和(8,4). 取 x 为积分变量,过点(2,−2)作直线 $x=2$ 将图形分成两部分(请读者思考为什么),分别在区间[0,2]及[2,8]上应用公式(5.7.1),可得

$$A=\int_0^2[\sqrt{2x}-(-\sqrt{2x})]\mathrm{d}x+\int_2^8[\sqrt{2x}-(x-4)]\mathrm{d}x=18.$$

方法 2 同方法 1 求得交点(2,−2),(8,4),取 y 为积分变量,则得

$$A=\int_{-2}^4\left(y+4-\frac{1}{2}y^2\right)\mathrm{d}y=\left[\frac{y^2}{2}+4y-\frac{y^3}{6}\right]_{-2}^4=18.$$

显然,第二种思路比较简单,因此,我们在求平面图形的面积时,要选择适当的积分变量,这样可以简化运算.

例 3 求由曲线 $y=\ln x$、$x=2$ 及 x 轴围成的平面图形的面积.

方法 1 如图 5-21 所示,如果选择 x 为积分变量,那么它的变化范围为[1,2],所求面积

$$A=\int_1^2\ln x\mathrm{d}x=[x\ln x]_1^2-\int_1^2 x\mathrm{d}(\ln x)=2\ln2-1.$$

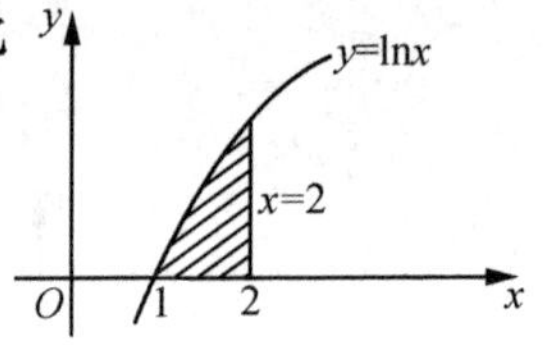

图 5-21

方法 2 如果选择 y 作积分变量,那么 $y\in[0,\ln2]$,则所求面积

$$A=\int_0^{\ln2}(2-\mathrm{e}^y)\mathrm{d}y=[2y-\mathrm{e}^y]_0^{\ln2}=2\ln2-1.$$

显然,方法 2 的积分更简单.

通过上面的三个例题,我们可以得出求平面图形面积的步骤:

(1) 求各曲线交点的坐标,画出有关曲线,确定曲线所围的平面区域;

(2) 选择适当的积分变量,若需要,则可对平面区域进行必要的分割;

(3) 根据平面图形的面积公式,求出面积.

5.7.3 利用定积分求体积

一、平行截面面积已知的立体的体积

设有一空间立体 Ω,夹在过 x 轴上 a,b($a<b$)两点且垂直于 x 轴的两平面之间,如果用垂直于 x 轴的平面去截立体 Ω,所得截面的面积为已知的连续函数 $A(x)$. 这种立体的体积可以通过微元法来计算(图 5-22):

(1) 取 x 为积分变量,它的积分区间为$[a,b]$;

(2) 在区间$[a,b]$上取代表区间$[x,x+\mathrm{d}x]$,相应薄片的体积可以用一个以 $A(x)$为底面积、高为 $\mathrm{d}x$ 的薄圆柱体的体积来近似代替,即得体积微元

$$\mathrm{d}V=A(x)\mathrm{d}x;$$

(3) 以 $\mathrm{d}V=A(x)\mathrm{d}x$ 为被积表达式,在区间$[a,b]$上作定积分,便得所求立体的体积为

$$V=\int_a^b A(x)\mathrm{d}x.$$

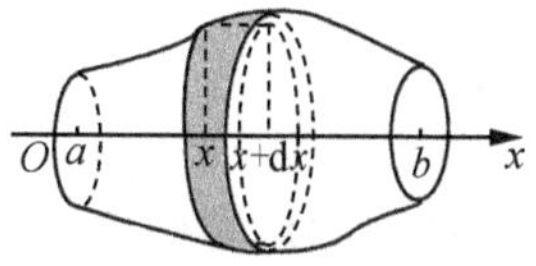

图 5-22

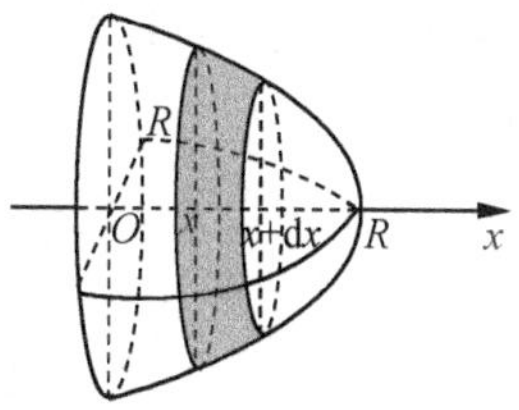

图 5-23

例 4　证明半径为 R 的球体的体积为$\frac{4}{3}\pi R^3$.

证　由球的对称性，我们先考虑半径为 R 的半球体，且过球心 O 作此半球体的对称轴，并取它作为 x 轴（图 5-23）.

取 x 为积分变量，积分区间为$[0,R]$. 在区间$[0,R]$上任取一点 x 处，作垂直于 x 轴的平面，则平面与半球体相交的截面是一个圆，且圆的半径 $r=\sqrt{R^2-x^2}$，故半球体在点 x 处的截面面积

$$A(x)=\pi r^2=\pi(R^2-x^2),$$

体积微元

$$\mathrm{d}V=A(x)\mathrm{d}x=\pi(R^2-x^2)\mathrm{d}x.$$

利用体积公式，可得半球体的体积为

$$V_1=\int_0^R\pi(R^2-x^2)\mathrm{d}x=\pi\left[R^2x-\frac{x^3}{3}\right]_0^R=\frac{2}{3}\pi R^3.$$

从而可知半径为 R 的球体的体积 $V=2V_1=\frac{4}{3}\pi R^3$.

二、旋转体的体积

旋转体是由某平面内的一个图形绕该平面内的一条定直线旋转一周而成的立体，这条定直线称为旋转体的轴.

设一旋转体是由连续曲线 $y=f(x)$，直线 $x=a$、$x=b(a<b)$及 x 轴所围成的平面图形绕 x 轴旋转一周而成的，如图 5-24 所示，求它的体积.

取横坐标 x 为积分变量，积分区间为$[a,b]$，用过点 $x\in[a,b]$且垂直于 x 轴的平面截旋转体，所得的截面是半径为$|f(x)|$的圆盘，则截面面积

$$A(x)=\pi|f(x)|^2=\pi[f(x)]^2.$$

于是旋转体的体积为

$$V_x=\pi\int_a^b[f(x)]^2\mathrm{d}x.$$

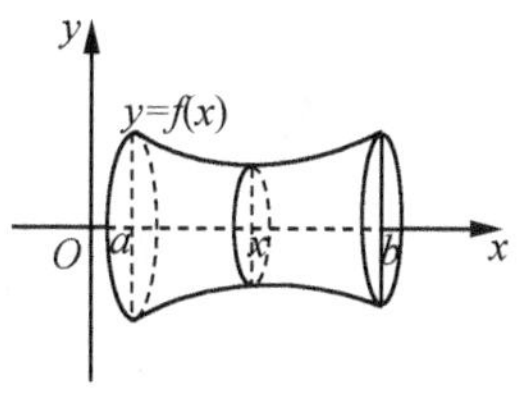

图 5-24

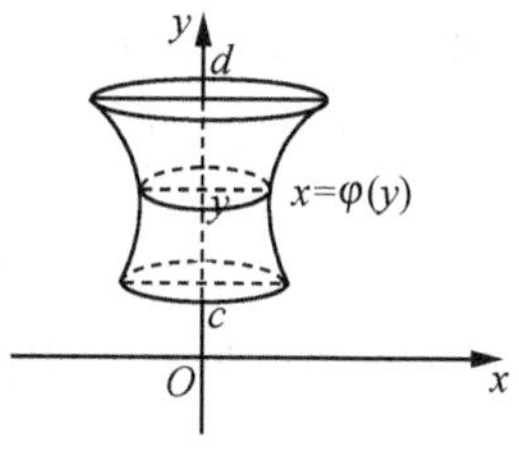

图 5-25

同理,由连续曲线 $x=\varphi(y)$ 与直线 $y=c$、$y=d$ 及 y 轴围成的曲边梯形绕 y 轴旋转而成的旋转体的体积(图 5-25)为

$$V_y=\pi\int_c^d[\varphi(y)]^2\mathrm{d}y.$$

例 5 求由椭圆 $\frac{x^2}{a^2}+\frac{y^2}{b^2}=1$ 分别绕 x 轴与 y 轴旋转产生的旋转椭球体的体积.

解 作出图形,由椭圆的对称性可知,只需考虑第一象限内的曲边梯形绕坐标轴旋转所产生的旋转体的体积.

绕 x 轴旋转(图 5-26),所得旋转椭球体的体积为

$$V_x=2\cdot\pi\int_0^a[f(x)]^2\mathrm{d}x=2\pi\int_0^a\frac{b^2}{a^2}(a^2-x^2)\mathrm{d}x$$

$$=2\pi\cdot\frac{b^2}{a^2}\left[a^2x-\frac{x^3}{3}\right]_0^a=\frac{4}{3}\pi ab^2.$$

绕 y 轴旋转(图 5-27),所得旋转椭球体的体积为

$$V_y=2\cdot\pi\int_0^b[\varphi(y)]^2\mathrm{d}y=2\pi\int_0^b\frac{a^2}{b^2}(b^2-y^2)\mathrm{d}y=\frac{4}{3}\pi a^2b.$$

特别地,当 $a=b$ 时即可得到半径为 a 的球体的体积

$$V_{球}=\frac{4}{3}\pi a^3.$$

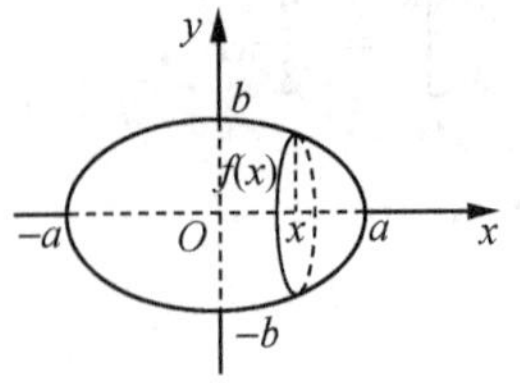

图 5-26

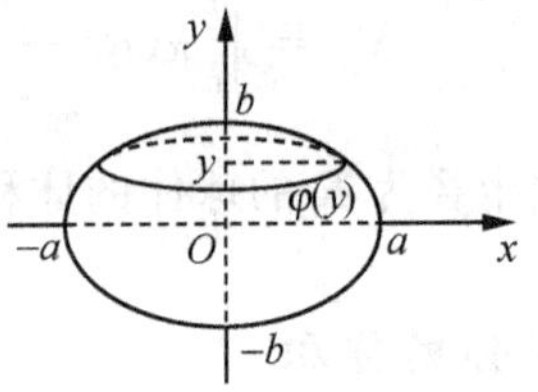

图 5-27

5.7.4 定积分在经济中的应用

在经济学中,由边际函数(如边际成本、边际收益、边际利润等)求总函数(如成本函数、收益函数、利润函数等)一般采用不定积分来解决.若求总函数在某个范围的改变量,则采用定积分来解决.

(1) 若已知边际成本 $C'(x)$ 是产量 x 的函数,则总成本函数为

$$C(x)=C_0+\int_0^x C'(t)\mathrm{d}t,$$

其中 C_0 是固定成本,$\int_0^x C'(t)\mathrm{d}t$ 是可变成本.

(2) 若已知边际收益 $R'(x)$ 是销售量 x 的函数,则总收入函数为

$$R(x)=\int_0^x R'(t)\mathrm{d}t.$$

若求销量从 a 到 b 间的总收入 R,则

$$R=\int_a^b R'(x)\mathrm{d}x.$$

(3) 如果已知边际收益和边际成本，由于总利润函数 $L(x)=R(x)-C(x)$，那么总利润为

$$L(x)=\int_0^x R'(t)\mathrm{d}t-\left[\int_0^x C'(t)\mathrm{d}t+C_0\right]=\int_0^x[R'(t)-C'(t)]\mathrm{d}t-C_0,$$

其中 C_0 是固定成本.

例 6　已知生产某产品的边际成本和边际收益分别为 $C'(x)=3+\frac{x}{3}$(万元/台)，$R'(x)=7-x$(万元/台)，其中 $C(x)$ 和 $R(x)$ 分别是总成本函数和总收入函数.

(1) 若固定成本 C_0 为 2 万元，求总成本函数、总收入函数和总利润函数.

(2) 问产量为多少时，总利润最大？最大利润是多少？

解　(1) 总成本函数

$$C(x)=C_0+\int_0^x\left(3+\frac{t}{3}\right)\mathrm{d}t=2+3x+\frac{1}{6}x^2.$$

总收入函数为

$$R(x)=\int_0^x(7-t)\mathrm{d}t=7x-\frac{1}{2}x^2.$$

总利润函数为

$$\begin{aligned}L(x)&=R(x)-C(x)=\left(7x-\frac{1}{2}x^2\right)-\left(2+3x+\frac{1}{6}x^2\right)\\&=-2+4x-\frac{2}{3}x^2.\end{aligned}$$

(2) 由 $L'(x)=4-\frac{4}{3}x$，知存在唯一驻点 $x=3$，即当 $x=3$(台)时，$L(x)$ 有最大值，最大利润为

$$L(x)_{\max}=L(3)=-2+4\times3-\frac{2}{3}\times3^2=4(\text{万元}).$$

例 7　已知某产品总产量的变化率为 $\frac{\mathrm{d}Q}{\mathrm{d}t}=40+12t-\frac{3}{2}t^2$(台/天)，求：

(1)产品的总产量函数；

(2)从 $t=2$ 到 $t=4$ 这两天产品的总产量.

解　(1) 总产量函数为

$$Q(t)=\int Q'(t)\mathrm{d}t=\int\left(40+12t-\frac{3}{2}t^2\right)\mathrm{d}t=40t+6t^2-\frac{1}{2}t^3+C.$$

由问题的实际意义知 $t=0$ 时，$Q(0)=0$，所以 $C=0$，即总产量函数为

$$Q(t)=40t+6t^2-\frac{1}{2}t^3.$$

(2) 从 $t=2$ 到 $t=4$ 这两天产品的总产量为

$$Q=\int_2^4 Q'(t)\mathrm{d}t=\int_2^4\left(40+12t-\frac{3}{2}t^2\right)\mathrm{d}t=\left[40t+6t^2-\frac{1}{2}t^3\right]_2^4=Q(4)-Q(2)=124(\text{台}).$$

同步训练 5.7

1. 求由下列各曲线所围成的平面图形的面积：

(1) $y=x^2$ 与 $y=2-x^2$；

(2) $y=\frac{1}{x}$, $x=2$ 与 $y=3$；

(3) $y=x^2$, $y=x$ 与 $y=2x$；

(4) $4y=x^2$ 与 $4x=y^2$.

2. 求下列曲线所围成的图形分别绕 x 轴和 y 轴旋转所得旋转体的体积：

(1) $y=x^2+1$ 与 $y=x+1$；

(2) $y=\ln x$, $y=0$ 与 $x=\mathrm{e}$；

(3) $y=x^3$, $y=0$ 与 $x=1$；

(4) $y^2=8x$ 与 $y=x^2$.

3. 在曲线 $y=x^2(x\geqslant 0)$ 上某点 A 处作一切线，使之与曲线以及 x 轴所围图形的面积为 $\frac{1}{12}$，试求：

(1) 切点 A 的坐标；

(2) 过切点 A 的切线方程；

(3) 由上述曲线所围平面图形绕 x 轴旋转一周所成旋转体的体积.

4. 设某产品的总产量变化率为 $f(t)=100+10t-0.45t^2$(吨/天). 求：

(1) 总产量 $Q(t)$；

(2) 从 $t_0=4$ 到 $t_1=8$ 这段时间内的产量.

5. 某公司经营某项目的边际收益和边际成本分别为 $R'(t)=9-t^{\frac{1}{3}}$(亿元/年)，$C'(t)=1+3t^{\frac{1}{3}}$(亿元/年)，求该项目的最佳经营时间以及在经营终止时所获得的总利润(已知固定成本为 4 亿元).

阅读材料五　积分概念与方法的发展

一、古代面积与体积的计算

积分思想源于复杂图形的面积、体积计算. 公元前 5 世纪，希腊数学家在研究化圆为方问题时发明了割圆术. 公元前 4 世纪，欧多克索斯将上述过程发展为处理面积、体积等问题的一般方法，称为穷竭法. 它的理论基础是欧多克索斯原理(欧几里得《几何原本》)第 10 篇命题 1：对于两个不相等的量，若从较大的量减去一个大于其半的量，再从所余量减去一个大于其半的量，并重复执行这一步骤，就能使所余的一个量小于原来那个较小的量. 于是，最初那个较大的量最终将被"穷竭".

根据上述原理并使用“双归谬法”，欧多克索斯严格地证明了关于面积和体积的一些基本结果. 例如，圆与圆的面积之比等于其直径平方之比，等高三棱锥的体积之比等于其底之比，任一(正)圆锥的体积是与其同底等高圆柱的三分之一，球的体积比等于它们直径的三次比. 它们后来被欧几里得收入《几何原本》第 12 篇.

公元前 3 世纪，阿基米德(Archimedes，公元前 287—公元前 212)运用穷竭法、无穷分割、级数求和、不等式运算等一系列方法，计算了圆面积、椭圆面积、抛物线弓形面积、阿基米德螺线扇形面积以及螺线任意两圈所夹的面积，计算了锥体和台体体积、球体积和圆锥曲线旋转体的体积，计算了半圆、抛物线弓形、球或抛物体被平面所截部分的重心. 如果用今天的眼光来看，这些工作还缺乏严格的理论基础，特别是缺少函数与极限的明确概念，但它们预示了积分学的原理，在概念上相当接近后来的定积分，在方法上类似于今天的微元法，在思想上成为中世纪后期至近代早期不可分量理论的先导.

中国古代数学家对面积、体积问题进行过大量研究，其中一些工作可以被看作积分思想的萌芽. 成书于春秋末年的《庄子 · 天下篇》中有“无厚不可积也，其大千里”的命题，是说积线不能成面，积面不能成体.《墨经》中也有类似的命题.

公元 263 年，魏晋间杰出数学家刘徽为《九章算术》作注，在关于面积、体积的多处注文中体现了初步的积分思想. 为推求圆面积，他创立了“割圆术”，求得圆周率 $\pi=\frac{157}{50}\approx 3.14$ 和 $\pi=\frac{3927}{1250}\approx 3.1416$ 两个近似值；在推求圆型立体体积时，他分别作圆柱、圆锥、圆台的外切方柱、方锥、方台，由横截面积之比为 $\pi:4$ 断言其体积之比也为 $\pi:4$，从而由方型立体推得圆型立体的体积公式. 为了推得球体积公式，他在正方体上作相互垂直的两圆柱，称两圆柱的公共部分为“牟合方盖”，指出牟合方盖与其内切球体的体积之比为 $4:\pi$，在算法理论和数学思想上都给后人以极大的启发. 实际上，200 多年后，祖冲之的儿子祖暅正是沿着刘徽的思路完成了球体积公式的推导，并概括出“刘祖原理”：“缘幂势既同，则积不容异.”即：由于横截面积之间的关系已经处处相同，体积之间的关系也不能不是这样. 这与 17 世纪意大利数学家卡瓦列里(B. Cavalieri，1598—1647)所给出的原理是一致的，时间上却要早 1000 多年. 中国古代数学家称由长方体(或正方体)沿其一对对棱分割而得的两个直角三棱柱为堑堵，沿着堑堵的一个顶点及其一条对棱将其分割，得到一个底为长方形、一侧棱与底垂直的四棱锥，称为阳马. 同时得到一个侧面都是直角三角形的四面体，称为鳖臑. 堑堵体积为其三度乘积的二分之一. 为推求阳马、鳖臑体积，刘徽利用无限分割取极限的方法证明了“刘徽原理”：在堑堵中，阳马体积∶鳖臑体积 $=2:1$，从而由堑堵体积即可推得阳马与鳖臑体积. 这些工作虽不如希腊数学的同类成果丰富，但在思想深度上是毫不逊色的.

二、从形态幅度研究到不可分量算法

1. 欧洲中世纪后期的形态幅度研究

14 世纪 20 年代至 40 年代，牛津大学默顿学院(Merton College)的一批逻辑学家和自然哲学家在研究所谓“形态幅度”时得到一个重要结果：如果一个物体在给定的一段时间内进行匀加速运动，那么它经过的总的距离 s 等于它在这一段时间内以初速度 v_0 和末速度 v_t 的平均速度(即在这一段时间的中点的瞬时速度)进行匀速运动所经过的距离. 14 世纪中叶,法国学者奥尔斯姆(N. Oresme,约 1323—1382)应用他的均匀变化率概念和图解表示法给出了上述命题的几何证明.他的证明虽然在近代意义下不太严格,但其基本思想与后来的定积分相当接近.在《论质量与运动的构型》一书中,他隐含地引入了一些具有重要意义的思想,其中包括作为时间-速度图下的面积来计算距离的“积分”法或连续求和法,虽然他只是在匀加速运动的情况下才有完成这种计算的作图方法.

2. 不可分量方法

17 世纪上半叶,欧洲一些数学家继承并发展了历史上的“不可分量”方法以处理面积、体积问题,成为积分方法的直接先导.

首先做出重要贡献的是德国科学家开普勒(J. Kepler,1571—1630),他在《测定酒桶体积的新方法》一书中把给定的立体划分为无穷多个无穷小部分,即立体的“不可分量”,其大小和形状都便于求解给定的问题.其基本思想是把曲边形看作边数无限增大时的直线形,由此采用了一种虽不严格但却有启发性的、把曲线转化为直线的方法.用无限个同维的无穷小元素之和来确定曲边形的面积与曲面体的体积,这是开普勒求积术的核心,也是他的后继者们从他那里汲取的精华.他的一些求和法对后来的积分运算具有显著的先驱作用.尽管从数学严格性的观点看,这样的方法是不合乎要求的,但是它们以很简单的方式得出正确的结果,实际上就是今天仍在使用的“微元法”.

法国数学家罗伯瓦尔(G. P. de Roberval,1602—1675)的工作可能受到开普勒的影响.在写于 1634 年的《不可分量论》中,他把面和体分别看作由细小的面和细小的体组成.在把一个图形分割为许多微小部分后,他让它们的大小不断减小,而在这样做的过程中,主要用的是算术方法,其结果由无穷级数的和给出.他用这种方法求得了多种曲线之下的面积,如抛物线、高次抛物线、双曲线、摆线和正弦曲线,还求得与这些曲线有关的各种体积和重心.在他的工作中可以找出许多积分法的萌芽,其中有几个等价于代数函数和三角函数的定积分求法.

意大利数学家卡瓦列里的《用新的方法推进连续体的不可分量几何学》标志着求积方法的一个重要进展.在这部著作中,卡瓦列里提出了一个较为一般的求积方法,其中应用了开普勒的无穷小元,所不同的是:①开普勒想象给定的几何图形被分成无穷多个无穷小的图形,他用某种特定的方法把这些图形的面积或体积加起来,便得到给定图形的面积或体积;卡瓦列里则首先建立起两个给定几何图形的不可分微元之间的一一对应关系.如果两个给定图形的对应的不可分量具有某种(不变的)比例,他便断定这两个图形的面积或体积也具有同样的比例.特别是,当一个图形的面积或体积事先已经知道时,另一个图形的面积或体积也可以得知.他的这种观点被后人称为卡瓦列里原理,它与中国古代的刘(徽)祖(暅)原理完全一致.②开普勒认为几何图形是由同样维数的不可分量(即无穷小的面积或体积)组成的,这从对几何图形连续分割最终得到不可分单元的过程便可以想象出来.而卡瓦列里一般认为几何图形是由无穷多个维数较低的不可分量组成的.因此,他把面积看成是由平行的、等距离的线段组成的,把体积看成是由平行的、等距离的平面截面组成的,而通常不考虑这些不可分单元是否具有宽度或厚度.由于卡瓦列里方法的着眼点是两个图形对应的不可分量之间的关系,而不是每个面积或体积中的不可分量的全体,因此也就避免了回答组成面积或体积的不可分量是有限还是无限的问题,当然也就避免了直接使用极限概念.另一方面,求积(积分)过程实质上是无限过程,但在卡瓦列里的方法中却竭力回避极限概念,这必然会产生更深刻的矛盾. 实际上,他本人及其同时代的人已经发现了几个著名的不可分量悖论.

大约在 1637 年,法国数学家费马(P. de Fermat,1601—1665)完成了一篇手稿《求最大值与最小值的方法》. 在积分概念与方法的早期发展中,这一工作占有极为重要的地位. 费马不仅成功地克服了卡瓦列里不可分量方法的致命弱点,而且几乎采用了近代定积分的全部过程,即:①用统一的矩形条来分割曲线形;②用矩形序列的面积之和来近似地代替曲线形面积;③利用曲线的方程求出各窄长矩形的面积,进而通过有限项级数之和求得曲线形面积的近似值;④用相当于现在所谓和式极限的方法获得精确结果. 除了一些细节需要改进,费马实际上已经使用了近代意义上的定积分,所差的是尚未抽象出积分这个概念,也就是说,他没有认识到所进行的运算本身的重要意义. 对他来说,这个运算正如所有他的前人已经做过的一样,只是求面积的问题,亦即回答一个具体的几何问题. 另一方面,为建立真正的微积分学,需要建立计算积分的一般而强有力的方法,实际上是在认识到积分是微分的逆运算之后,利用反微分(不定积分)来计算积分(定积分),即微积分基本定理. 费马虽然在计算曲线长度时接触到了微分与积分的互逆关系,但却未充分注意,更未加以深入研究从而建立有关的运算法则.

托利切利(E. Torricelli,1608—1647)是卡瓦列里的朋友,他充分理解不可分量方法的优点与缺点. 1646 年,他在《关于双曲线的无限性》一书中对不可分量概念作出了实质性的改变,他说:"把不可分量看成相等的,即把点与点在长度上、线与线在宽度上、面与面在厚度上看作相等的说法纯属空话,它既难以证明又毫无直观基础. "他的方法是结合开普勒与卡瓦列里方法各自优点的产物,他用开普勒的同维无限小量去代替卡瓦列里的低维不可分量,从而消除了前述悖论,但仍然保留了卡瓦列里不可分量方法在求积上的有效性.

沃利斯(J. Wallis,1616—1703)是在牛顿、莱布尼兹之前对微积分方法贡献最多的人之一(另一个是费马),也是牛顿在英国的直接前辈之一(另一个是巴罗),是当时最富有创造力的数学家之一. 他在求积法方面的主要著作是《无穷算术》,在这部著作中,他把由卡瓦列里开创,并由费马发展的不可分量方法翻译成了数的语言,从而把几何方法算术化,使得以往出现在几何中的极限方法转移到了数的世界中,并且被解析化. 其结果不仅使无限的概念以解析的形式出现在数学中,而且把有限的算术变成无限的算术,为微积分的确立扫除了思想障碍.

此外,法国数学家帕斯卡(B. Pascal,1623—1662)在论文《论四分之一圆的正弦》、英国数学家巴罗(I. Barrow,1630—1677)在《几何学讲义》中都在一定程度上接触到了积分的思想与方法. 前者对莱布尼兹、后者对牛顿的微积分工作产生了至关重要的影响.

三、积分概念的确定

1666 年 10 月,牛顿完成了他在微积分学方面的开创性论文《流数短论》,有关积分的基本问题是:已知表示线段 x 和运动速度 p, q 之比 $\frac{p}{q}$ 的关系方程,求另一线段 y. 当给定的方程具有简单的形式 $\frac{y}{x}=\varphi(x)$ 时,就是我们所说的反微分问题,而在一般情况下, $g\left(x,\frac{y}{x}\right)=0$ 是一个微分方程. 在这篇短文中,牛顿不仅讨论了如何借助于反微分来解决积分问题,即微积分基本定理,而且明确指出了反微分"总能做出可以解决的一切问题".

从前各种无穷小方法的根据基本上都是把面积定义为和的极限(或者更粗略地说,定义为无穷小的即不可分的面积元素之和)，而牛顿却完全是从考虑变化率出发来解决面积和体积问题的. 事实上，用和来得到面积、体积或者重心，在他的著作中是少见的. 牛顿称流数的逆为流量，他的积分是不定积分，是要由给定的流数来确定流量. 他把面积问题和体积问题解释为变化率问题的反问题，从而解决了这些问题. 另一方面，对于我们所说的定积分，牛顿也是清楚的，正如虽然莱布尼兹的积分以定积分为主，但他同时也熟悉不定积分一样. 牛顿引入的法则是：首先确定所求面积(对于 x)的变化率，然后通过反微分计算面积. 把计算面积的流数法同变化率联系起来，这就第一次清楚地说明了切线问题和面积问题之间的互逆关系，也说明了这两种类型的计算不过是以独特的、通用的算法为特征的同一数学问题的两个不同侧面.

与牛顿的积分概念不同，莱布尼兹的积分是曲线下面积的分割求和或者说是微分的无穷和，也就是今天所说的定积分. 当然，他们二人最终都是通过反微分的方法来计算他们的积分. 在计算上利用求积问题和切线问题之间的互逆关系(牛顿-莱布尼兹公式)是他们共同的基本贡献. 在 1677 年的一篇修改稿中，莱布尼兹明确地将积分 $\int y\mathrm{d}x$ 等同于高为 y，宽为 $\mathrm{d}x$ 的一些无穷小矩形之和："我把一个图形的面积表示为由纵坐标和横坐标之差构成的所有矩形之和，即 $B_1D_1+B_2D_2+B_3D_3+\cdots$. 因为狭窄的三角形 $C_1D_1C_2$，$C_2D_2C_3$ 等，与这些矩形相比为无穷小，可以忽略不计，所以在我的微积分中，图形的面积用 $\int y\mathrm{d}x$，即由每一个 y 和相应的 $\mathrm{d}x$ 构成的这些矩形来表示."接着他就引入了微积分基本定理，并将求积问题化为反切线问题.

从希腊时代直到 17 世纪中叶，人们通过种种办法已经知道面积等于微元之和. 这些方法如果用极限概念恰当地加以解释的话，就相当于现在称之为定积分的方法. 通过巴罗、牛顿和莱布尼兹的工作，积分的研究取得了一个重要的发现，即求面积的问题无非就是求曲线的切线的逆问题. 既然那些方便的算法——流数法和微分法随着后一类型的问题已经相应地发展起来，只要经过一个逆转的步骤，求面积的方法就能系统化了. 这种观念在很大程度上决定了 17 世纪的积分概念. 另一方面，积分的思想是受面积概念的启发而产生的，但是在 19 世纪末以前，面积概念本身还完全是直观的，还没有建立在精确的定义的基础上.

本章小结

一、原函数与不定积分的概念及性质

1. 原函数的概念

设 $f(x)$是定义在区间(a,b)内的已知函数，若存在函数 $F(x)$，使对于任意的 $x\in(a,b)$，都有 $F'(x)=f(x)$或 $\mathrm{d}[F(x)]=f(x)\mathrm{d}x$，则称 $F(x)$为 $f(x)$在(a,b)内的一个原函数.

2. 不定积分的概念与性质

(1) $f(x)$的不定积分是 $f(x)$的全部原函数，即 $\int f(x)\mathrm{d}x=F(x)+C$，其中 $F(x)$ 为 $f(x)$ 的一个原函数. 不定积分与求导数或微分互为逆运算：

$$\left[\int f(x)\mathrm{d}x\right]' = f(x) \text{ 或 } \mathrm{d}\left[\int f(x)\mathrm{d}x\right] = f(x)\mathrm{d}x,$$

$$\int F'(x)\mathrm{d}x = F(x) + C \text{ 或} \int \mathrm{d}F(x) = F(x) + C.$$

(2) 不定积分的性质.

3. 不定积分的基本积分公式

二、不定积分法

1. 第一换元积分法(凑微分法)

如果积分 $\int f(x)\mathrm{d}x$ 可化为 $\int g[\varphi(x)]\varphi'(x)\mathrm{d}x$ 的形式,且 $g(u)$ 有原函数 $F(u)$, $u=\varphi(x)$ 可导,即

$$\int g(u)\mathrm{d}u = F(u) + C,$$

那么有

$$\int f(x)\mathrm{d}x = \int g[\varphi(x)]\varphi'(x)\mathrm{d}x = \int g(u)\mathrm{d}u = F(u) + C = F[\varphi(x)] + C.$$

2. 第二换元积分法

如果令 $x=\varphi(t)$,且 $\varphi(t)$ 可导, $\varphi'(t)$ 连续,那么有

$$\int f(x)\mathrm{d}x = \int f[\varphi(t)]\varphi'(t)\mathrm{d}t = F(t) + C \xlongequal{\text{回代 } t=\varphi^{-1}(x)} F[\varphi^{-1}(x)] + C.$$

其中 $t=\varphi^{-1}(x)$ 为 $x=\varphi(t)$ 的反函数.

3. 分部积分法

$$\int u\mathrm{d}v = uv - \int v\mathrm{d}u.$$

三、定积分的概念与性质

1. 定积分的概念

函数 $y=f(x)$ 在区间 $[a,b]$ 上的定积分是通过分割、近似、求和、取极限四个步骤来定义的,即

$$\int_a^b f(x)\mathrm{d}x = \lim_{\lambda\to 0}\sum_{i=1}^n f(\xi_i)\Delta x_i, \text{其中 } \lambda = \max_{1\leqslant i\leqslant n}\{\Delta x_i\}.$$

2. 定积分的性质

3. 一些重要结论

(1) $\int_a^b \mathrm{d}x = b - a$;

(2) $\int_a^b f(x)\mathrm{d}x = \int_a^b f(t)\mathrm{d}t$,即定积分与积分变量无关;

(3) $\int_b^a f(x)\mathrm{d}x = -\int_a^b f(x)\mathrm{d}x$, $\int_a^a f(x)\mathrm{d}x = 0$;

(4) $\int_{-a}^a f(x)\mathrm{d}x = \begin{cases} 0, & f(x) \text{ 是奇函数}, \\ 2\int_0^a f(x)\mathrm{d}x, & f(x) \text{ 是偶函数}. \end{cases}$

四、变上限积分函数

设函数 $f(x)$在$[a,b]$上可积,$x\in[a,b]$,则变动上限的积分 $\int_a^x f(t)\mathrm{d}t$ 是 x 的函数,称为变上限积分函数,记为 $\Phi(x)$. 且

$$\Phi'(x)=\left[\int_a^x f(t)\mathrm{d}t\right]'=f(x).$$

特别地,$\left[\int_a^{\varphi(x)} f(t)\mathrm{d}t\right]'=f[\varphi(x)]\varphi'(x)$($\varphi(x)$ 可导).

五、微积分基本定理

设 $f(x)$在$[a,b]$上连续,$F(x)$是 $f(x)$在$[a,b]$上的一个原函数,则

$$\int_a^b f(x)\mathrm{d}x=F(b)-F(a)=F(x)\big|_a^b.$$

微积分基本定理又称为牛顿-莱布尼兹公式.

六、定积分的计算

1. 定积分的换元法

定积分的换元法与不定积分相类似,区别在于:定积分不需要像不定积分那样将变量还原,只需要将积分上、下限作相关的调整,即换元同时换限.

2. 定积分的分部积分法

$$\int_a^b u\mathrm{d}v=uv\big|_a^b-\int_a^b v\mathrm{d}u.$$

3. 广义积分的计算

七、定积分的应用

1. 求平面图形的面积

(1) 平面图形由 $y=f(x)$,$y=g(x)$,$x=a$,$x=b(a<b)$围成(图 5-28):

$$A=\int_a^b[f(x)-g(x)]\mathrm{d}x.$$

(2) 平面图形由 $x=\varphi(y)$,$x=\psi(y)$,$y=c$,$y=d(c<d)$ 围成(图 5-29).

$$A=\int_c^d[\varphi(y)-\psi(y)]\mathrm{d}y.$$

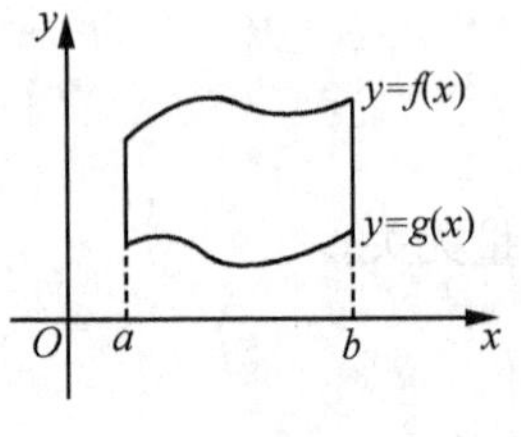

图 5-28

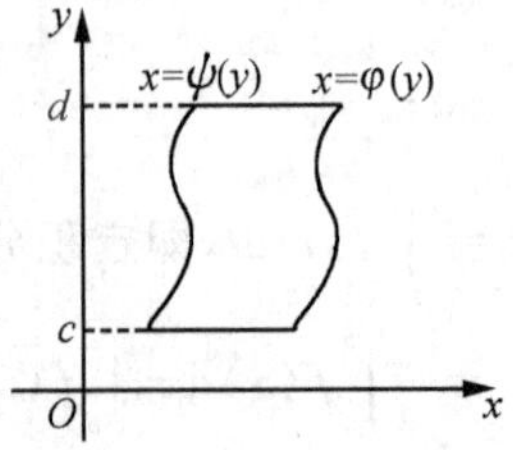

图 5-29

(3) 若曲面不属于上面两种类型,则需对其进行分割.

2. 求几何体的体积

(1) 截面面积已知.

$V=\int_a^b A(x)\mathrm{d}x$,其中 $A(x)$ 为截面面积函数.

(2) 旋转体的体积.

$$V_x=\pi\int_a^b[f(x)]^2\mathrm{d}x;$$

$$V_y=\pi\int_c^d[\varphi(y)]^2\mathrm{d}y.$$

3. 定积分在经济学中的应用

能力训练 A

一、选择题

1. 已知 $\int f(x)\mathrm{d}x=3\mathrm{e}^{\frac{x}{3}}+C$,则 $f(x)=$ (　　)

A. $3\mathrm{e}^{\frac{x}{3}}$　　B. $9\mathrm{e}^{\frac{x}{3}}$　　C. $\mathrm{e}^{\frac{x}{3}}$　　D. $\mathrm{e}^{\frac{x}{3}}+C$

2. 若 $\int f(x)\mathrm{d}x=F(x)+C$,则 $\int f(\cos x)\sin x\mathrm{d}x=$ (　　)

A. $F(\cos x)+C$　　B. $-F(\cos x)+C$

C. $F(\sin x)+C$　　D. $-F(\sin x)+C$

3. $\frac{\mathrm{d}}{\mathrm{d}x}\int_a^b\arctan x\mathrm{d}x=$ (　　)

A. $\arctan b$　　B. $\arctan b-\arctan a$

C. $\frac{1}{1+x^2}$　　D. 0

4. 设函数 $f(x)$ 连续,$\frac{\mathrm{d}}{\mathrm{d}x}\int_1^{2x}f(t)\mathrm{d}t=$ (　　)

A. $f(2x)$　　B. $2f(2x)$　　C. $f(x)$　　D. $2f(2x)-f(x)$

***5.** 下列广义积分收敛的是 (　　)

A. $\int_0^{+\infty}\sin x\mathrm{d}x$　　B. $\int_1^{+\infty}\frac{\mathrm{d}x}{\sqrt{x}}$　　C. $\int_0^1\frac{\mathrm{d}x}{\sqrt{x}}$　　D. $\int_{-1}^1\frac{\mathrm{d}x}{x^3}$

二、填空题

6. 若 $\int f(x)\mathrm{d}x=\mathrm{e}^{-x}+C$,则 $\int\frac{f(\ln x)}{x}\mathrm{d}x=$ ________.

7. $\int_a^b f'(2x)\mathrm{d}x=$ ________.

8. $\lim\limits_{x\to0}\frac{\int_0^x\cos^2t\mathrm{d}t}{x}=$ ________.

9. 设 $\int_0^x f(t)\mathrm{d}t=\frac{1}{2}f(x)-\frac{1}{2}$,且 $f(0)=1$,则 $f(x)=$ ________.

10. 若$\int_0^1(2x+k)\mathrm{d}x=2$,则 $k=$ ______.

三、解答题

11. 求下列不定积分:

(1) $\int \mathrm{e}^x\cos\mathrm{e}^x\mathrm{d}x$; (2) $\int\frac{1}{\sqrt{x}}\mathrm{e}^{\sqrt{x}}\mathrm{d}x$;

(3) $\int\frac{\cos x-\sin x}{(\sin x+\cos x)^2}\mathrm{d}x$; (4) $\int x\sqrt{x+1}\mathrm{d}x$;

(5) $\int\frac{1}{\sqrt{9x^2-4}}\mathrm{d}x$; (6) $\int\ln\frac{x}{2}\mathrm{d}x$;

(7) $\int(\arcsin x)^2\mathrm{d}x$; (8) $\int\frac{x}{\cos^2x}\mathrm{d}x$.

12. 设$\frac{\mathrm{e}^x}{x}$是 $f(x)$ 的一个原函数,求不定积分$\int xf'(x)\mathrm{d}x$.

13. 利用定积分的性质估计积分$\int_1^2(2x^3-x^4)\mathrm{d}x$ 的范围(不计算定积分的值).

14. 求下列定积分:

(1) $\int_0^5\frac{x^3}{1+x^2}\mathrm{d}x$; (2) $\int_0^{2\pi}|\sin x|\,\mathrm{d}x$;

(3) $\int_0^4\frac{1}{1+\sqrt{t}}\mathrm{d}t$; (4) $\int_0^1\frac{x^2}{(1+x^2)^2}\mathrm{d}x$;

(5) $\int_0^{\frac{\pi}{2}}x\sin x\mathrm{d}x$; (6) $\int_{\frac{1}{\mathrm{e}}}^{\mathrm{e}}|\ln x|\,\mathrm{d}x$.

15. 证明:

(1) $\int_0^a f(x)\mathrm{d}x=\int_0^a f(a-x)\mathrm{d}x$; (2) $\int_0^{\frac{\pi}{2}}f(\sin x)\mathrm{d}x=\int_0^{\frac{\pi}{2}}f(\cos x)\mathrm{d}x$.

16. 求由抛物线 $y^2=2x$ 与直线 $y=x-2$ 所围成的图形的面积.

17. 求由 $y=x^3$ 与直线 $x=2,y=0$ 所围成的图形绕 x 轴、y 轴旋转所产生的立体的体积.

18. 已知某产品的边际成本和边际收益函数分别为 $C'(q)=q^2-4q+6,R'(q)=105-2q$,其中 q 为销售量,且固定成本为100,$C(q)$ 为总成本,$R(q)$ 为总收益.求销量为多少时能取得最大利润,并求出最大利润.

能力训练B

一、选择题

1. 若$\int f(x)\mathrm{d}x=2^x+x+1+C$,则 $f(x)=$ ( )

A. $\frac{2^x}{\ln2}+\frac{1}{2}x^2+x$ B. 2^x+1 C. $2^x\ln2+1$ D. $2^{x+1}+1$

2. 若 $\int f(x)\mathrm{d}x = F(x)+C$，则 $\int \mathrm{e}^x f(2\mathrm{e}^x)\mathrm{d}x =$　（　　）

A. $F(\mathrm{e}^x)+C$　　B. $\frac{1}{2}F(2\mathrm{e}^x)+C$

C. $-F(2\mathrm{e}^x)+C$　　D. $\frac{1}{2}F(2\mathrm{e}^{-x})+C$

3. 已知 $\int f(x)\mathrm{d}x = x^2+C$，则 $\int xf(1-2x^2)\mathrm{d}x =$　（　　）

A. $-\frac{1}{2}(1-2x^2)^2+C$　　B. $-\frac{1}{4}(1-2x^2)^2+C$

C. $\frac{1}{2}(1-2x^2)^2+C$　　D. $\frac{1}{4}(1-2x^2)^2+C$

4. $\int f'(ax+b)\mathrm{d}x =$　（　　）

A. $f(ax+b)$　　B. $\frac{1}{ax+b}f(ax+b)$

C. $f'(ax+b)$　　D. $\frac{1}{a}f(ax+b)+C$

5. $\int x(1+x)^{10}\mathrm{d}x =$　（　　）

A. $\frac{1}{11}(1+x)^{11}+C$　　B. $\frac{1}{12}(1+x)^{12}-\frac{1}{11}(1+x)^{11}+C$

C. $\frac{1}{2}x^2\cdot\frac{1}{11}(1+x)^{11}+C$　　D. $\frac{1}{12}(1+x)^{12}+\frac{1}{11}(1+x)^{11}+C$

6. 下列导数等于 0 的是　（　　）

A. $\frac{\mathrm{d}}{\mathrm{d}x}\int_a^b 3^x\mathrm{d}x$　　B. $\frac{\mathrm{d}}{\mathrm{d}x}\int_a^x 3^t\mathrm{d}t$　　C. $\frac{\mathrm{d}}{\mathrm{d}x}\int_x^b 3^t\mathrm{d}t$　　D. $\frac{\mathrm{d}}{\mathrm{d}x}\int_0^x 3^t\mathrm{d}t$

7. 下列不等式正确的是　（　　）

A. $0\leqslant\int_0^1 \mathrm{e}^{x^2}\mathrm{d}x\leqslant 1$　　B. $1\leqslant\int_0^1 \mathrm{e}^{x^2}\mathrm{d}x\leqslant \mathrm{e}-1$

C. $\mathrm{e}\leqslant\int_0^1 \mathrm{e}^{x^2}\mathrm{d}x\leqslant \mathrm{e}^2$　　D. 以上都不对

8. $\lim\limits_{x\to 0}\frac{\int_0^x \sin t^2\mathrm{d}t}{x^3} =$　（　　）

A. 1　　B. 0　　C. $\frac{1}{2}$　　D. $\frac{1}{3}$

*9. 广义积分 $\int_0^1 \frac{1}{\sqrt{1-x}}\mathrm{d}x$　（　　）

A. 发散　　B. 收敛于 2　　C. 收敛于 1　　D. 收敛于 π

10. 设 $I_1=\int_0^{\frac{\pi}{4}} x\mathrm{d}x, I_2=\int_0^{\frac{\pi}{4}}\sqrt{x}\mathrm{d}x, I_3=\int_0^{\frac{\pi}{4}}\sin x\mathrm{d}x$，则 I_1, I_2, I_3 的关系是　（　　）

A. $I_1>I_2>I_3$　　B. $I_1>I_3>I_2$　　C. $I_3>I_1>I_2$　　D. $I_2>I_1>I_3$

二、计算题

11. $\int \frac{1+x}{\sqrt{1-4x^2}}dx$.

12. $\int \frac{\sqrt[3]{3-2\ln x}}{x}dx$.

13. $\int \ln(x^2+1)dx$.

14. $\int_0^{\ln 3}\frac{e^x}{2e^x-e^{-x}}dx$.

15. $\int_{\ln 2}^{\ln 4}\frac{dx}{\sqrt{e^x-1}}$.

16. 设 $f(x)=x^2+e^x\int_0^1 f(x)dx$,求 $f(x)$ 和$\int_0^1 f(x)dx$.

17. 求 $f(x)=\int_0^x \frac{t+2}{t^2+2t+2}dt$ 在$[0,1]$上的最大值与最小值.

18. 已知 $f(0)=1, f(2)=4f'(2)=2$,求$\int_0^1 xf''(2x)dx$.

三、应用题

19. 设曲线 $y=\ln x$,求:

(1) 该曲线当 $x=e$ 时的切线方程;

(2) 此切线与曲线 $y=\ln x$ 及 x 轴所围成的平面图形的面积.

20. 求由 $x=\sqrt{2y-y^2}$ 及抛物线 $x=y^2$ 所围成的平面图形的面积.

21. 设生产某商品 x(千台)的成本函数为 $C(x)$(万元),边际成本为 $C'(x)=2x+1$(万元/千台),总收益函数为 $R(x)$(万元),边际收益为 $R'(x)=9-2x$(万元/千台),固定成本为3(万元).

(1) 求产量 x 为多少时,总利润最大;

(2) 若比利润最大时的产量少生产 200 台,则总利润会受到怎样的影响?

22. 若边际消费倾向是收入 y 的函数 $C'(y)=\frac{3}{2}y-\frac{1}{2}$,且收入为零时的总消费支出 $C(0)=70$. 求:

(1) 消费函数 $C(y)$;

(2) 收入由 100 增加到 196 时消费支出的增量.

四、证明题

23. 如果 $f(x)$ 的一个原函数是$\frac{\sin x}{x}$,证明:$\int xf'(x)dx=\cos x-\frac{2\sin x}{x}+C$.

24. 证明:$\int_0^{\frac{\pi}{2}} f(\sin x)dx=\int_0^{\frac{\pi}{2}} f(\cos x)dx$.

+25. 设 $f(x)$ 在$[0,1]$上连续,且 $f(x)<1$,又 $F(x)=2x-1-\int_0^x f(t)dt$. 证明:$F(x)$ 在$(0,1)$内只有一个零点.

专业应用模块

第 6 章　线性代数及其应用

学习目标

- 理解矩阵的概念与实际意义，理解与掌握矩阵的运算，能熟练地进行矩阵的运算.
- 理解行阶梯形矩阵与行最简形矩阵的概念，熟练掌握矩阵的初等变换，能用初等变换将矩阵化为行阶梯形矩阵与行最简形矩阵.
- 理解行列式的概念和性质，能熟练地进行行列式的运算.
- 了解逆矩阵的概念和性质，会判断矩阵是否可逆，会求可逆矩阵的逆矩阵，了解矩阵方程及其解法.
- 了解矩阵秩的概念，掌握矩阵秩的求法，会求矩阵的秩.
- 掌握高斯消元法，掌握线性方程组解的判定和求线性方程组通解的方法.

6.1　矩阵及其运算

6.1.1　矩阵的概念

人们在从事经济活动、科学研究、社会调查时，会获得许多重要的数据资料，将这些数据排成一个矩形的数表

$$\begin{matrix} a_{11} & a_{12} & \cdots & a_{1n} \\ a_{21} & a_{22} & \cdots & a_{2n} \\ \vdots & \vdots & & \vdots \\ a_{m1} & a_{m2} & \cdots & a_{mn} \end{matrix}$$

以便于进行储存、运算和分析，这种矩形的数表就是矩阵.

定义 6.1.1　由 $m\times n$ 个数 $a_{ij}(i=1,2,\cdots,m;j=1,2,\cdots,n)$ 排成的 m 行 n 列的矩形数表

$$\begin{pmatrix} a_{11} & a_{12} & \cdots & a_{1n} \\ a_{21} & a_{22} & \cdots & a_{2n} \\ \vdots & \vdots & & \vdots \\ a_{m1} & a_{m2} & \cdots & a_{mn} \end{pmatrix}$$

称为 m 行 n 列矩阵,简称为 $m\times n$ 矩阵,其中 a_{ij} 称为矩阵的位于第 i 行、第 j 列的元素.通常,我们用大写字母 $\boldsymbol{A},\boldsymbol{B},\cdots$表示矩阵.例如,记

$$\boldsymbol{A}=\begin{pmatrix} a_{11} & a_{12} & \cdots & a_{1n} \\ a_{21} & a_{22} & \cdots & a_{2n} \\ \vdots & \vdots & & \vdots \\ a_{m1} & a_{m2} & \cdots & a_{mn} \end{pmatrix},$$

其中小括号“( )”也可用方括号“[ ]”代替.有时,矩阵也简记为 $\boldsymbol{A}=(a_{ij})_{m\times n}$ 或 $\boldsymbol{A}=(a_{ij})$.特别地,当 $m=n$ 时,称 $\boldsymbol{A}$ 为 n 阶矩阵或 n 阶方阵,其中一阶方阵(a)是一个数,括号可略去.

元素全为实数的矩阵称为实矩阵,元素全为复数的矩阵称为复矩阵.本书主要在实数范围内讨论问题.

对于由 n 个未知量、m 个方程组成的线性方程组:

$$\begin{cases} a_{11}x_1+a_{12}x_2+\cdots+a_{1n}x_n=b_1, \\ a_{21}x_1+a_{22}x_2+\cdots+a_{2n}x_n=b_2, \\ \qquad\vdots \\ a_{m1}x_1+a_{m2}x_2+\cdots+a_{mn}x_n=b_m. \end{cases} \tag{6.1.1}$$

矩阵

$$\overline{\boldsymbol{A}}=\begin{pmatrix} a_{11} & a_{12} & \cdots & a_{1n} & b_1 \\ a_{21} & a_{22} & \cdots & a_{2n} & b_2 \\ \vdots & \vdots & & \vdots & \vdots \\ a_{m1} & a_{m2} & \cdots & a_{mn} & b_m \end{pmatrix} \tag{6.1.2}$$

称为线性方程组(6.1.1)的增广矩阵,矩阵

$$\boldsymbol{A}=\begin{pmatrix} a_{11} & a_{12} & \cdots & a_{1n} \\ a_{21} & a_{22} & \cdots & a_{2n} \\ \vdots & \vdots & & \vdots \\ a_{m1} & a_{m2} & \cdots & a_{mn} \end{pmatrix} \tag{6.1.3}$$

称为线性方程组(6.1.1)的系数矩阵,矩阵

$$\boldsymbol{B}=\begin{pmatrix} b_1 \\ b_2 \\ \vdots \\ b_m \end{pmatrix} \tag{6.1.4}$$

称为线性方程组(6.1.1)的常数项矩阵.

显然,线性方程组(6.1.1)由矩阵(6.1.2)完全地确定.

下面介绍一些特殊的矩阵.

(1) 零矩阵　元素都是零的矩阵称为零矩阵,记为 $\boldsymbol{O}$.

(2) 列矩阵、行矩阵　在矩阵 $\boldsymbol{A}$ 中,如果 $n=1$,即

$$\boldsymbol{A}=\begin{pmatrix} a_{11} \\ a_{21} \\ \vdots \\ a_{m1} \end{pmatrix},$$

称这种只有一列的矩阵为列矩阵. 同样地,如果 $m=1$,即

$$\boldsymbol{A}=(a_{11} \quad a_{12} \quad \cdots \quad a_{1n}),$$

称这种只有一行的矩阵为行矩阵.

我们也将列矩阵和行矩阵分别称为列向量和行向量. 列向量和行向量统称为向量. 向量的元素称为分量,有 n 个分量的向量称为 n 维向量. 矩阵与向量有密切的联系,矩阵 $\boldsymbol{A}=(a_{ij})_{m\times n}$ 可以看成由 n 个 m 维列向量

$$\begin{pmatrix} a_{1j} \\ a_{2j} \\ \vdots \\ a_{mj} \end{pmatrix}, j=1,2,\cdots,n$$

组成,也可以看成由 m 个 n 维行向量

$$(a_{i1} \quad a_{i2} \quad \cdots \quad a_{in}), i=1,2,\cdots,m$$

组成.

(3) 负矩阵　若矩阵 $\boldsymbol{A}=(a_{ij})_{m\times n}$,则 $-\boldsymbol{A}=(-a_{ij})_{m\times n}$ 称为矩阵 $\boldsymbol{A}$ 的负矩阵.

(4) 行阶梯形矩阵　若矩阵每一行的第一个非零元素所在的列中,其下方元素全为零,则称此矩阵为行阶梯形矩阵.

例如,矩阵

$$\boldsymbol{A}=\begin{pmatrix} 1 & 0 & 2 & 3 & 4 \\ 0 & 2 & 3 & 4 & 5 \\ 0 & 0 & 5 & 6 & 7 \\ 0 & 0 & 0 & 1 & 8 \end{pmatrix}, \boldsymbol{B}=\begin{pmatrix} 1 & -2 & -1 & 0 & 2 \\ 0 & 3 & 2 & 2 & -1 \\ 0 & 0 & 0 & -3 & 1 \\ 0 & 0 & 0 & 0 & 0 \end{pmatrix}$$

均为行阶梯形矩阵,而矩阵

$$\boldsymbol{C}=\begin{pmatrix} 1 & 0 & 2 & 3 & 2 \\ 0 & 2 & 3 & 4 & 5 \\ 0 & 0 & 5 & 6 & 7 \\ 0 & 0 & 4 & 1 & 8 \end{pmatrix}$$

则不是行阶梯形矩阵.

(5) 行最简形矩阵　若行阶梯形矩阵中,非零行的第一个非零元素均为 1,且其所在列的其余元素均为 0,则称此矩阵为行最简形矩阵.

例如,矩阵

$$\begin{pmatrix} 1 & 0 & 6 & 0 & 3 \\ 0 & 1 & 2 & 0 & 5 \\ 0 & 0 & 0 & 1 & -1 \\ 0 & 0 & 0 & 0 & 0 \end{pmatrix}$$

是行最简形矩阵.

(6) 上(下)三角矩阵　n 阶方阵的左上角到右下角元素的连线称为主对角线,左下角到右上角元素的连线称为次(或副)对角线. 若方阵的主对角线下(或上)方元素全为 0,则称此矩阵为上(或下)三角矩阵. 矩阵

$$\begin{pmatrix} a_{11} & a_{12} & \cdots & a_{1n} \\ 0 & a_{22} & \cdots & a_{2n} \\ \vdots & \vdots & & \vdots \\ 0 & 0 & \cdots & a_{nn} \end{pmatrix}$$

为上三角矩阵,矩阵

$$\begin{pmatrix} a_{11} & 0 & \cdots & 0 \\ a_{21} & a_{22} & \cdots & 0 \\ \vdots & \vdots & & \vdots \\ a_{n1} & a_{n2} & \cdots & a_{nn} \end{pmatrix}$$

为下三角矩阵.

(7) 对角矩阵　若方阵中除主对角线上的元素外,其余元素全为 0,则称此矩阵为对角矩阵.

例如,矩阵

$$\begin{pmatrix} \lambda_1 & 0 & \cdots & 0 \\ 0 & \lambda_2 & \cdots & 0 \\ \vdots & \vdots & \ddots & \vdots \\ 0 & 0 & \cdots & \lambda_n \end{pmatrix}$$

为对角矩阵.

(8) 单位矩阵　在对角矩阵中,若 $\lambda_i \equiv 1(i=1,2,\cdots,n)$,即为

$$\begin{pmatrix} 1 & 0 & \cdots & 0 \\ 0 & 1 & \cdots & 0 \\ \vdots & \vdots & \ddots & \vdots \\ 0 & 0 & \cdots & 1 \end{pmatrix},$$

则称此矩阵为单位矩阵. 单位矩阵一般用 $\boldsymbol{E}$ 或 $\boldsymbol{I}$ 表示.

定义 6.1.2　若两个矩阵 $\boldsymbol{A}=(a_{ij})$ 和 $\boldsymbol{B}=(b_{ij})$ 的行数相同,列数也相同,则称矩阵 $\boldsymbol{A}$ 与 $\boldsymbol{B}$ 为同型矩阵.

定义 6.1.3　若两个同型矩阵 $\boldsymbol{A}_{m\times n}$,$\boldsymbol{B}_{m\times n}$ 的对应元素均相等,即 $a_{ij}=b_{ij}(i=1,2,\cdots,m;j=1,2,\cdots,n)$,则称矩阵 $\boldsymbol{A}$ 与 $\boldsymbol{B}$ 相等,记作 $\boldsymbol{A}=\boldsymbol{B}$.

6.1.2　矩阵的运算

一、矩阵的加法

定义 6.1.4　由两个同型矩阵 $\boldsymbol{A}_{m\times n}=(a_{ij})_{m\times n}$,$\boldsymbol{B}_{m\times n}=(b_{ij})_{m\times n}$ 对应元素的和,即 $a_{ij}+b_{ij}(i=1,2,\cdots,m;j=1,2,\cdots,n)$ 组成的 $m\times n$ 矩阵称为矩阵 $\boldsymbol{A}$ 与 $\boldsymbol{B}$ 的和,记作 $\boldsymbol{A}+\boldsymbol{B}$,即

$$\boldsymbol{A}+\boldsymbol{B}=\begin{pmatrix} a_{11}+b_{11} & a_{12}+b_{12} & \cdots & a_{1n}+b_{1n} \\ a_{21}+b_{21} & a_{22}+b_{22} & \cdots & a_{2n}+b_{2n} \\ \vdots & \vdots & & \vdots \\ a_{m1}+b_{m1} & a_{m2}+b_{m2} & \cdots & a_{mn}+b_{mn} \end{pmatrix}.$$

由此定义及负矩阵的概念，我们定义矩阵 $\boldsymbol{A}$ 与 $\boldsymbol{B}$ 的差为

$$\boldsymbol{A}-\boldsymbol{B}=\boldsymbol{A}+(-\boldsymbol{B}).$$

注　只有同型矩阵才能相加(或减).

二、数与矩阵相乘(简称数乘)

定义 6.1.5　数 k 乘矩阵 $\boldsymbol{A}$ 的每一个元素所得到的矩阵称为数 k 与矩阵 $\boldsymbol{A}$ 的积，记作 $k\boldsymbol{A}$，即

$$k\boldsymbol{A}=\begin{pmatrix} ka_{11} & ka_{12} & \cdots & ka_{1n} \\ ka_{21} & ka_{22} & \cdots & ka_{2n} \\ \vdots & \vdots & & \vdots \\ ka_{m1} & ka_{m2} & \cdots & ka_{mn} \end{pmatrix}.$$

矩阵的加法和数乘统称为矩阵的线性运算，矩阵的线性运算满足如下性质：

(1) $\boldsymbol{A}+\boldsymbol{B}=\boldsymbol{B}+\boldsymbol{A}$；

(2) $(\boldsymbol{A}+\boldsymbol{B})+\boldsymbol{C}=\boldsymbol{A}+(\boldsymbol{B}+\boldsymbol{C})$；

(3) $(\lambda\mu)\boldsymbol{A}=\lambda(\mu\boldsymbol{A})$；

(4) $(\lambda+\mu)\boldsymbol{A}=\lambda\boldsymbol{A}+\mu\boldsymbol{A}$；

(5) $\lambda(\boldsymbol{A}+\boldsymbol{B})=\lambda\boldsymbol{A}+\lambda\boldsymbol{B}$；

(6) $\boldsymbol{A}+\boldsymbol{O}=\boldsymbol{A}$；

(7) $1\boldsymbol{A}=\boldsymbol{A}$；

(8) $\boldsymbol{A}+(-\boldsymbol{A})=\boldsymbol{O}$.

上面的 λ,μ 都是任意常数.

例 1　设 $\boldsymbol{A}=\begin{pmatrix} 1 & -1 & 2 \\ 0 & 3 & 4 \end{pmatrix}$，$\boldsymbol{B}=\begin{pmatrix} 4 & 0 & -3 \\ -1 & -2 & 3 \end{pmatrix}$，求 $\boldsymbol{A}+\boldsymbol{B}$ 和 $2\boldsymbol{A}-3\boldsymbol{B}$.

解　$\boldsymbol{A}+\boldsymbol{B}=\begin{pmatrix} 1+4 & -1+0 & 2+(-3) \\ 0+(-1) & 3+(-2) & 4+3 \end{pmatrix}=\begin{pmatrix} 5 & -1 & -1 \\ -1 & 1 & 7 \end{pmatrix}$，

$$2\boldsymbol{A}-3\boldsymbol{B}=\begin{pmatrix} 2 & -2 & 4 \\ 0 & 6 & 8 \end{pmatrix}-\begin{pmatrix} 12 & 0 & -9 \\ -3 & -6 & 9 \end{pmatrix}=\begin{pmatrix} -10 & -2 & 13 \\ 3 & 12 & -1 \end{pmatrix}.$$

三、矩阵与矩阵相乘(矩阵的乘法)

n 个变量 $x_1,x_2,\cdots,x_n$ 与 m 个变量 $y_1,y_2,\cdots,y_m$ 之间的关系式

$$\begin{cases} y_1=a_{11}x_1+a_{12}x_2+\cdots+a_{1n}x_n, \\ y_2=a_{21}x_1+a_{22}x_2+\cdots+a_{2n}x_n, \\ \qquad\vdots \\ y_m=a_{m1}x_1+a_{m2}x_2+\cdots+a_{mn}x_n \end{cases} \tag{6.1.5}$$

表示一个从变量 $x_1,x_2,\cdots,x_n$ 到变量 $y_1,y_2,\cdots,y_m$ 的线性变换.

设有两个线性变换

$$\begin{cases} z_1=a_{11}y_1+a_{12}y_2+a_{13}y_3, \\ z_2=a_{21}y_1+a_{22}y_2+a_{23}y_3 \end{cases} \tag{6.1.6}$$

和

$$\begin{cases} y_1=b_{11}x_1+b_{12}x_2, \\ y_2=b_{21}x_1+b_{22}x_2, \\ y_3=b_{31}x_1+b_{32}x_2. \end{cases} \tag{6.1.7}$$

若要求出从 x_1,x_2 到 z_1,z_2 的线性变换，可将(6.1.7)代入(6.1.6)，得

$$\begin{cases} z_1=(a_{11}b_{11}+a_{12}b_{21}+a_{13}b_{31})x_1+(a_{11}b_{12}+a_{12}b_{22}+a_{13}b_{32})x_2, \\ z_2=(a_{21}b_{11}+a_{22}b_{21}+a_{23}b_{31})x_1+(a_{21}b_{12}+a_{22}b_{22}+a_{23}b_{32})x_2. \end{cases} \tag{6.1.8}$$

线性变换(6.1.8)可看作是先作线性变换(6.1.7)，再作线性变换(6.1.6)的结果，我们称线性变换(6.1.8)为线性变换(6.1.6)与(6.1.7)的乘积. 相应地，我们将线性变换(6.1.8)所对应的矩阵定义为 (6.1.6)与(6.1.7)所对应的矩阵的乘积，即

$$\begin{pmatrix} a_{11} & a_{12} & a_{13} \\ a_{21} & a_{22} & a_{23} \end{pmatrix} \begin{pmatrix} b_{11} & b_{12} \\ b_{21} & b_{22} \\ b_{31} & b_{32} \end{pmatrix} = \begin{pmatrix} a_{11}b_{11}+a_{12}b_{21}+a_{13}b_{31} & a_{11}b_{12}+a_{12}b_{22}+a_{13}b_{32} \\ a_{21}b_{11}+a_{22}b_{21}+a_{23}b_{31} & a_{21}b_{12}+a_{22}b_{22}+a_{23}b_{32} \end{pmatrix}.$$

一般地，我们有

定义 6.1.6 设有矩阵 $\boldsymbol{A}=(a_{ij})_{m\times s}$ 和 $\boldsymbol{B}=(b_{ij})_{s\times n}$，规定矩阵 $\boldsymbol{A}$ 与 $\boldsymbol{B}$ 的乘积是一个 $m\times n$ 矩阵 $\boldsymbol{C}=(c_{ij})_{m\times n}$，记为 $\boldsymbol{C}=\boldsymbol{AB}$. 其中

$$c_{ij} = a_{i1}b_{1j} + a_{i2}b_{2j} + \cdots + a_{is}b_{sj} = \sum_{k=1}^{s} a_{ik}b_{kj} \, (i = 1,2,\cdots,m; j = 1,2,\cdots,n).$$

注 只有当前一个矩阵的列数等于后一个矩阵的行数时，两个矩阵才能相乘，且乘积矩阵 $\boldsymbol{C}$ 中的元素 c_{ij} 就是矩阵 $\boldsymbol{A}$ 的第 i 行与 $\boldsymbol{B}$ 的第 j 列的对应元素乘积的和.

例 2 设

$$\boldsymbol{A}=\begin{pmatrix} 2 & 0 & -1 \\ -1 & 3 & 1 \\ 0 & 1 & -2 \end{pmatrix}, \boldsymbol{B}=\begin{pmatrix} 1 & 0 \\ 0 & 2 \\ 2 & 1 \end{pmatrix},$$

求 $\boldsymbol{AB}$.

解
$$\boldsymbol{AB} = \begin{pmatrix} 2 & 0 & -1 \\ -1 & 3 & 1 \\ 0 & 1 & -2 \end{pmatrix} \begin{pmatrix} 1 & 0 \\ 0 & 2 \\ 2 & 1 \end{pmatrix}$$
$$= \begin{pmatrix} 2\times1+0\times0+(-1)\times2 & 2\times0+0\times2+(-1)\times1 \\ -1\times1+3\times0+1\times2 & -1\times0+3\times2+1\times1 \\ 0\times1+1\times0+(-2)\times2 & 0\times0+1\times2+(-2)\times1 \end{pmatrix}$$
$$= \begin{pmatrix} 0 & 1 \\ 1 & 7 \\ -4 & 0 \end{pmatrix}.$$

例 3 求矩阵

$$\boldsymbol{A}=\begin{pmatrix} -1 & 1 \\ 1 & -1 \end{pmatrix} \text{与 } \boldsymbol{B}=\begin{pmatrix} -1 & -1 \\ 1 & 1 \end{pmatrix}$$

的乘积 $\boldsymbol{AB}$ 及 $\boldsymbol{BA}$.

解
$$\boldsymbol{AB}=\begin{pmatrix} -1 & 1 \\ 1 & -1 \end{pmatrix}\begin{pmatrix} -1 & -1 \\ 1 & 1 \end{pmatrix}=\begin{pmatrix} 2 & 2 \\ -2 & -2 \end{pmatrix},$$

$$BA=\begin{pmatrix}-1 & -1\\ 1 & 1\end{pmatrix}\begin{pmatrix}-1 & 1\\ 1 & -1\end{pmatrix}=\begin{pmatrix}0 & 0\\ 0 & 0\end{pmatrix}.$$

由以上例题可以看出矩阵乘法与数的乘法有两点显著不同.

(1) 矩阵乘法不满足交换律：$\boldsymbol{AB}$ 与 $\boldsymbol{BA}$ 未必同时有意义(如例 2,$\boldsymbol{BA}$ 没有意义),即使都有意义也未必相等(如例 3).因此为明确起见,称 $\boldsymbol{AB}$ 为 $\boldsymbol{A}$ 左乘 $\boldsymbol{B}$,或 $\boldsymbol{B}$ 右乘 $\boldsymbol{A}$.只有在一些特殊情况下才有 $\boldsymbol{AB}=\boldsymbol{BA}$,这时称 $\boldsymbol{A}$ 与 $\boldsymbol{B}$ 是乘法可交换的.容易验证数量矩阵 $a\boldsymbol{E}$ 与任何同阶方阵 $\boldsymbol{A}$ 相乘可交换,即

$$(a\boldsymbol{E})\boldsymbol{A}=\boldsymbol{A}(a\boldsymbol{E})=a\boldsymbol{A}.$$

(2) 矩阵乘法不满足消去律：由 $\boldsymbol{AB}=\boldsymbol{O}$ 不能得出 $\boldsymbol{A}=\boldsymbol{O}$ 或 $\boldsymbol{B}=\boldsymbol{O}$(如例 3),即 $\boldsymbol{A}\neq\boldsymbol{O},\boldsymbol{B}\neq\boldsymbol{O}$,但 $\boldsymbol{AB}$ 有可能为 $\boldsymbol{O}$.

有了矩阵相等和矩阵乘法的定义,我们可以把线性方程组(6.1.1)写成矩阵形式：

$$\boldsymbol{AX}=\boldsymbol{B},$$

其中

$$\boldsymbol{A}=\begin{pmatrix}a_{11} & a_{12} & \cdots & a_{1n}\\ a_{21} & a_{22} & \cdots & a_{2n}\\ \vdots & \vdots & & \vdots\\ a_{m1} & a_{m2} & \cdots & a_{mn}\end{pmatrix},$$

$$\boldsymbol{X}=\begin{pmatrix}x_1\\ x_2\\ \vdots\\ x_n\end{pmatrix},\boldsymbol{B}=\begin{pmatrix}b_1\\ b_2\\ \vdots\\ b_m\end{pmatrix}.$$

若 $\boldsymbol{B}=\boldsymbol{O}$,则称(6.1.1)为齐次线性方程组；若 $\boldsymbol{B}\neq\boldsymbol{O}$,则称(6.1.1)为非齐次线性方程组.也可以把线性变换(6.1.5)写成矩阵形式：$\boldsymbol{Y}=\boldsymbol{AX}$,其中

$$\boldsymbol{Y}=\begin{pmatrix}y_1\\ y_2\\ \vdots\\ y_m\end{pmatrix},$$

$\boldsymbol{A}$ 与 $\boldsymbol{X}$ 同上所设.

可以证明矩阵的乘法有下列性质：

(1) $(\boldsymbol{AB})\boldsymbol{C}=\boldsymbol{A}(\boldsymbol{BC})$；

(2) $\boldsymbol{A}(\boldsymbol{B}+\boldsymbol{C})=\boldsymbol{AB}+\boldsymbol{AC}$,

$(\boldsymbol{B}+\boldsymbol{C})\boldsymbol{A}=\boldsymbol{BA}+\boldsymbol{CA}$；

(3) $\lambda(\boldsymbol{AB})=(\lambda\boldsymbol{A})\boldsymbol{B}=\boldsymbol{A}(\lambda\boldsymbol{B})$, λ 为任意常数；

(4) $(a\boldsymbol{E}_m)\boldsymbol{A}_{m\times n}=a\boldsymbol{A}_{m\times n}=\boldsymbol{A}_{m\times n}(a\boldsymbol{E}_n)$.

定义 6.1.7 设 $\boldsymbol{A}$ 为 n 阶方阵,k 为正整数,称 k 个 $\boldsymbol{A}$ 的连乘积为方阵 $\boldsymbol{A}$ 的 k 次幂,记作 $\boldsymbol{A}^k$,即 $\boldsymbol{A}^k=\underbrace{\boldsymbol{AA}\cdots\boldsymbol{A}}_{k}$.

当 k,l 都为正整数时,由矩阵乘法的性质,得

(1) $\boldsymbol{A}^k\boldsymbol{A}^l=\boldsymbol{A}^{k+l}$；

(2) $(\boldsymbol{A}^k)^l=\boldsymbol{A}^{kl}$.

注 由于矩阵乘法不满足交换律,所以,一般地,$(\boldsymbol{AB})^k\neq\boldsymbol{A}^k\boldsymbol{B}^k$.

例 4 设 $\boldsymbol{A}=\begin{pmatrix}1&1\\0&1\end{pmatrix}$, 求 $\boldsymbol{A}^n$(n 为正整数).

解

$$\boldsymbol{A}=\begin{pmatrix}1&1\\0&1\end{pmatrix},$$

$$\boldsymbol{A}^2=\begin{pmatrix}1&1\\0&1\end{pmatrix}\begin{pmatrix}1&1\\0&1\end{pmatrix}=\begin{pmatrix}1&2\\0&1\end{pmatrix},$$

$$\boldsymbol{A}^3=\begin{pmatrix}1&2\\0&1\end{pmatrix}\begin{pmatrix}1&1\\0&1\end{pmatrix}=\begin{pmatrix}1&3\\0&1\end{pmatrix},$$

一般地,有

$$\boldsymbol{A}^n=\begin{pmatrix}1&n\\0&1\end{pmatrix}.$$

其正确性可由数学归纳法证得,证明略.

四、矩阵的转置

定义 6.1.8 把 $m\times n$ 矩阵 $\boldsymbol{A}$ 的行与列互换得到的一个 $n\times m$ 矩阵,称为 $\boldsymbol{A}$ 的转置矩阵,记作 $\boldsymbol{A}^{\mathrm{T}}$.

例如,矩阵

$$\boldsymbol{A}=\begin{pmatrix}1&2&0\\3&-1&1\end{pmatrix}$$

的转置矩阵为

$$\boldsymbol{A}^{\mathrm{T}}=\begin{pmatrix}1&3\\2&-1\\0&1\end{pmatrix}.$$

矩阵的转置也是一种运算,满足下述运算规律(假设运算都是可行的):

(1) $(\boldsymbol{A}^{\mathrm{T}})^{\mathrm{T}}=\boldsymbol{A}$;

(2) $(\boldsymbol{A}+\boldsymbol{B})^{\mathrm{T}}=\boldsymbol{A}^{\mathrm{T}}+\boldsymbol{B}^{\mathrm{T}}$;

(3) $(\lambda\boldsymbol{A})^{\mathrm{T}}=\lambda\boldsymbol{A}^{\mathrm{T}}$,$\lambda$ 为一个数;

(4) $(\boldsymbol{AB})^{\mathrm{T}}=\boldsymbol{B}^{\mathrm{T}}\boldsymbol{A}^{\mathrm{T}}$.

例 5 已知

$$\boldsymbol{A}=\begin{pmatrix}2&0&-1\\1&3&2\end{pmatrix},\ \boldsymbol{B}=\begin{pmatrix}1&7&-1\\4&2&3\\2&0&1\end{pmatrix},$$

求 $(\boldsymbol{AB})^{\mathrm{T}}$.

解 方法 1 因为 $\boldsymbol{AB}=\begin{pmatrix}2&0&-1\\1&3&2\end{pmatrix}\begin{pmatrix}1&7&-1\\4&2&3\\2&0&1\end{pmatrix}=\begin{pmatrix}0&14&-3\\17&13&10\end{pmatrix}$,

所以

$$(\boldsymbol{AB})^{\mathrm{T}}=\begin{pmatrix}0 & 17\\ 14 & 13\\ -3 & 10\end{pmatrix}.$$

方法 2　$(\boldsymbol{AB})^{\mathrm{T}}=\boldsymbol{B}^{\mathrm{T}}\boldsymbol{A}^{\mathrm{T}}=\begin{pmatrix}1 & 4 & 2\\ 7 & 2 & 0\\ -1 & 3 & 1\end{pmatrix}\begin{pmatrix}2 & 1\\ 0 & 3\\ -1 & 2\end{pmatrix}=\begin{pmatrix}0 & 17\\ 14 & 13\\ -3 & 10\end{pmatrix}.$

定义 6.1.9　设 $\boldsymbol{A}$ 为 n 阶方阵，若满足 $\boldsymbol{A}^{\mathrm{T}}=\boldsymbol{A}$，即

$$a_{ij}=a_{ji},i,j=1,2,\cdots,n,$$

则称 $\boldsymbol{A}$ 为对称矩阵.

对称矩阵的特点是：关于主对角线对称的对应元素相等.

定义 6.1.10　设 $\boldsymbol{A}$ 为 n 阶方阵，若满足 $\boldsymbol{A}^{\mathrm{T}}=-\boldsymbol{A}$，即

$$a_{ij}=-a_{ji},\ i,j=1,2,\cdots,n,$$

则称 $\boldsymbol{A}$ 为反对称矩阵.

反对称矩阵的特点是：主对角线上的元素全为 0，其余关于主对角线对称的对应元素互为相反数.

同步训练 6.1

1. 设 $\boldsymbol{A}=\begin{pmatrix}1 & 1 & 1\\ 2 & -1 & 0\\ 1 & -1 & 1\end{pmatrix}$，$\boldsymbol{B}=\begin{pmatrix}1 & -2 & 0\\ -1 & -2 & 4\\ 0 & 5 & 1\end{pmatrix}$，求 $2\boldsymbol{AB}-3\boldsymbol{A}$ 及 $\boldsymbol{A}^{\mathrm{T}}\boldsymbol{B}$.

***2.** 已知两个线性变换

$$\begin{cases}x_1=2y_1+y_3,\\ x_2=-2y_1+3y_2+2y_3,\\ x_3=4y_1+y_2+5y_3\end{cases}\text{和}\begin{cases}y_1=-3z_1+z_2,\\ y_2=2z_1+z_3,\\ y_3=-z_2+z_3,\end{cases}$$

求从 z_1,z_2,z_3 到 x_1,x_2,x_3 的线性变换.

3. 计算下列矩阵的乘积：

(1) $\begin{pmatrix}4 & 0 & -1\\ 1 & -2 & 3\\ 5 & 2 & 0\end{pmatrix}\begin{pmatrix}4\\ 2\\ -1\end{pmatrix}$；　　(2) $(1\ \ 2\ \ 3)\begin{pmatrix}3\\ 2\\ 1\end{pmatrix}$；

(3) $\begin{pmatrix}3\\ 2\\ 1\end{pmatrix}(1\ \ 2\ \ 3)$；　　(4) $\begin{pmatrix}1 & 2 & -1\\ -2 & 1 & 0\\ 1 & 0 & 3\end{pmatrix}\begin{pmatrix}2 & 3\\ 1 & -1\\ 2 & 4\end{pmatrix}$.

***4.** 设 $\boldsymbol{A}=\begin{pmatrix}-1 & 2\\ 0 & 3\end{pmatrix}$，$\boldsymbol{B}=\begin{pmatrix}2 & 0\\ -3 & 2\end{pmatrix}$，问：

(1) $\boldsymbol{AB}=\boldsymbol{BA}$ 吗？

(2) $(\boldsymbol{A}+\boldsymbol{B})^2=\boldsymbol{A}^2+2\boldsymbol{AB}+\boldsymbol{B}^2$ 吗？

(3) $(\boldsymbol{A}+\boldsymbol{B})(\boldsymbol{A}-\boldsymbol{B})=\boldsymbol{A}^2-\boldsymbol{B}^2$ 吗？

*5. 举反例说明下列命题是错误的：

(1) 若 $\boldsymbol{A}^2=\boldsymbol{O}$,则 $\boldsymbol{A}=\boldsymbol{O}$;

(2) 若 $\boldsymbol{A}^2=\boldsymbol{A}$,则 $\boldsymbol{A}=\boldsymbol{O}$ 或 $\boldsymbol{A}=\boldsymbol{E}$;

(3) 若 $\boldsymbol{AX}=\boldsymbol{AY}$,且 $\boldsymbol{A}\neq\boldsymbol{O}$,则 $\boldsymbol{X}=\boldsymbol{Y}$.

6. 设 $\boldsymbol{A}=\begin{pmatrix}1&1\\1&-1\end{pmatrix}$,$\boldsymbol{B}=\begin{pmatrix}1&1\\1&1\end{pmatrix}$,求 $(\boldsymbol{AB})^2$,$\boldsymbol{A}^2\boldsymbol{B}^2$.

6.2 矩阵的初等变换与初等矩阵

6.2.1 初等变换的概念

中学里,我们已经学过用加减消元法解二元、三元线性方程组.

例 1 解三元线性方程组

$$\begin{cases}-2x_1-3x_2+4x_3=4,\\x_1+2x_2-x_3=-3,\\2x_1+2x_2-6x_3=-2.\end{cases}\tag{6.2.1}$$

解 为叙述方便,方程组的第 i 个方程记为 $r_i(i=1,2,3)$. $r_i\leftrightarrow r_j$ 表示对调第 i、第 j 个方程,$kr_i(k\neq0)$表示用 k 乘第 i 个方程的两边,r_i+kr_j 表示第 j 个方程的两边乘以 k 然后加到第 i 个方程上.

$$式(6.2.1)\xrightarrow[r_3\times\frac{1}{2}]{r_1\leftrightarrow r_2}\begin{cases}x_1+2x_2-x_3=-3,\\-2x_1-3x_2+4x_3=4,\\x_1+x_2-3x_3=-1\end{cases}\tag{6.2.2}$$

$$\xrightarrow[r_3-r_1]{r_2+2r_1}\begin{cases}x_1+2x_2-x_3=-3,\\x_2+2x_3=-2,\\-x_2-2x_3=2\end{cases}\tag{6.2.3}$$

$$\xrightarrow{r_3+r_2}\begin{cases}x_1+2x_2-x_3=-3,\\x_2+2x_3=-2,\\0=0.\end{cases}\tag{6.2.4}$$

方程组(6.2.4)呈阶梯状(其增广矩阵为行阶梯形矩阵),称为阶梯形方程组. 方程组(6.2.4)有三个未知量,但有效方程只有两个,因此有一个未知量可以任意取值,称为自由未知量. 我们不妨取 x_3 为自由未知量. 先由方程组(6.2.4)中的第二个方程得

$$x_2=-2x_3-2,$$

再代入(6.2.4)中的第一个方程得

$$x_1=5x_3+1.$$

方程组(6.2.4)与方程组(6.2.1)是同解的,由于 x_3 取值的任意性,因此方程组(6.2.1)

有无穷多组解，其一般形式（通解）是

$$\begin{cases} x_1=5x_3+1, \\ x_2=-2x_3-2, \\ x_3=x_3. \end{cases}$$

若令 $x_3=k$，即得

$$\boldsymbol{X}=\begin{pmatrix} x_1 \\ x_2 \\ x_3 \end{pmatrix}=\begin{pmatrix} 5k+1 \\ -2k-2 \\ k \end{pmatrix}=k\begin{pmatrix} 5 \\ -2 \\ 1 \end{pmatrix}+\begin{pmatrix} 1 \\ -2 \\ 0 \end{pmatrix},$$

其中 k 为任意常数.

解方程组(6.2.1)的过程中施行了三种变换：

(1) 换位变换，即互换两个方程的位置；

(2) 倍乘变换，即用一个非零常数乘某一方程；

(3) 倍加变换，即把一个方程乘以常数后加到另一个方程上去.

这三种变换统称为线性方程组的初等变换.

首先，我们用换位、倍乘和倍加变换得到的新方程组可以用同类型变换变回原方程组（例如式(6.2.2) $\xrightarrow[r_3\times 2]{r_1\leftrightarrow r_2}$ 式(6.2.1)），因此线性方程组的初等变换是同解变换.

其次，可以证明任何线性方程组都可以用初等变换化为阶梯形方程组，而阶梯形方程组很容易判定是否有解，且有解时容易通过自下而上的“回代”得到解.

由于线性方程组 $\boldsymbol{AX}=\boldsymbol{B}$ 和其增广矩阵 $\overline{\boldsymbol{A}}$ 相互唯一地确定，$\overline{\boldsymbol{A}}$ 的每一行对应 $\boldsymbol{AX}=\boldsymbol{B}$ 中的一个方程，因此线性方程组的初等变换就对应着其增广矩阵的相应行变换.

定义 6.2.1　对矩阵施行的下列三种变换统称为矩阵的初等行变换：

(1) 换位变换　对调矩阵第 i 行和第 j 行，记为 $r_i\leftrightarrow r_j$；

(2) 倍乘变换　用常数 $k\neq 0$ 乘第 i 行，记为 kr_i；

(3) 倍加变换　把第 j 行的 k 倍加到第 i 行上去，记为 r_i+kr_j.

把上述定义中的“行”换成“列”（只要把记号“r”换成“c”）即为矩阵的初等列变换. 矩阵的初等行变换和初等列变换统称为矩阵的初等变换.

回顾上例，方程组(6.2.1)的初等变换（消元）过程可以用增广矩阵的初等行变换表示如下：

$$\overline{\boldsymbol{A}}=\begin{pmatrix} -2 & -3 & 4 & 4 \\ 1 & 2 & -1 & -3 \\ 2 & 2 & -6 & -2 \end{pmatrix}\xrightarrow[r_3\times\frac{1}{2}]{r_1\leftrightarrow r_2}\begin{pmatrix} 1 & 2 & -1 & -3 \\ -2 & -3 & 4 & 4 \\ 1 & 1 & -3 & -1 \end{pmatrix}$$

$$=\overline{\boldsymbol{A}}_1\xrightarrow[r_3-r_1]{r_2+2r_1}\begin{pmatrix} 1 & 2 & -1 & -3 \\ 0 & 1 & 2 & -2 \\ 0 & -1 & -2 & 2 \end{pmatrix}=\overline{\boldsymbol{A}}_2\xrightarrow{r_3+r_2}\begin{pmatrix} 1 & 2 & -1 & -3 \\ 0 & 1 & 2 & -2 \\ 0 & 0 & 0 & 0 \end{pmatrix}$$

$$=\overline{\boldsymbol{A}}_3\xrightarrow{r_1-2r_2}\begin{pmatrix} 1 & 0 & -5 & 1 \\ 0 & 1 & 2 & -2 \\ 0 & 0 & 0 & 0 \end{pmatrix}=\overline{\boldsymbol{A}}_4,$$

$\overline{A}_3$是行阶梯形矩阵,$\overline{A}_4$是行最简形矩阵,$\overline{A}_4$对应的方程组为

$$\begin{cases} x_1-5x_3=1, \\ x_2+2x_3=-2, \\ 0=0. \end{cases}$$

取 x_3 为自由未知量,并令 $x_3=k$,即得

$$X=\begin{pmatrix} x_1 \\ x_2 \\ x_3 \end{pmatrix}=\begin{pmatrix} 5k+1 \\ -2k-2 \\ k \end{pmatrix}=k\begin{pmatrix} 5 \\ -2 \\ 1 \end{pmatrix}+\begin{pmatrix} 1 \\ -2 \\ 0 \end{pmatrix},$$

其中 k 为任意常数.

利用初等行变换把一个矩阵化为行阶梯形矩阵和行最简形矩阵是一种很重要的运算.行阶梯形矩阵不是唯一的,但其非零行的行数是唯一确定的(第 5 节将给出证明).在解线性方程组 $\boldsymbol{AX}=\boldsymbol{B}$ 时,将增广矩阵$\overline{\boldsymbol{A}}$化为行阶梯形矩阵,就可以看出原方程组中是否有矛盾方程,从而判断 $\boldsymbol{AX}=\boldsymbol{B}$ 是否有解.在有解时,进一步地将$\overline{\boldsymbol{A}}$化为行最简形矩阵,即可写出方程组 $\boldsymbol{AX}=\boldsymbol{B}$ 的解.

例 2 将矩阵

$$\boldsymbol{A}=\begin{pmatrix} 2 & 1 & 2 & 3 \\ 4 & 1 & 3 & 5 \\ 2 & 0 & 1 & 2 \end{pmatrix}$$

化为行阶梯形矩阵和行最简形矩阵.

解

$$\boldsymbol{A}=\begin{pmatrix} 2 & 1 & 2 & 3 \\ 4 & 1 & 3 & 5 \\ 2 & 0 & 1 & 2 \end{pmatrix}\xrightarrow[r_3-r_1]{r_2-2r_1}\begin{pmatrix} 2 & 1 & 2 & 3 \\ 0 & -1 & -1 & -1 \\ 0 & -1 & -1 & -1 \end{pmatrix}$$

$$\xrightarrow{r_3-r_2}\begin{pmatrix} 2 & 1 & 2 & 3 \\ 0 & -1 & -1 & -1 \\ 0 & 0 & 0 & 0 \end{pmatrix}\ (\text{行阶梯形矩阵})$$

$$\xrightarrow[r_2\times(-1)]{r_1\times\frac{1}{2}}\begin{pmatrix} 1 & \frac{1}{2} & 1 & \frac{3}{2} \\ 0 & 1 & 1 & 1 \\ 0 & 0 & 0 & 0 \end{pmatrix}$$

$$\xrightarrow{r_1-\frac{1}{2}r_2}\begin{pmatrix} 1 & 0 & \frac{1}{2} & 1 \\ 0 & 1 & 1 & 1 \\ 0 & 0 & 0 & 0 \end{pmatrix}\ (\text{行最简形矩阵}).$$

例 3 求解方程组

$$\begin{cases} x_1+x_2+2x_3+3x_4=1, \\ x_2+x_3-4x_4=1, \\ x_1+2x_2+3x_3-x_4=4, \\ 2x_1+3x_2-x_3-x_4=-6. \end{cases}$$

解　$\overline{A}=\begin{pmatrix}1&1&2&3&1\\0&1&1&-4&1\\1&2&3&-1&4\\2&3&-1&-1&-6\end{pmatrix}$

$$\xrightarrow[r_4-2r_1]{r_3-r_1}\begin{pmatrix}1&1&2&3&1\\0&1&1&-4&1\\0&1&1&-4&3\\0&1&-5&-7&-8\end{pmatrix}=\overline{A}_1$$

$$\xrightarrow[r_4-r_2]{r_3-r_2}\begin{pmatrix}1&1&2&3&1\\0&1&1&-4&1\\0&0&0&0&2\\0&0&-6&-3&-9\end{pmatrix}=\overline{A}_2$$

$$\xrightarrow{r_3\leftrightarrow r_4}\begin{pmatrix}1&1&2&3&1\\0&1&1&-4&1\\0&0&-6&-3&-9\\0&0&0&0&2\end{pmatrix}=\overline{A}_3,$$

矩阵$\overline{A}_3$是行阶梯形矩阵,其对应的方程组为

$$\begin{cases}x_1+x_2+2x_3+3x_4=1,\\x_2+x_3-4x_4=1,\\-6x_3-3x_4=-9,\\0=2,\end{cases}$$

第四个方程为 $0=2$,这是不可能的,故原方程组无解.

例 4　求解方程组

$$\begin{cases}x_1+x_2+2x_3+3x_4=1,\\x_1+2x_2+3x_3-x_4=-4,\\3x_1-x_2-x_3-2x_4=-4,\\2x_1+3x_2-x_3-x_4=-6.\end{cases}$$

解　$\overline{A}=\begin{pmatrix}1&1&2&3&1\\1&2&3&-1&-4\\3&-1&-1&-2&-4\\2&3&-1&-1&-6\end{pmatrix}$

$$\xrightarrow[\substack{r_3-3r_1\\r_4-2r_1}]{r_2-r_1}\begin{pmatrix}1&1&2&3&1\\0&1&1&-4&-5\\0&-4&-7&-11&-7\\0&1&-5&-7&-8\end{pmatrix}=\overline{A}_1$$

$$\xrightarrow[r_4-r_2]{r_3+4r_2}\begin{pmatrix}1&1&2&3&1\\0&1&1&-4&-5\\0&0&-3&-27&-27\\0&0&-6&-3&-3\end{pmatrix}=\overline{A}_2$$

$$\xrightarrow{r_4-2r_3}\begin{pmatrix}1&1&2&3&1\\0&1&1&-4&-5\\0&0&-3&-27&-27\\0&0&0&51&51\end{pmatrix}=\overline{\boldsymbol{A}}_3$$

$$\xrightarrow[r_4\times\frac{1}{51}]{r_3\times\left(-\frac{1}{3}\right)}\begin{pmatrix}1&1&2&3&1\\0&1&1&-4&-5\\0&0&1&9&9\\0&0&0&1&1\end{pmatrix}=\overline{\boldsymbol{A}}_4$$

$$\xrightarrow[\substack{r_2+4r_4\\ r_1-3r_4}]{r_3-9r_4}\begin{pmatrix}1&1&2&0&-2\\0&1&1&0&-1\\0&0&1&0&0\\0&0&0&1&1\end{pmatrix}=\overline{\boldsymbol{A}}_5$$

$$\xrightarrow[\substack{r_1-2r_3\\ r_1-r_2}]{r_2-r_3}\begin{pmatrix}1&0&0&0&-1\\0&1&0&0&-1\\0&0&1&0&0\\0&0&0&1&1\end{pmatrix}=\overline{\boldsymbol{A}}_6,$$

$\overline{\boldsymbol{A}}_3$是行阶梯形矩阵,$\overline{\boldsymbol{A}}_6$是行最简形矩阵,$\overline{\boldsymbol{A}}_6$对应的方程组为

$$\begin{cases}x_1=-1,\\x_2=-1,\\x_3=0,\\x_4=1.\end{cases}$$

故原方程组有唯一解,即

$$\begin{pmatrix}x_1\\x_2\\x_3\\x_4\end{pmatrix}=\begin{pmatrix}-1\\-1\\0\\1\end{pmatrix}.$$

6.2.2 初等矩阵

定义 6.2.2 将单位矩阵作一次初等变换所得的矩阵称为初等矩阵.

对应于三类初等行、列变换,有下列三种类型的初等矩阵:

(1) 初等换位矩阵 对调单位矩阵的第 i,j 两行或第 i,j 两列而得到的矩阵,即为

$$
\boldsymbol{E}(i,j)=\begin{pmatrix}
1 &&&&&&&&&& \\
& \ddots &&&&&&&&& \\
&& 1 &&&&&&&& \\
&&& 0 && \cdots && 1 &&& \\
&&&& 1 &&&&&& \\
&&& \vdots && \vdots && \vdots &&& \\
&&&&&& 1 &&&& \\
&&& 1 && \cdots && 0 &&& \\
&&&&&&&& 1 && \\
&&&&&&&&& \ddots & \\
&&&&&&&&&& 1
\end{pmatrix}
\begin{matrix} \\ \\ \\ \leftarrow 第\ i\ 行 \\ \\ \\ \\ \leftarrow 第\ j\ 行 \\ \\ \\ \\ \end{matrix}.
$$

(2) 初等倍乘矩阵　用常数 $k\neq 0$ 乘单位矩阵的第 i 行或第 i 列而得到的矩阵,即为

$$
\boldsymbol{E}(i(k))=\begin{pmatrix}
1 &&&&&& \\
& \ddots &&&&& \\
&& 1 &&&& \\
&&& k &&& \\
&&&& 1 && \\
&&&&& \ddots & \\
&&&&&& 1
\end{pmatrix}.
\begin{matrix} \\ \\ \\ \leftarrow 第\ i\ 行 \\ \\ \\ \\ \end{matrix}
$$

(3) 初等倍加矩阵　把单位矩阵的第 j 行的 k 倍加到第 i 行上而得到的矩阵,即为

$$
\boldsymbol{E}(i,j(k))=\begin{pmatrix}
1 &&&&&& \\
& \ddots &&&&& \\
&& 1 & \cdots & k && \\
&&& \ddots & \vdots && \\
&&&& 1 && \\
&&&&& \ddots & \\
&&&&&& 1
\end{pmatrix}
\begin{matrix} \\ \\ \leftarrow 第\ i\ 行 \\ \\ \leftarrow 第\ j\ 行 \\ \\ \\ \end{matrix}.
$$

$\boldsymbol{E}(i,j(k))$也可看作是把单位矩阵的第 i 列的 k 倍加到第 j 列上而得到的矩阵.

下面我们用一个初等矩阵左乘或右乘一个矩阵.例如,

$$
\begin{pmatrix} 1 & 0 & 0 \\ 0 & 0 & 1 \\ 0 & 1 & 0 \end{pmatrix}
\begin{pmatrix} a_{11} & a_{12} & \cdots & a_{1n} \\ a_{21} & a_{22} & \cdots & a_{2n} \\ a_{31} & a_{32} & \cdots & a_{3n} \end{pmatrix}
=\begin{pmatrix} a_{11} & a_{12} & \cdots & a_{1n} \\ a_{31} & a_{32} & \cdots & a_{3n} \\ a_{21} & a_{22} & \cdots & a_{2n} \end{pmatrix};
$$

$$
\begin{pmatrix} a_{11} & a_{12} & a_{13} \\ a_{21} & a_{22} & a_{23} \\ \vdots & \vdots & \vdots \\ a_{m1} & a_{m2} & a_{m3} \end{pmatrix}
\begin{pmatrix} 1 & 0 & 0 \\ 0 & 0 & 1 \\ 0 & 1 & 0 \end{pmatrix}
=\begin{pmatrix} a_{11} & a_{13} & a_{12} \\ a_{21} & a_{23} & a_{22} \\ \vdots & \vdots & \vdots \\ a_{m1} & a_{m3} & a_{m2} \end{pmatrix}.
$$

由此可见,用三阶初等换位矩阵 $\boldsymbol{E}(2,3)$左乘矩阵 $\boldsymbol{A}_{3\times n}$,相当于对矩阵 $\boldsymbol{A}_{3\times n}$ 作一次相应的初等换位行变换(即对调矩阵 $\boldsymbol{A}_{3\times n}$的第 2,3 两行);用三阶初等换位矩阵 $\boldsymbol{E}(2,3)$右乘矩阵 $\boldsymbol{A}_{m\times 3}$,相当于对矩阵 $\boldsymbol{A}_{m\times 3}$ 作一次相应的初等换位列变换(即对调矩阵 $\boldsymbol{A}_{m\times 3}$的第 2,3 两列).

用初等倍乘矩阵或初等倍加矩阵左乘或右乘一个矩阵,可得类似的结论.

一般地,有如下定理:

定理 6.2.1 设 $\boldsymbol{A}$ 是一个 $m\times n$ 矩阵,对 $\boldsymbol{A}$ 施行一次初等行变换,相当于在 $\boldsymbol{A}$ 的左边乘一个相应的 m 阶初等矩阵;对 $\boldsymbol{A}$ 施行一次初等列变换,相当于在 $\boldsymbol{A}$ 的右边乘一个相应的 n 阶初等矩阵.

由定理可知,对于同阶初等矩阵,有

(1) $\boldsymbol{E}(i,j)\cdot\boldsymbol{E}(i,j)=\boldsymbol{E}$; (6.2.5)

(2) $\boldsymbol{E}\left(i\left(\frac{1}{k}\right)\right)\cdot\boldsymbol{E}(i(k))=\boldsymbol{E}$; (6.2.6)

(3) $\boldsymbol{E}(i,j(-k))\cdot\boldsymbol{E}(i,j(k))=\boldsymbol{E}$. (6.2.7)

同步训练 6.2

1. 把下列矩阵化为行阶梯形矩阵及行最简形矩阵:

(1) $\begin{pmatrix}1&2&-1&1\\-3&-1&-1&-1\\4&3&0&2\end{pmatrix}$; (2) $\begin{pmatrix}1&1&1&1&5\\3&2&1&1&4\\0&1&2&2&11\\5&4&3&3&14\end{pmatrix}$.

2. 求解下面的方程组:

(1) $\begin{cases}3x_1-5x_2+x_3-2x_4=0,\\2x_1+3x_2-5x_3+x_4=0,\\-x_1+7x_2-4x_3+3x_4=0,\\4x_1+15x_2-7x_3+9x_4=0;\end{cases}$

(2) $\begin{cases}x_1+x_2+2x_3+3x_4=1,\\x_2+x_3-4x_4=1,\\x_1+2x_2+3x_3-x_4=4,\\2x_1+3x_2-x_3-x_4=-6;\end{cases}$

(3) $\begin{cases}x_1+x_2+3x_3+2x_4-x_5=1,\\3x_1+3x_2+5x_3+4x_4-3x_5=2,\\2x_1+2x_2+4x_3+4x_4-x_5=3.\end{cases}$

6.3　行列式

6.3.1　n 阶行列式的定义

对于二元线性方程组

$$\begin{cases} a_{11}x_1+a_{12}x_2=b_1, \\ a_{21}x_1+a_{22}x_2=b_2. \end{cases} \tag{6.3.1}$$

用消元法可得：当 $a_{11}a_{22}-a_{12}a_{21}\neq 0$ 时，存在唯一的解

$$x_1=\frac{b_1a_{22}-b_2a_{12}}{a_{11}a_{22}-a_{12}a_{21}},x_2=\frac{b_2a_{11}-b_1a_{21}}{a_{11}a_{22}-a_{12}a_{21}}.$$

如果我们将方程组(6.3.1)的系数矩阵

$$\mathbf{A}=\begin{pmatrix} a_{11} & a_{12} \\ a_{21} & a_{22} \end{pmatrix}$$

所对应的二阶行列式定义为

$$D=|\mathbf{A}|=\begin{vmatrix} a_{11} & a_{12} \\ a_{12} & a_{22} \end{vmatrix}=a_{11}a_{22}-a_{12}a_{21}, \tag{6.3.2}$$

并记

$$D_1=\begin{vmatrix} b_1 & a_{12} \\ b_2 & a_{22} \end{vmatrix},D_2=\begin{vmatrix} a_{11} & b_1 \\ a_{21} & b_2 \end{vmatrix},$$

则方程组(6.3.2)的解可写成如下形式：

$$x_1=\frac{D_1}{D},x_2=\frac{D_2}{D}. \tag{6.3.3}$$

同样，可以用行列式表示三元线性方程组

$$\begin{cases} a_{11}x_1+a_{12}x_2+a_{13}x_3=b_1, \\ a_{21}x_1+a_{22}x_2+a_{23}x_3=b_2, \\ a_{31}x_1+a_{32}x_2+a_{33}x_3=b_3 \end{cases} \tag{6.3.4}$$

的解. 为此定义

$$D=\begin{vmatrix} a_{11} & a_{12} & a_{13} \\ a_{21} & a_{22} & a_{23} \\ a_{31} & a_{32} & a_{33} \end{vmatrix}=a_{11}a_{22}a_{33}+a_{12}a_{23}a_{31}+a_{13}a_{21}a_{32}-a_{13}a_{22}a_{31}-a_{12}a_{21}a_{33}-a_{11}a_{23}a_{32} \tag{6.3.5}$$

为系数矩阵所对应的三阶行列式，记 $D_j(j=1,2,3)$ 为方程组(6.3.4)右端的常数列替换 D 中的第 j 列所得的三阶行列式，则当 $D\neq 0$ 时，方程组(6.3.4)的解可写为

$$x_1=\frac{D_1}{D},\ x_2=\frac{D_2}{D},\ x_3=\frac{D_3}{D}. \tag{6.3.6}$$

式(6.3.3)和式(6.3.6)分别用二、三阶行列式来表示方程组(6.3.1)和(6.3.4)的解. 这

些公式形式简单,便于记忆,明显地表示出线性方程组的解与方程组的系数、常数项的关系.这就启发我们考虑:如果含有 n 个未知量、n 个方程的线性方程组有唯一解,能否给出类似的求解公式?回答是肯定的.为此,必须推广二、三阶行列式.

二阶及三阶行列式的定义,即公式(6.3.2)及(6.3.5),可以用"对角线法则"来记忆(见下图):

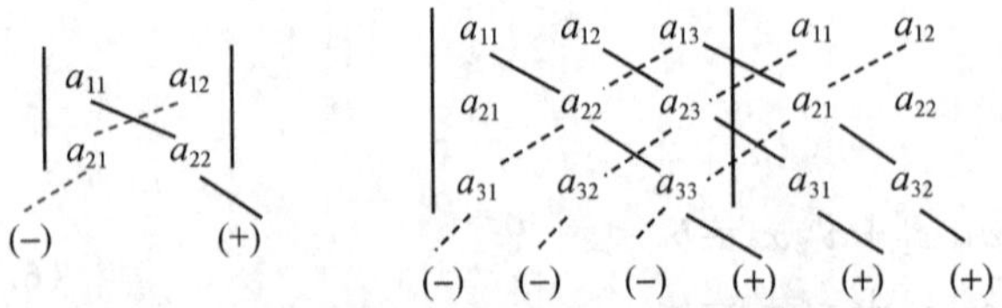

二阶行列式等于主对角线元素的乘积减去次对角线元素的乘积.

三阶行列式等于主对角线及与其平行的两条线上各 3 个元素的乘积之和,减去次对角线及与其平行的两条线上各 3 个元素乘积之和.

例 1 求行列式的值:

(1) $\begin{vmatrix} 1 & -2 \\ 3 & 4 \end{vmatrix}$; (2) $\begin{vmatrix} 1 & 0 & -2 \\ 2 & -1 & 1 \\ -3 & 1 & 3 \end{vmatrix}$.

解 (1) $\begin{vmatrix} 1 & -2 \\ 3 & 4 \end{vmatrix}=1\times4-(-2)\times3=10.$

(2) $\begin{vmatrix} 1 & 0 & -2 \\ 2 & -1 & 1 \\ -3 & 1 & 3 \end{vmatrix}=-3+(-4)+0-(-6)-0-1=-2.$

例 2 求解方程

$$\begin{vmatrix} 1 & 1 & 1 \\ 2 & 3 & x \\ 4 & 9 & x^2 \end{vmatrix}=0.$$

解 方程左端的三阶行列式

$$D=3x^2+4x+18-12-9x-2x^2=x^2-5x+6,$$

由 $x^2-5x+6=0$,解得 $x=2$ 或 $x=3$.

分析三阶行列式的结构,我们发现:

(1) 式(6.3.5)的右端有 3! 项,除去带有的正、负号外,每项都是这个行列式中的每一行和每一列中任取 1 个且仅取 1 个元素的积.如果把元素的第 1 个下标,即行标(表示元素所在的行)按照 1,2,3 的顺序排列,则它的任意一项可写成 $a_{1j_1}a_{2j_2}a_{3j_3}$,这里 j_1,j_2,j_3 是 1,2,3 的一个排列(由 1,2,3 这三个数按某种次序所排成的一个有序数组),元素的第 2 个下标,即列标 j_k 表示该元素所在的列.

(2) 这 6 项中带有正号的那些项,列标 j_1,j_2,j_3 形成 3 个排列:

$$123,231,312;$$

带有负号的那些项的列标也形成 3 个排列:

$$321,213,132.$$

我们感兴趣的是，这两组排列的区别是什么？为了回答这个问题，我们给出下面几个定义.

定义 6.3.1　由 $1,2,\cdots,n$ 这 n 个数按某种次序所排成的一个有序数组 $j_1j_2\cdots j_n$ 称为一个 n 元全排列.

显然，n 元全排列的个数为 $n!$.

定义 6.3.2　对于 n 个不同元素，若事先规定各元素之间有一个标准次序(如 n 个不同的自然数，可规定由小到大为标准次序)，于是在这 n 个元素的任一排列中，当某两个元素的先后次序与标准次序不同时，就说有 1 个逆序.

定义 6.3.3　一个排列中所有逆序的总数称为这个排列的逆序数，用 τ 表示.

定义 6.3.4　逆序数为奇数的排列称为奇排列，逆序数为偶数的排列称为偶排列.

标准排列 $12\cdots n$ 的逆序数 $\tau(12\cdots n)=0$，为偶排列. 可以证明：当 $n\geqslant 2$ 时，n 元全排列中奇、偶排列各占一半，即各有 $\frac{n!}{2}$ 个.

例 3　求排列 32514 的逆序数，并指明奇偶性.

解　在排列 32514 中，

3 排在首位，没有逆序；

2 的前面比 2 大的数有一个(3)，故有 1 个逆序；

5 是最大数，没有逆序；

1 的前面比 1 大的数有三个(3,2,5)，故有 3 个逆序；

4 的前面比 4 大的数有一个(5)，故有 1 个逆序.

于是这个排列的逆序数为 $\tau(32514)=1+3+1=5$.

从而排列 32514 是奇排列.

现在回过来考察三阶行列式展开式中各项正负号的取法. 因为

$$\tau(123)=0,\ \tau(231)=2,\ \tau(312)=2,$$
$$\tau(321)=3,\ \tau(213)=1,\ \tau(132)=1,$$

由此可见：任一项带正号或负号完全由它的行标为标准次序时列标形成的排列 $j_1j_2j_3$ 的奇偶性来决定，即当列标形成的排列为偶排列时，该项取正号；列标形成的排列为奇排列时，该项取负号. 因此，我们有

$$\begin{vmatrix} a_{11} & a_{12} & a_{13} \\ a_{21} & a_{22} & a_{23} \\ a_{31} & a_{32} & a_{33} \end{vmatrix} = \sum^{3!}(-1)^{\tau(j_1j_2j_3)}a_{1j_1}a_{2j_2}a_{3j_3}, \tag{6.3.7}$$

其中 $\sum^{3!}$ 表示对 1,2,3 的所有排列求和，共有 $3!=6$ 项.

二阶行列式也可以表示成和式

$$\begin{vmatrix} a_{11} & a_{12} \\ a_{21} & a_{22} \end{vmatrix} = \sum^{2!}(-1)^{\tau(j_1j_2)}a_{1j_1}a_{2j_2}.$$

定义 6.3.5　设 $\boldsymbol{A}=(a_{ij})_{n\times n}$ 是一个 n 阶方阵($n\geqslant 2$)，称

$$\begin{vmatrix} a_{11} & a_{12} & \cdots & a_{1n} \\ a_{21} & a_{22} & \cdots & a_{2n} \\ \vdots & \vdots & & \vdots \\ a_{n1} & a_{n2} & \cdots & a_{nn} \end{vmatrix} = \sum^{n!} (-1)^{\tau(j_1 j_2 \cdots j_n)} a_{1j_1} a_{2j_2} \cdots a_{nj_n} \tag{6.3.8}$$

为 n 阶行列式，也可称为方阵 $\mathbf{A}$ 的行列式，记为 $|\mathbf{A}|$ 或 $\det\mathbf{A}$.

规定一阶行列式 $|a|=a$(注意不要与绝对值混淆).

下面是 n 阶行列式的等价定义：

$$\begin{vmatrix} a_{11} & a_{12} & \cdots & a_{1n} \\ a_{21} & a_{22} & \cdots & a_{2n} \\ \vdots & \vdots & & \vdots \\ a_{n1} & a_{n2} & \cdots & a_{nn} \end{vmatrix} = \sum^{n!} (-1)^{\tau(i_1 i_2 \cdots i_n)} a_{i_1 1} a_{i_2 2} \cdots a_{i_n n}, \tag{6.3.9}$$

上式右端各项的 n 个因子是按列标组成标准次序的.

由行列式的定义知，若行列式的某行(或列)的元素都是零，则此行列式为零.

例 4 证明：对角行列式(对角线以外的元素均为 0)

(1) $\begin{vmatrix} \lambda_1 & & & \\ & \lambda_2 & & \\ & & \ddots & \\ & & & \lambda_n \end{vmatrix} = \lambda_1 \lambda_2 \cdots \lambda_n$;

(2) $\begin{vmatrix} & & & \lambda_1 \\ & & \lambda_2 & \\ & \iddots & & \\ \lambda_n & & & \end{vmatrix} = (-1)^{\frac{n(n-1)}{2}} \lambda_1 \lambda_2 \cdots \lambda_n$.

证 (1)由行列式的定义即得.

(2) 若记 $\lambda_i = a_{i,n+1-i}$，则由行列式的定义可得

$$\begin{vmatrix} & & & \lambda_1 \\ & & \lambda_2 & \\ & \iddots & & \\ \lambda_n & & & \end{vmatrix} = \begin{vmatrix} & & & a_{1n} \\ & & a_{2,n-1} & \\ & \iddots & & \\ a_{n1} & & & \end{vmatrix} = (-1)^{\tau} a_{1n} a_{2,n-1} \cdots a_{n1} = (-1)^{\tau} \lambda_1 \lambda_2 \cdots \lambda_n,$$

其中 τ 为排列 $n(n-1)\cdots 21$ 的逆序数，故

$$\tau = 1+2+\cdots+(n-1) = \frac{n(n-1)}{2}.$$

例 5 证明：行列式

$$D = \begin{vmatrix} a_{11} & 0 & \cdots & 0 \\ a_{21} & a_{22} & \cdots & 0 \\ \vdots & \vdots & & \vdots \\ a_{n1} & a_{n2} & \cdots & a_{nn} \end{vmatrix} = a_{11} a_{22} \cdots a_{nn}.$$

证 由于当 $j>i$ 时，$a_{ij}=0$，故 D 中可能不为 0 的元素 a_{ip_i}，其下标应有 $p_i \leqslant i$，即 $p_1 \leqslant 1, p_2 \leqslant 2, \cdots, p_n \leqslant n$.

在所有排列 $p_1 p_2 \cdots p_n$ 中，能满足上述关系的排列只有一个排列 $12\cdots n$，其逆序数 $\tau=0$，

所以 D 中可能不为 0 的项只有一项 $(-1)^{t}a_{11}a_{22}\cdots a_{nn}$，即

$$D=a_{11}a_{22}\cdots a_{nn}.$$

对角线以下(或上)的元素都为零的行列式称为上(或下)三角行列式，它们的值与对角行列式一样，都等于主对角线上元素的乘积.

6.3.2 行列式的性质

记

$$|\boldsymbol{A}|=\begin{vmatrix} a_{11} & a_{12} & \cdots & a_{1n} \\ a_{21} & a_{22} & \cdots & a_{2n} \\ \vdots & \vdots & & \vdots \\ a_{n1} & a_{n2} & \cdots & a_{nn} \end{vmatrix},\ |\boldsymbol{A}^{\mathrm{T}}|=\begin{vmatrix} a_{11} & a_{21} & \cdots & a_{n1} \\ a_{12} & a_{22} & \cdots & a_{n2} \\ \vdots & \vdots & & \vdots \\ a_{1n} & a_{2n} & \cdots & a_{nn} \end{vmatrix},$$

行列式 $|\boldsymbol{A}^{\mathrm{T}}|$ 称为行列式 $|\boldsymbol{A}|$ 的转置行列式.

性质 1　行列式与它的转置行列式相等.

例如，

$$\begin{vmatrix} 3 & 4 \\ -2 & -1 \end{vmatrix}=\begin{vmatrix} 3 & -2 \\ 4 & -1 \end{vmatrix}=5.$$

性质 1 说明在行列式中，行、列的地位平等. 因此行列式对行成立的性质，对列也成立，反之亦然. 以下叙述行列式性质时，只对行叙述.

性质 2　互换行列式的两行，行列式变号.

以 r_i 表示行列式的第 i 行，以 c_i 表示行列式的第 i 列. 交换行列式的第 i,j 两行记作 $r_i\leftrightarrow r_j$，交换第 i,j 两列记作 $c_i\leftrightarrow c_j$.

例如，

$$\begin{vmatrix} 3 & 4 \\ -2 & -1 \end{vmatrix}=5,\ \begin{vmatrix} -2 & -1 \\ 3 & 4 \end{vmatrix}=-5.$$

推论　若行列式有两行元素完全相同，则此行列式为零.

性质 3　行列式中某一行的所有元素乘同一个数 k 等于用 k 乘原行列式.

第 i 行(或列)乘以 k，记作 kr_i(或 kc_i).

推论 1　行列式中某一行的所有元素的公因子可提到行列式记号外.

第 i 行(或列)提出所有元素的公因子 k，记作 $\frac{1}{k}r_i\left(或\frac{1}{k}c_i\right)$.

由此推论及矩阵的运算，设 $\boldsymbol{A}$ 为 n 阶方阵，λ 为数，则 $|\lambda\boldsymbol{A}|=\lambda^n|\boldsymbol{A}|$.

例如，若 $\boldsymbol{A}$ 是三阶方阵且 $|\boldsymbol{A}|=2$，则 $|2\boldsymbol{A}|=2^3\cdot 2=16$.

推论 2　行列式中如果有两行的元素对应成比例，则此行列式为零.

性质 4　若行列式的某一行元素都是两数之和，如

$$D=\begin{vmatrix} a_{11} & a_{12} & \cdots & a_{1n} \\ \vdots & \vdots & & \vdots \\ a_{i1}+a'_{i1} & a_{i2}+a'_{i2} & \cdots & a_{in}+a'_{in} \\ \vdots & \vdots & & \vdots \\ a_{n1} & a_{n2} & \cdots & a_{nn} \end{vmatrix},$$

则行列式 D 等于下面的两个行列式之和：

$$D=\begin{vmatrix} a_{11} & a_{12} & \cdots & a_{1n} \\ \vdots & \vdots & & \vdots \\ a_{i1} & a_{i2} & \cdots & a_{in} \\ \vdots & \vdots & & \vdots \\ a_{n1} & a_{n2} & \cdots & a_{nn} \end{vmatrix}+\begin{vmatrix} a_{11} & a_{12} & \cdots & a_{1n} \\ \vdots & \vdots & & \vdots \\ a'_{i1} & a'_{i2} & \cdots & a'_{in} \\ \vdots & \vdots & & \vdots \\ a_{n1} & a_{n2} & \cdots & a_{nn} \end{vmatrix}.$$

注 行列式的加法与矩阵的加法不同.

性质 5 把行列式的某一行的各元素乘以同一个数,然后加到另一行对应的元素上去,行列式不变.

以数 k 乘行列式的第 i 行(或列)加到第 j 行(或列)上,记作 kr_i+r_j(或 kc_i+c_j).

以上性质不难由行列式的定义证得,以性质 4 为例,证明如下：

* **性质 4 的证明** 由(6.3.8)式,得

$$\begin{aligned} D &= \sum^{n!}(-1)^{\tau(j_1j_2\cdots j_n)}a_{1j_1}a_{2j_2}\cdots(a_{ij_i}+a'_{ij_i})\cdots a_{nj_n} \\ &= \sum^{n!}(-1)^{\tau(j_1j_2\cdots j_n)}a_{1j_1}a_{2j_2}\cdots a_{ij_i}\cdots a_{nj_n} \\ &\quad+\sum^{n!}(-1)^{\tau(j_1j_2\cdots j_n)}a_{1j_1}a_{2j_2}\cdots a'_{ij_i}\cdots a_{nj_n} \\ &=\begin{vmatrix} a_{11} & a_{12} & \cdots & a_{1n} \\ \vdots & \vdots & & \vdots \\ a_{i1} & a_{i2} & \cdots & a_{in} \\ \vdots & \vdots & & \vdots \\ a_{n1} & a_{n2} & \cdots & a_{nn} \end{vmatrix}+\begin{vmatrix} a_{11} & a_{12} & \cdots & a_{1n} \\ \vdots & \vdots & & \vdots \\ a'_{i1} & a'_{i2} & \cdots & a'_{in} \\ \vdots & \vdots & & \vdots \\ a_{n1} & a_{n2} & \cdots & a_{nn} \end{vmatrix}. \end{aligned}$$

例 6 计算行列式

$$D=\begin{vmatrix} 1 & 2 & -1 & 0 \\ 2 & 4 & 1 & 2 \\ -1 & 0 & 2 & 1 \\ -3 & -4 & 2 & 3 \end{vmatrix}.$$

解 $$D\xlongequal[r_4+3r_1]{\substack{r_2-2r_1\\ r_3+r_1}}\begin{vmatrix} 1 & 2 & -1 & 0 \\ 0 & 0 & 3 & 2 \\ 0 & 2 & 1 & 1 \\ 0 & 2 & -1 & 3 \end{vmatrix}\xlongequal{r_2\leftrightarrow r_3}-\begin{vmatrix} 1 & 2 & -1 & 0 \\ 0 & 2 & 1 & 1 \\ 0 & 0 & 3 & 2 \\ 0 & 2 & -1 & 3 \end{vmatrix}$$

$$\xlongequal{r_4-r_2}-\begin{vmatrix} 1 & 2 & -1 & 0 \\ 0 & 2 & 1 & 1 \\ 0 & 0 & 3 & 2 \\ 0 & 0 & -2 & 2 \end{vmatrix}\xlongequal{r_4+\frac{2}{3}r_3}-\begin{vmatrix} 1 & 2 & -1 & 0 \\ 0 & 2 & 1 & 1 \\ 0 & 0 & 3 & 2 \\ 0 & 0 & 0 & \frac{10}{3} \end{vmatrix}$$

$$=-1\times2\times3\times\frac{10}{3}=-20.$$

例 7 计算行列式

$$D=\begin{vmatrix}3&1&1&1\\1&3&1&1\\1&1&3&1\\1&1&1&3\end{vmatrix}.$$

解　这个行列式的特点是各列4个数之和都是6.将第2,3,4行同时加到第1行,提出公因子6,然后各行减去第1行,得

$$D\xlongequal[r_1+r_4]{\substack{r_1+r_2\\r_1+r_3}}\begin{vmatrix}6&6&6&6\\1&3&1&1\\1&1&3&1\\1&1&1&3\end{vmatrix}\xlongequal{r_1\times\frac{1}{6}}6\begin{vmatrix}1&1&1&1\\1&3&1&1\\1&1&3&1\\1&1&1&3\end{vmatrix}$$

$$\xlongequal[r_4-r_1]{\substack{r_2-r_1\\r_3-r_1}}6\begin{vmatrix}1&1&1&1\\0&2&0&0\\0&0&2&0\\0&0&0&2\end{vmatrix}=48.$$

例8　设$\boldsymbol{A}=\begin{pmatrix}2&-1\\1&3\end{pmatrix}$,$\boldsymbol{B}=\begin{pmatrix}3&-4\\5&2\end{pmatrix}$,求$|\boldsymbol{A}|$,$|\boldsymbol{B}|$,$|\boldsymbol{AB}|$.

解　$|\boldsymbol{A}|=\begin{vmatrix}2&-1\\1&3\end{vmatrix}=7$,$|\boldsymbol{B}|=\begin{vmatrix}3&-4\\5&2\end{vmatrix}=26$.因为

$$\boldsymbol{AB}=\begin{pmatrix}2&-1\\1&3\end{pmatrix}\begin{pmatrix}3&-4\\5&2\end{pmatrix}=\begin{pmatrix}1&-10\\18&2\end{pmatrix},$$

所以

$$|\boldsymbol{AB}|=\begin{vmatrix}1&-10\\18&2\end{vmatrix}=182.$$

我们注意到:$|\boldsymbol{AB}|=|\boldsymbol{A}||\boldsymbol{B}|$.一般地,有下列结论:

定理6.3.1　若$\boldsymbol{A}$,$\boldsymbol{B}$为同阶方阵,则$|\boldsymbol{AB}|=|\boldsymbol{A}||\boldsymbol{B}|$,从而$|\boldsymbol{AB}|=|\boldsymbol{BA}|$.

6.3.3　行列式按行(或列)展开

在三阶行列式的定义式(6.3.5)中,如果把含a_{11},a_{12},a_{13}的项分别合并,并提出公因子,则有

$$\begin{vmatrix}a_{11}&a_{12}&a_{13}\\a_{21}&a_{22}&a_{23}\\a_{31}&a_{32}&a_{33}\end{vmatrix}=a_{11}\begin{vmatrix}a_{22}&a_{23}\\a_{32}&a_{33}\end{vmatrix}-a_{12}\begin{vmatrix}a_{21}&a_{23}\\a_{31}&a_{33}\end{vmatrix}+a_{13}\begin{vmatrix}a_{21}&a_{22}\\a_{31}&a_{32}\end{vmatrix}.\qquad(6.3.10)$$

据此,一个三阶行列式的计算可转化为三个二阶行列式的计算.自然有一个问题:一个n阶行列式的计算能否转化为n个$n-1$阶行列式的计算,从而达到降阶的目的?下面讨论这个问题.

定义6.3.6　在n阶行列式$|\boldsymbol{A}|$中划去第i行和第j列后所剩下的$(n-1)^2$个元素按原来的相对位置所构成的$n-1$阶行列式称为a_{ij}在$|\boldsymbol{A}|$中的余子式,记为M_{ij},而称

$$A_{ij}=(-1)^{i+j}M_{ij}$$

为 a_{ij} 在 $|\mathbf{A}|$ 中的代数余子式,这里 $1\leqslant i,j\leqslant n$.

例 9 在行列式

$$|\mathbf{A}|=\begin{vmatrix}1&2&3\\4&5&6\\7&8&9\end{vmatrix}$$

中,求 M_{23},M_{33},A_{23},A_{33}.

解 $M_{23}=\begin{vmatrix}1&2\\7&8\end{vmatrix}=-6$, $A_{23}=(-1)^{2+3}M_{23}=6$,

$M_{33}=\begin{vmatrix}1&2\\4&5\end{vmatrix}=-3$, $A_{33}=(-1)^{3+3}M_{33}=-3$.

利用代数余子式,式(6.3.10)可以写成

$$|\mathbf{A}|=a_{11}A_{11}+a_{12}A_{12}+a_{13}A_{13}.$$

将上式推广到一般情况,有下面的结论:

定理 6.3.2 n 阶行列式($n\geqslant 2$)等于它的任一行(或列)各元素与其代数余子式乘积之和,即

$$|\mathbf{A}|=a_{i1}A_{i1}+a_{i2}A_{i2}+\cdots+a_{in}A_{in}=\sum_{j=1}^{n}a_{ij}A_{ij},\ i=1,2,\cdots,n \tag{6.3.11}$$

或

$$|\mathbf{A}|=a_{1j}A_{1j}+a_{2j}A_{2j}+\cdots+a_{nj}A_{nj}=\sum_{i=1}^{n}a_{ij}A_{ij},j=1,2,\cdots,n. \tag{6.3.12}$$

推论 行列式的任一行(或列)的元素与另一行(或列)的元素的代数余子式的乘积之和等于零,即

$$a_{i1}A_{j1}+a_{i2}A_{j2}+\cdots+a_{in}A_{jn}=0, \tag{6.3.13}$$

$$a_{1i}A_{1j}+a_{2i}A_{2j}+\cdots+a_{ni}A_{nj}=0, \tag{6.3.14}$$

其中 $i\neq j$.

定理 6.3.2 中按行(或列)展开计算行列式的方法称为降阶法.计算行列式时,将行列式按行(或列)展开与行列式的性质结合起来使用,常常能够达到事半功倍的效果.

例 10 计算行列式(即本节例 6)

$$D=\begin{vmatrix}1&2&-1&0\\2&4&1&2\\-1&0&2&1\\-3&-4&2&3\end{vmatrix}.$$

解 利用行列式的性质,将行列式的某行(或列)除某个元素外的其余元素化为 0,再按该行(或列)展开.

$$D\xlongequal[c_3+c_1]{c_2-2c_1}\begin{vmatrix}1&0&0&0\\2&0&3&2\\-1&2&1&1\\-3&2&-1&3\end{vmatrix}\xlongequal{\text{按 } r_1 \text{ 展开}}1\times(-1)^{1+1}\begin{vmatrix}0&3&2\\2&1&1\\2&-1&3\end{vmatrix}$$

$$\xlongequal{r_3-r_2}\begin{vmatrix}0&3&2\\2&1&1\\0&-2&2\end{vmatrix}\xlongequal{\text{按}c_1\text{展开}}2\times(-1)^{2+1}\begin{vmatrix}3&2\\-2&2\end{vmatrix}$$

$=-2\times10=-20.$

例 11 证明:

$$\begin{vmatrix}1&1&1\\x_1&x_2&x_3\\x_1^2&x_2^2&x_3^2\end{vmatrix}=(x_2-x_1)(x_3-x_1)(x_3-x_2).$$

证

$$\begin{vmatrix}1&1&1\\x_1&x_2&x_3\\x_1^2&x_2^2&x_3^2\end{vmatrix}\xlongequal[c_3-c_1]{c_2-c_1}\begin{vmatrix}1&0&0\\x_1&x_2-x_1&x_3-x_1\\x_1^2&x_2^2-x_1^2&x_3^2-x_1^2\end{vmatrix}$$

$$=1\times(-1)^{1+1}\begin{vmatrix}x_2-x_1&x_3-x_1\\(x_2-x_1)(x_2+x_1)&(x_3-x_1)(x_3+x_1)\end{vmatrix}$$

$$=(x_2-x_1)(x_3-x_1)\begin{vmatrix}1&1\\x_2+x_1&x_3+x_1\end{vmatrix}$$

$=(x_2-x_1)(x_3-x_1)(x_3-x_2).$

上例中的行列式称为三阶范德蒙德行列式.类似可证 n 阶范得蒙德行列式

$$^*D_n=\begin{vmatrix}1&1&\cdots&1\\x_1&x_2&\cdots&x_n\\x_1^2&x_2^2&\cdots&x_n^2\\\vdots&\vdots&&\vdots\\x_1^{n-1}&x_2^{n-1}&\cdots&x_n^{n-1}\end{vmatrix}=\prod_{1\leqslant j<i\leqslant n}(x_i-x_j).$$

6.3.4 克拉默法则

下面介绍利用行列式求含有 n 个未知量、n 个方程的线性方程组解的公式.设方程组为

$$\begin{cases}a_{11}x_1+a_{12}x_2+\cdots+a_{1n}x_n=b_1,\\a_{21}x_1+a_{22}x_2+\cdots+a_{2n}x_n=b_2,\\\qquad\vdots\\a_{n1}x_1+a_{n2}x_2+\cdots+a_{nn}x_n=b_n.\end{cases}\tag{6.3.15}$$

由各方程中的未知量的系数构成的行列式

$$D=\begin{vmatrix}a_{11}&a_{12}&\cdots&a_{1n}\\a_{21}&a_{22}&\cdots&a_{2n}\\\vdots&\vdots&&\vdots\\a_{n1}&a_{n2}&\cdots&a_{nn}\end{vmatrix}\tag{6.3.16}$$

称为方程组(6.3.15)的系数行列式,用常数项 $b_1,b_2,\cdots,b_n$ 替换 D 中第 j 列的相应元素所得行列式记为 D_j,即

$$D_j=\begin{vmatrix} a_{11} & \cdots & a_{1,j-1} & b_1 & a_{1,j+1} & \cdots & a_{1n} \\ a_{21} & \cdots & a_{2,j-1} & b_2 & a_{2,j+1} & \cdots & a_{2n} \\ \vdots & & \vdots & \vdots & \vdots & & \vdots \\ a_{n1} & \cdots & a_{n,j-1} & b_n & a_{n,j+1} & \cdots & a_{nn} \end{vmatrix}.$$

定理 6.3.3(克拉默法则) 如果 n 元线性方程组(6.3.15)的系数行列式 $D\neq 0$,那么方程组有唯一解

$$x_j=\frac{D_j}{D},j=1,2,\cdots,n.$$

例 12 解方程组

$$\begin{cases} 2x_1+x_2-5x_3+x_4=8, \\ x_1-3x_2-6x_4=9, \\ 2x_2-x_3+2x_4=-5, \\ x_1+4x_2-7x_3+6x_4=0. \end{cases}$$

解

$$D=\begin{vmatrix} 2 & 1 & -5 & 1 \\ 1 & -3 & 0 & -6 \\ 0 & 2 & -1 & 2 \\ 1 & 4 & -7 & 6 \end{vmatrix}=27\neq 0,$$

$$D_1=\begin{vmatrix} 8 & 1 & -5 & 1 \\ 9 & -3 & 0 & -6 \\ -5 & 2 & -1 & 2 \\ 0 & 4 & -7 & 6 \end{vmatrix}=81,D_2=\begin{vmatrix} 2 & 8 & -5 & 1 \\ 1 & 9 & 0 & -6 \\ 0 & -5 & -1 & 2 \\ 1 & 0 & -7 & 6 \end{vmatrix}=-108,$$

$$D_3=\begin{vmatrix} 2 & 1 & 8 & 1 \\ 1 & -3 & 9 & -6 \\ 0 & 2 & -5 & 2 \\ 1 & 4 & 0 & 6 \end{vmatrix}=-27,D_4=\begin{vmatrix} 2 & 1 & -5 & 8 \\ 1 & -3 & 0 & 9 \\ 0 & 2 & -1 & -5 \\ 1 & 4 & -7 & 0 \end{vmatrix}=27.$$

根据克拉默法则,方程组有唯一解

$$x_1=\frac{81}{27}=3,x_2=\frac{-108}{27}=-4,x_3=\frac{-27}{27}=-1,x_4=\frac{27}{27}=1.$$

当 $b_1,b_2,\cdots,b_n$ 全为零时,方程组(6.3.15)即为 n 元齐次线性方程组

$$\begin{cases} a_{11}x_1+a_{12}x_2+\cdots+a_{1n}x_n=0, \\ a_{21}x_1+a_{22}x_2+\cdots+a_{2n}x_n=0, \\ \qquad\vdots \\ a_{n1}x_1+a_{n2}x_2+\cdots+a_{nn}x_n=0. \end{cases} \tag{6.3.17}$$

当 $x_1,x_2,\cdots,x_n$ 都为 0 时,必满足方程组(6.3.17)的各方程,称 $x_1=x_2=\cdots=x_n=0$ 是方程组(6.3.17)的零解.这说明,n 元齐次线性方程组至少有零解.若 $x_1,x_2,\cdots,x_n$ 至少有一个不为零,又是方程组(6.3.17)的解,则称为齐次线性方程组(6.3.17)的非零解.

推论 若齐次线性方程组(6.3.17)的系数行列式 $D\neq 0$,则该齐次线性方程组只有唯一零解,没有非零解.

换言之，若齐次线性方程组(6.3.17)有非零解，则它的系数行列式必为零.

在以后的讨论中我们将证明该推论的逆命题也是成立的. 因此，齐次线性方程组(6.3.17)有非零解的充要条件是系数行列式 $D=0$.

例 13　问 λ 取何值时，齐次线性方程组

$$\begin{cases}(5-\lambda)x_1+2x_2+2x_3=0,\\ 2x_1+(6-\lambda)x_2=0,\\ 2x_1+(4-\lambda)x_3=0\end{cases} \tag{6.3.18}$$

有非零解？

解　因为 $D=\begin{vmatrix}5-\lambda & 2 & 2\\ 2 & 6-\lambda & 0\\ 2 & 0 & 4-\lambda\end{vmatrix}$

$$=(5-\lambda)(6-\lambda)(4-\lambda)-4(6-\lambda)-4(4-\lambda)$$
$$=(5-\lambda)(2-\lambda)(8-\lambda),$$

所以当 $D=0$，即 $\lambda=2$，$\lambda=5$ 或 $\lambda=8$ 时，齐次线性方程组(6.3.18)有非零解.

同步训练 6.3

1. 利用对角线法则计算下列三阶行列式：

(1) $\begin{vmatrix}-2 & -4 & 1\\ 3 & 0 & 3\\ 5 & 4 & -2\end{vmatrix}$；　　(2) $\begin{vmatrix}1 & 1 & 1\\ a & b & c\\ a^2 & b^2 & c^2\end{vmatrix}$；

(3) $\begin{vmatrix}x & y & x+y\\ y & x+y & x\\ x+y & x & y\end{vmatrix}$.

2. 按自然数从小到大排列为标准次序，求下列各排列的逆序数：

(1) 3741526；

(2) $13\cdots(2n-1)24\cdots(2n)$；

(3) $13\cdots(2n-1)(2n)(2n-2)\cdots42$.

3. 写出四阶行列式中含有因子 $a_{11}a_{23}$ 的项.

4. 计算下列行列式：

(1) $\begin{vmatrix}3 & 1 & -1 & 2\\ -5 & 1 & 3 & -4\\ 2 & 0 & 1 & -1\\ 1 & -5 & 3 & -3\end{vmatrix}$；　　(2) $\begin{vmatrix}1 & 2 & 3 & 4\\ 2 & 3 & 4 & 1\\ 3 & 4 & 1 & 2\\ 4 & 1 & 2 & 3\end{vmatrix}$；

*(3) $\begin{vmatrix} 1 & 2 & 2 & \cdots & 2 \\ 2 & 2 & 2 & \cdots & 2 \\ 2 & 2 & 3 & \cdots & 2 \\ \vdots & \vdots & \vdots & & \vdots \\ 2 & 2 & 2 & \cdots & n \end{vmatrix}$.

5. 问 λ 取何值时，齐次线性方程组

$$\begin{cases} \lambda x_1 + x_2 + x_3 = 0, \\ x_1 + \lambda x_2 + x_3 = 0, \\ x_1 + x_2 + \lambda x_3 = 0 \end{cases}$$

有非零解?

6.4 逆矩阵

6.4.1 逆矩阵的概念

我们知道，对于任意一个非零数 a，都存在唯一的一个数 b，使得 $ab=ba=1$，这里 $b=\frac{1}{a}=a^{-1}$. 那么对于一个 n 阶方阵 $\boldsymbol{A}$，是否在满足一定的条件下，存在唯一的一个 n 阶方阵 $\boldsymbol{B}$，使得 $\boldsymbol{AB}=\boldsymbol{BA}=\boldsymbol{E}$(这里 $\boldsymbol{E}$ 是 n 阶单位阵)? 由此我们引入逆矩阵的定义.

定义 6.4.1 设 $\boldsymbol{A}$ 是一个 n 阶方阵，如果存在一个 n 阶方阵 $\boldsymbol{B}$，使 $\boldsymbol{AB}=\boldsymbol{BA}=\boldsymbol{E}$，那么称 $\boldsymbol{B}$ 为 $\boldsymbol{A}$ 的逆矩阵，记为 $\boldsymbol{A}^{-1}$，即 $\boldsymbol{A}^{-1}=\boldsymbol{B}$，并称方阵 $\boldsymbol{A}$ 可逆.

当 $\boldsymbol{A}$ 可逆时，容易证明 $\boldsymbol{A}$ 的逆矩阵是唯一的.

事实上，若 $\boldsymbol{B},\boldsymbol{C}$ 均为 $\boldsymbol{A}$ 的逆矩阵，则有

$$\boldsymbol{B}=\boldsymbol{BE}=\boldsymbol{B}(\boldsymbol{AC})=(\boldsymbol{BA})\boldsymbol{C}=\boldsymbol{EC}=\boldsymbol{C}.$$

由定义 6.4.1，若 $\boldsymbol{AB}=\boldsymbol{BA}=\boldsymbol{E}$，则方阵 $\boldsymbol{B}$ 也是可逆的，其逆矩阵 $\boldsymbol{B}^{-1}=\boldsymbol{A}$，称 $\boldsymbol{A},\boldsymbol{B}$ 互为逆矩阵.

由(6.2.5)、(6.2.6)、(6.2.7)式可知，初等矩阵都是可逆矩阵，且

(1) $\boldsymbol{E}(i,j)^{-1}=\boldsymbol{E}(i,j)$； (6.4.1)

(2) $\boldsymbol{E}(i(k))^{-1}=\boldsymbol{E}\left(i\left(\frac{1}{k}\right)\right)$； (6.4.2)

(3) $\boldsymbol{E}(i,j(k))^{-1}=\boldsymbol{E}(i,j(-k))$. (6.4.3)

即初等矩阵的逆矩阵还是初等矩阵.

6.4.2 逆矩阵的存在性及其求法

定义 6.4.2 称方阵

$$\begin{pmatrix} A_{11} & A_{21} & \cdots & A_{n1} \\ A_{12} & A_{22} & \cdots & A_{n2} \\ \vdots & \vdots & & \vdots \\ A_{1n} & A_{2n} & \cdots & A_{nn} \end{pmatrix}$$

为 $\boldsymbol{A}$ 的伴随矩阵，记作 $\boldsymbol{A}^*$，其中 A_{ij} 是 a_{ij} 的代数余子式.

定理 6.4.1　方阵 $\boldsymbol{A}$ 可逆的充要条件是 $|\boldsymbol{A}|\neq 0$.

证（必要性）　因为 $\boldsymbol{A}$ 可逆，即 $\boldsymbol{A}^{-1}$ 存在，所以有 $\boldsymbol{A}\boldsymbol{A}^{-1}=\boldsymbol{E}$. 两边取行列式

$$|\boldsymbol{A}\boldsymbol{A}^{-1}|=|\boldsymbol{E}|=1,$$

即

$$|\boldsymbol{A}||\boldsymbol{A}^{-1}|=1,$$

故 $|\boldsymbol{A}|\neq 0$.

（充分性）　因为 $|\boldsymbol{A}|\neq 0$，我们有

$$\boldsymbol{A}\left(\frac{1}{|\boldsymbol{A}|}\boldsymbol{A}^*\right)=\frac{1}{|\boldsymbol{A}|}\boldsymbol{A}\boldsymbol{A}^*=\frac{1}{|\boldsymbol{A}|}\begin{pmatrix} a_{11} & a_{12} & \cdots & a_{1n} \\ a_{21} & a_{22} & \cdots & a_{2n} \\ \vdots & \vdots & & \vdots \\ a_{n1} & a_{n2} & \cdots & a_{nn} \end{pmatrix}\begin{pmatrix} A_{11} & A_{21} & \cdots & A_{n1} \\ A_{12} & A_{22} & \cdots & A_{n2} \\ \vdots & \vdots & & \vdots \\ A_{1n} & A_{2n} & \cdots & A_{nn} \end{pmatrix}.$$

由代数余子式的性质，得

$$\boldsymbol{A}\left(\frac{1}{|\boldsymbol{A}|}\boldsymbol{A}^*\right)=\frac{1}{|\boldsymbol{A}|}\boldsymbol{A}\boldsymbol{A}^*=\frac{1}{|\boldsymbol{A}|}\begin{pmatrix} |\boldsymbol{A}| & 0 & \cdots & 0 \\ 0 & |\boldsymbol{A}| & \cdots & 0 \\ \vdots & \vdots & \ddots & \vdots \\ 0 & 0 & \cdots & |\boldsymbol{A}| \end{pmatrix}=\begin{pmatrix} 1 & 0 & \cdots & 0 \\ 0 & 1 & \cdots & 0 \\ \vdots & \vdots & \ddots & \vdots \\ 0 & 0 & \cdots & 1 \end{pmatrix}=\boldsymbol{E}.$$

同理可证

$$\left(\frac{1}{|\boldsymbol{A}|}\boldsymbol{A}^*\right)\boldsymbol{A}=\boldsymbol{E}.$$

所以由逆矩阵的定义知，方阵 $\boldsymbol{A}$ 可逆且 $\frac{1}{|\boldsymbol{A}|}\boldsymbol{A}^*$ 是 $\boldsymbol{A}$ 的逆矩阵，即

$$\boldsymbol{A}^{-1}=\frac{1}{|\boldsymbol{A}|}\boldsymbol{A}^*. \tag{6.4.4}$$

当 $|\boldsymbol{A}|=0$ 时，我们称 $\boldsymbol{A}$ 为奇异（退化）方阵；当 $|\boldsymbol{A}|\neq 0$ 时，称 $\boldsymbol{A}$ 为非奇异（非退化）方阵. 因此，可逆方阵就是非奇异方阵.

从定理 6.4.1 的证明过程中，我们得到了求 $\boldsymbol{A}^{-1}$ 的方法，即

$$\boldsymbol{A}^{-1}=\frac{1}{|\boldsymbol{A}|}\boldsymbol{A}^*,$$

并且有

$$|\boldsymbol{A}^{-1}|=\frac{1}{|\boldsymbol{A}|}.$$

例 1　问方阵

$$\boldsymbol{A}=\begin{pmatrix} 1 & 0 & 1 \\ 2 & 1 & 0 \\ -3 & 2 & -5 \end{pmatrix}$$

是否可逆？若可逆，求其逆矩阵.

解 因为$|\boldsymbol{A}|=2\neq 0$，所以$\boldsymbol{A}$可逆. 计算$\boldsymbol{A}$的每一个元素的代数余子式，得

$$A_{11}=-5,\ A_{21}=2,\ A_{31}=-1;$$
$$A_{12}=10,\ A_{22}=-2,\ A_{32}=2;$$
$$A_{13}=7,\ A_{23}=-2,\ A_{33}=1.$$

从而

$$\boldsymbol{A}^*=\begin{pmatrix}-5 & 2 & -1\\ 10 & -2 & 2\\ 7 & -2 & 1\end{pmatrix},$$

$$\boldsymbol{A}^{-1}=\frac{1}{|\boldsymbol{A}|}\boldsymbol{A}^*=\frac{1}{2}\begin{pmatrix}-5 & 2 & -1\\ 10 & -2 & 2\\ 7 & -2 & 1\end{pmatrix}=\begin{pmatrix}-\frac{5}{2} & 1 & -\frac{1}{2}\\ 5 & -1 & 1\\ \frac{7}{2} & -1 & \frac{1}{2}\end{pmatrix}.$$

例 2 设$\boldsymbol{A}$为n阶方阵，$|\boldsymbol{A}|=2$，计算$|2\boldsymbol{A}^{-1}|$.

解 因为$|\boldsymbol{A}|=2\neq 0$，所以$\boldsymbol{A}^{-1}$存在且为n阶方阵，于是

$$|2\boldsymbol{A}^{-1}|=2^n|\boldsymbol{A}^{-1}|=2^n\frac{1}{|\boldsymbol{A}|}=2^{n-1}.$$

对于矩阵方程$\boldsymbol{AX}=\boldsymbol{B}$(这里$\boldsymbol{A},\boldsymbol{X},\boldsymbol{B}$分别为$m\times s,s\times n,m\times n$矩阵)，如果$\boldsymbol{A}$为方阵且可逆，那么方程两边同时左乘$\boldsymbol{A}^{-1}$，得

$$\boldsymbol{A}^{-1}\boldsymbol{AX}=\boldsymbol{A}^{-1}\boldsymbol{B},$$

即

$$\boldsymbol{X}=\boldsymbol{A}^{-1}\boldsymbol{B}.$$

例 3 解矩阵方程$\boldsymbol{AX}=\boldsymbol{B}$，其中

$$\boldsymbol{A}=\begin{pmatrix}1 & -4 & -3\\ 1 & -5 & -3\\ -1 & 6 & 4\end{pmatrix},\boldsymbol{B}=\begin{pmatrix}1 & 1\\ 1 & -1\\ 2 & 1\end{pmatrix}.$$

解 因为$|\boldsymbol{A}|=-1\neq 0$，所以$\boldsymbol{A}$可逆. 经计算得

$$\boldsymbol{A}^{-1}=\begin{pmatrix}2 & 2 & 3\\ 1 & -1 & 0\\ -1 & 2 & 1\end{pmatrix},$$

于是

$$\boldsymbol{X}=\boldsymbol{A}^{-1}\boldsymbol{B}=\begin{pmatrix}2 & 2 & 3\\ 1 & -1 & 0\\ -1 & 2 & 1\end{pmatrix}\begin{pmatrix}1 & 1\\ 1 & -1\\ 2 & 1\end{pmatrix}=\begin{pmatrix}10 & 3\\ 0 & 2\\ 3 & -2\end{pmatrix}.$$

我们知道，由于矩阵乘法不满足交换律，故矩阵方程还可能是以下两种形式：$\boldsymbol{XA}=\boldsymbol{B}$或$\boldsymbol{AXB}=\boldsymbol{C}$. 对于$\boldsymbol{XA}=\boldsymbol{B}$，如果$\boldsymbol{A}$为方阵且可逆，那么方程两边同时右乘$\boldsymbol{A}^{-1}$，可得$\boldsymbol{X}=\boldsymbol{BA}^{-1}$；对于$\boldsymbol{AXB}=\boldsymbol{C}$，如果$\boldsymbol{A},\boldsymbol{B}$均为方阵且可逆，那么方程两边同时左乘$\boldsymbol{A}^{-1}$、右乘$\boldsymbol{B}^{-1}$，可得$\boldsymbol{X}=\boldsymbol{A}^{-1}\boldsymbol{CB}^{-1}$.

*__例 4__ 设

$$A=\begin{pmatrix}1&2&3\\2&2&1\\3&4&3\end{pmatrix},B=\begin{pmatrix}2&1\\5&3\end{pmatrix},C=\begin{pmatrix}1&3\\2&0\\3&1\end{pmatrix},$$

求矩阵 X 使其满足

$$AXB=C.$$

解　因为 $|A|=2\neq 0$，$|B|=1\neq 0$，所以 A，B 均可逆．经计算得

$$A^{-1}=\begin{pmatrix}1&3&-2\\-\frac{3}{2}&-3&\frac{5}{2}\\1&1&-1\end{pmatrix},B^{-1}=\begin{pmatrix}3&-1\\-5&2\end{pmatrix},$$

于是

$$X=A^{-1}CB^{-1}=\begin{pmatrix}1&3&-2\\-\frac{3}{2}&-3&\frac{5}{2}\\1&1&-1\end{pmatrix}\begin{pmatrix}1&3\\2&0\\3&1\end{pmatrix}\begin{pmatrix}3&-1\\-5&2\end{pmatrix}$$

$$=\begin{pmatrix}1&1\\0&-2\\0&2\end{pmatrix}\begin{pmatrix}3&-1\\-5&2\end{pmatrix}=\begin{pmatrix}-2&1\\10&-4\\-10&4\end{pmatrix}.$$

6.4.3　逆矩阵的运算性质

性质1　若 A 可逆，则 A^{-1} 亦可逆，且 $(A^{-1})^{-1}=A$.

证　因为 A 可逆，所以 $AA^{-1}=A^{-1}A=E$，于是 A 与 A^{-1} 互为逆矩阵，即

$$(A^{-1})^{-1}=A.$$

性质2　若 A 可逆，k 是非零常数，则 $(kA)^{-1}=\frac{1}{k}A^{-1}$.

证　因为

$$(kA)\left(\frac{1}{k}A^{-1}\right)=k\cdot\frac{1}{k}(AA^{-1})=E,$$

$$\left(\frac{1}{k}A^{-1}\right)(kA)=\frac{1}{k}\cdot k(A^{-1}A)=E,$$

所以

$$(kA)^{-1}=\frac{1}{k}A^{-1}.$$

性质3　若 A 可逆，则 A^{T} 可逆，且 $(A^{\mathrm{T}})^{-1}=(A^{-1})^{\mathrm{T}}$.

证　因为

$$A^{\mathrm{T}}(A^{-1})^{\mathrm{T}}=(A^{-1}A)^{\mathrm{T}}=E^{\mathrm{T}}=E,$$

$$(A^{-1})^{\mathrm{T}}A^{\mathrm{T}}=(AA^{-1})^{\mathrm{T}}=E^{\mathrm{T}}=E,$$

所以

$$(A^{\mathrm{T}})^{-1}=(A^{-1})^{\mathrm{T}}.$$

性质 4 设 $\boldsymbol{A},\boldsymbol{B}$ 为同阶可逆矩阵,则 $\boldsymbol{AB}$ 可逆,且 $(\boldsymbol{AB})^{-1}=\boldsymbol{B}^{-1}\boldsymbol{A}^{-1}$.

证 因为

$$(\boldsymbol{AB})(\boldsymbol{B}^{-1}\boldsymbol{A}^{-1})=\boldsymbol{A}(\boldsymbol{BB}^{-1})\boldsymbol{A}^{-1}=\boldsymbol{AEA}^{-1}=\boldsymbol{AA}^{-1}=\boldsymbol{E},$$

同理可得

$$(\boldsymbol{B}^{-1}\boldsymbol{A}^{-1})(\boldsymbol{AB})=\boldsymbol{E},$$

所以 $\boldsymbol{AB}$ 可逆,且逆矩阵为 $\boldsymbol{B}^{-1}\boldsymbol{A}^{-1}$,即

$$(\boldsymbol{AB})^{-1}=\boldsymbol{B}^{-1}\boldsymbol{A}^{-1}.$$

6.4.4 利用矩阵的初等变换求逆矩阵

当可逆矩阵 $\boldsymbol{A}$ 的阶数较高时,用(6.4.4)式求逆矩阵 $\boldsymbol{A}^{-1}$ 是比较困难的. 下面介绍求逆矩阵的一个简便的方法.

我们知道,一个矩阵经过若干次初等行变换可以化为行阶梯形矩阵,进一步地,对于可逆矩阵,有以下结论:

定理 6.4.2 可逆矩阵可以经过若干次初等行变换化为单位矩阵.

例如,

$$\boldsymbol{A}=\begin{pmatrix}0&-2&1\\3&0&-2\\-2&3&0\end{pmatrix},$$

因为 $|\boldsymbol{A}|=2\neq0$,所以 $\boldsymbol{A}$ 可逆. 对 $\boldsymbol{A}$ 作若干次初等行变换如下:

$$\boldsymbol{A}\xrightarrow{r_1\leftrightarrow r_2}\begin{pmatrix}3&0&-2\\0&-2&1\\-2&3&0\end{pmatrix}\xrightarrow{r_3+\frac{2}{3}r_1}\begin{pmatrix}3&0&-2\\0&-2&1\\0&3&-\frac{4}{3}\end{pmatrix}\xrightarrow{r_3+\frac{3}{2}r_2}\begin{pmatrix}3&0&-2\\0&-2&1\\0&0&\frac{1}{6}\end{pmatrix}$$

$$\xrightarrow{r_3\times6}\begin{pmatrix}3&0&-2\\0&-2&1\\0&0&1\end{pmatrix}\xrightarrow[r_2-r_3]{r_1+2r_3}\begin{pmatrix}3&0&0\\0&-2&0\\0&0&1\end{pmatrix}\xrightarrow[r_2\times\left(-\frac{1}{2}\right)]{r_1\times\frac{1}{3}}\begin{pmatrix}1&0&0\\0&1&0\\0&0&1\end{pmatrix}.$$

利用初等行变换求逆矩阵的方法是:对可逆矩阵 $\boldsymbol{A}$ 和同阶单位矩阵 $\boldsymbol{E}$ 作同样的初等行变换,那么当 $\boldsymbol{A}$ 化为单位矩阵 $\boldsymbol{E}$ 的同时,$\boldsymbol{E}$ 就化为了 $\boldsymbol{A}^{-1}$,即

$$(\boldsymbol{A}\,\vdots\,\boldsymbol{E})\xrightarrow{\text{初等行变换}}(\boldsymbol{E}\,\vdots\,\boldsymbol{A}^{-1}). \tag{6.4.5}$$

事实上,由定理 6.2.1 可知,假设对 $(\boldsymbol{A}\,\vdots\,\boldsymbol{E})$ 作了 s 次初等行变换,那么就相当于对 $(\boldsymbol{A}\,\vdots\,\boldsymbol{E})$ 依次左乘 s 个相应的初等矩阵,不妨设这 s 个初等矩阵为 $\boldsymbol{P}_1,\boldsymbol{P}_2,\cdots,\boldsymbol{P}_s$. 于是

$$\boldsymbol{P}_s\cdots\boldsymbol{P}_2\boldsymbol{P}_1\boldsymbol{A}=\boldsymbol{E},$$

从而

$$\boldsymbol{P}_s\cdots\boldsymbol{P}_2\boldsymbol{P}_1\boldsymbol{E}=\boldsymbol{A}^{-1}.$$

同样的道理,对可逆矩阵 $\boldsymbol{A}$ 和同阶单位矩阵 $\boldsymbol{E}$ 作同样的初等列变换,那么当 $\boldsymbol{A}$ 化为单位矩阵 $\boldsymbol{E}$ 的同时,$\boldsymbol{E}$ 就化为了 $\boldsymbol{A}^{-1}$,即

$$\begin{pmatrix} A \\ E \end{pmatrix} \xrightarrow{\text{初等列变换}} \begin{pmatrix} E \\ A^{-1} \end{pmatrix}. \tag{6.4.6}$$

例 5　用初等变换求矩阵

$$A=\begin{pmatrix} 1 & -4 & -3 \\ 1 & -5 & -3 \\ -1 & 6 & 4 \end{pmatrix}$$

的逆矩阵.

解　$$(A \vdots E)=\left(\begin{array}{ccc:ccc} 1 & -4 & -3 & 1 & 0 & 0 \\ 1 & -5 & -3 & 0 & 1 & 0 \\ -1 & 6 & 4 & 0 & 0 & 1 \end{array}\right)$$

$$\xrightarrow[r_3+r_1]{r_2-r_1} \left(\begin{array}{ccc:ccc} 1 & -4 & -3 & 1 & 0 & 0 \\ 0 & -1 & 0 & -1 & 1 & 0 \\ 0 & 2 & 1 & 1 & 0 & 1 \end{array}\right) \xrightarrow{r_3+2r_2} \left(\begin{array}{ccc:ccc} 1 & -4 & -3 & 1 & 0 & 0 \\ 0 & -1 & 0 & -1 & 1 & 0 \\ 0 & 0 & 1 & -1 & 2 & 1 \end{array}\right)$$

$$\xrightarrow[r_1+3r_3]{r_2\times(-1)} \left(\begin{array}{ccc:ccc} 1 & -4 & 0 & -2 & 6 & 3 \\ 0 & 1 & 0 & 1 & -1 & 0 \\ 0 & 0 & 1 & -1 & 2 & 1 \end{array}\right) \xrightarrow{r_1+4r_2} \left(\begin{array}{ccc:ccc} 1 & 0 & 0 & 2 & 2 & 3 \\ 0 & 1 & 0 & 1 & -1 & 0 \\ 0 & 0 & 1 & -1 & 2 & 1 \end{array}\right),$$

所以

$$A^{-1}=\begin{pmatrix} 2 & 2 & 3 \\ 1 & -1 & 0 \\ -1 & 2 & 1 \end{pmatrix}.$$

例 6　用初等变换求矩阵

$$A=\begin{pmatrix} \lambda_1 & 0 & \cdots & 0 \\ 0 & \lambda_2 & \cdots & 0 \\ \vdots & \vdots & \ddots & \vdots \\ 0 & 0 & \cdots & \lambda_n \end{pmatrix},\ \lambda_1\lambda_2\cdots\lambda_n\neq 0$$

的逆矩阵.

解　$$(A \vdots E)=\left(\begin{array}{cccc:cccc} \lambda_1 & 0 & \cdots & 0 & 1 & 0 & \cdots & 0 \\ 0 & \lambda_2 & \cdots & 0 & 0 & 1 & \cdots & 0 \\ \vdots & \vdots & \ddots & \vdots & \vdots & \vdots & \ddots & \vdots \\ 0 & 0 & \cdots & \lambda_n & 0 & 0 & \cdots & 1 \end{array}\right)$$

$$\xrightarrow{r_i\times\frac{1}{\lambda_i}(i=1,2,\cdots,n)} \left(\begin{array}{cccc:cccc} 1 & 0 & \cdots & 0 & \frac{1}{\lambda_1} & 0 & \cdots & 0 \\ 0 & 1 & \cdots & 0 & 0 & \frac{1}{\lambda_2} & \cdots & 0 \\ \vdots & \vdots & \ddots & \vdots & \vdots & \vdots & \ddots & \vdots \\ 0 & 0 & \cdots & 1 & 0 & 0 & \cdots & \frac{1}{\lambda_n} \end{array}\right),$$

所以

$$A^{-1}=\begin{pmatrix}\frac{1}{\lambda_1} & 0 & \cdots & 0\\ 0 & \frac{1}{\lambda_2} & \cdots & 0\\ \vdots & \vdots & \ddots & \vdots\\ 0 & 0 & \cdots & \frac{1}{\lambda_n}\end{pmatrix}.$$

与用初等变换求 A^{-1} 同样的道理,可以用初等变换解矩阵方程 $AX=B$(这里 A 是方阵且可逆).对矩阵 A 和矩阵 B 作同样的初等行变换,那么当 A 化为单位矩阵 E 的同时,B 就化为了 $A^{-1}B$,即

$$(A\,\vdots\,E)\xrightarrow{\text{初等行变换}}(E\,\vdots\,A^{-1}B).$$

例 7 (本节例 3)解矩阵方程 $AX=B$,其中

$$A=\begin{pmatrix}1 & -4 & -3\\ 1 & -5 & -3\\ -1 & 6 & 4\end{pmatrix},B=\begin{pmatrix}1 & 1\\ 1 & -1\\ 2 & 1\end{pmatrix}.$$

解 利用初等行变换,得

$$(A\,\vdots\,B)=\left(\begin{array}{ccc:cc}1 & -4 & -3 & 1 & 1\\ 1 & -5 & -3 & 1 & -1\\ -1 & 6 & 4 & 2 & 1\end{array}\right)$$

$$\xrightarrow[r_3+r_1]{r_2-r_1}\left(\begin{array}{ccc:cc}1 & -4 & -3 & 1 & 1\\ 0 & -1 & 0 & 0 & -2\\ 0 & 2 & 1 & 3 & 2\end{array}\right)\xrightarrow{r_3+2r_2}\left(\begin{array}{ccc:cc}1 & -4 & -3 & 1 & 1\\ 0 & -1 & 0 & 0 & -2\\ 0 & 0 & 1 & 3 & -2\end{array}\right)$$

$$\xrightarrow[r_1+3r_3]{r_2\times(-1)}\left(\begin{array}{ccc:cc}1 & -4 & 0 & 10 & -5\\ 0 & 1 & 0 & 0 & 2\\ 0 & 0 & 1 & 3 & -2\end{array}\right)\xrightarrow{r_1+4r_2}\left(\begin{array}{ccc:cc}1 & 0 & 0 & 10 & 3\\ 0 & 1 & 0 & 0 & 2\\ 0 & 0 & 1 & 3 & -2\end{array}\right),$$

所以

$$X=A^{-1}B=\begin{pmatrix}10 & 3\\ 0 & 2\\ 3 & -2\end{pmatrix}.$$

同步训练 6.4

1. 求下列矩阵的逆矩阵:

(1) $\begin{pmatrix}1 & 2\\ 2 & 5\end{pmatrix}$;　　　　(2) $\begin{pmatrix}3 & 2 & 1\\ 1 & 1 & 1\\ 1 & 0 & 1\end{pmatrix}$.

2. 解下列矩阵方程:

*(1) $\begin{pmatrix}2 & 1\\ 3 & 2\end{pmatrix}X\begin{pmatrix}-3 & 2\\ 5 & -3\end{pmatrix}=\begin{pmatrix}-2 & 4\\ 3 & -1\end{pmatrix}$;

(2) 设 $\boldsymbol{A}=\begin{pmatrix}1 & 0 & -1\\ 2 & 1 & 0\\ -3 & 2 & -5\end{pmatrix}$，$\boldsymbol{B}=\begin{pmatrix}2 & -4\\ -2 & 0\\ 4 & 4\end{pmatrix}$，求 $\boldsymbol{X}$ 使 $\boldsymbol{AX}=\boldsymbol{B}$.

3. 分别利用克拉默法则、初等行变换以及求逆矩阵等三种方法解线性方程组：

$$\begin{cases}x_1-x_2-x_3=2,\\ 2x_1-x_2-3x_3=1,\\ 3x_1+2x_2-5x_3=0.\end{cases}$$

4. 设方阵 $\boldsymbol{A}$ 满足 $\boldsymbol{A}^2-\boldsymbol{A}-2\boldsymbol{E}=\boldsymbol{O}$，证明 $\boldsymbol{A}$ 及 $\boldsymbol{A}+2\boldsymbol{E}$ 都可逆，并求 $\boldsymbol{A}^{-1}$ 及 $(\boldsymbol{A}+2\boldsymbol{E})^{-1}$.

5. 设 $\boldsymbol{A}=\begin{pmatrix}4 & 2 & 3\\ 1 & 1 & 0\\ -1 & 2 & 3\end{pmatrix}$，$\boldsymbol{AB}=\boldsymbol{A}+2\boldsymbol{B}$，求 $\boldsymbol{B}$.

$^{+}$**6.** 设 n 阶矩阵 $\boldsymbol{A}$ 的伴随矩阵为 $\boldsymbol{A}^*$，证明：

(1) 若 $|\boldsymbol{A}|=0$，则 $|\boldsymbol{A}^*|=0$；

(2) $|\boldsymbol{A}^*|=|\boldsymbol{A}|^{n-1}$.

6.5　矩阵的秩

6.5.1　矩阵的秩的定义

矩阵经初等行变换可以化为行阶梯形矩阵，行阶梯形矩阵所含非零行的行数是唯一确定的(本节将给出证明)，这个数是矩阵的一个重要的数字特征，就是矩阵的秩. 下面我们介绍矩阵的秩的概念.

定义 6.5.1　在 $m\times n$ 矩阵 $\boldsymbol{A}$ 中，任取 k 行与 k 列($k\leqslant m,k\leqslant n$)，位于这些行列交叉处的 k^2 个元素按它们在 $\boldsymbol{A}$ 中所处的相对位置而组成的 k 阶行列式，称为矩阵 $\boldsymbol{A}$ 的 k 阶子式.

容易知道，$m\times n$ 矩阵 $\boldsymbol{A}$ 的 k 阶子式共有 $C_m^k\cdot C_n^k$ 个.

n 阶方阵只有一个 n 阶子式，这个 n 阶子式就是方阵的行列式.

定义 6.5.2　设在矩阵 $\boldsymbol{A}$ 中有一个不等于 0 的 r 阶子式 D，且所有 $r+1$ 阶子式(如果存在的话)全等于 0，那么 D 称为矩阵 $\boldsymbol{A}$ 的最高阶非零子式，数 r 称为矩阵 $\boldsymbol{A}$ 的秩，记作 $R(\boldsymbol{A})$.

规定　零矩阵的秩等于 0.

对于 $m\times n$ 矩阵 $\boldsymbol{A}$，$0\leqslant R(\boldsymbol{A})\leqslant\min(m,n)$.

由行列式的性质可知，在 $\boldsymbol{A}$ 中当所有 $r+1$ 阶子式全等于 0 时，所有高于 $r+1$ 阶的子式(如果存在的话)也全等于 0，因此 $\boldsymbol{A}$ 的秩 $R(\boldsymbol{A})$ 就是 $\boldsymbol{A}$ 中不等于 0 的子式的最高阶数.

显然 $\boldsymbol{A}$ 的转置矩阵 $\boldsymbol{A}^{\mathrm{T}}$ 的秩 $R(\boldsymbol{A}^{\mathrm{T}})=R(\boldsymbol{A})$.

例 1　用定义求矩阵 $\boldsymbol{A}$ 和 $\boldsymbol{B}$ 的秩，其中

$$A=\begin{pmatrix}1&2&-1\\2&3&-2\\3&5&-3\end{pmatrix},\ B=\begin{pmatrix}1&-1&1&3&0\\0&2&2&-2&4\\0&0&0&3&-5\\0&0&0&0&0\end{pmatrix}.$$

解 在 A 中,容易看出一个二阶子式 $\begin{vmatrix}1&2\\2&3\end{vmatrix}\neq0$,$A$ 的三阶子式只有一个 $|A|$,经计算可知 $|A|=0$,因此 $R(A)=2$.

B 是一个行阶梯形矩阵,其非零行有三行,因此 B 的所有四阶子式全为零.而以三个非零行的第一个非零元为对角元的三阶行列式(是一个上三角形行列式)

$$\begin{vmatrix}1&-1&3\\0&2&-2\\0&0&3\end{vmatrix}=6\neq0,$$

所以 $R(B)=3$.

一般地,对于行阶梯形矩阵 A,如果有 r 个非零行,那么 A 的所有高于 r 阶的子式(如果存在的话)全等于 0,而以各非零行的第一个非零元为对角元的 r 阶子式不等于 0.因此,行阶梯形矩阵的秩就等于非零行的行数.

6.5.2 用初等行变换求矩阵的秩

定义 6.5.3 若矩阵 A 经过有限次初等变换变成矩阵 B,则称矩阵 A 与矩阵 B 等价,记作 $A\sim B$.

矩阵之间的等价关系具有下列性质:

(1) **反身性** $A\sim A$;

(2) **对称性** 若 $A\sim B$,则 $B\sim A$;

(3) **传递性** 若 $A\sim B,B\sim C$,则 $A\sim C$.

定理 6.5.1 初等变换不改变矩阵的秩.

证 矩阵初等行变换中的换位变换和倍乘变换,最多只改变子式的符号或将子式乘以某个非零常数,这样原来子式等于零与否,经过换位变换和倍乘变换并不发生改变,所以矩阵的秩不变.

下面我们讨论初等行变换中的倍加变换.

设

$$A=\begin{pmatrix}a_{11}&a_{12}&\cdots&a_{1n}\\\vdots&\vdots&&\vdots\\a_{i1}&a_{i2}&\cdots&a_{in}\\\vdots&\vdots&&\vdots\\a_{j1}&a_{j2}&\cdots&a_{jn}\\\vdots&\vdots&&\vdots\\a_{m1}&a_{m2}&\cdots&a_{mn}\end{pmatrix}\begin{matrix}\\\\\leftarrow\text{第 } i \text{ 行}\\\\\leftarrow\text{第 } j \text{ 行}\\\\\\\end{matrix}$$

用 k 乘第 i 行加到第 j 行,得

$$B=\begin{pmatrix} a_{11} & a_{12} & \cdots & a_{1n} \\ \vdots & \vdots & & \vdots \\ a_{i1} & a_{i2} & \cdots & a_{in} \\ \vdots & \vdots & & \vdots \\ a_{j1}+ka_{i1} & a_{j2}+ka_{i2} & \cdots & a_{jn}+ka_{in} \\ \vdots & \vdots & & \vdots \\ a_{m1} & a_{m2} & \cdots & a_{mn} \end{pmatrix}\begin{matrix} \\ \\ \leftarrow 第\ i\ 行 \\ \\ \leftarrow 第\ j\ 行 \\ \\ \\ \end{matrix},$$

考察 $\boldsymbol{B}$ 的 r 阶子式，共有以下三种情况：

(1) 若这个 r 阶子式不含 $\boldsymbol{A}$ 的第 j 行元素，则它同时也就是 $\boldsymbol{B}$ 的 r 阶子式；

(2) 若这个 r 阶子式含 $\boldsymbol{A}$ 的第 i，j 两行元素，这时按第 j 行元素可将子式写成两个行列式的和，其中一个为零(因两行元素对应成比例)，另一个是 $\boldsymbol{B}$ 的 r 阶子式；

(3) 若这个 r 阶子式含 $\boldsymbol{A}$ 的第 j 行元素而不含 $\boldsymbol{B}$ 的第 i 行元素，仍按第 j 行元素展开，可将子式写成两个行列式的和，它是 $\boldsymbol{B}$ 的两个 r 阶子式之和.

综上所述，$\boldsymbol{B}$ 的秩不超过 $\boldsymbol{A}$ 的秩.

反过来，将 $\boldsymbol{B}$ 的第 i 行乘以 $-k$ 加到第 j 行，将得到矩阵 $\boldsymbol{A}$. 因此，又有 $\boldsymbol{A}$ 的秩不超过 $\boldsymbol{B}$ 的秩.

所以，初等行变换中的倍加变换也不改变矩阵的秩.

对于初等列变换，证法类似.

由于初等行变换不改变矩阵的秩，而行阶梯形矩阵的秩就是非零行的行数，因此，利用初等行变换将矩阵化为行阶梯形矩阵时，其非零行的行数是唯一确定的.

根据定理，当矩阵行数与列数较高，利用定义求秩比较困难时，我们可以用初等变换将矩阵化为行阶梯形矩阵，于是行阶梯形矩阵中非零行的行数即是该矩阵的秩.

例 2　设 $\boldsymbol{A}=\begin{pmatrix} 1 & -2 & -1 & 0 & 2 \\ -2 & 4 & 2 & 6 & -6 \\ 2 & -1 & 0 & 2 & 3 \\ 3 & 3 & 3 & 3 & 4 \end{pmatrix}$，利用初等行变换求矩阵 $\boldsymbol{A}$ 的秩.

解　对 $\boldsymbol{A}$ 作初等行变换将 $\boldsymbol{A}$ 化为行阶梯形矩阵：

$$\boldsymbol{A}=\begin{pmatrix} 1 & -2 & -1 & 0 & 2 \\ -2 & 4 & 2 & 6 & -6 \\ 2 & -1 & 0 & 2 & 3 \\ 3 & 3 & 3 & 3 & 4 \end{pmatrix}\xrightarrow[r_4-3r_1]{\substack{r_2+2r_1\\ r_3-2r_1}}\begin{pmatrix} 1 & -2 & -1 & 0 & 2 \\ 0 & 0 & 0 & 6 & -2 \\ 0 & 3 & 2 & 2 & -1 \\ 0 & 9 & 6 & 3 & -2 \end{pmatrix}$$

$$\xrightarrow[r_4\leftrightarrow r_3]{r_2\leftrightarrow r_3}\begin{pmatrix} 1 & -2 & -1 & 0 & 2 \\ 0 & 3 & 2 & 2 & -1 \\ 0 & 9 & 6 & 3 & -2 \\ 0 & 0 & 0 & 6 & -2 \end{pmatrix}\xrightarrow[r_4+2r_3]{r_3-3r_2}\begin{pmatrix} 1 & -2 & -1 & 0 & 2 \\ 0 & 3 & 2 & 2 & -1 \\ 0 & 0 & 0 & -3 & 1 \\ 0 & 0 & 0 & 0 & 0 \end{pmatrix},$$

因为行阶梯形矩阵有 3 个非零行，所以 $R(\boldsymbol{A})=3$.

对于 n 阶可逆矩阵 $\boldsymbol{A}$，因 $|\boldsymbol{A}|\neq 0$，知 $\boldsymbol{A}$ 的最高阶非零子式为 $|\boldsymbol{A}|$，故 $R(\boldsymbol{A})=n$. 由于可逆矩阵的秩等于其阶数，因此可逆矩阵又称满秩矩阵，而奇异矩阵又称降秩矩阵.

例 3 设 $\boldsymbol{A}=\begin{pmatrix}1&0&-1&1\\0&1&1&1\\1&1&0&2\\2&2&1&3\end{pmatrix}$，$\boldsymbol{B}=\begin{pmatrix}1\\2\\4\\6\end{pmatrix}$，求矩阵 $\boldsymbol{A}$ 及矩阵$\overline{\boldsymbol{A}}=(\boldsymbol{A}\vdots\boldsymbol{B})$的秩.

解 对$\overline{\boldsymbol{A}}$作初等行变换，化为行阶梯形矩阵，设$\overline{\boldsymbol{A}}$的行阶梯形矩阵为$\overline{\boldsymbol{A}}_1=(\boldsymbol{A}_1\vdots\boldsymbol{B}_1)$，则 $\boldsymbol{A}_1$ 就是 $\boldsymbol{A}$ 的行阶梯形矩阵，因此从$\overline{\boldsymbol{A}}_1=(\boldsymbol{A}_1\vdots\boldsymbol{B}_1)$中可同时看出 $R(\boldsymbol{A})$及 $R(\overline{\boldsymbol{A}})$.

$$\overline{\boldsymbol{A}}=\begin{pmatrix}1&0&-1&1&1\\0&1&1&1&2\\1&1&0&2&4\\2&2&1&3&6\end{pmatrix}\xrightarrow[r_4-2r_1]{r_3-r_1}\begin{pmatrix}1&0&-1&1&1\\0&1&1&1&2\\0&1&1&1&3\\0&2&3&1&4\end{pmatrix}$$

$$\xrightarrow[r_4-2r_2]{r_3-r_2}\begin{pmatrix}1&0&-1&1&1\\0&1&1&1&2\\0&0&0&0&1\\0&0&1&-1&0\end{pmatrix}\xrightarrow{r_3\leftrightarrow r_4}\begin{pmatrix}1&0&-1&1&1\\0&1&1&1&2\\0&0&1&-1&0\\0&0&0&0&1\end{pmatrix},$$

因此，$R(\boldsymbol{A})=3$，$R(\overline{\boldsymbol{A}})=4$.

与本例中的 $\boldsymbol{A}$，$\boldsymbol{B}$ 所对应的线性方程组 $\boldsymbol{AX}=\boldsymbol{B}$ 是无解的，因为$\overline{\boldsymbol{A}}$的行阶梯形矩阵的第 4 行表示矛盾方程 $0=1$.

同步训练 6.5

1. 在秩是 r 的矩阵中，有没有等于 0 的 $r-1$ 阶子式？有没有等于 0 的 r 阶子式？

2. 写出一个秩是 4 的方阵，它有两个行向量是$(1,0,1,0,0)$，$(1,-1,0,0,0)$.

3. 求下列矩阵的秩：

(1) $(0\quad 1\quad 2\quad 3)$； (2) $\begin{pmatrix}3&2&-1&-3&-2\\2&-1&3&1&-2\\7&0&5&-1&-8\end{pmatrix}$； (3) $\begin{pmatrix}1&1&2&2&1\\0&2&1&5&-1\\2&0&3&-1&3\\1&1&0&4&-1\end{pmatrix}$.

4. 设矩阵

$$\boldsymbol{A}=\begin{pmatrix}k&1&1&1\\1&k&1&1\\1&1&k&1\\1&1&1&k\end{pmatrix},$$

且 $R(\boldsymbol{A})=3$，求 k 的值.

6.6　求解线性方程组

线性方程组是线性代数的核心内容之一，在自然科学、工程技术以及生产实践中，经常会遇到线性方程组的问题，在实际中具有广泛的应用. 研究线性方程组的相关性质和理论，具有深刻的现实意义. 本节将介绍如何判定线性方程组是否有解；在有解的情况下，是有唯一解还是无穷多解；如何求出线性方程组的解；如何表示线性方程组的所有解.

6.6.1　高斯消元法

在中学时期，我们已经学习过二元一次方程组和三元一次方程组，并且方程的个数与未知数的个数是相等的，通常方程组的解也是唯一的. 现在，我们进一步将这些内容扩展，讨论一般的线性方程组.

高斯消元法是求解线性方程组最常用、最直接、最有效的方法. 下面用实例介绍求解的基本过程与方法.

例 1　求解线性方程组

$$\begin{cases} \frac{1}{6}x_1+\frac{1}{9}x_2+\frac{1}{3}x_3+\frac{1}{6}x_4=\frac{1}{6}, \\ x_1+\frac{2}{3}x_2+3x_3=0, \\ 2x_1+\frac{4}{3}x_2+5x_3+2x_4=2. \end{cases} \tag{6.6.1}$$

解　第一步：在方程组(6.6.1)中交换第一个方程与第二个方程的位置，得

$$\begin{cases} x_1+\frac{2}{3}x_2+3x_3=0, \\ \frac{1}{6}x_1+\frac{1}{9}x_2+\frac{1}{3}x_3+\frac{1}{6}x_4=\frac{1}{6}, \\ 2x_1+\frac{4}{3}x_2+5x_3+2x_4=2. \end{cases} \tag{6.6.2}$$

第二步：在方程组(6.6.2)中，对第二个方程的两边同时乘以 6，得

$$\begin{cases} x_1+\frac{2}{3}x_2+3x_3=0, \\ x_1+\frac{2}{3}x_2+2x_3+x_4=1, \\ 2x_1+\frac{4}{3}x_2+5x_3+2x_4=2. \end{cases} \tag{6.6.3}$$

第三步：在方程组(6.6.3)中，消去第二和第三个方程中的 x_1，即把第一个方程分别乘以(−1)和(−2)加到第二和第三个方程，得

$$\begin{cases} x_1+\frac{2}{3}x_2+3x_3=0, \\ -x_3+x_4=1, \\ -x_3+2x_4=2. \end{cases} \tag{6.6.4}$$

第四步:在方程组(6.6.4)中,消去第三个方程中的 x_3,即把第二个方程乘以(−1)加到第三个方程,得

$$\begin{cases} x_1+\frac{2}{3}x_2+3x_3=0, \\ -x_3+x_4=1, \\ x_4=1. \end{cases} \tag{6.6.5}$$

第五步:在方程组(6.6.5)中,对第二个方程的两边同时乘以(−1),得

$$\begin{cases} x_1+\frac{2}{3}x_2+3x_3=0, \\ x_3-x_4=-1, \\ x_4=1. \end{cases} \tag{6.6.6}$$

第六步:在方程组(6.6.6)中,消去第二个方程中的 x_4,即把第三个方程加到第二个方程,得

$$\begin{cases} x_1+\frac{2}{3}x_2+3x_3=0, \\ x_3=0, \\ x_4=1. \end{cases} \tag{6.6.7}$$

最后,在方程组(6.6.7)中,消去第一个方程中的 x_3,即对第二个方程的两边同时乘以(−3)加到第一个方程,得

$$\begin{cases} x_1+\frac{2}{3}x_2=0, \\ x_3=0, \\ x_4=1. \end{cases} \tag{6.6.8}$$

这是用高斯消元法求解线性方程组的典型过程.

这里,x_3,x_4 得到了确定的值,x_2 可取任何值,称为自由未知量,它表明原方程组有无穷多个解,它包含了方程组的所有解,称为方程组的通解或一般解. 若将通解或一般解中的所有自由未知量取定具体的值,则可以得到方程组的一个特解.

在上例中,如果取 $x_2=3$,那么 $x_1=-2$,于是

$$\begin{cases} x_1=-2, \\ x_2=3, \\ x_3=0, \\ x_4=1. \end{cases}$$

它就是方程组的一个特解.

如果另取 $x_2=0$,得 $x_1=0$,那么

$$\begin{cases} x_1=0, \\ x_2=0, \\ x_3=0, \\ x_4=1. \end{cases}$$

它是方程组的另一个特解.

在解方程组(6.6.1)的过程中,我们对方程组实施了线性方程组的初等变换.可以验证,线性方程组经过初等变换后是同解的.因此,高斯消元法实际上是通过初等变换,将原方程组进行同解变形,求出原方程组的解.

从例1中我们看到,在将线性方程组(6.6.1)化成方程组(6.6.8),进而化成行最简形矩阵的过程中,未知量本身没有变化,实际变化的是方程组中未知量的系数和常数项,这样我们完全可以用方程组的增广矩阵的变化来实现高斯消元法.消元过程中所使用的线性方程组的初等变换恰好对应于矩阵的初等变换.下面,我们将线性方程组(6.6.1)的消元过程用矩阵形式表示出来:

$$\overline{\boldsymbol{A}}=(\boldsymbol{A}\vdots\boldsymbol{b})=\left(\begin{array}{cccc:c} \frac{1}{6} & \frac{1}{9} & \frac{1}{3} & \frac{1}{6} & \frac{1}{6} \\ 1 & \frac{2}{3} & 3 & 0 & 0 \\ 2 & \frac{4}{3} & 5 & 2 & 2 \end{array}\right)$$

$$\xrightarrow{r_1\leftrightarrow r_2}\left(\begin{array}{cccc:c} 1 & \frac{2}{3} & 3 & 0 & 0 \\ \frac{1}{6} & \frac{1}{9} & \frac{1}{6} & \frac{1}{6} & \frac{1}{6} \\ 2 & \frac{4}{3} & 5 & 2 & 2 \end{array}\right)$$

$$\xrightarrow{r_2\times 6}\left(\begin{array}{cccc:c} 1 & \frac{2}{3} & 3 & 0 & 0 \\ 1 & \frac{2}{3} & 2 & 1 & 1 \\ 2 & \frac{4}{3} & 5 & 2 & 2 \end{array}\right)$$

$$\xrightarrow[r_3+r_1\times(-2)]{r_2+r_1\times(-1)}\left(\begin{array}{cccc:c} 1 & \frac{2}{3} & 3 & 0 & 0 \\ 0 & 0 & -1 & 1 & 1 \\ 0 & 0 & -1 & 2 & 2 \end{array}\right)$$

$$\xrightarrow{r_3+r_2\times(-1)}\left(\begin{array}{cccc:c} 1 & \frac{2}{3} & 3 & 0 & 0 \\ 0 & 0 & -1 & 1 & 1 \\ 0 & 0 & 0 & 1 & 1 \end{array}\right)\text{(行阶梯形矩阵)}$$

$$\xrightarrow{r_2\times(-1)}\left(\begin{array}{cccc:c}1 & \frac{2}{3} & 3 & 0 & 0\\ 0 & 0 & 1 & -1 & -1\\ 0 & 0 & 0 & 1 & 1\end{array}\right)$$

$$\xrightarrow{r_2+r_3}\left(\begin{array}{cccc:c}1 & \frac{2}{3} & 3 & 0 & 0\\ 0 & 0 & 1 & 0 & 0\\ 0 & 0 & 0 & 1 & 1\end{array}\right)$$

$$\xrightarrow{r_1+r_2\times(-3)}\left(\begin{array}{cccc:c}1 & \frac{2}{3} & 0 & 0 & 0\\ 0 & 0 & 1 & 0 & 0\\ 0 & 0 & 0 & 1 & 1\end{array}\right).\text{(行最简形矩阵)}$$

通过若干次的初等变换,将增广矩阵化为行阶梯形矩阵,进而化为行最简形矩阵. 根据这个行最简形矩阵可重新写出形如(6.6.8)的线性方程组,从而可以求出线性方程组的通解,需要的话可确定特解. 高斯消元法的求解过程十分规范,易于用计算机程序来实现.

6.6.2 求解齐次线性方程组

设齐次线性方程组

$$\begin{cases}a_{11}x_1+a_{12}x_2+\cdots+a_{1n}x_n=0,\\ a_{21}x_1+a_{22}x_2+\cdots+a_{2n}x_n=0,\\ \qquad\vdots\\ a_{m1}x_1+a_{m2}x_2+\cdots+a_{mn}x_n=0,\end{cases} \tag{6.6.9}$$

记

$$\boldsymbol{A}=\begin{pmatrix}a_{11} & a_{12} & \cdots & a_{1n}\\ a_{21} & a_{22} & \cdots & a_{2n}\\ \vdots & \vdots & & \vdots\\ a_{m1} & a_{m2} & \cdots & a_{mn}\end{pmatrix},\boldsymbol{X}=\begin{pmatrix}x_1\\ x_2\\ \vdots\\ x_n\end{pmatrix},$$

则方程组(6.6.9)可写成矩阵形式

$$\boldsymbol{A}_{m\times n}\boldsymbol{X}=\boldsymbol{O}. \tag{6.6.10}$$

定理 6.6.1 n 元齐次线性方程组 $\boldsymbol{A}_{m\times n}\boldsymbol{X}=\boldsymbol{O}$ 有非零解的充要条件是系数矩阵的秩 $R(\boldsymbol{A})<n$.

证 先证必要性. 设方程组 $\boldsymbol{A}_{m\times n}\boldsymbol{X}=\boldsymbol{O}$ 有非零解,要证 $R(\boldsymbol{A})<n$. 用反证法,设 $R(\boldsymbol{A})=n$,则在 $\boldsymbol{A}$ 中应有一个 n 阶非零子式 D_n,根据克拉默法则,D_n所对应的 n 个方程只有零解,这与原方程组有非零解相矛盾,因此 $R(\boldsymbol{A})<n$.

再证充分性. 设 $R(\boldsymbol{A})=r<n$,则 $\boldsymbol{A}$ 的行阶梯形矩阵只含 r 个非零行,因此有 $n-r$ 个自由未知量. 任取一个自由未知量为 1,其余自由未知量为 0,即可得方程组的一个非零解.

特别地,当 $\boldsymbol{A}$ 为 n 阶方阵时,$R(\boldsymbol{A})=r<n$,当且仅当 $|\boldsymbol{A}|=0$,因此,齐次线性方程组 $\boldsymbol{A}_{n\times n}\boldsymbol{X}=\boldsymbol{O}$ 有非零解的充要条件是系数行列式 $|\boldsymbol{A}|=0$.

定理 6.6.2 若齐次线性方程组(6.6.10)的系数矩阵 $\boldsymbol{A}$ 的秩 $R(\boldsymbol{A})=r<n$(即方程组

(6.6.10)有非零解),则方程组(6.6.10)的通解中含有 $n-r$ 个自由未知量.

例 2　求解齐次线性方程组

$$\begin{cases}x_1+x_2-x_3-x_4=0,\\2x_1-5x_2+3x_3+2x_4=0,\\7x_1-7x_2+3x_3+x_4=0,\\3x_1+10x_2-8x_3-7x_4=0.\end{cases}$$

解　对系数矩阵 $\boldsymbol{A}$ 作初等行变换,化为行最简形矩阵:

$$\boldsymbol{A}=\begin{pmatrix}1&1&-1&-1\\2&-5&3&2\\7&-7&3&1\\3&10&-8&-7\end{pmatrix}\xrightarrow[r_4-3r_1]{\substack{r_2-2r_1\\r_3-7r_1}}\begin{pmatrix}1&1&-1&-1\\0&-7&5&4\\0&-14&10&8\\0&7&-5&-4\end{pmatrix}$$

$$\xrightarrow[r_4+r_2]{r_3-2r_2}\begin{pmatrix}1&1&-1&-1\\0&-7&5&4\\0&0&0&0\\0&0&0&0\end{pmatrix}\xrightarrow[r_1-r_2]{r_2\times\left(-\frac{1}{7}\right)}\begin{pmatrix}1&0&-\frac{2}{7}&-\frac{3}{7}\\0&1&-\frac{5}{7}&-\frac{4}{7}\\0&0&0&0\\0&0&0&0\end{pmatrix},$$

对矩阵作初等行变换的过程就是给对应方程组作通解变形的过程,即原方程组与方程组

$$\begin{cases}x_1=\frac{2}{7}x_3+\frac{3}{7}x_4,\\x_2=\frac{5}{7}x_3+\frac{4}{7}x_4\end{cases}$$

同解.

令

$$\begin{pmatrix}x_3\\x_4\end{pmatrix}=\begin{pmatrix}c_1\\0\end{pmatrix},\begin{pmatrix}0\\c_2\end{pmatrix},$$

则对应有

$$\begin{pmatrix}x_1\\x_2\end{pmatrix}=\begin{pmatrix}\frac{2}{7}\\\frac{5}{7}\end{pmatrix}c_1,\begin{pmatrix}\frac{3}{7}\\\frac{4}{7}\end{pmatrix}c_2,$$

于是原方程组的通解为

$$\begin{pmatrix}x_1\\x_2\\x_3\\x_4\end{pmatrix}=\begin{pmatrix}\frac{2}{7}\\\frac{5}{7}\\1\\0\end{pmatrix}c_1+\begin{pmatrix}\frac{3}{7}\\\frac{4}{7}\\0\\1\end{pmatrix}c_2,$$

其中 c_1,c_2 为任意常数.

6.6.3 求解非齐次线性方程组

设非齐次线性方程组

$$\begin{cases} a_{11}x_1+a_{12}x_2+\cdots+a_{1n}x_n=b_1, \\ a_{21}x_1+a_{22}x_2+\cdots+a_{2n}x_n=b_2, \\ \qquad\vdots \\ a_{m1}x_1+a_{m2}x_2+\cdots+a_{mn}x_n=b_m, \end{cases} \tag{6.6.11}$$

则方程组(6.6.11)可写成矩阵形式

$$\boldsymbol{AX}=\boldsymbol{B}. \tag{6.6.12}$$

定理 6.6.3 n 元非齐次线性方程组 $\boldsymbol{A}_{m\times n}\boldsymbol{X}=\boldsymbol{B}$ 有解的充要条件是系数矩阵 $\boldsymbol{A}$ 的秩等于增广矩阵 $\overline{\boldsymbol{A}}=(\boldsymbol{A}\vdots\boldsymbol{B})$ 的秩.

证 先证必要性. 设方程组 $\boldsymbol{A}_{m\times n}\boldsymbol{X}=\boldsymbol{B}$ 有解,要证 $R(\boldsymbol{A})=R(\overline{\boldsymbol{A}})$. 用反证法,设 $R(\boldsymbol{A})<R(\overline{\boldsymbol{A}})$,则 $\overline{\boldsymbol{A}}$ 的行阶梯形矩阵中最后一个非零行对应矛盾方程 $0=1$,这与方程组有解相矛盾. 因此,$R(\boldsymbol{A})=R(\overline{\boldsymbol{A}})$.

再证充分性. 设 $R(\boldsymbol{A})=R(\overline{\boldsymbol{A}})$,要证方程组有解. 把 $\overline{\boldsymbol{A}}$ 化为行阶梯形矩阵,设 $R(\boldsymbol{A})=R(\overline{\boldsymbol{A}})=r\ (r\leqslant n)$,则 $\overline{\boldsymbol{A}}$ 的行阶梯形矩阵中含 r 个非零行,把这 r 行的第一个非零元所对应的未知量作为非自由未知量,其余 $n-r$ 个作为自由未知量,对这 $n-r$ 个自由未知量任意取定一组值,即可得方程组的一个解.

对于非齐次线性方程组 $\boldsymbol{A}_{m\times n}\boldsymbol{X}=\boldsymbol{B}$,当 $R(\boldsymbol{A})=R(\overline{\boldsymbol{A}})=n$ 时,方程组没有自由未知量,只有唯一解;当 $R(\boldsymbol{A})=R(\overline{\boldsymbol{A}})=r<n$ 时,方程组有 $n-r$ 个自由未知量,由于这些自由未知量可任意取值,因此这时方程组有无穷多个解. 若令自由未知量分别等于 $c_1,c_2,\cdots,c_{n-r}$,则可得方程组的无穷多个解的一般形式,即方程组的通解.

定理 6.6.4 设 $\boldsymbol{\eta}$ 是非齐次线性方程组(6.6.12)的解,$\boldsymbol{\xi}$ 是其导出组(6.6.9)的解,则 $\boldsymbol{\eta}+\boldsymbol{\xi}$ 仍是方程组(6.6.12)的解.

证 由

$$\boldsymbol{A\eta}=\boldsymbol{B},\boldsymbol{A\xi}=\boldsymbol{O},$$

得

$$\boldsymbol{A}(\boldsymbol{\eta}+\boldsymbol{\xi})=\boldsymbol{A\eta}+\boldsymbol{A\xi}=\boldsymbol{B}+\boldsymbol{O}=\boldsymbol{B},$$

即 $\boldsymbol{\eta}+\boldsymbol{\xi}$ 是非齐次线性方程组(6.6.12)的解.

定理 6.6.5 非齐次线性方程组 $\boldsymbol{A}_{m\times n}\boldsymbol{X}=\boldsymbol{B}$,当 $R(\boldsymbol{A})=R(\overline{\boldsymbol{A}})=n$ 时,方程组没有自由未知量,只有唯一解;当 $R(\boldsymbol{A})=R(\overline{\boldsymbol{A}})=r<n$ 时,方程组有 $n-r$ 个自由未知量,由于这些自由未知量可任意取值,因此这时方程组有无穷多个解. 若令自由未知量分别等于 $c_1,c_2,\cdots,c_{n-r}$,则可得方程组的无穷多个解的一般形式,即方程组的通解.

定理 6.6.6 若 $\boldsymbol{\eta}^*$ 是非齐次线性方程组(6.6.12)的一个解(通常称为特解),$c_1\boldsymbol{\eta}_1+c_2\boldsymbol{\eta}_2+\cdots+c_{n-r}\boldsymbol{\eta}_{n-r}$ 是其导出组(6.6.9)的通解,则

$$\boldsymbol{X}=\boldsymbol{\eta}^*+c_1\boldsymbol{\eta}_1+c_2\boldsymbol{\eta}_2+\cdots+c_{n-r}\boldsymbol{\eta}_{n-r}$$

是非齐次线性方程组(6.6.12)的通解,这里 $c_1,c_2,\cdots,c_{n-r}$ 为任意常数.

例 3 求解非齐次线性方程组

$$\begin{cases} x_1-x_2-x_3+x_4=0, \\ x_1-x_2+x_3-3x_4=1, \\ x_1-x_2-2x_3+3x_4=-\dfrac{1}{2}, \\ -2x_1+2x_2+x_3-4x_4=\dfrac{1}{2}. \end{cases}$$

解　对增广矩阵$\overline{\mathbf{A}}$施行初等行变换：

$$\overline{\mathbf{A}}=\begin{pmatrix} 1 & -1 & -1 & 1 & 0 \\ 1 & -1 & 1 & -3 & 1 \\ 1 & -1 & -2 & 3 & -\dfrac{1}{2} \\ -2 & 2 & 1 & -4 & \dfrac{1}{2} \end{pmatrix} \xrightarrow[r_3+2r_1]{\substack{r_2-r_1 \\ r_3-r_1}} \begin{pmatrix} 1 & -1 & -1 & 1 & 0 \\ 0 & 0 & 2 & -4 & 1 \\ 0 & 0 & -1 & 2 & -\dfrac{1}{2} \\ 0 & 0 & 1 & -2 & \dfrac{1}{2} \end{pmatrix}$$

$$\xrightarrow[r_4-r_2]{\substack{r_2\times\frac{1}{2} \\ r_3+r_2}} \begin{pmatrix} 1 & -1 & -1 & 1 & 0 \\ 0 & 0 & 1 & -2 & \dfrac{1}{2} \\ 0 & 0 & 0 & 0 & 0 \\ 0 & 0 & 0 & 0 & 0 \end{pmatrix} \xrightarrow{r_1+r_2} \begin{pmatrix} 1 & -1 & 0 & -1 & \dfrac{1}{2} \\ 0 & 0 & 1 & -2 & \dfrac{1}{2} \\ 0 & 0 & 0 & 0 & 0 \\ 0 & 0 & 0 & 0 & 0 \end{pmatrix},$$

可知 $R(\mathbf{A})=R(\overline{\mathbf{A}})=2<4$，故方程组有无穷多个解，原方程组同解于方程组

$$\begin{cases} x_1=\dfrac{1}{2}+x_2+x_4, \\ x_3=\dfrac{1}{2}+2x_4. \end{cases}$$

令 $x_2=x_4=0$，则 $x_1=x_3=\dfrac{1}{2}$，即得原方程组的一个特解

$$\boldsymbol{\eta}^*=\begin{pmatrix} \dfrac{1}{2} \\ 0 \\ \dfrac{1}{2} \\ 0 \end{pmatrix}.$$

在对应的齐次线性方程组$\begin{cases} x_1=x_2+x_4, \\ x_3=2x_4 \end{cases}$中，令

$$\begin{pmatrix} x_2 \\ x_4 \end{pmatrix}=\begin{pmatrix} c_1 \\ 0 \end{pmatrix},\begin{pmatrix} 0 \\ c_2 \end{pmatrix},$$

则对应有

$$\begin{pmatrix} x_1 \\ x_3 \end{pmatrix}=\begin{pmatrix} 1 \\ 0 \end{pmatrix}c_1,\begin{pmatrix} 1 \\ 2 \end{pmatrix}c_2,$$

对应的齐次线性方程组的通解为

$$\begin{pmatrix}x_1\\x_2\\x_3\\x_4\end{pmatrix}=\begin{pmatrix}1\\1\\0\\0\end{pmatrix}c_1+\begin{pmatrix}1\\0\\2\\1\end{pmatrix}c_2,$$

其中 c_1,c_2 为任意常数.

于是原方程组的通解为

$$\begin{pmatrix}x_1\\x_2\\x_3\\x_4\end{pmatrix}=c_1\begin{pmatrix}1\\1\\0\\0\end{pmatrix}+c_2\begin{pmatrix}1\\0\\2\\1\end{pmatrix}+\begin{pmatrix}\frac{1}{2}\\0\\\frac{1}{2}\\0\end{pmatrix},$$

其中 c_1,c_2 为任意常数.

同步训练 6.6

1. 写出下列线性方程组的系数矩阵和增广矩阵：

(1) $\begin{cases}x_1+2x_2+2x_3+x_4=0,\\2x_1+x_2-2x_3-2x_4=0,\\x_1-x_2-4x_3-3x_4=0,\\5x_1+4x_2-2x_3-3x_4=0;\end{cases}$ (2) $\begin{cases}x_1+3x_2+x_3+2x_4=4,\\3x_1+4x_2+2x_3-3x_4=6,\\-x_1-5x_2+4x_3+x_4=11,\\2x_1+7x_2+x_3-6x_4=-5.\end{cases}$

2. 用高斯消元法求解线性方程组

$$\begin{cases}2x+2y+3z=1,\\x-y=2,\\-x+2y+z=-2.\end{cases}$$

3. 用高斯消元法和矩阵的初等变换求解题 1 中的两个线性方程组.

4. 求下列方程组的通解：

(1) $\begin{cases}x_1-2x_2+x_3+x_4-x_5=0,\\2x_1+x_2-x_3-x_4-x_5=0,\\x_1+7x_2-5x_3-5x_4+5x_5=0,\\3x_1-x_2-2x_3+x_4-x_5=0;\end{cases}$ (2) $\begin{cases}3x_1+x_2+4x_3-3x_4=2,\\2x_1-3x_2+x_3-5x_4=1,\\5x_1+10x_2+2x_3-x_4=21,\\2x_1-4x_2+9x_3-3x_4=-16.\end{cases}$

阅读材料六　矩阵与行列式

一、矩阵

在逻辑上，矩阵的概念先于行列式的概念，但在历史上却恰好相反：矩阵是作为表示线性方程组的一种简便方法或者是通过行列式概念而进入数学的.

中国古代没有数学符号，在成书于西汉末至东汉初的《九章算术》中，线性方程组是用分离系数法表示的，自然地得到了其增广矩阵. 在消元过程中，使用了把某行乘以某一非零常数、从某行中减去另一行等运算技巧，相当于矩阵的初等变换. 当然，在中国古代并没有现在理解的矩阵概念，虽然它与现在的矩阵形式上相同，但在当时只是作为线性方程组的标准表示与处理方式.

矩阵的近代概念直到 19 世纪才逐渐形成. 1801 年，德国数学家高斯(K. F. Gauss，1777—1855)把一个线性变换的全部系数作为一个整体. 1844 年，德国数学家艾森斯坦(F. G. M. Eisenstein，1823—1852)讨论了“变换”(即矩阵)及其乘积. 1850 年，英国数学家西尔维斯特(J. J. Sylvester，1814—1897)最先使用了“矩阵”一词.

1858 年，英国数学家凯莱(A. Cayley，1821—1895)发表了《关于矩阵理论的研究报告》. 凯莱首先将矩阵作为一个独立的数学对象加以研究，并且在这个主题上首先发表了一系列文章，因而被认为是矩阵论的创立者. 他给出了现在通用的一系列定义，如两个矩阵相等、零矩阵、单位矩阵、两个矩阵的和、一个数与一个矩阵的数量积、两个矩阵的积、矩阵的逆、转置矩阵等. 凯莱注意到矩阵乘法是可结合的，但一般不可交换，而 $m\times n$ 矩阵只能用 $n\times p$ 矩阵去右乘.

1854 年，法国数学家埃尔米特(C. Hermite，1822—1901)使用了“正交矩阵”这一术语，但它的正式定义直到 1878 年才由德国数学家弗罗贝尼乌斯(F. G. Frobenius，1849—1917)发表. 1879 年，弗罗贝尼乌斯引入了矩阵的秩的概念.

二、行列式

1683 年，日本数学家关孝和(约 1642—1708)在《解伏题之法》一书中为了研究二元高次方程组的消元法而引入了 2～5 阶行列式，给出了它们的展开规则，并用以解三元一次方程组.

1693 年，莱布尼兹在研究线性方程组的解法时独立地发明了行列式，他在致洛必达的一封信中叙述了有关结果：“我引入方程组：

$$10+11x+12y=0, \tag{1}$$

$$20+21x+22y=0, \tag{2}$$

$$30+31x+32y=0. \tag{3}$$

此处，在两个数码中，前者表示此数所属的方程，后者代表此数所属的字母(未知数).”在这里，他首创了用两个数码表示线性方程组各项系数的方法，相当于现在的 a_{ij}. 接着，他从上述方程组中消去两个未知量，得到一个行列式，这个行列式等于零就意味着存在一组 x 和 y

满足所有的这三个方程.

大约在1729年,苏格兰数学家麦克劳林(C. Maclaurin,1698—1746)开创了用行列式解含有2～4个未知数的线性方程组的方法,实际上就是后人所说的克拉默法则,虽然其中的记法尚不完善.这一法则直到1748年才发表在他的遗著《代数论著》中.1750年,数学家克拉默(G. Cramer,1704—1752)将其发表在他的《代数曲线的分析引论》一书中.

1764年,法国数学家贝祖(É. Bezout,1730—1783)在《数学教程》中把确定行列式每一项的符号的手续系统化了.

1771年,法国数学家范德蒙德(A. T. Vandemonde,1735—1796)第一个脱离关于线性方程组的讨论,把行列式作为一个独立的对象加以研究,对行列式理论作出了连贯的逻辑阐述,他因此而被认为是行列式理论的奠基人.他还给出了一条法则,用二阶子式和它们的余子式来展开行列式.

1772年,法国数学家拉普拉斯(P. S. Laplace,1749—1827)证明了范德蒙德的一些规则,并推广了他的展开行列式的方法,给出了行列式的依行、依列展开(现在通称拉普拉斯展开).

1773年,法国数学家拉格朗日对三阶行列式给出了乘法定理.由于这个行列式的行是一个四面体的顶点的坐标,所以定理尚未获得普遍意义.1812年,法国数学家比内(J. P. M. Binet,1786—1856)叙述了一般行列式的乘法定理,但没有给出令人满意的证明.

1812年,法国数学家柯西给出了行列式的第一个系统的、几乎是近代的处理,证明了行列式的乘法定理.此外,“行列式”(determinant)这一名称也是由他提出的.

1841年,英国数学蒙凯莱引入了行列式的两条竖线.

本章小结

一、行列式

二阶行列式和三阶行列式的概念,n阶行列式的定义,余子式和代数余子式的概念,n阶行列式的性质和推论,计算行列式的基本方法,克拉默法则及其应用.

1. n阶行列式

n阶行列式是n^2个数排成n行n列的数表后按某种确定的运算规律得到的一个数.

2. a_{ij}的代数余子式

a_{ij}的代数余子式A_{ij}只与元素a_{ij}所在的位置有关,而与a_{ij}本身的大小无关.

3. 行列式的性质

行列式的性质主要用于简化行列式的计算与某些理论证明.

4. 行列式的计算

行列式的计算是本章的重点,其基本方法有:

(1) 二阶行列式、三阶行列式可直接使用对角线展开法;

(2) 利用行列式的性质把行列式化成三角行列式计算;

(3) 利用行列式的性质把行列式中的某一行(或列)元素尽可能多地化为零,然后按该行(或列)展开(依次降阶).

5. 克拉默法则

若 n 元线性方程组(6.3.15)的系数行列式 $D\neq 0$,则方程组有唯一解 $x_j=\dfrac{D_j}{D}$,$j=1,2,\cdots,n$.

推论　若齐次线性方程组(6.3.17)的系数行列式 $D\neq 0$,则该齐次线性方程组只有唯一零解,没有非零解.

二、矩阵

矩阵的概念及其运算,矩阵的初等行变换,逆矩阵的意义、性质,方阵 $\boldsymbol{A}$ 可逆的充要条件,用伴随矩阵法求逆矩阵,矩阵的秩.

1. 矩阵与行列式的区别

矩阵与行列式是两个完全不同的概念,行列式是一个算式,计算结果是一个数,而矩阵是由数构成的一个数表,矩阵中的行数与列数可以不相等,但行列式中行数与列数必须相等.

2. 数乘矩阵与数乘行列式的不同

设 $\boldsymbol{A}=(a_{ij})_{n\times n}$,则 $|k\boldsymbol{A}|=k^n|\boldsymbol{A}|$.

3. 矩阵的运算与数的运算的不同

(1) 数的乘法满足交换律,即 a,b 是数,$ab=ba$.

矩阵乘法一般不能交换,即一般情况下 $\boldsymbol{AB}\neq\boldsymbol{BA}$. 当 $\boldsymbol{AB}=\boldsymbol{BA}$ 时,称矩阵 $\boldsymbol{A}$ 与 $\boldsymbol{B}$ 是可交换的.

(2) 数的乘法满足消去律,即 a,b,c 是数,$ab=ac$,且 $a\neq 0$ 时,$b=c$.

矩阵的乘法不满足消去律,即 $\boldsymbol{AB}=\boldsymbol{AC}$ 且 $\boldsymbol{A}\neq\boldsymbol{O}$ 时,不能得出 $\boldsymbol{B}=\boldsymbol{C}$ 的结论. 在矩阵乘法中,当 $\boldsymbol{AB}=\boldsymbol{O}$ 时,推不出 $\boldsymbol{A}=\boldsymbol{O}$ 或 $\boldsymbol{B}=\boldsymbol{O}$,即当 $\boldsymbol{A}\neq\boldsymbol{O}$,$\boldsymbol{B}\neq\boldsymbol{O}$ 时,仍可能有 $\boldsymbol{AB}=\boldsymbol{O}$.

(3) 不要犯如下错误:$(\boldsymbol{AB})^{\mathrm{T}}=\boldsymbol{A}^{\mathrm{T}}\boldsymbol{B}^{\mathrm{T}}$,$(\boldsymbol{AB})^{-1}=\boldsymbol{A}^{-1}\boldsymbol{B}^{-1}$.

4. n 阶方阵与 n 阶行列式

设 $\boldsymbol{A}$ 是 n 阶方阵,$\boldsymbol{A}^*$ 是它的伴随矩阵,那么 $\boldsymbol{AA}^*=\boldsymbol{A}^*\boldsymbol{A}=|\boldsymbol{A}|\boldsymbol{E}$.

5. 行阶梯形矩阵与行最简形矩阵

如果矩阵每一行的第一个非零元素所在的列中,其下方元素全为零,那么称此矩阵为行阶梯形矩阵.

如果行阶梯形矩阵中非零行的第一个非零元素均为 1,且其所在列的其余元素均为 0,那么称此矩阵为行最简形矩形.

6. 矩阵的初等行变换

(1) 换位变换　对调矩阵第 i 行和第 j 行,记为 $r_i\leftrightarrow r_j$;

(2) 倍乘变换　用常数 $k\neq 0$ 乘第 i 行,记为 kr_i;

(3) 倍加变换　把第 j 行的 k 倍加到第 i 行上去,记为 r_i+kr_j.

以上三种变换统称为矩阵的初等行变换.

7. 矩阵的逆矩阵

(1) 设 $\boldsymbol{A}$ 是一个 n 阶方阵,若存在一个 n 阶方阵 $\boldsymbol{B}$,使 $\boldsymbol{AB}=\boldsymbol{BA}=\boldsymbol{E}$,则称 $\boldsymbol{B}$ 为 $\boldsymbol{A}$ 的逆矩

阵,记为 $\boldsymbol{A}^{-1}$,即 $\boldsymbol{A}^{-1}=\boldsymbol{B}$,并称方阵 $\boldsymbol{A}$ 可逆.

(2) 方阵 $\boldsymbol{A}$ 可逆的充分必要条件是:$|\boldsymbol{A}|\neq 0$.

(3) 求矩阵的逆矩阵的方法:

① 伴随矩阵法:$\boldsymbol{A}^{-1}=\dfrac{\boldsymbol{A}^*}{|\boldsymbol{A}|}$;

② 矩阵的初等行变换:$(\boldsymbol{A}\vdots\boldsymbol{E})\xrightarrow{\text{初等行变换}}(\boldsymbol{E}\vdots\boldsymbol{A}^{-1})$.

8. 矩阵方程 $\boldsymbol{AX}=\boldsymbol{B}$($\boldsymbol{A}$ 为方阵且可逆)的求解

(1) 方程两边同时左乘 A^{-1},得 $A^{-1}AX=A^{-1}B$,即 $X=A^{-1}B$;

(2) 矩阵的初等行变换:$(A\vdots E)\xrightarrow{\text{初等行变换}}(E\vdots A^{-1}B)$.

9. 矩阵的秩

设在矩阵 $\boldsymbol{A}$ 中有一个不等于 0 的 r 阶子式 D,且所有 $r+1$ 阶子式(如果存在的话)全等于 0,那么 D 称为矩阵 $\boldsymbol{A}$ 的最高阶非零子式,数 r 称为矩阵 $\boldsymbol{A}$ 的秩,记作 $R(\boldsymbol{A})$. 对于 $m\times n$ 矩阵 $\boldsymbol{A}$,$0\leqslant R(\boldsymbol{A})\leqslant\min(m,n)$. $\boldsymbol{A}$ 的转置矩阵 $\boldsymbol{A}^{\mathrm{T}}$ 的秩 $R(\boldsymbol{A}^{\mathrm{T}})=R(\boldsymbol{A})$.

求矩阵的秩有如下两种方法:

(1) 利用定义法求矩阵的秩;

(2) 利用初等变换将矩阵化为行阶梯形矩阵,行阶梯形矩阵中非零行的行数即是该矩阵的秩.

10. 求解线性方程组

(1) 高斯消元法.

高斯消元法将方程组对应的系数矩阵,借助矩阵的初等行变换化为行最简形矩阵,相当于将原方程组进行同解变形,求出原方程组的解.

(2) 齐次线性方程组.

将方程组对应的系数矩阵,借助矩阵的初等行变换化为行最简形矩阵,求出原方程组的通解.

$$\boldsymbol{A}\xrightarrow{\text{初等行变换}}\text{行最简形矩阵}$$

(3) 非齐次线性方程组.

将方程组对应的增广矩阵,借助矩阵的初等行变换化为行最简形矩阵,求出原方程组的通解.

$$\overline{\boldsymbol{A}}\xrightarrow{\text{初等行变换}}\text{行最简形矩阵}$$

能力训练 A

一、填空题

1. $2\begin{pmatrix}1&0\\0&0\end{pmatrix}+4\begin{pmatrix}0&1\\0&0\end{pmatrix}+6\begin{pmatrix}0&0\\1&0\end{pmatrix}+8\begin{pmatrix}0&0\\0&1\end{pmatrix}=$ __________.

2. 设 $\boldsymbol{A}$ 为三阶矩阵,若已知 $|\boldsymbol{A}|=m$,则 $|-m\boldsymbol{A}|=$ __________.

3. 计算$\begin{pmatrix}1\\2\\3\end{pmatrix}(1\quad 2\quad 3)=$__________.

4. 行列式$\begin{vmatrix}-3 & 0 & 4\\5 & 0 & 3\\2 & -2 & 1\end{vmatrix}$中元素2的代数余子式为__________.

5. 已知四阶行列式D中第3列元素依次为$-1,2,0,1$，它们的余子式依次为$5,3,-7,4$，则$D=$__________.

二、选择题

6. 设$\boldsymbol{A}=\begin{pmatrix}1 & 2\\4 & 3\end{pmatrix}$，$\boldsymbol{B}=\begin{pmatrix}x & 1\\2 & y\end{pmatrix}$，若有$\boldsymbol{AB}=\boldsymbol{BA}$，则$x$与$y$之间满足　（　　）

A. $2x=7$　　B. $2y=x$　　C. $y=x+1$　　D. $y=x-1$

7. 设有矩阵$\boldsymbol{A}_{3\times2}$，$\boldsymbol{B}_{2\times3}$，$\boldsymbol{C}_{3\times3}$，则下列运算可以进行的是　（　　）

A. $\boldsymbol{AC}$　　B. $\boldsymbol{ABC}$　　C. $\boldsymbol{CB}$　　D. $\boldsymbol{AB}-\boldsymbol{BC}$

8. 设$\boldsymbol{A}$，$\boldsymbol{B}$均为三阶方阵，且$k>0$，则下列等式成立的是　（　　）

A. $|\boldsymbol{A}+\boldsymbol{B}|=|\boldsymbol{A}|+|\boldsymbol{B}|$　　B. $|\boldsymbol{AB}|=|\boldsymbol{A}||\boldsymbol{B}|$

C. $\boldsymbol{AB}=\boldsymbol{BA}$　　D. $|k\boldsymbol{A}|=k|\boldsymbol{A}|$

9. 二阶行列式$\begin{vmatrix}\cos\alpha & -\sin\alpha\\\sin\alpha & \cos\alpha\end{vmatrix}$的值为　（　　）

A. -1　　B. 1　　C. $2\sin^2\alpha$　　D. $2\cos^2\alpha$

10. 若行列式$\begin{vmatrix}1 & 2 & 5\\1 & 3 & -2\\2 & 5 & x\end{vmatrix}=0$，则$x$的值为　（　　）

A. -3　　B. -2　　C. 2　　D. 3

三、解答题

11. 确定i和j，使排列$1245i6j97$为奇排列.

12. 计算行列式：

(1) $D=\begin{vmatrix}1 & 1 & 1 & 1\\-1 & 2 & 3 & 4\\1 & 4 & 9 & 16\\-1 & 8 & 27 & 64\end{vmatrix}$；　*(2) $D=\begin{vmatrix}x & y & 0 & \cdots & 0 & 0\\0 & x & y & \cdots & 0 & 0\\0 & 0 & x & \cdots & 0 & 0\\\vdots & \vdots & \vdots & & \vdots & \vdots\\0 & 0 & 0 & \cdots & x & y\\y & 0 & 0 & \cdots & 0 & x\end{vmatrix}$.

13. 问λ,μ取何值时，齐次线性方程组

$$\begin{cases}\lambda x_1+x_2+x_3=0,\\x_1+\mu x_2+x_3=0,\\x_1+2\mu x_2+x_3=0\end{cases}$$

有非零解？

14. 设 $A=\begin{pmatrix}1 & -1 & 2\\ 2 & 1 & 3\\ 4 & k & 1\end{pmatrix}$,当 k 取何值时,$R(A)=3$? 当 k 取何值时,$R(A)<3$?

15. 设 $A=\begin{pmatrix}1 & 2 & 1\\ 3 & 4 & 2\\ 1 & 2 & 2\end{pmatrix}$,且 $AB=A+B$,求 B.

16. 已知 $A^2-2A+E=O$,证明 A 可逆,并求逆矩阵 A^{-1}.

17. 已知矩阵 $A=\begin{pmatrix}1 & 1 & -1\\ 2 & 1 & 0\\ 1 & -1 & 0\end{pmatrix}$,求 A 的逆矩阵.

18. 设

$$f(x)=\begin{vmatrix}x & 1 & 2 & 4\\ 1 & 2-x & 2 & 4\\ 2 & 2 & 1 & 2-x\\ 1 & x & x+3 & 6+x\end{vmatrix},$$

证明 $f'(x)=0$ 有小于 1 的正根.

19. 求下列齐次线性方程组的通解:

(1) $\begin{cases}x_1-x_2+5x_3-x_4=0,\\ x_1+x_2-2x_3+3x_4=0,\\ 3x_1-x_2+8x_3+x_4=0;\end{cases}$ (2) $\begin{cases}x_1+x_2+x_3+x_4+x_5=0,\\ 3x_1+2x_2+x_3+x_4-3x_5=0,\\ x_2+2x_3+2x_4+6x_5=0,\\ 5x_1+4x_2+3x_3+3x_4-x_5=0.\end{cases}$

20. 求下列非齐次线性方程组的通解:

(1) $\begin{cases}x_1-x_2+x_3-x_4=0,\\ 2x_1-x_2+3x_3-2x_4=-1,\\ 3x_1-2x_2-x_3+2x_4=4;\end{cases}$ (2) $\begin{cases}x_1+3x_2-x_3+2x_4-x_5=-4,\\ 2x_1-13x_2-2x_4+8x_5=17,\\ 3x_1-x_2-2x_3+5x_4+4x_5=1,\\ 2x_1-3x_2-x_3-x_4+x_5=4.\end{cases}$

能力训练 B

一、填空题

1. $\begin{pmatrix}2\\ -1\\ 3\end{pmatrix}(2\ -1)\begin{pmatrix}1 & -1 & 0\\ 2 & 1 & 3\end{pmatrix}=$____________.

2. $(x_1\ x_2\ x_3)\begin{pmatrix}a_{11} & a_{12} & a_{13}\\ a_{21} & a_{22} & a_{23}\\ a_{31} & a_{32} & a_{33}\end{pmatrix}\begin{pmatrix}x_1\\ x_2\\ x_3\end{pmatrix}=$____________.

3. n 元齐次线性方程组 $AX=O$ 仅有零解的充要条件是____________.

4. 若四元线性方程组 $\boldsymbol{AX}=\boldsymbol{O}$ 的同解方程组是 $\begin{cases}x_1=-3x_3+x_4,\\x_2=0,\end{cases}$ 则系数矩阵的秩 $R(\boldsymbol{A})=$__________，自由未知量的个数是________个.

5. 若线性方程组

$$\begin{cases}x_1+x_2+x_3+x_4=2,\\2x_2+3x_3+4x_4=a-2,\\(a^2-1)x_4=a(a-1)^2\end{cases}$$

无解，则 $a=$____________.

二、选择题

6. 方程 $\begin{vmatrix}2&2&2&2\\2&x&3&3\\3&3&x&4\\4&4&4&x\end{vmatrix}=0$ 的根为（　　）

A. 1,2,3　　B. 2,3,4　　C. 2,3,9　　D. 3,4,9

7. 设 $\boldsymbol{A}$ 是可逆方阵，下列运算结果是对称矩阵的是（　　）

A. $\boldsymbol{A}^{\mathrm{T}}$　　B. $\boldsymbol{A}^{-1}$　　C. $3\boldsymbol{A}$　　D. $\boldsymbol{AA}^{\mathrm{T}}$

8. 若方阵 $\boldsymbol{A},\boldsymbol{B}$ 都为 n 阶可逆方阵，则下列关系恒成立的是（　　）.

A. $(\boldsymbol{A}+\boldsymbol{B})^2=\boldsymbol{A}^2+2\boldsymbol{AB}+\boldsymbol{B}^2$　　B. $(\boldsymbol{A}+\boldsymbol{B})^{\mathrm{T}}=\boldsymbol{A}^{\mathrm{T}}+\boldsymbol{B}^{\mathrm{T}}$

C. $|\boldsymbol{A}+\boldsymbol{B}|=|\boldsymbol{A}|+|\boldsymbol{B}|$　　D. $(\boldsymbol{A}+\boldsymbol{B})^{-1}=\boldsymbol{A}^{-1}+\boldsymbol{B}^{-1}$

9. 设 $\boldsymbol{A}$ 为 3×4 矩阵，且 $R(\boldsymbol{A})=2$，则下列结论不正确的是（　　）

A. $\boldsymbol{A}$ 的所有三阶子式都为零　　B. $\boldsymbol{A}$ 的所有二阶子式都不为零

C. $\boldsymbol{A}$ 的列向量组线性相关　　D. $\boldsymbol{A}$ 的行向量组线性相关

10. 若方程组

$$\begin{cases}x_1+x_2+x_3=\lambda-1,\\2x_2-x_3=\lambda-2,\\x_3=\lambda-3,\\(\lambda-1)x_3=-(\lambda-3)(\lambda-1)\end{cases}$$

有唯一解，则 λ 为（　　）

A. 1　　B. 2　　C. 4　　D. 6

三、解答题

11. 设矩阵 $\boldsymbol{A}=\begin{pmatrix}3&0&0\\0&1&-1\\0&1&4\end{pmatrix}$，$\boldsymbol{B}=\begin{pmatrix}3&6\\1&1\\2&-3\end{pmatrix}$，矩阵 $\boldsymbol{X}$ 满足 $\boldsymbol{AX}=2\boldsymbol{X}+\boldsymbol{B}$，求 $\boldsymbol{X}$.

12. 设 n 阶矩阵 $\boldsymbol{A}$ 满足方程 $\boldsymbol{A}^2+2\boldsymbol{A}-4\boldsymbol{E}=\boldsymbol{O}$，证明：$\boldsymbol{A}$，$\boldsymbol{A}+3\boldsymbol{E}$ 都可逆，并求它们的逆矩阵.

13. 用克拉默法则解线性方程组

$$\begin{cases}x_1+x_2+5x_3+2x_4=1,\\2x_1+3x_2+11x_3+5x_4=2,\\2x_1+x_2+3x_3+2x_4=-3,\\x_1+x_2+3x_3+4x_4=-3.\end{cases}$$

$^+$**14.** 求 λ 的值,使齐次线性方程组

$$\begin{cases}(\lambda+3)x_1+x_2+2x_3=0,\\\lambda x_1+(\lambda-1)x_2+x_3=0,\\3(\lambda+1)x_1+\lambda x_2+(\lambda+3)x_3=0\end{cases}$$

有非零解,并求出通解.

$^+$**15.** 设方程组

$$\begin{cases}(2-\lambda)x_1+2x_2-2x_3=1,\\2x_1+(5-\lambda)x_2-4x_3=2,\\-2x_1-4x_2+(5-\lambda)x_3=-\lambda-1,\end{cases}$$

问 λ 为何值时,此方程组有唯一解?无解?有无穷多个解?在有无穷多个解的情况下,求出其通解.

$^+$**16.** 问 λ,μ 为何值时,方程组

$$\begin{cases}x_1+2x_2+3x_3=6,\\x_1-x_2+6x_3=0,\\3x_1-2x_2+\lambda x_3=\mu\end{cases}$$

无解?有唯一解?有无穷多个解?并在有无穷多个解时写出其通解.

四、证明题

$^+$**17.** 设方程组

$$\begin{cases}x_1-x_2=a_1,\\x_2-x_3=a_2,\\x_3-x_4=a_3,\\x_4-x_5=a_4,\\x_5-x_1=a_5,\end{cases}$$

证明这个方程组有解的充要条件为

$$a_1+a_2+a_3+a_4+a_5=0,$$

并在有解的情况下求它的通解.

第 7 章　概率初步

学习目标

• 了解随机试验和随机事件的概念，掌握随机事件之间的关系和基本运算.

• 理解概率的定义与实际意义，掌握概率的计算方法，会求随机事件的概率.

• 理解与掌握随机变量的概念及分布，掌握随机变量分布的性质，会求分布列、密度函数.

• 掌握几种常见的典型分布，能根据典型分布解决实际问题.

• 理解数学期望和方差的概念，掌握数学期望和方差的性质与计算方法，会求随机变量的数学期望和方差.

概率论是研究随机现象规律性的数学学科. 它有自己独特的概念和方法，与其他数学分支紧密联系，在工业、农业、军事和科学技术、经济管理中应用广泛. 概率论的理论和方法，向各个基础学科、工程学科不断渗透，它同时也是许多重要学科的基础，如信息论、控制论、可靠性理论和人工智能等，因此，学习概率论的有关知识具有重要的意义.

7.1　随机事件与概率

7.1.1　随机事件

随机事件（简称事件）和事件的概率是概率论的两个基本概念，而研究事件间的关系和运算、概率的性质以及计算则是概率论的一些基本问题，本章主要讨论这些问题.

一、随机试验与随机事件

在自然界和人类社会中存在两类现象，一类现象是在一定条件下必然发生（或不发生）的现象，称为确定性现象. 例如，一个标准大气压下，温度达到 100℃的纯水必然沸腾. 另一类现象是在一定条件下可能发生也可能不发生的现象，称为随机现象. 例如：掷一颗质地均匀的骰子，所出现的点数；抛一枚硬币，所出现的正反面. 随机现象存在于我们的现实生活、经济生产、科学研究等方方面面.

为了研究随机现象的内在规律性,需要对研究对象进行试验或观察,这个过程称为随机试验.试验常用 E 表示.例如,

E:投掷一颗骰子,观察骰子的点数,可能出现的点数是 1 点,2 点,…,6 点.

定义 7.1.1 若某试验具有下面三个特点:

(1) 可在相同条件下重复进行;

(2) 每次试验的可能结果不止一个,但试验的所有可能结果事先是明确的;

(3) 进行一次试验之前不能确定哪一个结果会出现,

则称该试验为随机试验,简称试验.

随机试验的每一个可能的结果称为该随机试验的随机事件,简称事件.事件一般用 A,B,C,…表示.随机事件分为基本事件和复合事件.基本事件是指随机试验的每一个可能的基本结果.例如,投掷一颗骰子,可能结果为:出现 1 点、出现 2 点、出现 3 点、出现 4 点、出现 5 点、出现 6 点,它们都是随机事件,也都是基本事件.复合事件是指由若干基本事件组成的事件,如 E 中{出现奇数点}、{出现偶数点}均是复合事件.

每次试验都必然发生的事件,称为必然事件,记为 Ω.每次试验中都不发生的事件,称为不可能事件,记为 $\varnothing$.例如,E 中{点数不大于 6}是必然事件,{点数大于 6}是不可能事件.必须强调的是:必然事件与不可能事件所反映的现象是确定性现象.

一个随机试验 E 产生的所有基本事件构成的集合称为样本空间,记为 Ω.称其中的元素(基本事件)为一个样本点,记为 ω,即 $\Omega=\{\omega\}$.前述试验的样本空间 $\Omega=\{1,2,3,4,5,6\}$.

由于任何一个事件或是基本事件,或是复合事件,因此试验 E 的任何一个事件 A 都是样本空间中的一个子集.由此可见,利用样本空间的子集可以描述随机试验中所对应的一切随机事件.

二、事件的关系与运算

从集合论的观点看,随机事件是一种特殊集合.必然事件(或样本空间)Ω 是全集,每一个事件是 Ω 的子集.事件间的关系和运算可以仿照集合间的关系和运算.

设试验 E 的样本空间为 Ω,事件 $A,B,A_k(k=1,2,3,\cdots)$都是 Ω 的子集.

1. 包含关系

若事件 A 发生必然导致事件 B 发生,则称事件 A 包含于事件 B,记作 $A\subset B$ 或 $B\supset A$.

例如,在 E 中,若记:

$A=\{2,4,6\}$,即"出现偶数点";

$B=\{2,3,4,5,6\}$,即"出现的点数不小于 2".

则 $A\subset B$.

如果 $A\subset B$ 且 $B\subset A$,那么称事件 A 与事件 B 相等,记作 $A=B$.显然,对于任意事件 A,都有 $\varnothing\subset A\subset\Omega$ 成立.

2. 事件的和(并)

由事件 A 和事件 B 至少有一个发生所构成的事件称为事件 A 与事件 B 的和(并)事件,记作 $A\cup B$ 或 $A+B$,即事件 $A+B=\{x|x\in A$ 或 $x\in B\}$.

例如,在 E 中,若记:

$A=\{2,4,6\}$,即"出现偶数点";

$B=\{3,4,5,6\}$,即“出现的点数不小于 3”.

则 $A+B=\{2,3,4,5,6\}$,即“出现的点数不小于 2”.

3. 事件的积(交)

由事件 A 和事件 B 同时发生所构成的事件称为事件 A 与事件 B 的积(交)事件,记作 $A\cap B$或 AB,即事件 $AB=\{x\mid x\in A \text{ 且 } x\in B\}$.

例如,在 E 中,若记:

$A=\{2,4,6\}$,即“出现偶数点”;

$B=\{3,4,5,6\}$,即“出现的点数不小于 3”.

则 $AB=\{4,6\}$,即“出现 4 点或 6 点”.

4. 互斥事件

若事件 A 与事件 B 不能同时发生,即 $A\cap B=\varnothing$,则称 A 和 B 是互斥事件或互不相容事件. 若事件 A 和 B 互斥,则它们的和记作 $A+B$.

例如,在 E 中,若记:

$A=\{1,3,5\}$,即“出现奇数点”;

$B=\{4,6\}$,即“出现大于 3 的偶数点”.

则 $AB=\varnothing$,即 A 和 B 不能同时发生,故 A,B 是互斥事件.

5. 互逆事件

若事件 A 和 B 互斥,且它们的和为必然事件,即 $AB=\varnothing$ 且 $A+B=\Omega$,则称事件 A 与事件 B 为互逆事件或对立事件,记为 $B=\overline{A},A=\overline{B}$.

例如,在 E 中,若记:

$A=\{1,3,5\}$,即“出现奇数点”;

$B=\{2,4,6\}$,即“出现偶数点”.

则 $B=\overline{A},A=\overline{B}$.

显然,$\overline{\overline{A}}=A,A\overline{A}=\varnothing,A+\overline{A}=\Omega$.

6. 差事件

由事件 A 发生而事件 B 不发生所构成的事件称为事件 A 与事件 B 的差,记为 $A-B$.

例如,在 E 中,若记:

$A=\{1,3,5\}$,即“出现奇数点”;

$B=\{1,2,3,4\}$,即“出现的点数不超过 4”.

则 $A-B=\{5\}$,即“出现 5 点”.

若用平面上的一个矩形表示样本空间 Ω,矩形内的点表示样本点,圆 A 与圆 B 分别表示事件 A 与事件 B,则事件 A 与事件 B 的各种关系及运算可用文氏(Venn)图(图 7-1)来直观地解释.

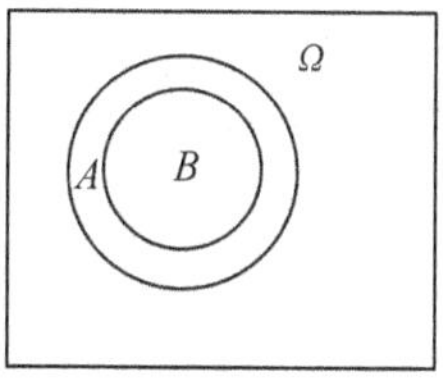

(1) 事件的包含关系

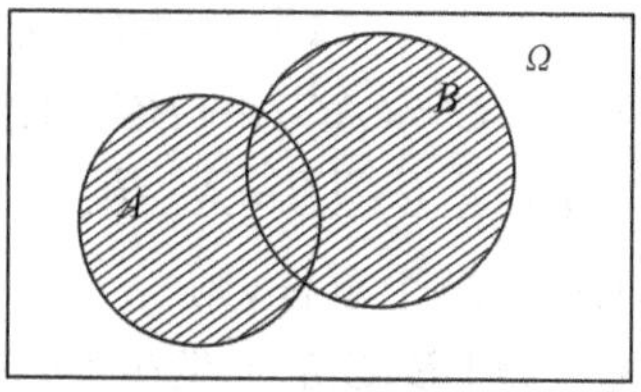

(2) 事件的和

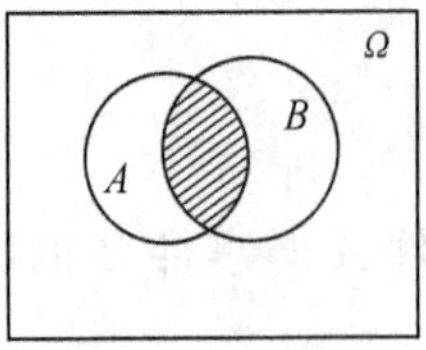

(3) 事件的积

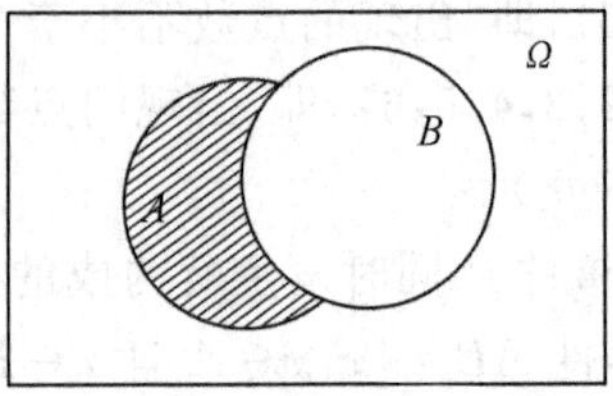

(4) 事件的差

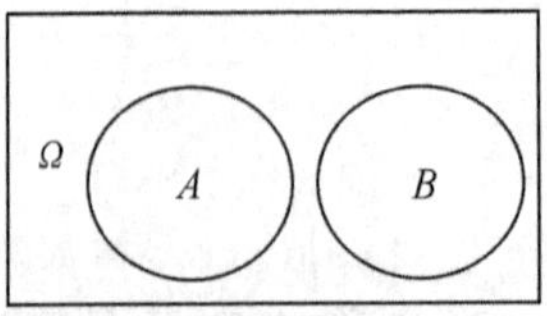

(5) 互斥事件

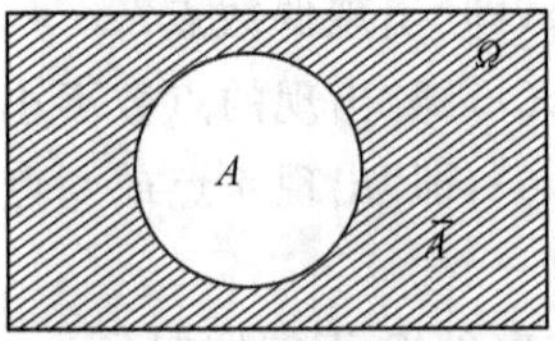

(6) 互逆事件

图 7-1

概率论与集合论的相关概念、关系和运算的对应情况如表 7-1 所示：

表 7-1

概率论		集合论
样本空间;必然事件	Ω	全集
不可能事件	$\varnothing$	空集
样本点	$\omega\in\Omega$	Ω 的元素
基本事件	$\{\omega\}$	单点集
事件 A	$A\subset\Omega$	Ω 的子集 A
事件 A 包含于事件 B	$A\subset B$	A 包含在 B 中
事件 A 与事件 B 相等	$A=B$	A 与 B 相等
事件 A 与 B 的和(并)	$A\cup B$ 或 $A+B$	A 与 B 的并
事件 A 与 B 的积(交)	$A\cap B$ 或 AB	A 与 B 的交
事件 A 的逆事件	$\overline{A}$	A 的补集
事件 A 与事件 B 的差	$A-B$ 或 $A\overline{B}$	A 与 B 的差
事件 A 与事件 B 互斥	$A\cap B=\varnothing$	A 与 B 互不相交

三、事件的运算规律

类似于集合的运算法则,可以得到事件的运算法则：

1. 交换律:$A+B=B+A$;$AB=BA$.

2. 结合律:$(A+B)+C=A+(B+C)$;$(AB)C=A(BC)$.

3. 分配律:$(A+B)C=(AC)+(BC)$;$(AB)+C=(A+C)(B+C)$.

4. 对偶律:$\overline{A+B}=\overline{A}\,\overline{B}$;$\overline{AB}=\overline{A}+\overline{B}$.

例 1 若 A,B,C 是三个事件,则

(1) 事件“A 发生,但 B,C 都不发生”可表示为

$$A\overline{B}\,\overline{C} \text{或} A-B-C \text{或} A-(B\cup C);$$

(2) 事件“A 与 B 都发生，但 C 不发生”可表示为

$$AB\overline{C}, AB-C \text{ 或 } AB-ABC;$$

(3) 事件“A,B,C 都发生”可表示为 ABC；

(4) 事件“这三个事件恰好发生一个”可表示为

$$A\overline{B}\,\overline{C}+\overline{A}B\overline{C}+\overline{A}\,\overline{B}C;$$

(5) 事件“这三个事件恰好发生两个”，可表示为

$$AB\overline{C}+\overline{A}BC+A\overline{B}C;$$

(6) 事件“这三个事件中至少发生一个” 可表示为

$$A\cup B\cup C \text{ 或 } A\overline{B}\,\overline{C}+\overline{A}B\overline{C}+\overline{A}\,\overline{B}C+AB\overline{C}+\overline{A}BC+A\overline{B}C+ABC;$$

(7) 事件“A,B,C 全不发生”可表示为

$$\overline{A}\,\overline{B}\,\overline{C} \text{ 或 } \overline{A\cup B\cup C}.$$

7.1.2　事件的概率

随机现象虽然对于个别试验来说其结果不可确定，但在相同条件下做大量重复试验时，却又呈现出某种规律性. 随机现象所呈现的这种规律性就是随机现象的统计规律性. 概率论与数理统计就是揭示和应用随机现象统计规律性的一门科学.

一、统计概率

历史上，有人进行过大量抛掷一枚硬币的试验，其结果如表 7-2 所示：

表 7-2

试验者	掷硬币次数(n)	出现正面次数(n_A)	出现正面的频率 $f_n(A)$
摩根	2048	1061	0.5181
蒲丰	4040	2048	0.5069
皮尔逊	12000	6019	0.5016
维纳	30000	14994	0.4998

由表 7-2 可以发现，对于抛掷硬币的试验，随着试验次数的不断增加，出现正面的次数逐渐稳定于常数0.5，该常数 0.5 就反映了正面出现的可能性大小.

下面的表 7-3 是英文字母使用频率的一份统计表. 字母使用频率的研究在键盘的设计(在方便的地方安排使用频率较高的字母键)、信息的编码(常用字母用较短的码)、密码的破译等方面都是十分有用的.

表 7-3

字母	空格	E	T	O	A	N	I	R	S
频率	0.2	0.105	0.072	0.0654	0.063	0.059	0.055	0.054	0.052
字母	H	D	L	C	F	U	M	P	Y
频率	0.047	0.035	0.029	0.023	0.0225	0.0225	0.021	0.0175	0.012
字母	W	G	B	V	K	X	J	Q	Z
频率	0.012	0.011	0.0105	0.008	0.003	0.002	0.001	0.001	0.001

定义 7.1.2 设事件 A 在 n 次重复试验中出现的次数为 n_A，当试验次数 n 增大时，事件 A 发生的频率 $f_n(A)=\frac{n_A}{n}$ 稳定于某个常数 p，则称 p 为事件 A 发生的概率，记作 $P(A)=p$. 这个定义称为概率的统计定义.

例如，在抛一枚硬币的试验中，事件 $A=\{正面朝上\}$，则有 $P(A)=0.5$.

由定义 7.1.2 易知，概率具有如下性质：

(1) 对于任一事件 A，有 $0\leqslant P(A)\leqslant 1$；

(2) $P(\Omega)=1, P(\varnothing)=0$.

二、古典概型

定义 7.1.3 设随机试验 E 满足下列条件：

(1) 基本事件的总数有限；

(2) 每个基本事件的发生是等可能的，

则称这样的试验 E 为等可能概型，也称古典概型.

定义 7.1.4 设 E 是只含有 n 个基本事件的古典概型，A 是由 m 个基本事件组成的随机事件，则 A 的概率定义为

$$P(A)=\frac{A\text{中所包含的基本事件数}}{\text{基本事件总数}}=\frac{m}{n}.$$

例 2 一口袋内装有 5 个白球和 2 个黑球.

(1) 从中任取 1 个球，问取到白球的概率是多少？

(2) 从中任取 2 个球，问取出的 2 个球都是白球的概率是多少？

解 (1) 设事件 $A=\{取到白球\}$. 袋中有 7 个球，一次取一个，有 7 种方法，7 个球中有 5 个白球，所以取到白球有 5 种方法，且每个球被取中的机会均等，因此，

$$P(A)=\frac{5}{7}.$$

(2) 设事件 $B=\{一次取到 2 个白球\}$. 从袋中一次取出 2 个球，有 C_7^2 种取法，而取到 2 个白球，有 C_5^2 种取法，所以

$$P(B)=\frac{C_5^2}{C_7^2}=\frac{10}{21}.$$

***例 3** 任意抛掷两颗质地均匀的骰子，求：

(1) 点数和为 6 的概率；

(2) 点数和大于 7 的概率.

解 为解题方便，作图，如图 7-2 所示.

从图中容易看出，全部基本事件数为 36 个，设甲骰子出现的点数为 x，乙骰子出现的点数为 y，则 x 和 y 均为大于等于 1 而小于等于 6 的整数.

(1) 设事件 $A=\{x+y=6\}$，从图 7-2 中可以看出，它包含 5 个点，所以

$$P(A)=\frac{5}{36}.$$

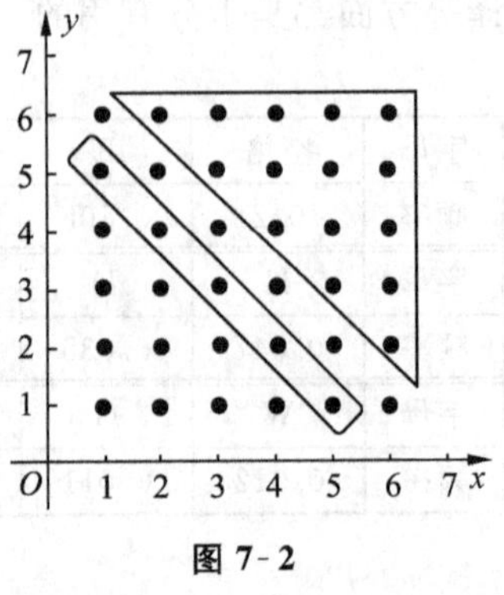

图 7-2

(2) 设事件 $B=\{x+y>7\}$，从图 7-2 中可以看出，它包含 15 个点，所以

$$P(B)=\frac{15}{36}=\frac{5}{12}.$$

$^+$**例 4**　(蒲丰投针问题)平面上画着一些平行线，它们之间的距离都等于 a，向此平面任投一长度为 $l(l<a)$ 的针，试求此针与任一平行线相交的概率.

解　设 x 表示针的中点到最近的一条平行线的距离，θ 表示针与平行线的交角，针与平行线的位置关系如图 7-3 所示.

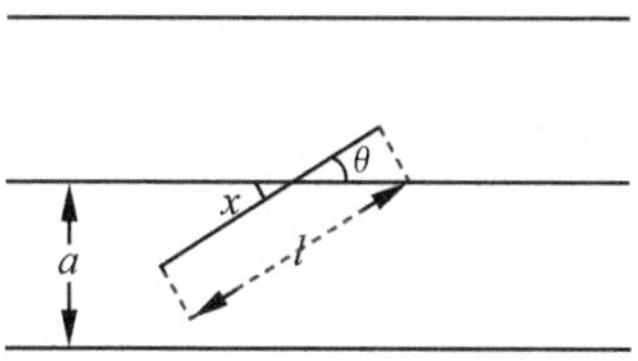

图 7-3

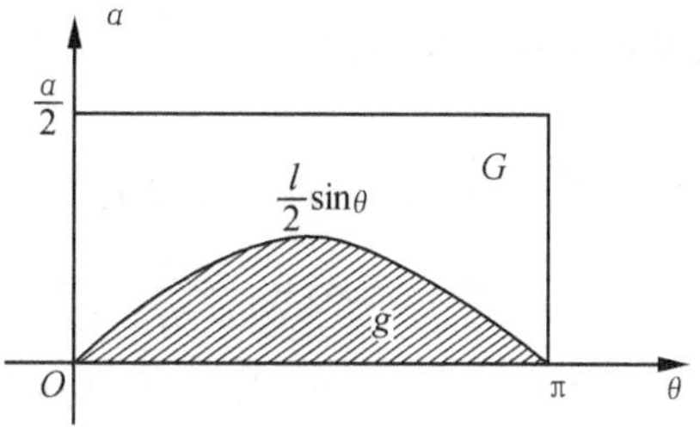

图 7-4

显然，$0\leqslant x\leqslant\frac{a}{2}$，$0\leqslant\theta\leqslant\pi$，以 G 表示长为 π、高为 $\frac{a}{2}$ 的矩形，为使针与平行线相交，必须 $x\leqslant\frac{l}{2}\sin\theta$，满足这个关系式的区域记为 g，在图 7-4 中用阴影标出，所求概率为 g 的面积与 G 的面积之比，即

$$P(A)=\frac{\frac{1}{2}\int_0^{\pi} l\sin\theta \mathrm{d}\theta}{\frac{1}{2}a\pi}=\frac{2l}{\pi a}.$$

由于最后的答案与 π 有关，因此可以利用它来计算 π 的值. 方法是：投针 N 次，计算针与平行线相交的次数 n，再以频率值 $\frac{n}{N}$ 作为概率值代入上式，求得

$$\pi=\frac{2lN}{an}.$$

表 7-4 给出了这些试验的有关历史资料(已把 a 折算为 1).

表 7-4

实验者	年　份	针　长	投掷次数	相交次数	π 的实验值
Wolf	1850	0.8	5000	2532	3.1596
Smith	1855	0.6	3204	1218.5	3.1554
De Morgan, C	1860	1.0	600	382.5	3.137
Fox	1884	0.75	1030	489	3.1595
Lazzerini	1901	0.83	3408	1808	3.1415929
Reina	1925	0.5419	2520	859	3.1795

这里采用的方法，先建立一个概率模型，它与某些我们感兴趣的量(这里是圆周率 π)有关，然后设计适当的随机试验，并通过这个试验的结果来确定这些量. 随着计算机技术的发展，按照以上思路建立起了一类新的方法，称为蒙特卡洛(Monte-Carlo)方法.

7.1.3 概率的加法公式

一、互不相容事件概率的加法公式

定理 7.1.1 两个互斥事件的和的概率等于它们概率的和. 即若事件 A 与 B 互斥,则

$$P(A+B)=P(A)+P(B).$$

*__证__ 设基本事件的总数为 n,事件 A 包含了 m_A 个基本事件,事件 B 包含了 m_B 个基本事件.

由于事件 A 和 B 互斥,因此 $A+B$ 包含了 m_A+m_B 个基本事件,故

$$P(A+B)=\frac{m_A+m_B}{n}=\frac{m_A}{n}+\frac{m_B}{n}=P(A)+P(B).$$

推论 1 若事件 $A_1,A_2,\cdots,A_n$ 两两互斥,则

$$P(A_1+A_2+\cdots+A_n)=P(A_1)+P(A_2)+\cdots+P(A_n).$$

推论 2 事件 A 的概率等于 1 减去它的对立事件的概率,即

$$P(\overline{A})=1-P(A).$$

*__证__ 因为 $A+\overline{A}=\Omega$,而 $A\overline{A}=\varnothing$,由定理 7.1.1 得

$$P(A)+P(\overline{A})=P(\Omega)=1.$$

即

$$P(\overline{A})=1-P(A).$$

例 5 在 20 个同类产品中,有 15 个正品、5 个次品. 从中任意抽取 4 个. 问至少抽到 2 个次品的概率是多少?

解 *方法一* 设 $A=\{$抽到 2 个次品$\}$,$B=\{$抽到 3 个次品$\}$,$C=\{$抽到 4 个次品$\}$,$M=\{$至少抽到 2 个次品$\}$. 容易看出 A,B,C 互不相容,故 $M=A+B+C$,则

$$P(M)=P(A+B+C)=P(A)+P(B)+P(C)$$
$$=\frac{C_{15}^2C_5^2}{C_{20}^4}+\frac{C_{15}^1C_5^3}{C_{20}^4}+\frac{C_5^4}{C_{20}^4}=0.25.$$

方法二 设 $D=\{$抽到 1 个次品$\}$,$E=\{$没有抽到次品$\}$,则

$$P(M)=1-P(E)-P(D)$$
$$=1-\frac{C_{15}^4}{C_{20}^4}-\frac{C_5^3C_5^1}{C_{20}^4}=0.25.$$

对于任意两个事件的和的概率有下面的加法公式.

二、任意事件概率的加法公式

定理 7.1.2 对任意两个事件 A 与 B,有

$$P(A+B)=P(A)+P(B)-P(AB)$$

成立.

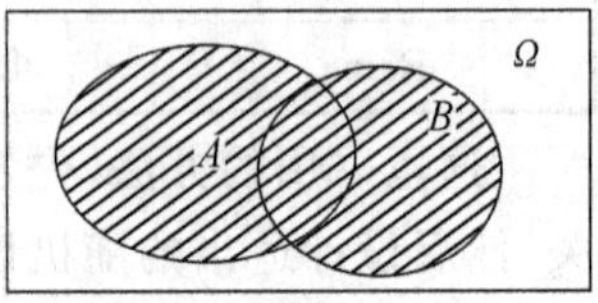

图 7-5

+__证__ 由图 7-5 知,$A+B=A+B\overline{A}$,且由于 A 与 $B\overline{A}$ 互斥,故

$$P(A+B)=P(A+B\overline{A})=P(A)+P(B\overline{A}).$$

又因为 $B=BA+B\overline{A}$,且由于 BA 和 $B\overline{A}$ 互斥,故

$$P(B)=P(BA+B\overline{A})=P(BA)+P(B\overline{A}),$$

因此

$$P(B\overline{A})=P(B)-P(BA),$$

所以

$$P(A+B)=P(A)+P(B)-P(AB).$$

推论　如图7-6所示，设A,B,C为任意三个事件，则

$$P(A+B+C)=P(A)+P(B)+P(C)-P(AB)-P(AC)-P(BC)+P(ABC).$$

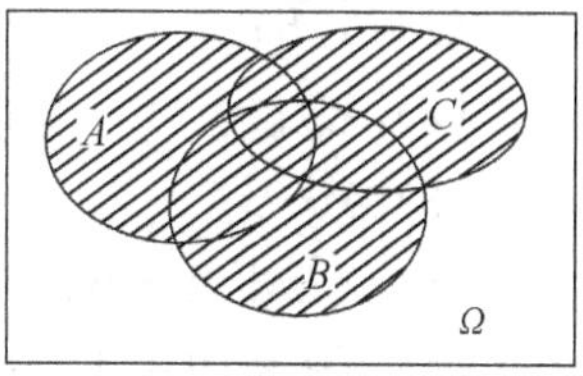

图7-6

例6　甲、乙二人进行射击比赛，甲命中目标的概率是0.8，乙命中目标的概率是0.85，甲、乙同时命中目标的概率是0.68，求至少有一人命中目标的概率.

解　用A表示"甲命中目标"，B表示"乙命中目标"，则$A+B$表示"甲、乙至少有一人命中目标".且

$$P(A)=0.8, P(B)=0.85, P(AB)=0.68.$$

故

$$P(A+B)=P(A)+P(B)-P(AB)=0.8+0.85-0.68=0.97.$$

例7　某班级订阅甲、乙、丙三种杂志，经调查发现：学生中有40%读甲杂志，26%读乙杂志，24%读丙杂志，8%兼读甲、乙杂志，5%兼读甲、丙杂志，4%兼读乙、丙杂志，2%兼读甲、乙、丙杂志.现从该班学生中随机抽取一人，问此人至少读一种杂志的概率是多少？不读杂志的概率是多少？

解　用A表示"读甲杂志"，B表示"读乙杂志"，C表示"读丙杂志"，则$A+B+C$表示"至少读一种杂志"，$\overline{A+B+C}$表示"不读杂志".且

$$P(A)=0.4, P(B)=0.26, P(C)=0.24, P(AB)=0.08,$$
$$P(AC)=0.05, P(BC)=0.04, P(ABC)=0.02.$$

故

$$\begin{aligned}P(A+B+C)&=P(A)+P(B)+P(C)-P(AB)-P(AC)-P(BC)+P(ABC)\\&=0.4+0.26+0.24-0.08-0.05-0.04+0.02\\&=0.75,\end{aligned}$$

$$P(\overline{A+B+C})=1-P(A+B+C)=1-0.75=0.25.$$

即至少读一种杂志的概率为75%，不读杂志的概率为25%.

同步训练 7.1

1. 设有事件A,B，且$A\subset B$，则$AB=$________，$A+B=$________.

2. 从一批产品中每次抽取一件产品进行检验(取后不放回)，事件A_i表示"第i次取到合格品"($i=1,2,3$).试用A_1,A_2,A_3表示下列事件：

(1) 三次都取到合格品；

(2) 至少有一次取到合格品；

(3) 三次中最多有一次取到合格品；

(4) 三次中恰有两次取到合格品.

3. 若甲、乙两人向目标各射击一次，事件A表示"甲击中目标"，事件B表示"乙击中目

标”,则下列事件各表示什么意思?

(1) $\overline{A},\overline{B}$;

(2) AB;

(3) $A+B$;

(4) $A\overline{B}$或$A-B$;

(5) $\overline{A}B$ 或 $B-A$;

(6) $\overline{AB}$;

(7) $A\overline{B}+\overline{A}B$.

4. 掷两颗均匀的骰子,用 A 表示“点数之和等于 8”,求事件 A 的概率.

5. 有 10 件产品,其中有 2 件次品,现无放回地任取 4 件,求:

(1) 这 4 件产品全是正品的概率;

(2) 这 4 件产品恰有一件次品的概率;

(3) 这 4 件产品至少有一件次品的概率.

6. 某袋内有 6 个质地、大小均一样的球,其中 2 白、4 黑,从袋中无放回地抽取两次,每次取 1 个球,求:

(1) 取到的 2 个球都是黑球的概率;

(2) 取到的 2 个球的颜色相同的概率;

(3) 取到的 2 个球中至少有 1 个黑球的概率.

7. 某商品分一等品、二等品和次品,若一等品的概率为 0.63,二等品的概率为 0.31,求该商品的合格品率和次品率.

***8.** 两人相约 9 点到 10 点在某地会面,先到者等候另一人 20 分钟,过时就可以离去,试求这两人能会面的概率.

7.2 概率的乘法公式与事件的独立性

7.2.1 条件概率

一、条件概率

在实际问题中,会遇到求在事件 A 已发生的条件下,事件 B 发生的概率,称之为事件 A 已发生的条件下事件 B 发生的条件概率,简称为 B 对 A 的条件概率,记作 $P(B|A)$.

例 1 设有 100 件产品,其中有 90 件正品、10 件次品,正品中有 80 件一等品、10 件二等品,现从中任取一件.

(1) 求取出的是一等品的概率; (2) 如果已知取出的是正品,求它是一等品的概率.

解 设 $A=\{$取到的产品是正品$\}$,$B=\{$取到的产品是一等品$\}$,则

$$P(A)=\frac{90}{100},P(B)=\frac{80}{100},P(AB)=P(B)=\frac{80}{100},P(B|A)=\frac{80}{90}.$$

由此可得

$$P(B|A)=\frac{80}{90}=\frac{80}{100}\Big/\frac{90}{100}=\frac{P(AB)}{P(A)}.$$

对于古典概型问题，如图 7-7 所示，设 Ω 包含的基本事件总数为 n，事件 A 包含 n_A 个基本事件，事件 AB 包含 m_{AB} 个基本事件. 若事件 A 已发生，此时总的基本事件的个数是 m_A，事件 B 再发生，则所包含的基本事件的个数就是 m_{AB}. 于是

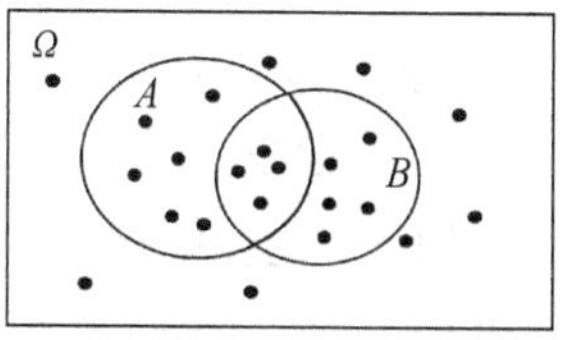

图 7-7

$$P(B|A)=\frac{m_{AB}}{m_A}=\frac{\frac{m_{AB}}{n}}{\frac{m_A}{n}}=\frac{P(AB)}{P(A)}.$$

定义 7.2.1　设有两个事件 A 和 B，且 $P(A)>0$，则称

$$P(B|A)=\frac{P(AB)}{P(A)}$$

为事件 A 发生的条件下事件 B 发生的条件概率.

条件概率 $P(B|A)$ 具有如下性质：

(1) 对于每个事件 B，有 $P(B|A)\geqslant 0$；

(2) $P(\Omega|A)=1, P(\varnothing|A)=0$；

*(3) 设 $B_1,B_2,\cdots,B_n$ 是两两互斥事件，则有

$$P(\bigcup_{i=1}^{n}B_i|A)=\sum_{i=1}^{n}P(B_i|A),$$

(4) 对于任意事件 B,B_1,B_2，有

$$P(B|A)=1-P(\overline{B}|A),$$
$$P((B_1\cup B_2)|A)=P(B_1|A)+P(B_2|A)-P(B_1B_2|A).$$

例 2　设一批产品的一、二、三等品各占 80%，15%，5%，现从中任取一件，结果不是三等品，求取到的是一等品的概率.

解　用 A_i 表示“取到的产品为 i 等品”($i=1,2,3$)，则

$$P(A_1)=0.8,P(A_2)=0.15,P(A_3)=0.05.$$

由于

$$\overline{A_3}=A_1\cup A_2\supset A_1,$$

所以

$$P(A_1|\overline{A_3})=\frac{P(A_1\overline{A_3})}{P(\overline{A_3})}=\frac{P(A_1)}{1-P(A_3)}=\frac{16}{19}.$$

7.2.2　任意事件概率的乘法公式

由条件概率的定义，我们可得如下定理：

定理 7.2.1　两事件同时发生的概率等于其中一个事件发生的概率与另一事件对该事件发生的条件概率的乘积 . 即

$$P(AB)=P(A)P(B|A)(P(A)>0)$$

或

$$P(AB)=P(B)P(A|B)(P(B)>0).$$

推论 1 设 A,B,C 为任意三个事件,则

$$P(ABC)=P(A)P(B|A)P(C|AB).$$

***推论 2** 设 $A_1,A_2,\cdots,A_n$ 为 $n(n\geqslant 2)$ 个事件,则

$$P(A_1A_2\cdots A_n)=P(A_1)P(A_2|A_1)P(A_3|A_1A_2)\cdots P(A_n|A_1A_2\cdots A_{n-1}).$$

例 3 设袋中有 5 个球:3 个红球和 2 个白球,每次取 1 个,取后放回,再放入与取出的球色相同的 2 个球,求连续三次都取得白球的概率.

解 设$A=\{$第一次取到白球$\}$,$B=\{$第二次取到白球$\}$,$C=\{$第三次取到白球$\}$,则

$$P(ABC)=P(A)P(B|A)P(C|AB)=\frac{2}{5}\times\frac{4}{7}\times\frac{6}{9}=0.152.$$

+**例 4** 有一张电影票,5 个人抓阄,问第 $i(i=1,2,3,4,5)$ 个人抓到票的概率是多少?

解 设 $A_i=\{$第 i 个人抓到票$\}(i=1,2,3,4,5)$,显然

$$P(A_1)=\frac{1}{5},P(\overline{A_1})=\frac{4}{5}.$$

若第 2 个人抓到票的话,必须第一个人没有抓到票,因此

$$P(A_2)=P(A_2\overline{A_1})=P(\overline{A_1})P(A_2|\overline{A_1})=\frac{4}{5}\times\frac{1}{4}=\frac{1}{5}.$$

其中 $P(A_2|\overline{A_1})=\frac{1}{4}$,这是因为在$\overline{A_1}=\{$第一个人没有抓到票$\}$的情况下,第 2 个人在剩下的阄中抓到票的概率是$\frac{1}{4}$.

第 3 个人要抓到票的话,必须第 1,2 两个人都没有抓到票. 因此

$$P(A_3)=P(A_3\overline{A_1}\,\overline{A_2})=P(\overline{A_1}\,\overline{A_2})P(A_3|\overline{A_1}\,\overline{A_2})=\frac{4}{5}\times\frac{3}{4}\times\frac{1}{3}=\frac{1}{5}.$$

同理,每个人抓到票的概率都是$\frac{1}{5}$. 此例也可按古典概型求解. 由此可知,抓阄的方法是公平的.

7.2.3 事件的独立性

一、两个事件的独立性

由概率的乘法公式可知,对两个事件 A 和 B,当 $P(A)>0$ 时,$P(AB)=P(A)P(B|A)$. 因此,一般情况下,$P(AB)\neq P(A)P(B)$. 那么在何种条件下 $P(AB)=P(A)P(B)$成立呢?先看下面的例子.

设试验 E 为"掷甲、乙两枚硬币,观察出现正、反面的情况",用 A 表示"甲硬币出现正面",B 表示"乙硬币出现反面",则事件 A 发生与否对事件 B 没有影响,且事件 B 发生与否对事件 A 也没有影响. 并有

$$P(A)=\frac{1}{2},P(B)=\frac{1}{2},P(AB)=\frac{1}{4},$$

从而有

$$P(AB)=P(A)P(B).$$

定义 7.2.2 若事件 A 与 B 满足

$$P(AB)=P(A)P(B),$$

则称事件 A 与 B 相互独立,简称 A 与 B 独立.

由定义可知,必然事件 Ω 及不可能事件 $\varnothing$ 与任何事件都是相互独立的.

定理 7.2.2 设 A 与 B 是两个事件,若 $P(A)>0$,则 A 与 B 独立的充要条件为

$$P(B|A)=P(B).$$

$^{+}$**证** 若 A 与 B 相互独立,则

$$P(AB)=P(A)P(B),$$

又 $P(A)>0$,故

$$P(B|A)=\frac{P(AB)}{P(A)}=\frac{P(A)P(B)}{P(A)}=P(B).$$

反之,若 $P(B|A)=P(B)$,则由概率的乘法公式知

$$P(AB)=P(A)P(B|A)=P(A)P(B),$$

从而 A 与 B 独立.

***定理 7.2.3** 若 A 与 B 相互独立,则 $\overline{A}$ 与 B,A 与 $\overline{B}$,$\overline{A}$ 与 $\overline{B}$ 都相互独立.

$^{+}$**证** 若 A 与 B 相互独立,则

$$\begin{aligned}P(\overline{A}B)&=P(B-AB)=P(B)-P(AB)=P(B)-P(A)P(B)\\&=[1-P(A)]P(B)=P(\overline{A})P(B),\end{aligned}$$

故 $\overline{A}$ 与 B 相互独立. 其余仿此可证.

若 A 与 B 独立,则

$$P(A+B)=P(A)+P(B)-P(A)P(B),$$

也可表示为

$$P(A+B)=1-P(\overline{A})P(\overline{B}).$$

例 5 甲、乙两射手同时向某一目标各射击一次,设甲的命中率为 0.8,乙的命中率为 0.7,求:

(1) 两人同时命中的概率;

(2) 甲不命中、乙命中的概率;

(3) 甲、乙恰有一人命中的概率;

(4) 甲、乙至少有一人命中的概率.

解 用 A 表示"甲命中目标",B 表示"乙命中目标",则

(1) $P(AB)=P(A)P(B)=0.8\times0.7=0.56$;

(2) $P(\overline{A}B)=P(\overline{A})P(B)=0.2\times0.7=0.14$;

(3) $P(\overline{A}B+A\overline{B})=P(\overline{A})P(B)+P(A)P(\overline{B})=(1-0.8)\times0.7+0.8\times(1-0.7)=0.38$;

(4) $P(A+B)=P(A)+P(B)-P(AB)=0.8+0.7-0.8\times0.7=0.94$,

或　　$P(A+B)=1-P(\overline{A})P(\overline{B})=1-(1-0.8)(1-0.7)=0.94.$

二、多个事件的独立性

定义 7.2.3 对任意三个事件 A,B,C,若

$$P(AB)=P(A)P(B),$$
$$P(BC)=P(B)P(C),$$
$$P(CA)=P(C)P(A),$$
$$P(ABC)=P(A)P(B)P(C)$$

同时成立,则称事件 A,B,C 相互独立.

若

$$P(AB)=P(A)P(B),$$
$$P(BC)=P(B)P(C),$$
$$P(CA)=P(C)P(A)$$

同时成立,则称事件 A,B,C 两两独立.

注 相互独立的三个事件一定两两独立,但两两独立的三个事件不一定相互独立.

* **定义 7.2.4** 对 n 个事件 $A_1,A_2,\cdots,A_n$,若对任意的 $k(1<k\leqslant n)$,即 $1\leqslant i_1<i_2<\cdots<i_k\leqslant n$,有等式

$$P(A_{i_1}A_{i_2}\cdots A_{i_k})=P(A_{i_1})P(A_{i_2})\cdots P(A_{i_k})$$

成立,则称 n 个事件 $A_1,A_2,\cdots,A_n$ 相互独立.

n 个事件的相互独立性具有下列结论和概率计算公式:

(1) 若 n 个事件 $A_1,A_2,\cdots,A_n(n\geqslant 2)$ 相互独立,则其中任意 $k(2\leqslant k\leqslant n)$ 个事件也相互独立.

(2) 若 n 个事件 $A_1,A_2,\cdots,A_n(n\geqslant 2)$ 相互独立,则将 $A_1,A_2,\cdots,A_n$ 中任意多个事件换成它们的对立事件,所得的 n 个事件也相互独立.

(3) 对相互独立的 n 个事件 $A_1,A_2,\cdots,A_n(n\geqslant 2)$ 有下列概率的乘法公式和加法公式:

$$P(A_1A_2\cdots A_n)=P(A_1)P(A_2)\cdots P(A_n),$$
$$P(A_1+A_2+\cdots+A_n)=1-P(\overline{A_1})P(\overline{A_2})\cdots P(\overline{A_n}).$$

例 6 三人独立地去破译一份密码,已知各人能译出的概率分别为 $\frac{1}{5},\frac{1}{3},\frac{1}{4}$,求三人中至少有一人能将此密码译出的概率.

解 用 A_i 表示"第 i 个人译出密码"$(i=1,2,3)$,B 表示"密码被译出",则 A_1,A_2,A_3 相互独立,且

$$P(A_1)=\frac{1}{5},P(A_2)=\frac{1}{3},P(A_3)=\frac{1}{4}.$$

故

$$\begin{aligned}P(B)&=P(A_1+A_2+A_3)\\&=1-P(\overline{A_1+A_2+A_3})\\&=1-P(\overline{A_1}\ \overline{A_2}\ \overline{A_3})\\&=1-P(\overline{A_1})P(\overline{A_2})P(\overline{A_3})\\&=1-\left(1-\frac{1}{5}\right)\left(1-\frac{1}{3}\right)\left(1-\frac{1}{4}\right)\end{aligned}$$

$$=\frac{3}{5}.$$

即至少有一人能将此密码译出的概率为 $\frac{3}{5}$.

7.2.4　全概率公式

定义 7.2.5　若 n 个事件 $A_1,A_2,\cdots,A_n$ 满足下列两个条件：

(1) 完备性，即 $\bigcup_{i=1}^{n}A_i=\Omega$；

(2) 互斥性，即 $A_iA_j=\varnothing,i\neq j;i,j=1,2,\cdots,n$，

则称 $A_1,A_2,\cdots,A_n$ 为**完备事件组**.

例如，掷一颗均匀的骰子，“出现奇数点”“出现偶数点”两个事件构成完备事件组；“出现 1 点”“出现 2 点”“出现 3 点”“出现 4 点”“出现 5 点”“出现 6 点”这六个事件构成完备事件组，但“出现偶数点”“出现 1 点”“出现 3 点”这三个事件由于不满足完备性，因此不构成完备事件组；“出现偶数点”“出现奇数点”“出现 3 点”这三个事件由于不满足互斥性，因此也不构成完备事件组.

* **定理 7.2.4**　若 $A_1,A_2,\cdots,A_n$ 是完备事件组，B 为任一事件，如图 7-8 所示，则

$$P(B)=P(A_1)P(B|A_1)+P(A_2)P(B|A_2)+\cdots+P(A_n)P(B|A_n)$$
$$=\sum_{i=1}^{n}P(A_i)P(B|A_i).$$

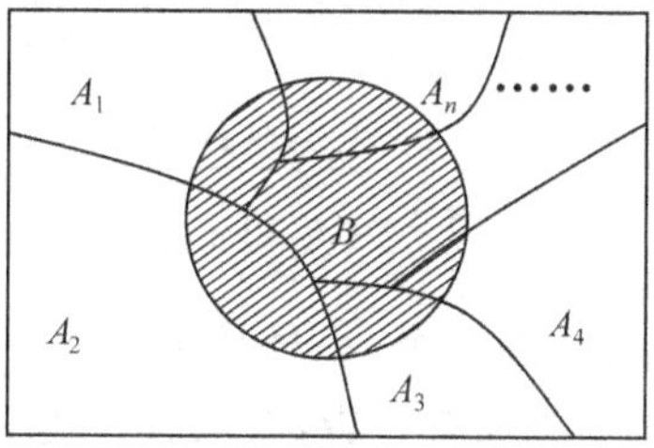

图 7-8

该公式称为**全概率公式**.

+ **证**　$B=B\Omega=B(A_1+A_2+\cdots+A_n)=BA_1+BA_2+\cdots+BA_n$.

由于 $A_1,A_2,\cdots,A_n$ 两两互不相容，故

$$\begin{aligned}P(B)&=P(BA_1+BA_2+\cdots+BA_n)\\&=P(BA_1)+P(BA_2)+\cdots+P(BA_n)\\&=P(A_1)P(B|A_1)+P(A_2)P(B|A_2)+\cdots+P(A_n)P(B|A_n)\\&=\sum_{i=1}^{n}P(A_i)P(B\mid A_i).\end{aligned}$$

特别地，由于 $A+\overline{A}=\Omega,A\overline{A}=\varnothing$，即 A 和 $\overline{A}$ 构成完备事件组，因此，当 $n=2$ 时，全概率公式有如下形式：

$$P(B)=P(A)P(B|A)+P(\overline{A})P(B|\overline{A}).$$

例 7　设一个仓库中有 10 箱同样规格的产品，如果已知其中有 5 箱、3 箱、2 箱依次是甲

厂、乙厂、丙厂生产的,且甲厂、乙厂、丙厂生产的该种产品的次品率依次为$\frac{1}{10},\frac{1}{15},\frac{1}{20}$.从这10箱新产品中任取1箱,再从取得的这箱中任取1件产品,求取得正品的概率.

解 设B={该件产品是正品},由于该件产品是正品的概率与取得的这箱是甲、乙、丙厂生产的有关,再设A_1={该件产品是甲厂生产的},A_2={该件产品是乙厂生产的},A_3={该件产品是丙厂生产的}.

显然,A_1,A_2,A_3两两互斥,且$P(A_i)>0(i=1,2,3)$,$A_1+A_2+A_3=\Omega$.

根据全概率公式,得

$$\begin{aligned}P(B)&=P(A_1)P(B|A_1)+P(A_2)P(B|A_2)+P(A_3)P(B|A_3)\\&=\frac{5}{10}\times\left(1-\frac{1}{10}\right)+\frac{3}{10}\times\left(1-\frac{1}{15}\right)+\frac{2}{10}\times\left(1-\frac{1}{20}\right)=0.92.\end{aligned}$$

*7.2.5 贝叶斯(Bayes)公式

定理7.2.5 若$A_1,A_2,\cdots,A_n$是完备事件组,B为任一事件,且$P(B)>0$,则

$$P(A_k|B)=\frac{P(A_k)P(B\mid A_k)}{\sum_{i=1}^{n}P(A_i)P(B\mid A_i)}(k=1,2,\cdots,n).$$

该公式称为贝叶斯公式或逆概公式.

$^+$**证** 由全概率公式及概率的乘法公式,有

$$\begin{aligned}P(A_k|B)&=\frac{P(A_kB)}{P(B)}=\frac{P(A_k)P(B|A_k)}{P(B)}\\&=\frac{P(A_k)P(B|A_k)}{\sum_{i=1}^{n}P(A_i)P(B|A_i)}\ (k=1,2,\cdots,n).\end{aligned}$$

例8 箱中有一号袋1个、二号袋2个,一号袋中装1个红球、2个黄球,每个二号袋中装2个红球、1个黄球.今从箱中随机抽取一袋,再从袋中随机抽取1个球,结果为红球,求这个红球来自一号袋的概率.

解 用A表示"取到一号袋",B表示"取到红球",则$\overline{A}$表示"取到二号袋",且

$$P(A)=\frac{1}{3},P(\overline{A})=\frac{2}{3},$$

$$P(B|A)=\frac{1}{3},P(B|\overline{A})=\frac{2}{3}.$$

故

$$\begin{aligned}P(A|B)&=\frac{P(A)P(B|A)}{P(A)P(B|A)+P(\overline{A})P(B|\overline{A})}\\&=\frac{\frac{1}{3}\times\frac{1}{3}}{\frac{1}{3}\times\frac{1}{3}+\frac{2}{3}\times\frac{2}{3}}\\&=\frac{1}{5}.\end{aligned}$$

即这个红球来自一号袋的概率为$\frac{1}{5}$.

同步训练 7.2

1. 甲、乙两台车床加工同一种零件，甲车床加工60件，其中有7件次品，乙车床加工40件，其中有3件次品，现从这100件零件中任取一件，求：

(1) 该零件是甲车床加工的概率；

(2) 该零件是次品的概率；

(3) 该零件是甲车床加工的次品的概率；

(4) 若已知该零件是次品，则它是甲车床加工的概率.

2. 设某地区历史上从某次特大洪水发生以后，在40年内发生特大洪水的概率为85%，在50年内发生特大洪水的概率为90%. 现该地区已40年无特大洪水，问在未来10年内该地区发生特大洪水的概率是多少？

3. 一批彩电中混有4%的废品，而合格品中一等品占45%，现从这批彩电中任取一台，求该彩电是一等品的概率.

4. 某煤矿为了安全，在矿井内同时安装A与B两种报警系统，每种系统单独使用时，其有效的概率：系统A为0.94，系统B为0.95；在A失灵的条件下B有效的概率为0.85. 求：

(1) 在B失灵的条件下A有效的概率；

(2) 当发生意外时，这两个报警系统至少有一个有效的概率.

5. 已知100件商品中有10件次品，无放回地取三次，每次取1件，求全是次品的概率.

$^{+}$**6.** 若$P(A)\neq 0, P(B)\neq 0$，证明：事件A与B独立和事件A与B互斥不能同时成立.

7. 据以往记录的数据分析，某船运输的某种物品损坏的情况共有三种：损坏2%（这一事件记为A_1），损坏10%（事件A_2），损坏90%（事件A_3），且

$$P(A_1)=0.8, P(A_2)=0.15, P(A_3)=0.05,$$

现从已被运输的物品中随机地抽取一件，求该物品未损坏的概率.

8. 某人从外地赶来参加紧急会议，他乘火车、轮船、汽车、飞机来的概率分别是$\frac{3}{10}, \frac{1}{5}, \frac{1}{10}, \frac{2}{5}$. 如果他乘飞机来不会迟到；而乘火车、轮船或汽车来迟到的概率分别为$\frac{1}{4}, \frac{1}{3}, \frac{1}{12}$.

(1)求他来迟的概率；　(2)如果他来迟了，试推断他最可能是乘坐哪种交通工具来的.

7.3　随机变量及其分布

为了进一步全面研究随机现象的统计规律性，我们引入随机变量的概念，即用实数表示随机事件，并介绍几种重要的随机变量的分布.

7.3.1 随机变量

随机试验的结果可以采用数量来标识,有许多随机试验其结果本身就是一个数量;另有一些随机试验其结果虽不直接表现为数量,但可以使其数量化.

例 1 任抛一枚质地均匀的硬币,其结果有两种:"正面向上"和"反面向上".我们规定:$X=1$ 表示"正面向上";$X=0$ 表示"反面向上".这样可以使试验的每个结果与一个数量相对应,如$\{X=1\}$表示事件{正面向上},且 $P(X=1)=\frac{1}{2}$.

例 2 掷一颗质地均匀的骰子一次,观察出现的点数,若用 X 表示出现的点数,则 X 的取值为 1,2,3,4,5,6.显然 X 是一个变量,它所取的不同数值表示随机试验中可能发生的不同结果,如$\{X=3\}$表示事件{出现 3 点},且 $P(X=3)=\frac{1}{6}$.

上述例子中变量 X 的取值都与随机试验的结果相对应,而且由于试验结果的出现具有一定的概率,因此 X 的取值也具有相应的概率,我们称这类变量为随机变量.

随机变量通常用希腊字母 ξ,η 或大写英文字母 X,Y 等表示.随机变量的引入使我们能够利用现代数学的方法来研究随机试验.下面我们将着重讨论最常见的两类随机变量:离散型随机变量和连续型随机变量.

7.3.2 离散型随机变量及其分布

一、离散型随机变量

定义 7.3.1 若随机变量 X 只取有限个或可列无穷多个数值,而且以确定的概率取这些不同的值,则称 X 为离散型随机变量.

对于一个离散型随机变量 X,我们不仅要知道它所有可能的取值,还要研究它取这些值的概率.本书只介绍有限个取值的随机变量.

定义 7.3.2 设离散型随机变量 X 的所有可能取值为 $x_k(k=1,2,\cdots,n)$,X 取各个可能值的概率为

$$P(X=x_k)=p_k(k=1,2,\cdots,n),$$

称上式为离散型随机变量 X 的概率分布或分布列.

离散型随机变量 X 的分布列也可用下列表格形式表示:

表 7-5

X	x_1	x_2	$\cdots$	x_n
P	p_1	p_2	$\cdots$	p_n

比如,例 2 的分布列如下:

表 7-6

X	1	2	3	4	5	6
P	$\frac{1}{6}$	$\frac{1}{6}$	$\frac{1}{6}$	$\frac{1}{6}$	$\frac{1}{6}$	$\frac{1}{6}$

由概率的定义，离散型随机变量 X 的分布列具有下列性质：

(1) $P(X=x_k)=p_k\geqslant 0(k=1,2,\cdots,n)$；

(2) $\sum\limits_{k=1}^{n}P(X=x_k)=\sum\limits_{k=1}^{n}p_k=1$.

例 3 设随机变量 X 的分布列为

$$P(X=k)=a\left(\frac{2}{3}\right)^k,k=1,2,3,$$

求常数 a.

解 由于

$$\sum_{k=1}^{3}a\left(\frac{2}{3}\right)^k=a\cdot\frac{2}{3}+a\cdot\left(\frac{2}{3}\right)^2+a\cdot\left(\frac{2}{3}\right)^3=\frac{38}{27}a.$$

由性质(2)有

$$\frac{38}{27}a=1,$$

于是

$$a=\frac{27}{38}.$$

例 4 任掷一颗质地均匀的骰子，出现的点数为随机变量 X，求：

(1) X 的分布列；

(2) "点数不小于 3"的概率；

(3) "点数不超过 3"的概率；

(4) "点数不小于 4 又不超过 5"的概率.

解 (1) X 的分布列为

$$P(X=k)=\frac{1}{6}(k=1,2,3,4,5,6).$$

(2) $P(X\geqslant 3)=P(X=3)+P(X=4)+P(X=5)+P(X=6)=\frac{1}{6}+\frac{1}{6}+\frac{1}{6}+\frac{1}{6}=\frac{2}{3}$.

(3) $P(X\leqslant 3)=P(X=1)+P(X=2)+P(X=3)=\frac{1}{6}+\frac{1}{6}+\frac{1}{6}=\frac{1}{2}$.

(4) $P(4\leqslant X\leqslant 5)=P(X=4)+P(X=5)=\frac{1}{6}+\frac{1}{6}=\frac{1}{3}$.

二、常用的离散型随机变量及其分布

下面介绍三种常用的离散型随机变量及其分布.

1. 两点分布

定义 7.3.3 若随机变量 X 的分布列为

$$P(X=k)=p^k(1-p)^{1-k}(k=0,1),$$

其中参数 p 满足 $0<p<1$，则称 X 服从两点分布(或称 0-1 分布)，记作 $X\sim(0,1)$ 或 $X\sim B(1,p)$.

两点分布的分布列也可写成：

表 7-7

X	0	1
P	$1-p$	p

两点分布可用来描述一切只有两种可能结果的随机试验，如掷一颗均匀硬币是出现正面还是反面；射击中的中靶与脱靶；产品质量的合格与不合格；用电器开关的开与关；等等.

例 5 在 100 件相同产品中有 5 件次品和 95 件正品，现从中任取一件，求取到的正品数 X 的分布列.

解 X 的分布列为

表 7-8

X	0	1
P	0.05	0.95

2. 二项分布

定义 7.3.4 若随机试验 E 满足下列条件：

试验可以在相同条件下重复进行 n 次；每次试验是独立的；每次试验只可能出现两种结果 A 和 $\overline{A}$；每次试验中 A 出现的概率都一样，若记 $P(A)=p(0<p<1)$，则 $P(\overline{A})=1-p=q$. 具有以上特点的随机试验称为 n 重伯努利试验.

在 n 重伯努利试验中，事件 A 出现的次数 X 是一个随机变量，其取值为 $0,1,2,\cdots,n$，于是事件 A 出现 k 次的概率为

$$P(X=k)=C_n^k p^k q^{n-k}(k=0,1,\cdots,n).$$

定义 7.3.5 若随机变量 X 的分布列为

$$P(X=k)=C_n^k p^k q^{n-k}(k=0,1,2,\cdots,n),$$

其中 $0<p<1, q=1-p$，则称 X 服从参数为 n,p 的二项分布，或伯努利分布，记作 $X\sim B(n,p)$.

显然，当 $n=1$ 时，二项分布就化为两点分布，即 $P(X=k)=p^k q^{1-k}(k=0,1)$.

注意到 $C_n^k p^k q^{n-k}$ 恰好是二项式 $(p+q)^n$ 展开式中的第 $k+1$ 项，二项分布由此得名.

例 6 在一批产品中，有 10% 的次品，进行重复抽样检查，共取得 5 件产品，随机变量 X 表示抽到的次品数，求 X 的分布列及恰好抽到 2 件次品和至多抽到 2 件次品的概率.

解 用 A 表示"5 件样品中恰有 2 件次品"，B 表示"5 件样品中至多有 2 件次品". X 服从二项分布，这里 $n=5, p=0.1$，即随机变量 $X\sim B(5,0.1)$，其分布列为

$$\begin{aligned}P(X=k)&=C_n^k p^k(1-p)^{n-k}\\&=C_5^k(0.1)^k(0.9)^{5-k}(k=0,1,\cdots,5),\end{aligned}$$

则

$$\begin{aligned}P(A)&=P(X=2)\\&=C_5^2(0.1)^2(0.9)^3\approx 0.0729,\\P(B)&=P(X\leqslant 2)\\&=P(X=0)+P(X=1)+P(X=2)\\&=\sum_{k=0}^{2}C_5^k(0.1)^k(0.9)^{5-k}\\&=0.9^5+5\times 0.1\times 0.9^4+\frac{5\times 4}{2}\times 0.1^2\times 0.9^3\end{aligned}$$

$$=0.5905+0.3281+0.0729=0.9915.$$

*3. 泊松分布

在二项分布的概率计算中，可以证明当 n 很大、p 很小时有以下近似公式

$$C_n^k p^k(1-p)^{n-k}\approx\frac{\lambda^k}{k!}e^{-\lambda}$$

成立，其中 $\lambda=np(0<p<1)$. 该式右端就是下面我们要介绍的泊松分布的概率表达式.

定义 7.3.6 若随机变量 X 的分布列为

$$P(X=k)=\frac{\lambda^k}{k!}e^{-\lambda},k=0,1,2,\cdots,$$

其中常数 $\lambda>0$，则称 X 服从参数为 λ 的泊松分布，记作 $X\sim P(\lambda)$.

泊松分布是一个常见分布，如在一段时间内电话台的呼唤次数，纺织厂生产的布匹上的疵点数，一页书上印刷的错误数，一块线路板上的焊接不良处，牧草种子中杂草种子数等都服从泊松分布. 为了计算方便，我们给出泊松分布表(见附表 6).

+**例 7** 假定同型号的纺织机工作是相互独立的，发生故障的概率都是 0.01. (1)若由 1 人负责维修 20 台纺织机；(2)若由 3 人负责维修 80 台纺织机. 试分别求纺织机发生故障而需要等待维修的概率(假定一台纺织机的故障可由 1 个人来处理).

解 设 X 表示“同一时间内纺织机发生故障的台数”. 观察纺织机是否发生故障的试验显然为伯努利试验，故 X 服从二项分布，且 n 都比较大，p 比较小，则

(1) $X\sim B(20,0.01)$，此时 $n=20,p=0.01,\lambda=np=0.2$，所求的概率为

$$\begin{aligned}P(X>1)&=1-P(X\leqslant1)\\&=1-P(X=0)-P(X=1)\\&=1-C_{20}^0(0.01)^0(1-0.01)^{20}-C_{20}^1(0.01)^1(1-0.01)^{19}\\&\approx1-\frac{e^{-0.2}(0.2)^0}{0!}-\frac{e^{-0.2}(0.2)^1}{1!}\\&=1-e^{-0.2}-0.2\times e^{-0.2}\\&\approx0.0175.\end{aligned}$$

(2) $X\sim B(80,0.01)$，此时，$n=80,p=0.01,\lambda=np=0.8$，所求的概率为

$$\begin{aligned}P(X>3)&=1-P(X\leqslant3)\\&=1-\sum_{k=0}^{3}P(X=k)\\&=1-\sum_{k=0}^{3}\frac{(0.8)^k e^{-0.8}}{k!}\\&\approx0.0091.\end{aligned}$$

由 $0.0091<0.0175$，说明后一种方案不但每人平均维修的纺织机台数有所增加，而且发生故障需等待维修的概率还大大减少，因此后者的管理经济效益显然好些.

7.3.3 连续型随机变量及其分布

在实际问题中，我们常遇到取值是某个区间或整个实数集的随机变量，如某地区的气温、产品的使用寿命、河水的流量与水位、测量误差等. 此类随机变量就是我们要研究的连续

型随机变量.

一、连续型随机变量

定义 7.3.7 设随机变量 X,若存在非负可积函数 $f(x)(-\infty<x<+\infty)$,使对于任意的 a 与 $b(a<b)$ 均有

$$P(a<X<b)=\int_a^b f(x)\mathrm{d}x$$

成立,则称 X 为连续型随机变量,称 $f(x)$ 为 X 的概率密度函数,简称为概率密度.

类似于离散型随机变量的分布列,连续型随机变量的概率密度有如下性质:

(1) $f(x)\geqslant 0$;

(2) $\int_{-\infty}^{+\infty} f(x)=P(-\infty<X<+\infty)=1$.

由定义 7.3.7 可知:

(1) 连续型随机变量 X 取区间内任一值的概率为零,即 $P(X=C)=0$;

(2) 连续型随机变量 X 在任一区间上取值的概率与是否包含区间端点无关,即

$$\begin{aligned}P(a<X<b)&=P(a\leqslant X<b)=P(a\leqslant X\leqslant b)\\&=P(a<X\leqslant b)=\int_a^b f(x)\mathrm{d}x.\end{aligned}$$

例 8 设连续型随机变量 X 的概率密度为

$$f(x)=\begin{cases}k\mathrm{e}^{-3x}, & x>0,\\ 0, & x\leqslant 0.\end{cases}$$

求:(1) 常数 k; (2) $P(1<X<3)$; (3) $P(X<2)$.

解 (1) 由于 $\int_{-\infty}^{+\infty} f(x)\mathrm{d}x=1$,于是

$$\int_0^{+\infty} k\mathrm{e}^{-3x}\mathrm{d}x=\frac{k}{3}=1,$$

即 $k=3$,所以 X 的概率密度为

$$f(x)=\begin{cases}3\mathrm{e}^{-3x}, & x>0,\\ 0, & x\leqslant 0.\end{cases}$$

(2) $P(1<X<3)=\int_1^3 f(x)\mathrm{d}x=\int_1^3 3\mathrm{e}^{-3x}\mathrm{d}x=-\mathrm{e}^{-3x}\Big|_1^3=\mathrm{e}^{-3}-\mathrm{e}^{-9}$.

(3) $P(X<2)=\int_{-\infty}^2 f(x)\mathrm{d}x=\int_0^2 3\mathrm{e}^{-3x}\mathrm{d}x=-\mathrm{e}^{-3x}\Big|_0^2=1-\mathrm{e}^{-6}$.

二、常用的连续型随机变量及其分布

这里我们介绍主要均匀分布、指数分布和正态分布这三种连续型随机变量的分布.

1. 均匀分布

定义 7.3.8 若连续型随机变量 X 的概率密度为

$$f(x)=\begin{cases}\dfrac{1}{b-a}, & a\leqslant x\leqslant b,\\ 0, & \text{其他},\end{cases}$$

则称 X 在区间 $[a,b]$ 上服从均匀分布，记为 $X\sim U[a,b]$.

例 9 在某公共汽车起点站，每隔 5min 发出一辆汽车. 一位乘客在任一时刻到达车站是等可能的，求：

(1) 此乘客候车时间 X 的概率分布；

(2) 此乘客候车时间超过 3min 的概率.

解 (1) X 服从 $[0,5]$ 上的均匀分布，其概率密度为

$$f(x)=\begin{cases}0.2, & 0\leqslant x\leqslant 5,\\ 0, & \text{其他}.\end{cases}$$

(2) $P(X>3)=\int_3^{+\infty}f(x)\mathrm{d}x=\int_3^5 0.2\mathrm{d}x=0.4.$

2. 指数分布

定义 7.3.9 若连续型随机变量 X 的概率密度为

$$f(x)=\begin{cases}\lambda \mathrm{e}^{-\lambda x}, & x\geqslant 0,\\ 0, & x<0,\end{cases}$$

其中参数 $\lambda>0$，则称 X 服从参数为 λ 的指数分布，记为 $X\sim E(\lambda)$.

指数分布在可靠性理论与排队论中有着广泛的应用. 常见于描述机器正常工作的时间、电子元件的使用寿命、电话的通话时间和各种随机服务系统的服务时间、等待时间等持续时间现象.

例 10 设随机变量 X 服从参数为 3 的指数分布，求：

(1) X 的概率密度；

(2) $P(X\geqslant 1)$；

(3) $P(-1<X\leqslant 2)$.

解 (1) X 的概率密度为

$$f(x)=\begin{cases}3\mathrm{e}^{-3x}, & x\geqslant 0,\\ 0, & x<0.\end{cases}$$

(2) $P(X\geqslant 1)=\int_1^{+\infty}f(x)\mathrm{d}x=\int_1^{+\infty}3\mathrm{e}^{-3x}\mathrm{d}x=(-\mathrm{e}^{-3x})\Big|_1^{+\infty}=\mathrm{e}^{-3}.$

(3) $P(-1<X\leqslant 2)=\int_{-1}^{2}f(x)\mathrm{d}x=\int_0^2 3\mathrm{e}^{-3x}\mathrm{d}x=(-\mathrm{e}^{-3x})\Big|_0^2=1-\mathrm{e}^{-6}.$

3. 正态分布

在实际应用中测量误差、某城市一天的用电量、某班的考试成绩等都服从或近似服从正态分布.

定义 7.3.10 若连续型随机变量 X 的概率密度为

$$f(x)=\frac{1}{\sqrt{2\pi}\sigma}\mathrm{e}^{-\frac{(x-\mu)^2}{2\sigma^2}},-\infty<x<+\infty,$$

其中 μ,σ 为常数，且 $\sigma>0$，则称 X 服从参数为 μ,σ 的正态分布，也称高斯(Gauss)分布，记作 $X\sim N(\mu,\sigma^2)$，如图 7-10 所示.

特别地，当 $\mu=0,\sigma=1$ 时，称 X 服从标准正态分布，记作 $X\sim N(0,1)$，如图 7-11 所示.

标准正态分布的概率密度为

$$\varphi(x)=\frac{1}{\sqrt{2\pi}}\mathrm{e}^{-\frac{x^2}{2}},-\infty<x<+\infty.$$

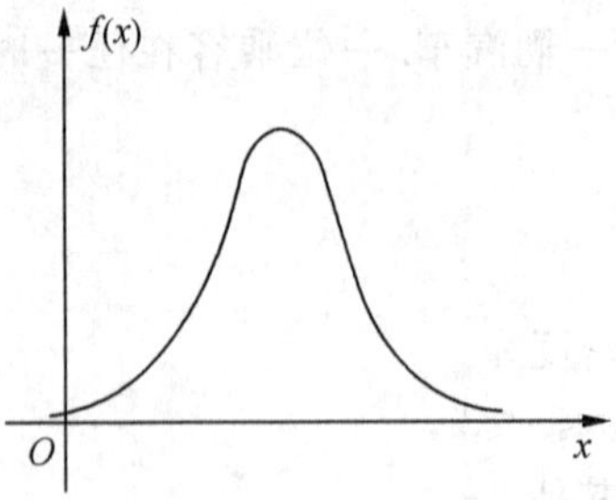

图 7-10

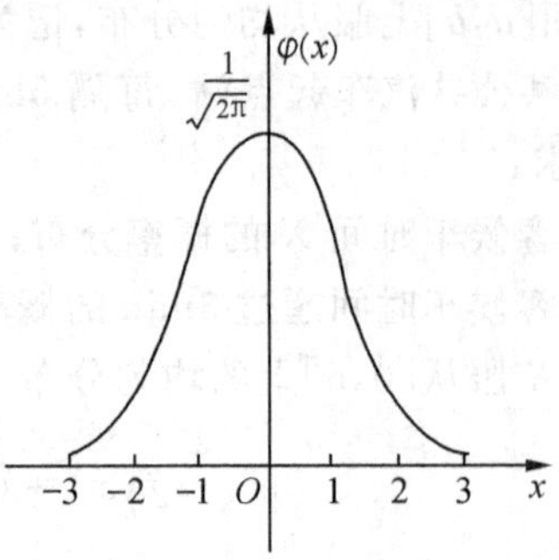

图 7-11

标准正态分布是一种重要的分布，所以其密度函数、分布函数常分别用专门的符号 $\varphi(x)$、$\Phi(x)$来表示.

为了计算方便，我们给出标准正态分布表(见附表 5)，由标准正态分布曲线的对称性，易知

$$\Phi(-x)=1-\Phi(x).$$

设随机变量 $X\sim N(0,1)$，对于任意实数 a 与 $b(a<b)$，有

$$\begin{aligned}P(a<X<b)&=P(a\leqslant X<b)=P(a\leqslant X\leqslant b)\\&=P(a<X\leqslant b)=\Phi(b)-\Phi(a),\end{aligned}$$

$$P(X<b)=P(X\leqslant b)=\Phi(b),$$

$$P(X>a)=P(X\geqslant a)=1-\Phi(a),$$

$$P(|X|<k)=P(|X|\leqslant k)=2\Phi(k)-1.$$

例 11 设随机变量 $X\sim N(0,1)$.

(1) 求：$P(X=2.32)$，$P(X<2.08)$，$P(X\geqslant -0.09)$，$P(|X|\leqslant 2)$；

(2) 若已知 $P(X>a)=0.025$，求 a.

解 (1) $P(X=2.32)=0$，

$P(X<2.08)=\Phi(2.08)=0.9812$，

$P(X\geqslant -0.09)=1-\Phi(-0.09)=\Phi(0.09)=0.5359$，

$$\begin{aligned}P(|X|\leqslant 2)&=P(-2\leqslant X\leqslant 2)=\Phi(2)-\Phi(-2)=\Phi(2)-[1-\Phi(2)]\\&=2\Phi(2)-1=2\times 0.9772-1=0.9544;\end{aligned}$$

(2) 由 $P(X>a)=1-P(X\leqslant a)=1-\Phi(a)=0.025$，得

$$\Phi(a)=1-0.025=0.975,$$

查标准正态分布表得 $a=1.96$.

***定理 7.3.1** 若随机变量 $X\sim N(\mu,\sigma^2)$，则随机变量

$$Y=\frac{X-\mu}{\sigma}\sim N(0,1).$$

一般正态分布的概率计算可以应用换元法将其转化为标准正态分布的概率进行计算.

+**例 12** 若随机变量 $X\sim N(-1,4^2)$，求：(1) $P(-5\leqslant X\leqslant 2)$； (2) $P(|X+1|\leqslant 8)$.

解 令 $Y=\dfrac{X-\mu}{\sigma}=\dfrac{X-(-1)}{4}\sim N(0,1)$，则

(1) $P(-5\leqslant X\leqslant 2)=\Phi\left(\dfrac{2+1}{4}\right)-\Phi\left(\dfrac{-5+1}{4}\right)$

$$=\Phi(0.75)-\Phi(-1)=0.7734-0.1587=0.6147.$$

(2) $P(|X+1|\leqslant 8)=P(-8\leqslant X+1\leqslant 8)=P(-9\leqslant X\leqslant 7)=\Phi\left(\frac{7+1}{4}\right)-\Phi\left(\frac{-9+1}{4}\right)$

$$=\Phi(2)-\Phi(-2)=2\Phi(2)-1=2\times 0.9772-1=0.9544.$$

同步训练 7.3

1. 一辆汽车在开往目的地的道路上需经过 4 盏信号灯，设每盏灯各以 0.5 的概率允许或禁止汽车通过，求该汽车停止前进时通过的绿信号灯数 X 的概率分布.

2. 袋中有 7 个球，其中 4 个白球和 3 个黑球.

(1) 有放回地抽 3 次，每次取 1 个球，求恰有 2 个白球的概率；

(2) 无放回地抽 3 次，每次取 1 个球，求恰有 2 个白球的概率.

3. 验证二项分布满足分布列的性质.

$^{+}$**4.** 规定：若随机变量 $X\sim B(n,p)$，则使概率 $P(X=k)$ 取得最大值的 k 称为二项分布的最可能值，记为 k_0，k_0 为区间 $[(n+1)p-1,(n+1)p]$ 上的整数. 设某种产品的总数为 100 个，其中一级品为 30 个，现从这批产品中有放回地任取 5 次，每次取一个，求取出的 5 个产品中恰有 k 个产品为一级品的概率，并指出最可能的一级品数是多少.

5. 每页书上印刷的错误数 X 为随机变量，设 $X\sim P(3)$，求在某一页书上印刷错误数不超过 1 的概率.

***6.** 某商场每月销售摄像机的台数服从参数为 4 的泊松分布.

(1) 求该商场每月至少售出 5 台摄像机的概率；

(2) 在上月没有库存的情况下，问该商场需进多少台摄像机才能保证当月不脱销的概率大于 0.99？

7. 某种型号的电子管的使用寿命 X(单位：h)有如下概率密度：

$$f(x)=\begin{cases}\dfrac{1000}{x^2}, & x>1000,\\ 0, & \text{其他}.\end{cases}$$

现有一大批此种电子管(设电子管损坏与否相互独立)，从中任取 5 只，问其中至少有 2 只使用寿命大于 1500h 的概率是多少？

8. 设顾客在某银行窗口等待服务的时间 X(单位：min)服从参数为 $\lambda=\frac{1}{5}$ 的指数分布. 若等待时间超过 10min，则他就离开，求该顾客未等到服务而离开的概率.

$^{+}$**9.** 设随机变量 $X\sim N(\mu,\sigma^2)$，求：

(1) $P(\mu-\sigma<X<\mu+\sigma)$；

(2) $P(\mu-2\sigma<X<\mu+2\sigma)$；

(3) $P(\mu-3\sigma<X<\mu+3\sigma)$.

根据计算结果，请解释实用中的三倍标准差规则，也称 3σ 规则.

$^{+}$**10.** 某校 19 岁男生的血压 X(收缩压，单位：mmHg)$\sim N(110,12^2)$，在该校任选一名 19 岁的男生，测量他的血压 X，求：

(1) $P(X\leqslant 105)$，$P(100<X\leqslant 120)$；

(2) 确定最小的 x，使 $P(X>x)\leqslant 0.05$.

7.4 随机变量的数字特征

分布列和概率密度都能完整地描述随机变量的统计规律性. 但在实际问题中，很多时候我们只需要知道它的某些特征性的数字. 例如，在评价棉花的质量时既要注意纤维的平均长度，又要注意纤维长度与平均长度的偏离程度，只有平均长度较长且偏离程度较小时质量才好. 这种由随机变量的分布所确定的能描述随机变量的某种特征(如平均长度、偏离程度)的常数称为随机变量的数字特征. 本节介绍随机变量的两种常用的数字特征：数学期望、方差.

7.4.1 数学期望

一、离散型随机变量的数学期望

定义 7.4.1 设离散型随机变量 X 的分布列为

$$P(X=x_k)=p_k,k=1,2,\cdots,n,$$

则称 $\sum\limits_{k=1}^{n}x_kp_k$ 为离散型随机变量 X 的数学期望，简称期望或均值，记为 $E(X)$，即

$$E(X)=\sum_{k=1}^{n}x_kp_k.$$

例 1 甲、乙两个工人生产同一种产品，日产量相等，在一天中出现的废品数分别为 X 和 Y，其分布列如表 7-9 所示：

表 7-9

X	0	1	2	3
P	0.4	0.3	0.2	0.1

Y	0	1	2	3
P	0.3	0.5	0.2	0

试问谁的技术较好？

解 $E(X)=0\times 0.4+1\times 0.3+2\times 0.2+3\times 0.1=1.0$；

$E(Y)=0\times 0.3+1\times 0.5+2\times 0.2+3\times 0=0.9$.

由于 $E(X)>E(Y)$，即乙每天出现的废品数比甲少，因此乙的技术比甲好些.

例 2 设随机变量 $X\sim(0,1)$，求 $E(X)$.

解 由于 X 的分布列为

表 7-10

X	0	1
P	$1-p$	p

于是 $E(X)=0\cdot(1-p)+1\cdot p=p$.

二、连续型随机变量的数学期望

定义 7.4.2 设连续型随机变量的概率密度为 $f(x)$，则称积分 $\int_{-\infty}^{+\infty} xf(x)\mathrm{d}x$ 为连续型随机变量 X 的数学期望，简称期望或均值，即

$$E(X)=\int_{-\infty}^{+\infty} xf(x)\mathrm{d}x.$$

例 3 设随机变量 X 的概率密度为

$$f(x)=\begin{cases}\dfrac{1}{\pi\sqrt{1-x^2}}, & |x|<1,\\ 0, & |x|\geqslant 1,\end{cases}$$

求 $E(X)$.

解 $E(X)=\int_{-\infty}^{+\infty} xf(x)\mathrm{d}x=\int_{-1}^{1}\dfrac{x}{\pi\sqrt{1-x^2}}\mathrm{d}x=0.$

例 4 设连续型随机变量 $X\sim U[a,b]$，求 $E(X)$.

解 由于 X 的概率密度为

$$f(x)=\begin{cases}\dfrac{1}{b-a}, & a\leqslant x\leqslant b,\\ 0, & \text{其他},\end{cases}$$

于是

$$E(X)=\int_{-\infty}^{+\infty} xf(x)\mathrm{d}x=\int_a^b\frac{x}{b-a}\mathrm{d}x=\frac{1}{b-a}\cdot\frac{1}{2}x^2\Big|_a^b=\frac{1}{2}(a+b).$$

三、随机变量函数的数学期望

设随机变量 X 的取值为 x，随机变量 Y 的取值为 y，且 $y=g(x)$，则称 Y 是随机变量 X 的函数，记为 $Y=g(X)$.

* **定理 7.4.1** 设 Y 是随机变量 X 的函数：$Y=g(X)$，且 $y=g(x)$ 是连续函数.

(1) 若 X 是离散型随机变量，其分布列为

$$P(X=x_k)=p_k, k=1,2,\cdots,$$

则有

$$E(Y)=E[g(X)]=\sum_{k=1}^{\infty}g(x_k)p_k;$$

(2) 若 X 是连续型随机变量，其概率密度为 $f(x)$，则有

$$E(Y)=E[g(X)]=\int_{-\infty}^{+\infty}f(x)g(x)\mathrm{d}x.$$

该定理的意义在于求 $E(Y)$ 时不必算出 Y 的分布列或概率密度，而只需利用 X 的分布列或概率密度即可.

例 5 设离散型随机变量 X 的分布列为

表 7-11

X	0	1	2	3	4
P	0.2	0.3	0.3	0.1	0.1

求随机变量函数 $Y=X^2$ 的数学期望 $E(Y)$.

解 $E(Y)=E(X^2)=0^2\times0.2+1^2\times0.3+2^2\times0.3+3^2\times0.1+4^2\times0.1=4.$

例 6 设随机变量 $X\sim U[0,\pi]$,求 $E(X^2)$,$E(\sin X)$.

解 由于 X 的概率密度为

$$f(x)=\begin{cases}\dfrac{1}{\pi}, & 0\leqslant x\leqslant\pi,\\ 0, & \text{其他},\end{cases}$$

于是

$$E(X^2)=\int_{-\infty}^{+\infty}x^2f(x)\mathrm{d}x=\int_0^{\pi}x^2\cdot\frac{1}{\pi}\mathrm{d}x=\frac{1}{3}\pi^2,$$

$$E(\sin X)=\int_{-\infty}^{+\infty}\sin x\cdot f(x)\mathrm{d}x=\int_0^{\pi}\frac{1}{\pi}\sin x\mathrm{d}x=-\frac{1}{\pi}\cos x\Big|_0^{\pi}=\frac{2}{\pi}.$$

四、数学期望的性质

性质 1 设 C 是常数,则 $E(C)=C$.

证 设 X 的概率密度为 $f(x)$,令 $g(X)=C$,则

$$E(C)=E[g(X)]=\int_{-\infty}^{+\infty}Cf(x)\mathrm{d}x=C\int_{-\infty}^{+\infty}f(x)\mathrm{d}x=C.$$

性质 2 设 X 为随机变量,k 为常数,则

$$E(kX)=kE(X).$$

证 设 X 的概率密度为 $f(x)$,则

$$E(kX)=\int_{-\infty}^{+\infty}kxf(x)\mathrm{d}x=k\int_{-\infty}^{+\infty}xf(x)\mathrm{d}x=kE(X).$$

性质 3 设 X,Y 为任意两个随机变量,则

$$E(X+Y)=E(X)+E(Y).$$

性质 4 设 X 为随机变量,a,b 为常数,则

$$E(aX+b)=aE(X)+b.$$

证 由性质 1,性质 2,性质 3 可得

$$E(aX+b)=E(aX)+E(b)=aE(X)+b.$$

离散型随机变量的证明只需将积分运算换成求和运算即可.

例 7 设随机变量 X 的分布列为

表 7-12

X	0	1	2
P	0.5	0.25	0.25

求 $E(X)$,$E(X^2)$,$E(3X+2)$.

解 $E(X)=0\times0.5+1\times0.25+2\times0.25=0.75,$

$E(X^2)=0^2\times0.5+1^2\times0.25+2^2\times0.25=1.25,$

$E(3X+2)=3E(X)+2=3\times0.75+2=4.25.$

7.4.2　方差

一、方差的概念

定义 7.4.3　设 X 是一个随机变量，若 $E\{[X-E(X)]^2\}$ 存在，则称 $E\{[X-E(X)]^2\}$ 为 X 的**方差**，记为 $D(X)$，即

$$D(X)=E\{[X-E(X)]\}^2.$$

方差的算术平方根 $\sqrt{D(X)}$ 称为 X 的标准方差或均方差.

由方差的定义可知：若 X 是离散型随机变量，其分布列为

$$P(X=x_k)=p_k, k=1,2,\cdots,n,$$

则

$$D(X)=\sum_{k=1}^{n}[x_k-E(X)]^2 p_k.$$

若 X 是连续型随机变量，其概率密度为 $f(x)$，则

$$D(X)=\int_{-\infty}^{+\infty}[x-E(X)]^2 f(x)\mathrm{d}x.$$

在计算 $D(X)$ 时，用下列公式比较方便：

$$D(X)=E(X^2)-[E(X)]^2.$$

例 8　在相同条件下，用两种不同工艺制造某种零件，零件长度的设计标准为 $\mu_0=50(\mathrm{cm})$，在所生产的两批产品中，分别抽取大量零件，测量其长度，得到它们的分布如下：

表 7-13

长度/cm	48	49	50	51	52
工艺Ⅰ的概率	0.1	0.1	0.6	0.1	0.1
工艺Ⅱ的概率	0.2	0.2	0.2	0.2	0.2

问哪种工艺的产品质量较高？

解　设 X 为"工艺Ⅰ产品的长度"，Y 为"工艺Ⅱ产品的长度". 易算出 $E(X)=E(Y)=50$，在此类情况下，显然产品长度方差越小，质量就越高.

$$\begin{aligned}D(X)&=\sum_{k=1}^{5}[x_k-E(X)]^2\cdot p_k\\&=(48-50)^2\times 0.1+(49-50)^2\times 0.1+(50-50)^2\times 0.6\\&\quad+(51-50)^2\times 0.1+(52-50)^2\times 0.1=1,\end{aligned}$$

$$\begin{aligned}D(Y)&=\sum_{k=1}^{5}[y_k-E(Y)]^2\cdot p_k\\&=(48-50)^2\times 0.2+(49-50)^2\times 0.2+(50-50)^2\times 0.2\\&\quad+(51-50)^2\times 0.2+(52-50)^2\times 0.2=2,\end{aligned}$$

由于 $D(X)<D(Y)$，故工艺Ⅰ优于工艺Ⅱ.

例 9　设随机变量 X 的概率密度为

$$f(x)=\begin{cases}2x, & 0\leqslant x\leqslant 1,\\ 0, & \text{其他},\end{cases}$$

求 X 的方差.

解 因为 X 的概率密度为

$$f(x)=\begin{cases}2x, & 0\leqslant x\leqslant 1,\\ 0, & \text{其他},\end{cases}$$

于是

$$E(X)=\int_{-\infty}^{+\infty}xf(x)\mathrm{d}x=\int_0^1 x\cdot 2x\mathrm{d}x=\frac{2}{3}x^3\Big|_0^1=\frac{2}{3},$$

$$E(X^2)=\int_{-\infty}^{+\infty}x^2f(x)\mathrm{d}x=\int_0^1 x^2\cdot 2x\mathrm{d}x=\frac{2}{4}x^4\Big|_0^1=\frac{1}{2},$$

所以

$$D(X)=E(X^2)-[E(X)]^2=\frac{1}{2}-\left(\frac{2}{3}\right)^2=\frac{1}{18}.$$

二、方差的性质

下面给出方差的几个常用的性质,假设所提及的随机变量的方差均存在.

性质1 设 C 是常数,则 $D(C)=0$.

证 $D(C)=E\{[C-E(C)]^2\}=E(C-C)=0$.

性质2 设 X 是随机变量,k 为常数,则

$$D(kX)=k^2D(X).$$

$^+$**证** $D(kX)=E\{[kX-E(kX)]^2\}=E\{[kX-kE(X)]^2\}$

$$=E\{k^2[X-E(X)]^2\}=k^2E\{[X-E(X)]^2\}=k^2D(X).$$

性质3 设 X 是随机变量,a 与 b 为常数,则

$$D(aX+b)=a^2D(X).$$

$^+$**证** $D(aX+b)=E\{[(aX+b)-E(aX+b)]^2\}$

$$=E\{[aX+b-aE(X)-b]^2\}=E\{a^2[X-E(X)]^2\}$$

$$=a^2E\{[X-E(X)]^2\}=a^2D(X).$$

例10 设 $E(X)=-4$,$E(X^2)=20$,求 $E(3-5X)$,$D(3-5X)$.

解 由于 $E(X)=-4$,$E(X^2)=20$,于是

$$E(3-5X)=3-5E(X)=3-5\times(-4)=23,$$

而 $D(X)=E(X^2)-[E(X)]^2=20-(-4)^2=4$,因此

$$D(3-5X)=(-5)^2D(X)=25\times 4=100.$$

三、常见分布的方差

例11 设随机变量 $X\sim(0,1)$,求 $D(X)$.

解 由于 X 的分布列为

表7-14

X	0	1
P	$1-p$	p

于是

$$E(X)=p, E(X^2)=0^2\times(1-p)+1^2\cdot p=p,$$

因此

$$D(X)=E(X^2)-[E(X)]^2=p-p^2=p(1-p)=pq.$$

例 12 设随机变量 $X\sim U[a,b]$，求 $D(X)$.

解 因为 X 的概率密度为

$$f(x)=\begin{cases}\dfrac{1}{b-a}, & a\leqslant x\leqslant b,\\ 0, & \text{其他},\end{cases}$$

所以

$$E(X^2)=\int_{-\infty}^{+\infty}x^2f(x)\mathrm{d}x=\int_a^b x^2\cdot\frac{1}{b-a}\mathrm{d}x=\frac{1}{b-a}\cdot\frac{1}{3}x^3\Big|_a^b$$
$$=\frac{1}{3}(a^2+ab+b^2),$$

于是

$$D(X)=E(X^2)-[E(X)]^2=\frac{1}{3}(a^2+ab+b^2)-\left(\frac{a+b}{2}\right)^2=\frac{1}{12}(b-a)^2.$$

例 13 已知一批大豆种子的发芽率为 80%，播种时每穴放三粒种子，求每穴发芽种子粒数的数学期望、方差及标准差.

解 设每穴发芽种子数为 X，则 X 服从二项分布，且 $n=3, p=0.8$，故

$E(X)=np=3\times0.8=2.4$,

$D(X)=np(1-p)=3\times0.8\times0.2=0.48$,

$\sqrt{D(X)}=\sqrt{0.48}\approx0.69$.

同步训练 7.4

1. 设随机变量 X 的分布列为

表 7-15

X	-2	-1	0	1
P	0.1	0.3	0.4	0.2

且 $Y_1=2X+1, Y_2=X^2$，求 $E(X)$，$E(Y_1)$ 和 $E(Y_2)$.

2. 若随机变量 X 的分布列为

$$P(X=k)=p(1-p)^{k-1}, k=1,2,\cdots,n,$$

其中常数 $0<p<1$，则称 X 服从参数为 p 的几何分布. 试证明 $E(X)=\dfrac{1}{p}$.

3. 设风速 X 是一个随机变量，在 $[0,a]$ 上服从均匀分布，而飞机两翼上受到的压力 Y 与风速 X 的平方成正比，即 $Y=kX^2(k>0)$，求 $E(Y)$.

4. 设随机变量 X 服从 $[1,6]$ 上的均匀分布，求一元二次方程 $x^2+Xx+1=0$ 有实根的概率.

5. 设连续型随机变量 $X \sim E(\lambda)$,证明 $E(X)=\frac{1}{\lambda}$.

6. 甲、乙两个工人一个月中所出废品件数的概率分布如表 7-16 所示,设两人月产量相等,试通过方差比较谁的技术较高.

表 7-16

甲工人					乙工人				
X	0	1	2	3	Y	0	1	2	3
P	0.3	0.3	0.2	0.2	P	0.3	0.5	0.2	0

***7.** 证明 $D(X)=E(X^2)-[E(X)]^2$.

阅读材料七　概率论的起源与发展

一、概率论的前史

在西方语言中,probability(概率)这个词是和 probe(探求)联系在一起的,即探求真实性.机会与不确定性的概念可能与文明本身一样古老.人们总是不得不面对有关天气、食品供应以及其他由客观原因造成的不确定性,并努力减少这种不确定性及其影响.甚至赌博也有漫长的历史,不晚于公元前 3000 年.包括掷骰子在内的一些机会对策已经在古埃及和其他一些地区发展起来,在公元前 2000 年左右的埃及古墓中发掘出了与现代的骰子实质上相同的立方体骰子.

导致概率论起源的一些问题是由 15 世纪的意大利数学家最先提出和讨论的,14—15 世纪,意大利的商业已十分繁荣,根据 1338 年的一份统计资料,当时仅佛罗伦萨在国外经商的人数就达 300 以上,为经商活动服务的银行、钱庄有大约 80 家之多,虽然许多人通过这种跨国贸易发了财,但在每桩买卖成交的过程中都存在着一些风险,商业信函中充满了货船沉没、盗匪劫掠、合同撕毁、非法侵吞等记载.于是,保险业迅速发展起来.实际上,从古时候起就有一些富人订了一些合同,根据合同他们收取一定的保险费,在商人损失了货物的情况下,他们将答应给予一定的赔偿,但是直到文艺复兴和大探险的时代,估计危险和计算适当的保险费的数学方法仍是十分简单和不完备的.另外,当时在商人和城市居民中赌博之风颇盛.例如,1387 年一群佛罗伦萨的代理商和职员在威尼斯与人下大赌注赌博,不仅输光了全部现款,而且以他们佛罗伦萨总公司的名义开出高额借据以充赌注.与此同时,意大利的社会与人口统计工作也达到了一定水平.导致概率论起源的一些问题,正是保险业、社会及人口统计乃至赌博等方面由于要对一些不确定事件发生的可能性事先进行估计的需要而提出的.

1494 年,意大利数学家帕乔利(L. Pacioli,约 1445—1517)在他的《算术,几何,比及比例全书》中写道:"假如在一个赌博中赢 6 次才算赢,两个赌徒在一个赢 5 次另一个赢 2 次的情形下中断赌博的话,那么总的赌金应该按照 5 与 2 的比分给他们两人."这就是著名的"赌博中断问题",其一般形式是:两个赌徒相约赌若干局,双方各拿出相同数量的赌金,谁先胜 s 局谁就赢得全部赌金.但是,当一个赌徒胜 a 局($a<s$),另一个胜 b 局($b<s$)时,赌博因故中

断，问应该如何分配赌金？帕乔利的解答初看似乎是合理的，但实际上是不对的. 例如，假设需要赢16次才算赢，并将上面的数字改为15次和12次，这时他们所分得的钱差不多相同. 但实际上，已经赢了15次的赌徒只要再赢一次，就可以把赌金全部拿到手，而另一个赌徒却需要再一连赢4次才行. 因此，按照已经赢的次数的比例来分配的原则肯定是不合理的.

1539年，意大利数学家卡尔达诺(G. Cardano，1501—1576)在《赌博之书》(出版于1663年)中讨论了赌博中断问题. 他懂得需要分析的不是已经赌过的次数，而是剩下的次数. 在帕乔利的问题中，一个赌徒只需再赢一次就可以得到全部赌金，而另一个则需要赢4次. 因此，以后的赌博只有5种可能的结果，即第一个赌徒赢头一次，或赢第二次，或赢第三次，或赢第四次，或者完全输掉，卡尔达诺认为，总赌金应该按(1+2+3+4)∶1=10∶1的比例来分配(正确的结果是15∶1). 他还讨论了点问题：掷两颗或三颗骰子时在一切可能的方法中有多少种方法得到某一总点数，他得到的另一个结果是：在n次独立试验中，如果事件本身的概率是p，那么它连续发生n次的概率是p^n，与卡尔诺同时代的塔尔塔格利亚(Tartaglia)和其他一些人也研究过赌博中断问题和点问题. 例如，著名意大利科学家伽利略(Galileo Galilei，1564—1642)曾讨论如下问题：

掷三颗骰子，其和为9与10的组合各有6种：

$9=1+2+6=1+3+5=1+4+4=2+2+5=2+3+4=3+3+3$,

$10=1+3+6=1+4+5=2+2+6=2+4+4=2+3+5=3+3+4$.

但为什么出现10的情况会比出现9的情况多呢？经过详细的计算，他发现，在216种情况中，有25种的和是9，而有27种的和是10，因此出现10的机会比出现9的机会大些. 但所有这些工作都没有引起重视，也很少得到一般性的结果，而且很快就被遗忘了.

二、概率论的创立

帕斯卡(B. Pascal，1623—1662)是法国数学家. 1654年，他的一位朋友梅雷(Chevalier de Méré)向他请教赌博中断问题的解法，帕斯卡认为这是一个颇为有趣的问题，不仅用排列组合方法给出了正确的答案，而且将自己的解法写信告诉了大数学家费马(P. de Fermat，1601—1665). 费马很快回信，用另一种方法正确地解答了这个问题. 现在看来，两人的解答仅在细节上有所不同，在基本原理上是一致的. 为简便起见，我们以$s=3$，$a=2$，$b=1$的情形为例说明帕斯卡和费马的解法.

帕斯卡的分析是：在所需的3局中，赌徒A已经胜了两局而B只胜了一局. 如果再玩一局，A或者赢得整个赌局，或者至少与B所胜局数相同. 在第一种场合，A得全部赌金，而在第二种场合可得一半，因此，A应得$\frac{3}{4}$的赌金，而B只能得$\frac{1}{4}$的赌金.

费马的推理是：要完结这场赌博至多需要玩$(s-a)+(s-b)-1$局，这就是说，在本例中至多两局，在玩这两局时可能出现下面这四种不同的等可能性的场合：

1	2	3	4
A	B	A	B
A	A	B	B

考虑到以前所玩各局的结果，则在三种场合赌徒A赢，而在一种场合B赢. 由此费马下结论说，A可以要求分得$\frac{3}{4}$的赌金. 这种推理在当时曾遭到别人的反对，他们认为并非所有结局

都是赌到底的,比如说第一个赌徒赌一次就赢了的情形,费马反驳说,不管所有结局是否都赌到底,情况也没有变化.

帕斯卡和费马在他们1654年的具有历史意义的通信中还思考了与点问题有关的一些其他问题,如当赌博在多于两个人的技巧不同的情况下进行时赌注的分配问题.帕斯卡和费马的通信从对一些特殊问题的解答中归纳出了一批范围广泛的结论,在一定程度上揭示了一般方法.他们的讨论明确地以"等可能性"概念为基础,并且隐含着用有利事件与基本事件的个数之比定义概念的思想.这些工作标志着作为一门数学分支的概念论的诞生.

三、概率论的早期发展

1657年,荷兰科学家惠更斯(C. Huygens,1629—1695)在帕斯卡和费马研究工作的基础上写成了第一篇关于概率论的正式论文:《论赌博中的推理》(1657).

1713年,瑞士数学家雅各·伯努利(Jacob Bernoulli,1654—1705)的《猜度术》(Ars Conjectandi)出版.

1718年,法国数学家棣·莫弗(De Moivre,1667—1754)出版《机会论》,并于1738年和1756年修订再版,书中包括二项分布、斯特林公式、正态分布、棣·莫费-拉普拉斯中心极限定理、弱大数定律(伯努利大数定律)、概率积分、正态频率曲线等重要内容,还首次阐明了统计独立的意义.这部著作大大推进了由帕斯卡、费马和惠更斯开创的古典概率论的研究.

18世纪初,瑞士数学家丹尼尔·伯努利(Daniel Bernoulli,1700—1782)最早提出了所谓"逆概率"(inverse probability)的问题,即在已知某些结果的条件下推测未知的原因.

1763年,英国数学家贝叶斯(T. Bayes,1702—1761)的遗著(《机会学说问题试解》)出版,其中有三方面内容具有重要的历史地位:将概率的概念和推理的方法、公式,由主要研究赌博中的问题,扩展和提高为处理一般科学问题的原理;给出了著名的贝叶斯公式;提出了贝叶斯假设,即认为:当我们对参数θ的分布没有任何其他知识时,应认为θ在它的变化范围内是均匀分布的.这种观点后来被拉普拉斯归结为"不充足理由律":两个事件没有理由可以说它们有区别时,就应认为相同.这在后来引起了很大争议.

1777年,法国科学家布丰(G. Buffon)开创了对几何概率的研究,典型问题之一是"投针问题".

正态分布的统计应用始于拉普拉斯(R. S. M. de Laplace,1749—1827,法国)和高斯(C. F. Gauss,1777—1855,德国).1799年,法国物理学家克拉姆(C. Kramp,1760—1826)给出了概率曲线下面积的第一张表,1893年它第一次被皮尔逊称为正态分布并沿用至今.

1812年,法国数学家拉普拉斯出版《概率的分析理论》,是对概率论早期成果的系统总结,首次明确给出了概率的古典定义;在概率论中引入了差分方程、母函数等强有力的分析工具,从而实现了概率论由单纯的组合计算到分析方法的过渡.

1899年,法国数学家贝特朗(J. L. P. Bertrand)在《概率计算》一书中给出了著名的贝特朗悖论,表明了直观的、经验性的概率概念的本质缺陷,对建立概率论的严密逻辑基础提出了要求.

1832年,德国天文学家恩克(J. F. Encke,1791—1865)在他的论文中提出了一些关于抽样分布的思想.1861年,英国天文学家艾里(G. B. Airy,1801—1892)在论文中给出了许多有关的结果.然而人们一般认为英国统计学家皮尔逊(K. Perason,1857—1936)1900年的一篇论文标志着近代抽样分布理论的开端.1908年英国数学家戈塞特(W. S. Gossett)的论文发表后,这一课题得到强大的推动力.从1915年开始,英国数学家费希尔(R. A. Fisher,1890—

1962)获得并发表了许多统计量的抽样分布. 此后，无数科学工作者获得了几乎每一个想象到的统计量的抽样分布.

1911 年，英国经济学家、数学家凯恩斯(J. M. Keynes)在其《概率论》一书(出版于 1921 年)中认为，概率是对一个命题用其他方面的知识作出判断后获得的一种合理的信任程度，对于每一个这种信任程度，不能赋以一个数值，只能和其他的信任程度进行比较，给出一个程度上的次序，有的强些，有的弱些，他将“不充足理由律”修正为“无差别律”：“如果没有任何有关的信念涉及两者之一，那么这两者是等可能的.”他的观点使概率与人们的主观信念发生了联系，引出后来的“主观学派”.

1919 年，德国数学家冯 · 米泽斯(von Mises)运用公理方法给出了在统计频率比的性质的基础上的概率定义. 1931 年，他又提出了样本空间的概念，从而使得有可能把概率的严格的数学理论建立在测度论的基础上.

1933 年，苏联数学家柯尔莫哥洛夫(Kolmogoroff)出版了划时代的著作《概率论的基础概念》，提出了概率论的公理化结构，明确了概率的定义和概率论的基本概念.

本章小结

1. 随机事件及其概率的基本内容

概率论与集合论的相关概念、关系和运算对应情况如表 7-17 所示.

表 7-17

概率论		集合论
样本空间;必然事件	Ω	全集
不可能事件	$\varnothing$	空集
样本点	$\omega\in\Omega$	Ω 的元素
基本事件	$\{\omega\}$	单点集
事件 A	$A\subset\Omega$	Ω 的子集 A
事件 A 包含于事件 B	$A\subset B$	A 包含在 B 中
事件 A 与事件 B 相等	$A=B$	A 与 B 相等
事件 A 与 B 的和(并)	$A\cup B$ 或 $A+B$	A 与 B 的并
事件 A 与 B 的积(交)	$A\cap B$ 或 AB	A 与 B 的交
事件 A 的逆事件	$\overline{A}$	A 的补集
事件 A 与事件 B 的差	$A-B$ 或 $A\overline{B}$	A 与 B 的差
事件 A 与事件 B 互斥	$A\cap B=\varnothing$	A 与 B 互不相交

2. 古典概型

随机试验 E 满足下列条件：

(1) 基本事件总数有限；

(2) 每个基本事件的发生是等可能的.

E 是只含有 n 个基本事件的古典概型，A 是由 m 个基本事件组成的随机试验，则 A 的

概率定义为

$$P(A)=\frac{A\text{中所包含的基本事件数}}{\text{基本事件总数}}=\frac{m}{n}.$$

3. 加法公式与重法公式

对于加法公式,就事件之间的关系而言,分为互斥和一般情形两个公式:

$$P(A+B)=P(A)+P(B)(A,B\text{互斥});$$

$$P(A+B)=P(A)+P(B)-P(AB)(\text{一般情形}).$$

对于乘法公式,就事件之间的关系而言,分为相互独立和一般情形两个公式:

$$P(AB)=P(A)P(B)(A,B\text{互相独立});$$

$$P(AB)=P(A)P(B|A)=P(B)P(A|B)(\text{一般情形}).$$

加法公式和乘法公式中事件的个数都可以推广到有限个.

4. 全概率公式

若 $A_1,A_2,\cdots,A_n$ 是完备事件组,B 为任一事件,则

$$P(B)=P(A_1)P(B|A_1)+P(A_2)P(B|A_2)+\cdots+P(A_n)P(B|A_n)$$

$$=\sum_{i=1}^{n}P(A_i)P(B|A_i).$$

5. 贝叶斯公式(也叫逆概率公式)

若 $A_1,A_2,\cdots,A_n$ 是完备事件组,B 为任一事件,且 $P(B)>0$,则

$$P(A_k|B)=\frac{P(A_k)P(B|A_k)}{\sum\limits_{i=1}^{n}P(A_i)P(B|A_i)}\ (k=1,2,\cdots,n).$$

6. 离散型随机变量

设离散型随机变量 X 的所有可能取值为 $x_k(k=1,2,\cdots,n)$,X 取各个可能值的概率为

$$P(X=x_k)=p_k(k=1,2,\cdots,n),$$

称上式为离散型随机变量 X 的概率分布或分布列.

离散型随机变量 X 的分布列也可用下列表格形式表示:

表 7-18

X	x_1	x_2	…	x_n
P	p_1	p_2	…	p_n

离散型随机变量 X 的分布列有如下性质:

(1) $P(X=x_k)=p_k\geqslant 0(k=1,2,\cdots,n)$;

(2) $\sum\limits_{k=1}^{n}P(X=x_k)=\sum\limits_{k=1}^{n}p_k=1$.

7. 连续型随机变量

设随机变量 X,若存在非负可积函数 $f(x)(-\infty<x<+\infty)$,使对于任意的 a 与 $b(a<b)$ 均有

$$P(a<X<b)=\int_a^b f(x)\mathrm{d}x$$

成立,则称 X 为连续型随机变量,称 $f(x)$ 为 X 的概率密度函数,简称概率密度.

连续型随机变量 X 的概率密度有如下性质:

(1) $f(x)\geqslant 0$;

(2) $\int_{-\infty}^{+\infty} f(x) = P(-\infty < X < +\infty) = 1$.

注 (1) 连续型随机变量 X 取区间内任一值的概率为零,即 $P(X=C)=0$;

(2) 连续型随机变量 X 在任一区间上取值的概率与是否包含区间端点无关,即

$$P(a<X<b)=P(a\leqslant X<b)=P(a\leqslant X\leqslant b)$$
$$=P(a<X\leqslant b)=\int_a^b f(x)\mathrm{d}x.$$

8. 数学期望

(1) 设离散型随机变量 X 的分布列为 $P(X=x_k)=p_k, k=1,2,\cdots,n$,则称 $\sum\limits_{k=1}^{n} x_k p_k$ 为 X 的数学期望,简称期望或均值,$E(X)=\sum\limits_{k=1}^{n} x_k p_k$.

(2) 设连续型随机变量 X 的概率密度为 $f(x)$,则称积分 $\int_{-\infty}^{+\infty} xf(x)\mathrm{d}x$ 为 X 的数学期望,简称期望或均值,即

$$E(X)=\int_{-\infty}^{+\infty} xf(x)\mathrm{d}x.$$

(3) 性质:

i) 设 C 是常数,则 $E(C)=C$.

ii) 设 X 为随机变量,k 为常数,则 $E(kX)=kE(X)$.

iii) 设 X,Y 为任意两个随机变量,则 $E(X+Y)=E(X)+E(Y)$.

iv) 设 X 为随机变量,a,b 为常数,则 $E(aX+b)=aE(X)+b$.

9. 方差

设 X 是一个随机变量,若 $E\{[X-E(X)]^2\}$ 存在,则称 $E\{[X-E(X)]^2\}$ 为 X 的方差,记为 $D(X)$,

$$D(X)=E\{[X-E(X)]^2\}.$$

方差的算术平方根 $\sqrt{D(X)}$ 称为 X 的标准方差或均方差.

(1) 若 X 是离散型随机变量,其分布列为

$$P(X=x_k)=p_k, k=1,2,\cdots,n,$$

则

$$D(X)=\sum_{k=1}^{n}[x_k-E(X)]^2 p_k.$$

(2) 若 X 是连续型随机变量,其概率密度为 $f(x)$,则

$$D(X)=\int_{-\infty}^{+\infty}[x-E(X)]^2 f(x)\mathrm{d}x.$$

(3) 常用计算 $D(X)$ 公式:$D(X)=E(X^2)-[E(X)]^2$.

(4) 性质:

i) 设 C 是常数,则 $D(C)=0$.

ii) 设 X 是随机变量,k 为常数,则 $D(kX)=k^2D(X)$.

iii) 设 X 是随机变量,a 与 b 为常数,则 $D(aX+b)=a^2D(X)$.

10. 常见分布的期望及方差

常见分布的期望及方差如图 7-19 所示.

表 7-19

类型	名称	分布列或概率密度	期望	方差
离散型	两点分布 $X\sim(0,1)$	$P(X=k)=p^k(1-p)^{1-k}$, $k=0,1$, 其中参数 p 满足 $0<p<1$	p	pq
	二项分布 $X\sim B(n,p)$	$P(X=k)=C_n^k p^k q^{n-k}$ $(k=0,1,2,\cdots,n)$, 其中 $0<p<1$, $q=1-p$	np	npq
	泊松分布 $X\sim\alpha\lambda$	$P(X=k)=\dfrac{\lambda^k}{k!}e^{-\lambda}$, $k=0,1,2,\cdots$, 其中常数 $\lambda>0$	λ	λ
连续型	均匀分布 $X\sim U(a,b)$	$f(x)=\begin{cases}\dfrac{1}{b-a}, & a\leqslant x\leqslant b,\\ 0, & \text{其他}\end{cases}$	$\dfrac{a+b}{2}$	$\dfrac{(b-a)^2}{12}$
	指数分布 $X\sim E(\lambda)$	$f(x)=\begin{cases}\lambda e^{-\lambda x}, & x\geqslant 0,\\ 0, & x<0\end{cases}$	$\dfrac{1}{\lambda}$	$\dfrac{1}{\lambda^2}$
	标准正态分布 $X\sim N(0,1)$	$\varphi(x)=\dfrac{1}{\sqrt{2\pi}}e^{-\frac{x^2}{2}}$, $-\infty<x<+\infty$	0	1
	一般正态分布 $X\sim N(\mu,\sigma^2)$	$f(x)=\dfrac{1}{\sqrt{2\pi}\sigma}e^{-\frac{(x-\mu)^2}{2\sigma^2}}$, $-\infty<x<+\infty$, $\sigma>0$	μ	σ^2

能力训练 A

一、选择题

1. 已知事件 A 与 B 相互独立, $P(\overline{A})=0.5$, $P(\overline{B})=0.6$, 则 $P(A+B)$ 等于 ( )

A. 0.9　　B. 0.7　　C. 0.1　　D. 0.2

2. 甲、乙、丙三人独立译一密码, 若他们每人译出此密码的概率都是 0.25, 则密码被译出的概率为 ( )

A. $\dfrac{1}{4}$　　B. $\dfrac{1}{64}$　　C. $\dfrac{37}{64}$　　D. $\dfrac{63}{64}$

3. 对事件 A 与 B, 若 $P(A+B)=0.8$, $P(A)=0.2$, $P(\overline{B})=0.4$, 则下列等式成立的是 ( )

A. $P(\overline{A}\,\overline{B})=0.2$　　B. $P(\overline{AB})=0.2$

C. $P(B-A)=0.4$　　D. $P(\overline{B}A)=0.48$

4. 在 $1,2,\cdots,10$ 这十个数中随机抽一个数, 令 $A=\{$取到的数大于 4$\}$, $B=\{$取到的数小于 8$\}$, 则下列结论错误的是 ( )

A. $P(B|A)=\dfrac{1}{2}$　　B. $P(A|B)=\dfrac{3}{7}$

C. $P(B|\overline{A})=1$　　D. $P(A|\overline{B})=\dfrac{4}{7}$

5. 设随机变量 X 的分布列为

X	1	2	3
P	$\frac{1}{4}$	$\frac{1}{2}$	a

则常数 $a=$ （　　）

A. $\frac{1}{8}$　　B. $\frac{1}{4}$　　C. $\frac{1}{3}$　　D. $\frac{1}{2}$

6. 相同条件下，相互独立进行 5 次射击，每次射击时命中目标的概率为 0.6，则击中目标的次数 X 的概率分布为 （　　）

A. 二项分布 $B(5,0.6)$　　B. 泊松分布 $P(2)$

C. 均匀分布 $U(0.6,3)$　　D. 正态分布 $N(3,5^2)$

7. 设随机变量 X 的密度函数为 $f(x)=\begin{cases}2x, & x\in[0,B],\\ 0, & 其他,\end{cases}$ 则常数 $B=$ （　　）

A. 1　　B. $\frac{1}{2}$　　C. $\frac{1}{4}$　　D. 2

8. 设随机变量 $X\sim N(0,1)$，其密度函数 $\varphi(x)=\frac{1}{\sqrt{2\pi}}e^{-\frac{x^2}{2}}(-\infty<x<+\infty)$，则 $\varphi(x)$ 的最大值是 （　　）

A. 0　　B. $\frac{1}{\sqrt{2\pi}}$　　C. 1　　D. $\sqrt{2\pi}$

9. 若随机变量 $X\sim N(1,\sigma^2)$，且 $P(1\leqslant X\leqslant 3)=0.3$，则 $P(X\leqslant -1)=$ （　　）

A. 0.1　　B. 0.2　　C. 0.3　　D. 0.5

10. 设随机变量 $X\sim P(\lambda)(\lambda>0)$，则 $\frac{D(X)}{E(X)}=$ （　　）

A. 1　　B. λ　　C. $\frac{1}{\lambda}$　　D. λ^2

11. 设随机变量 $X\sim B(6,0.4)$，则 $E(X)$，$D(X)$ 的值分别为 （　　）

A. 2.4，1.44　　B. 2.4，0.96　　C. 3.6，1.44　　D. 3.6，2.16

12. 设随机变量 X 的密度函数为 $f(x)=\begin{cases}\frac{1}{2}, & x\in[0,2],\\ 0, & 其他,\end{cases}$ 则 $E(X)=$ （　　）

A. $\frac{1}{2}$　　B. 1　　C. 2　　D. 4

二、计算题

13. 从一批由 9 件正品、3 件次品组成的产品中，任取 5 件，求：

(1) 其中至少有 1 件次品的概率；

(2) 其中至少有 2 件次品的概率.

14. 甲、乙二人进行射击，甲击中目标的概率是 0.8，乙击中目标的概率是 0.85，甲、乙同时击中目标的概率是 0.68，求至少有一人击中目标的概率.

15. 已知随机事件 A,B，$P(A)=\frac{1}{2}$，$P(B)=\frac{1}{3}$，$P(B|A)=\frac{1}{2}$，求 $P(AB)$，$P(A+B)$，

$P(A|B)$.

16. 加工某种零件需要两道工序,第一道工序出次品的概率是 2%,若第一道工序出次品,则此零件就为次品;若第一道工序出正品,则第二道工序出次品的概率为 3%.求加工出来的零件是正品的概率.

17. 假设有甲、乙两批种子,发芽率分别是 0.8 和 0.7,在两批种子中各随机取一粒,求:

(1) 两粒都发芽的概率;

(2) 至少有一粒发芽的概率;

(3) 恰有一粒发芽的概率.

18. 一批产品共 50 件,其中 46 件合格,4 件废品,从中任取 3 件,问其中有废品的概率是多少?废品不超过 2 件的概率是多少?

19. 某一车间里有 12 台车床,由于工艺上的原因,每台车床时常要停车.设各台车床停车(或开车)是相互独立的,且在任一时刻处于停车状态的概率为 0.3,求:

(1) 任一时刻处于停车状态的车床为 6 台的概率;

(2) 任一时刻处于停车状态的车床不多于 3 台的概率.

***20.** 两台车床加工同样的零件,第一台加工零件的废品率是 3%,第二台的废品率是 2%,加工出来的零件放在一起,并已知第一台加工的零件的数量是第二台的两倍,求任取一个零件是合格品的概率.

+**21.** 某工厂有甲、乙、丙三个车间,生产同一种电子产品,每个车间的产量分别占全厂的 25%,35%,40%,各车间产品的次品率分别为 5%,4%,2%.

(1) 求全厂产品的次品率;

(2) 如果从全厂总产品中抽取一件产品抽得的是次品,求它依次是甲、乙、丙车间生产的概率.

+**22.** 在蔬菜运输中,某汽车可能到甲、乙、丙三地去拉菜,设到三地拉菜的概率分别为 0.2,0.5,0.3,而在各地拉到一级菜的概率分别为 0.1,0.3,0.7.

(1) 求汽车拉到一级菜的概率;

(2) 已知汽车拉到一级菜,求该车菜是从乙地拉来的概率.

23. 将一枚硬币连续抛掷两次,以 X 表示"所抛两次中出现正面的次数",试写出随机变量 X 的分布列.

24. 若随机变量 X 服从两点分布,且 $P(X=1)=2P(X=0)$,求 X 的分布列.

25. 一座大楼装有 5 个同类型的供水设备,调查表明在某时刻 t 每个设备被使用的概率为 0.1,求在同一时刻:

(1) 恰有 2 个设备被使用的概率;

(2) 至少有 1 个设备被使用的概率.

26. 某厂生产的棉布,每米棉布上的疵点数 X 服从 $\lambda=3$ 的泊松分布.今任取一米棉布,求该棉布上:

(1) 无疵点的概率;

(2) 有 2 至 3 个疵点的概率.

27. 某商店出售某种高档商品,根据以往经验,每月销售量 X 服从 $\lambda=3$ 的泊松分布,问在月初进货时要库存此商品多少件,才能以 99% 的概率满足顾客的需要?

28. 一台仪表以 0.2 为一个刻度，读数时选取指针靠近的刻度值，求实际测量值(指针值)与读数之间的偏差：

(1) 小于 0.04 的概率；

(2) 大于 0.05 的概率.

29. 设随机变量 $X\sim N(0,1)$，求：$P(X<1)$，$P(-1<X\leqslant 1.5)$，$P(X\geqslant 1.5)$.

***30.** 设随机变量 $X\sim N(3,2^2)$：

(1) 试求 $P(2<X\leqslant 5)$，$P(|X|<2)$，$P(|X|>2)$，$P(|X|>3)$；

(2) 确定 c，使得 $P(X>c)=P(X\leqslant c)$.

31. 据统计，某大学男生体重服从 $\mu=58\text{kg}$，$\sigma=1\text{kg}$ 的正态分布，求该校某男生体重在 56kg 至 60kg 之间的概率.

32. 设随机变量 X 的分布列为

X	-2	0	2
P	0.4	0.3	0.3

求 $E(X)$，$E(2X-1)$，$E(X^2)$，$D(X)$.

33. 设随机变量 X 的概率密度为 $f(x)=\begin{cases}x, & 0\leqslant x<1,\\ 2-x, & 1\leqslant x\leqslant 2,\\ 0, & x<0 \text{ 或 } x>2,\end{cases}$ 求 $E(X)$，$D(X)$.

34. 设随机变量 X 在 $\left(-\dfrac{1}{2},\dfrac{1}{2}\right)$ 内服从均匀分布，求 $Y=\sin(\pi X)$ 的数学期望.

35. 设随机变量 X 在 $\left[-\dfrac{\pi}{4},\dfrac{\pi}{4}\right]$ 上服从均匀分布，求 $E(X^3)$，$E(\cos X)$.

36. 设 $E(X)=-2$，$E(X^2)=5$，求 $D(-1-3X)$.

能力训练 B

一、选择题

1. 已知事件 A 与 B 同时发生时，事件 C 必发生，则　(　　)

A. $P(C)\leqslant P(A)+P(B)-1$　　B. $P(C)\geqslant P(A)+P(B)-1$

C. $P(C)=P(AB)$　　D. $P(C)=P(A+B)$

2. 设某离散型随机变量 X 的分布列为 $P(X=k)=\dfrac{c}{2^k}$，$k=1,2,\cdots$，则常数 $c=$　(　　)

A. $\dfrac{1}{4}$　　B. $\dfrac{1}{2}$　　C. 1　　D. 2

3. 设随机变量 X 的概率密度函数为 $f(x)=\dfrac{b}{1+x^2}$，$-\infty<x<+\infty$，则常数 $b=$　(　　)

A. $\dfrac{1}{\pi}$　　B. $\dfrac{2}{\pi}$　　C. $-\pi$　　D. $\dfrac{\pi}{2}$

4. 设随机变量 X 的密度函数为 $f(x)=\begin{cases}A\sin x, & x\in[0,\pi],\\ 0, & \text{其他},\end{cases}$ 则常数 $A=$　(　　)

A. 1　　B. $\frac{1}{2}$　　C. $\frac{1}{4}$　　D. 2

5. 设随机变量 $X\sim P(2)$，则 $E(X^2)=$　　(　　)

A. 2　　B. 4　　C. 6　　D.

6. 设随机变量 $X\sim B\left(0,\frac{1}{3}\right)$，则 $\frac{D(X)}{E(X)}=$　　(　　)

A. $\frac{1}{3}$　　B. $\frac{2}{3}$　　C. 1　　D. $\frac{10}{3}$

7. 设随机变量 X 的密度函数为 $f(x)=\begin{cases}0, & x<0,\\ \frac{x}{4}, & 0\leqslant x\leqslant 4,\\ 1, & x>4,\end{cases}$ 则 $E(X)=$　　(　　)

A. 1　　B. 2　　C. 3　　D. 4

8. 设随机变量 $X\sim N(1,3^2)$，则以下结论错误的是　　(　　)

A. $E(X)=1$　　B. $D(X)=3$　　C. $P(X=1)=0$　　D. $P(X>1)=\frac{1}{2}$

***9.** 设随机变量 $X\sim N(\mu,\sigma^2)$，则以下结论错误的是　　(　　)

A. $P(\mu-2\sigma<X<\mu+2\sigma)$ 与 μ,σ 无关　　B. $P(X<\mu)=\frac{1}{2}$

C. $E(X-\mu)=0$　　D. $D(X-\mu)=0$

***10.** 设 X 是一个随机变量，$E(X)=\mu$，$D(X)=\sigma^2$（常数 $\mu,\sigma\geqslant 0$），则对任意常数 c 必有　　(　　)

A. $E[(X-c)^2]=E(X^2)-c^2$　　B. $E[(X-c)^2]=E[(X-\mu)^2]$

C. $E[(X-c)^2]<E[(X-\mu)^2]$　　D. $E(X-c)^2\geqslant E[(X-\mu)^2]$

二、计算题

11. 某设备由甲、乙两个部件组成，当超载负荷时，各自出故障的概率分别为 0.90 和 0.85，同时出故障的概率是 0.80，求超载负荷时至少有一个部件出故障的概率.

12. 袋中有 3 个红球和 2 个白球，求：

(1) 第一次从袋中任取一球，随即放回，第二次再任取一球，两次都是红球的概率；

(2) 第一次从袋中任取一球，不放回，第二次再任取一球，两次都是红球的概率.

13. 一个人看管三台机器，设在任一时刻机器不需要人看管（正常工作）的概率分别为 0.9，0.8，0.85，求：

(1) 任一时刻三台机器都正常工作的概率；

(2) 至少有一台机器正常工作的概率.

14. 一门火炮向某一目标射击，每发炮弹命中目标的概率是 0.8，求连续地射三发炮弹都命中目标的概率和至少有一发命中目标的概率.

15. 一批产品中有 20% 的次品，进行重复抽样检查，共抽得 5 件样品，分别计算这 5 件样品中恰有 3 件次品和至多有 3 件次品的概率.

16. 加工某零件需要三道工序.假设第一、第二、第三道工序的次品率分别是 2%，3%，5%，并假设各道工序是互不影响的，求加工出来的零件的次品率.

17. 甲、乙、丙三人向同一飞机射击，设甲、乙、丙射中的概率分别为0.4，0.5，0.7，又设若只有一人射中，飞机坠毁的概率为0.2；若两人射中，飞机坠毁的概率为0.6；若三人射中，飞机必坠毁.求飞机坠毁的概率.

18. 袋中装有5个黑球和4个白球，从中随机取出一个，然后放回，并同时加进与抽出的球同色的球2个，再取第2个，求所取两个球都是白球的概率.

19. 10个零件中有7个正品、3个次品，每次无放回地随机抽取一个来检验，求：

(1) 第三次才取到正品的概率；

(2) 抽三次，至少有一个正品的概率.

20. 袋中有18个白球、2个红球，从中随机地接连取出3个球，取后不放回，试求第三个球是红球的概率.

$^{+}$**21.** 假设某地区位于甲、乙两河的汇合处，当任一河流泛滥时，该地区即遭受水灾，设某时期内甲河流泛滥的概率为0.1，乙河流泛滥的概率为0.2，当甲河流泛滥时乙河流泛滥的概率为0.3，求：

(1) 该时期内这个地区遭受水灾的概率；

(2) 当乙河流泛滥时甲河流泛滥的概率.

$^{+}$**22.** 某厂的自动生产设备在生产之前需进行调整，以确保产品质量，据以往经验资料：若设备调整良好，其产品有90%合格；若调整不成功，则仅有30%产品合格.又知调整成功的概率为75%.某日，该厂在设备调整后试产，发现第一个产品合格，问设备调整好的概率是多少？

23. 设随机变量X的分布列分别为

(1) $P(X=k)=\dfrac{2A}{n}$ $(k=1,2\cdots,n)$；

(2) $P(X=k)=\dfrac{c\lambda^k}{k!}$ $(k=0,1,2\cdots,\lambda>0)$.

试确定常数A与c.

24. 设随机变量X只能取$-\sqrt{3}$，$-\dfrac{1}{2}$，0，π四个值，且取每个值的概率均相同，试写出其分布列，并求$P(-1<X\leqslant 1)$，$P(X>-\sqrt{2})$，$P(X<4)$.

25. 某车间有12台车床，每台车床由于工艺上的原因，时常需要停车，设各台车床的停车(或开车)是相互独立的，每台车床在任一时刻处于停车状态的概率为$\dfrac{1}{3}$，计算在任一指定时刻，车间里恰有2台车床处于停车状态的概率.

26. 商店收到了1000瓶矿泉水，每个瓶子在运输中破碎的概率为0.003，求商店收到的1000瓶矿泉水中：

(1) 恰有2瓶破碎的概率；

(2) 超过2瓶破碎的概率；

(3) 至少有1瓶破碎的概率.

27. 一女工照管800个纱锭，若一纱锭在单位时间内断纱的概率为0.005，求单位时间内：

(1) 恰好断纱4次的概率；

(2) 断纱次数不多于 3 的概率.

28. 某批产品中有 20%的次品,现任取 5 件,求:

(1) 恰有 k 件次品的概率;

(2) 至少有 3 件次品的概率.

29. 求参数为 n,p 的二项分布的最可能值:

(1) $n=50,p=0.88$;

(2) $n=49,p=0.1$.

30. 设连续型随机变量 X 的概率密度为

$$f(x)=\begin{cases}a\cos x, & -\dfrac{\pi}{2}<x<\dfrac{\pi}{2},\\ 0, & \text{其他}.\end{cases}$$

(1) 求系数 a;

(2) 求随机变量 X 落在 $\left(0,\dfrac{\pi}{4}\right)$ 内的概率.

31. 某城市每天用电量不超过 100 万 kW·h,以 X 表示“每天的耗电率”(即用电量除以 100 万 kW·h 所得之商),其概率密度为

$$f(x)=\begin{cases}12x(1-x)^2, & 0<x<1,\\ 0, & \text{其他}.\end{cases}$$

若该城市发电厂每天供电量为 80 万度,求供电量不能满足需要(即耗电率大于 0.8)的概率.

32. 某种型号的电子管寿命 X(h)为一随机变量,其概率密度为

$$f(x)=\begin{cases}\dfrac{100}{x^2}, & x\geqslant 100,\\ 0, & \text{其他}.\end{cases}$$

若一无线电器材配有三个这样的电子管,试计算该无线电器材使用 150h 内不需要更换电子管的概率.

33. 设成年男子身高 $X(\text{cm})\sim N(170,6^2)$,某种公共汽车门的高度是按成年男子碰头的概率在 1%以下来设计的,问车门的高度最少应为多少?

34. 某班一次数学考试成绩 $X\sim N(70,10^2)$,若规定低于 60 分为“不及格”,高于 85 为“优秀”,问:

(1) 该班数学成绩“优秀”的学生占总人数的百分之几?

(2) 该班数学成绩“不及格”的学生占总人数的百分之几?

35. 设随机变量 X 的分布列为

X	0	1	2
P	$\frac{1}{2}$	$\frac{3}{8}$	$\frac{1}{8}$

求 $E(X),E(X^2),E(3X^2+4),D(X)$.

36. 设随机变量 X 的概率密度为 $f(x)=\dfrac{1}{2}e^{-|x|},-\infty<x<+\infty$,求 $E(X),E(X^2)$,$E(-3X+1),D(X)$.

37. 设随机变量 X 的概率密度为

$$f(x)=\begin{cases}2x, & 0\leqslant x\leqslant 1,\\ 0, & \text{其他}.\end{cases}$$

求 $E(X)$, $E(X^2)$, $D(X)$, $D(-4X)$.

*38. 设随机变量 X 的概率密度为

$$f(x)=\begin{cases}ax+b, & 0<x<1,\\ 0, & \text{其他},\end{cases}$$

且 $E(X)=0.6$. 求：

（1）常数 a 与 b；（2）X 的标准差 $\sqrt{D(X)}$.

数学实验模块

第8章 数学实验

学习目标

- 了解 Microsoft Mathematics 软件的功能及基本操作.
- 能够借助于 Microsoft Mathematics 绘制函数图形.
- 掌握 Microsoft Mathematics 的基本指令,能够借助 Microsoft Mathematics 进行简单的赋值运算.
- 能够借助 Microsoft Mathematics 进行求值、导数、积分、线性代数等方面的计算与运算等.

8.1 Microsoft Mathematics 软件简介、简单计算及图形绘制

8.1.1 微软数学软件简介

微软数学(Microsoft Mathematics)是一款适合学生和教师的计算软件.该软件可以从微软公司官方网站免费下载.它提供了一系列数学工具,可帮助学生和教师快速轻松地完成必要的计算或绘图.有了 Microsoft Mathematics,学生可以逐步学习解方程,同时能更好地理解初等代数、代数、三角、物理、化学和微积分中的基本概念.

Microsoft Mathematics 包括一个功能全面的绘图计算器,该计算器被设计为能像手持计算器一样工作.Microsoft Mathematics 还有其他数学工具,可计算三角函数、从一种单位制转换成另一种单位制以及解方程组.

Microsoft Mathematics 拥有强大的功能,主要体现在以下11个方面:(1)计算标准数学函数,如求根和对数;(2)解方程和不等式;(3)解三角形;(4)从一种度量单位转换成另一种度量单位;(5)计算三角函数,如正弦和余弦;(6)执行矩阵和向量操作,如求逆和叉积;(7)计算基本统计信息,如平均数和标准差;(8)进行复数运算;(9)在笛卡尔坐标系、极坐标系、柱坐标系和球坐标系中绘制二维图形和三维图形;(10)计算级数的导数、积分、极限、和与乘积;(11)查找、绘制和解出常用公式和方程.

Microsoft Mathematics 界面友好，符合用户的使用习惯，易于操作，如图 8-1 所示. 界面左侧为计算器键盘，如同一部手机的造型，在这里可以直接选择输入数学公式，也可以通过下面的按键快速输入数字；右侧是主要的输入区域，显示输入内容、计算结果与计算的详细步骤，同时提供相关计算功能，还可以以图形的方式显示出题目的结果.

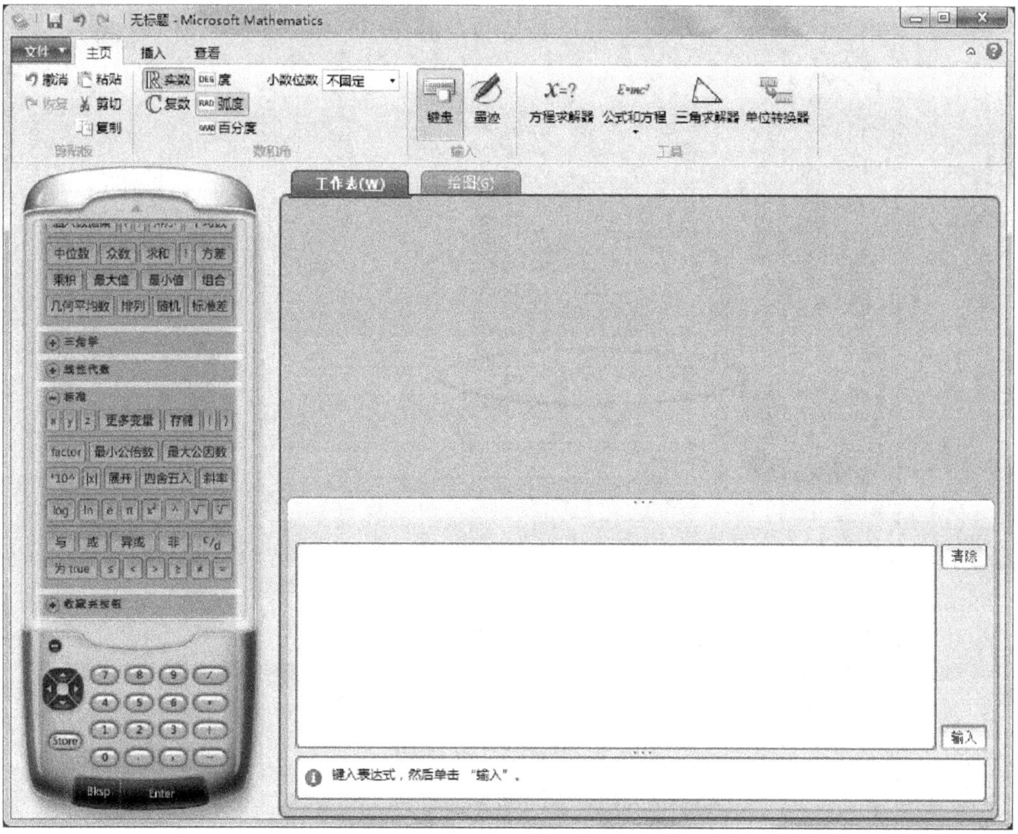

图 8-1

8.1.2 Microsoft Mathematics 的基本运算

一、算式求值

例 1 计算式子$\dfrac{4\times 5.23^2+3\times(4.38+6.27)^3}{3.5+4.8}$的值.

在工作表中输入要计算的数学式子,如图 8-2 所示.

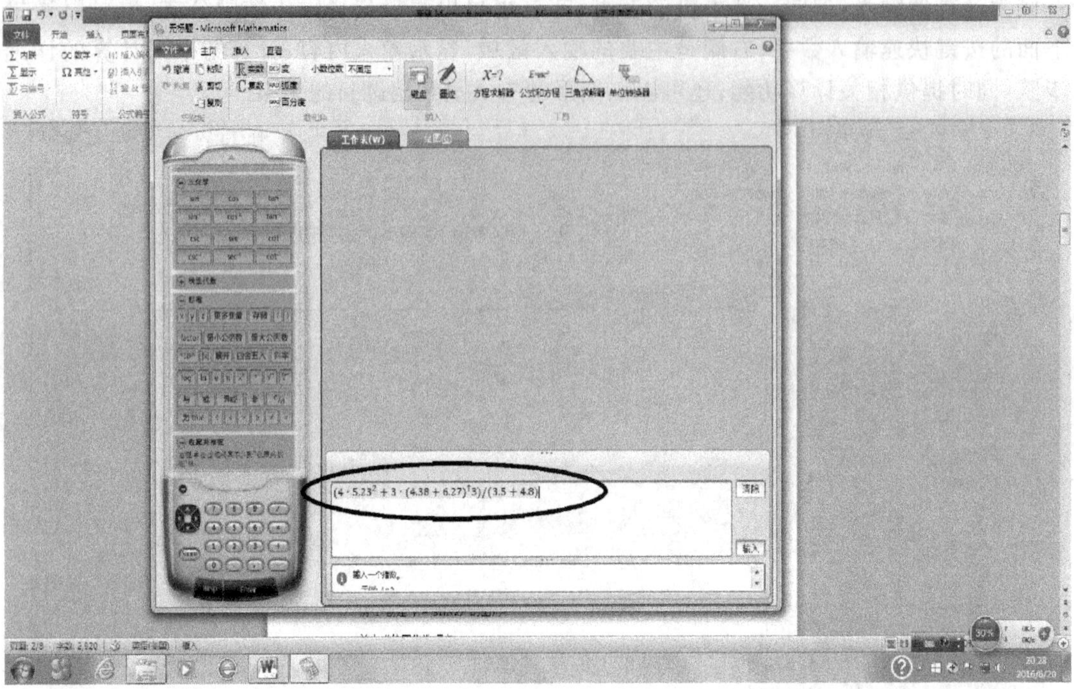

图 8-2

单击"输入"按钮,得到结果,如图 8-3 所示.

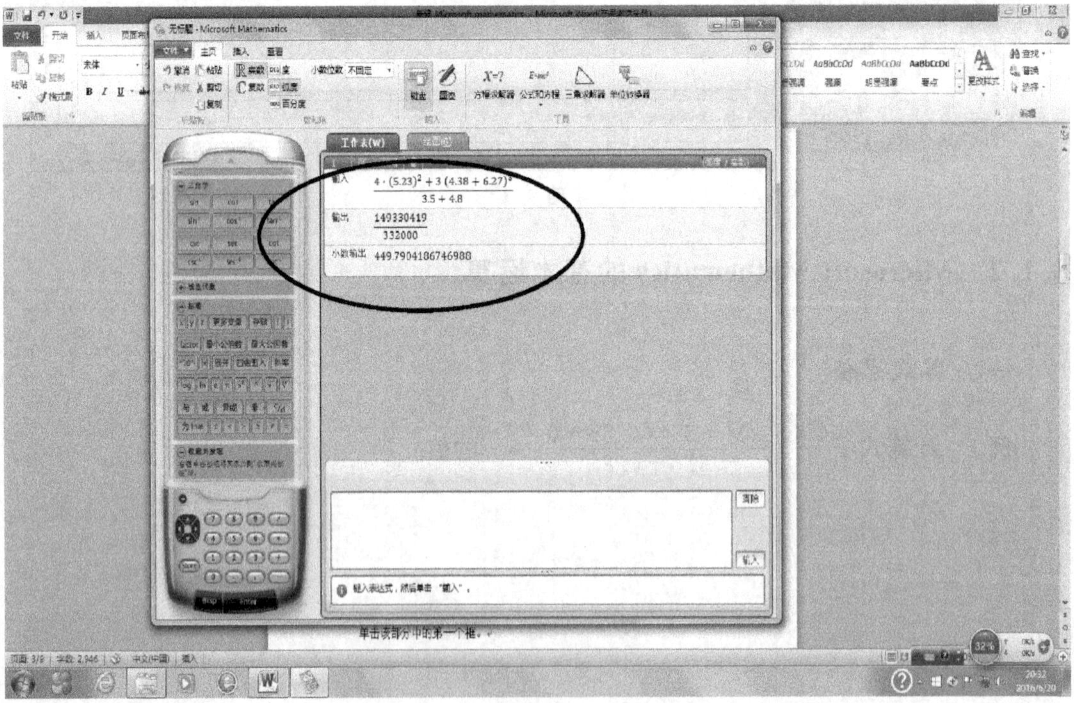

图 8-3

在计算算式前先选定位数，通过小数位数选择，调整计算结果的小数点后的位数，如图 8-4所示.

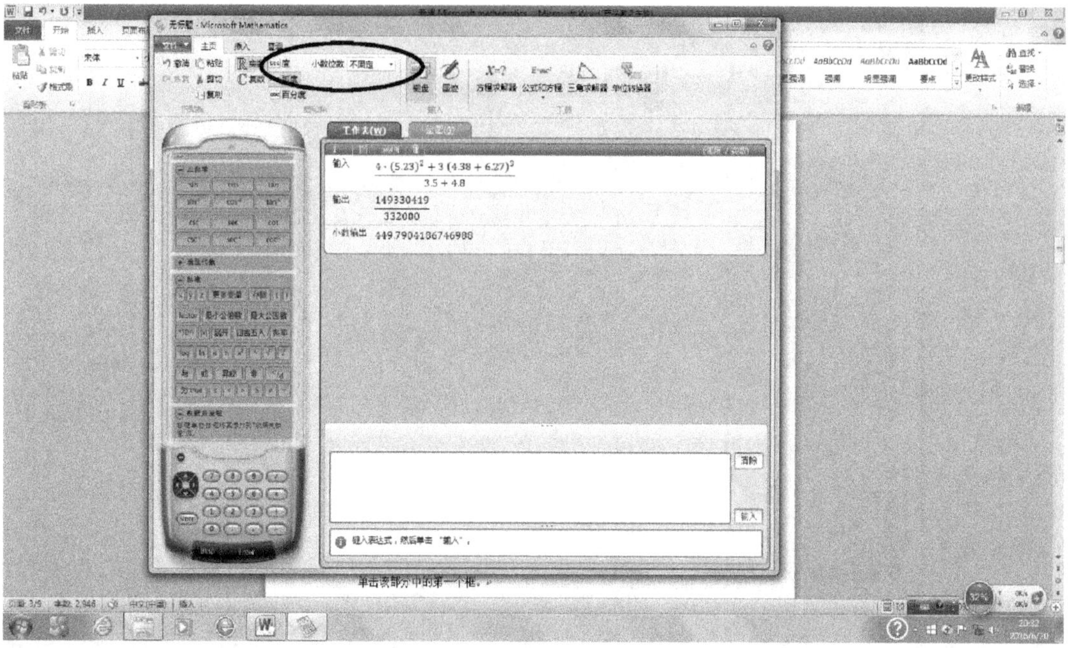

图 8-4

结果如图 8-5 所示.

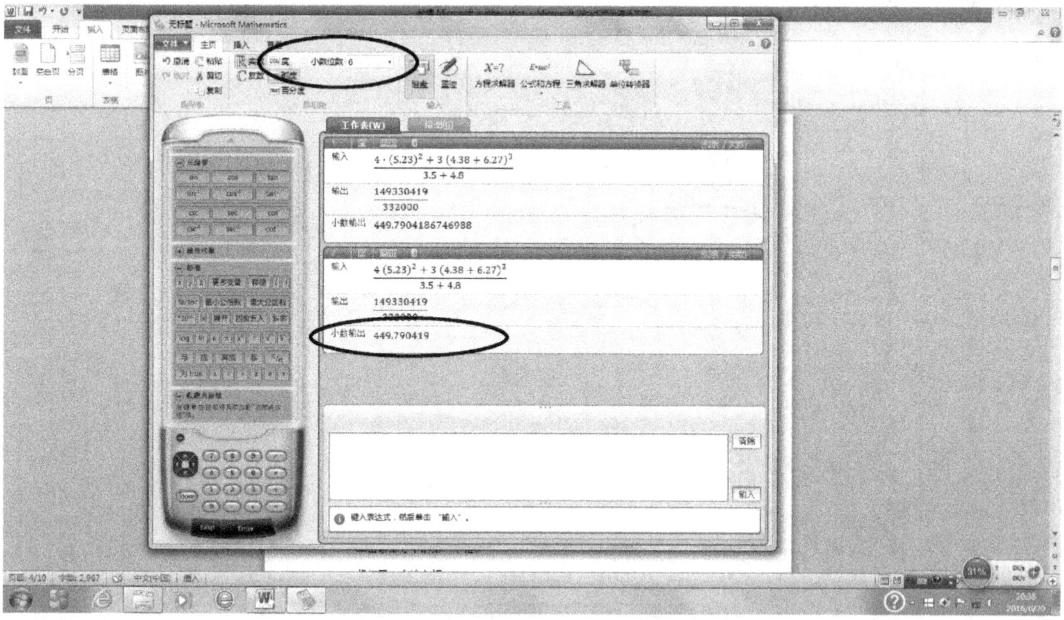

图 8-5

二、 多项式求值

例 2　设 $f(x)=x^2-\dfrac{1}{x}$，求 $f(5)$.

在工作表中先输入 5，在工作表的左侧单击“存储”按钮，然后在工作表中输入 x，单击右下角“输入”按钮，则完成了对变量 x 的赋值，如图 8-6 所示.

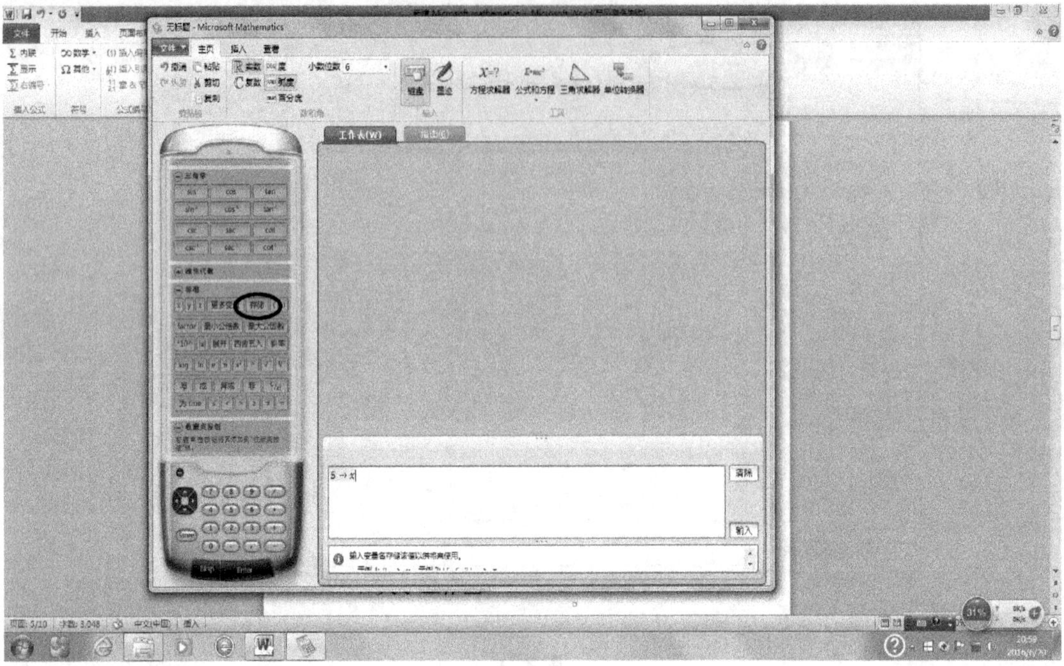

图 8-6

结果如图 8-7 所示.

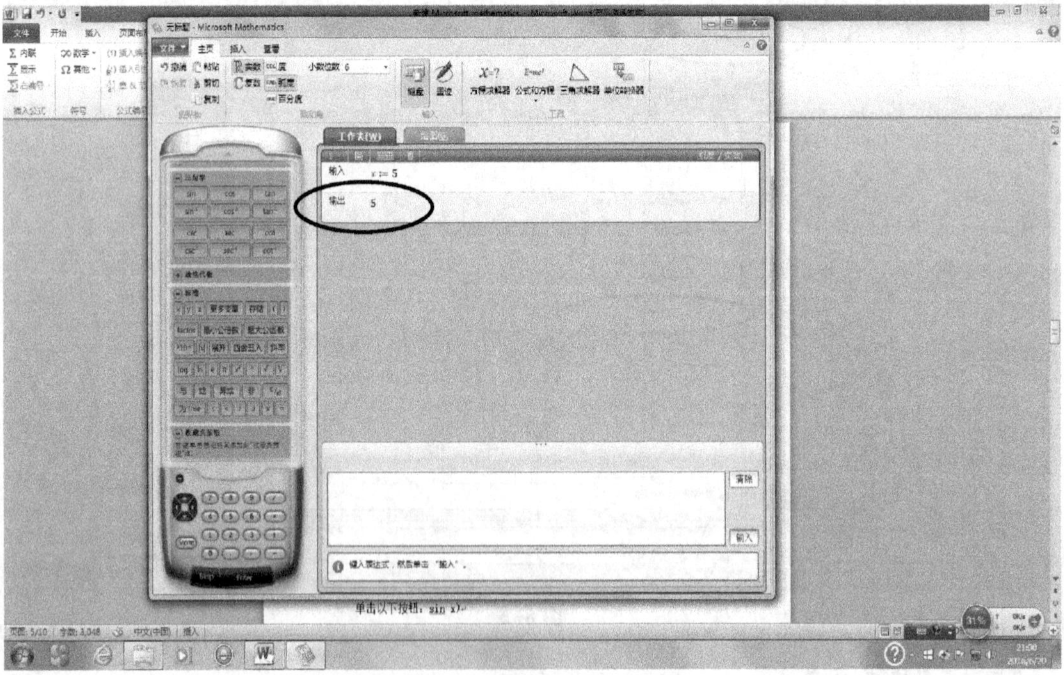

图 8-7

在工作表中输入函数表达式，切记：不能输入 $f(x)=x^2-\frac{1}{x}$，只能输入函数右方表达式，如图 8-8 所示.

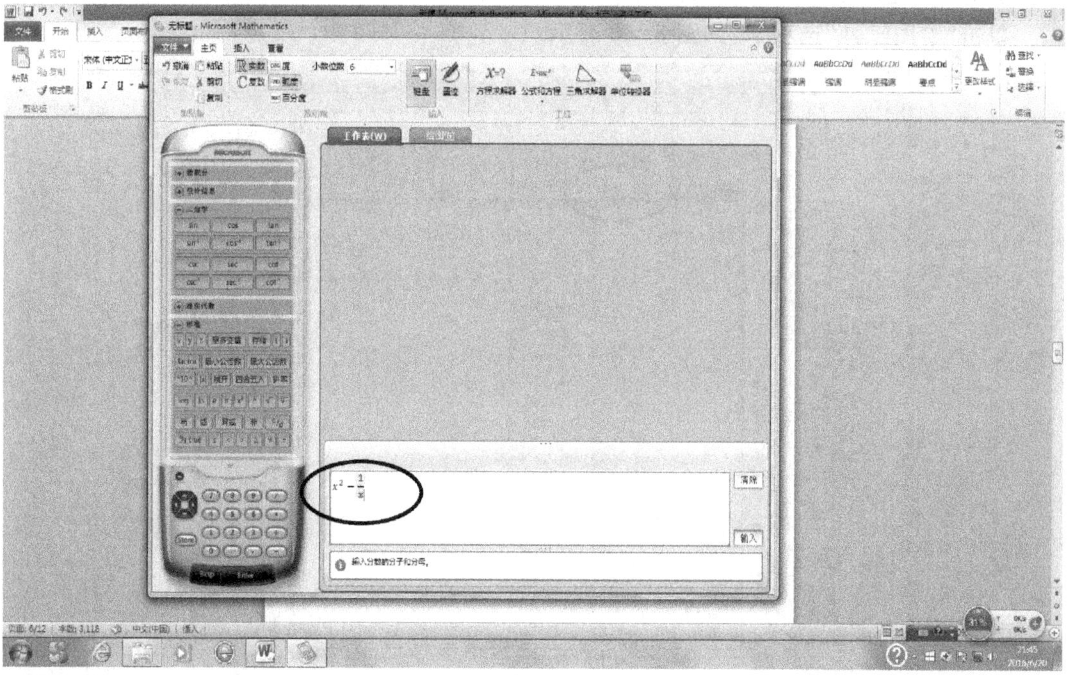

图 8-8

单击“输入”按钮得到函数值，如图 8-9 所示.

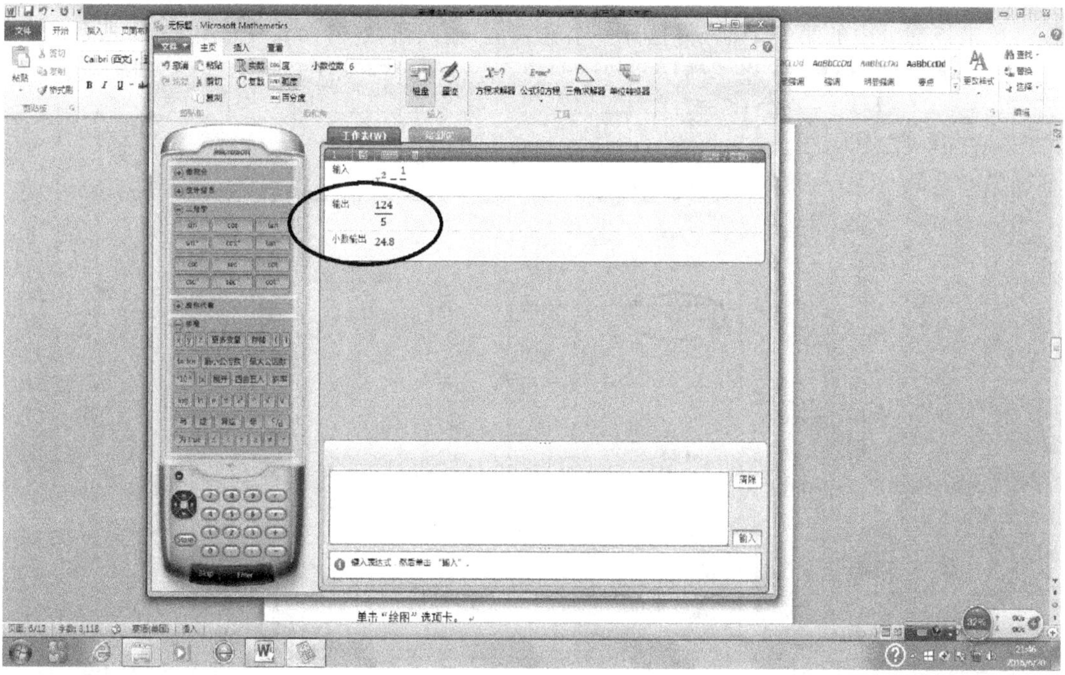

图 8-9

三、函数图形的绘制

例 3 创建函数 $y=\sin(x)$的图形.

单击“绘图工具”选项卡,如图 8-10 所示.

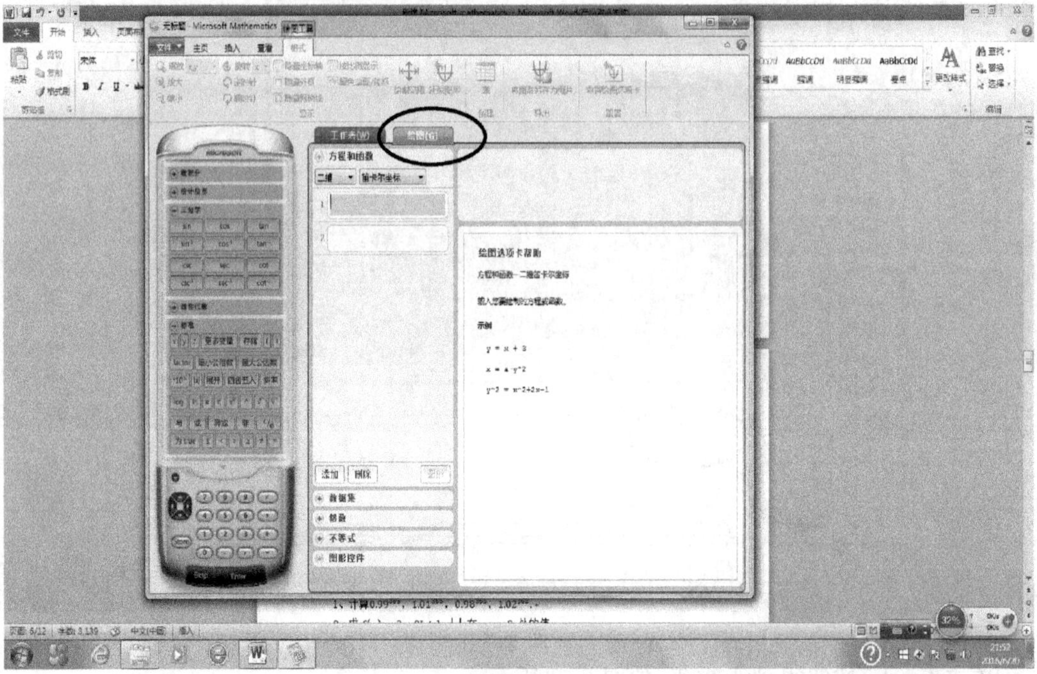

图 8-10

单击该部分中的第一个框,将打开一个输入框,输入函数 $y=\sin x$,如图 8-11 所示.

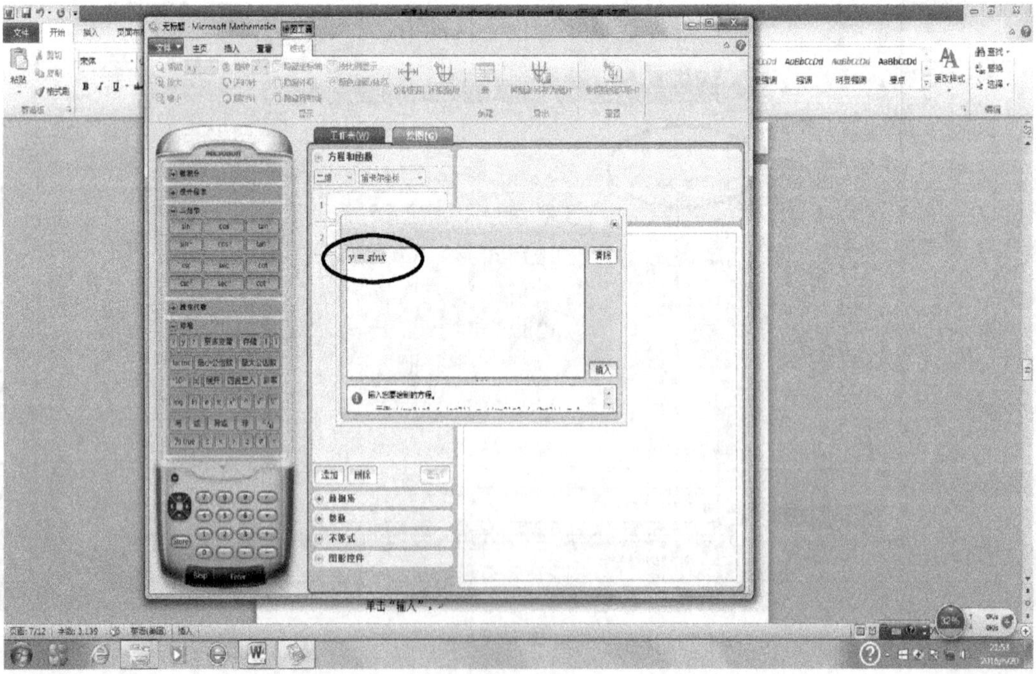

图 8-11

单击“输入”按钮，单击图形，如图 8-12 所示.

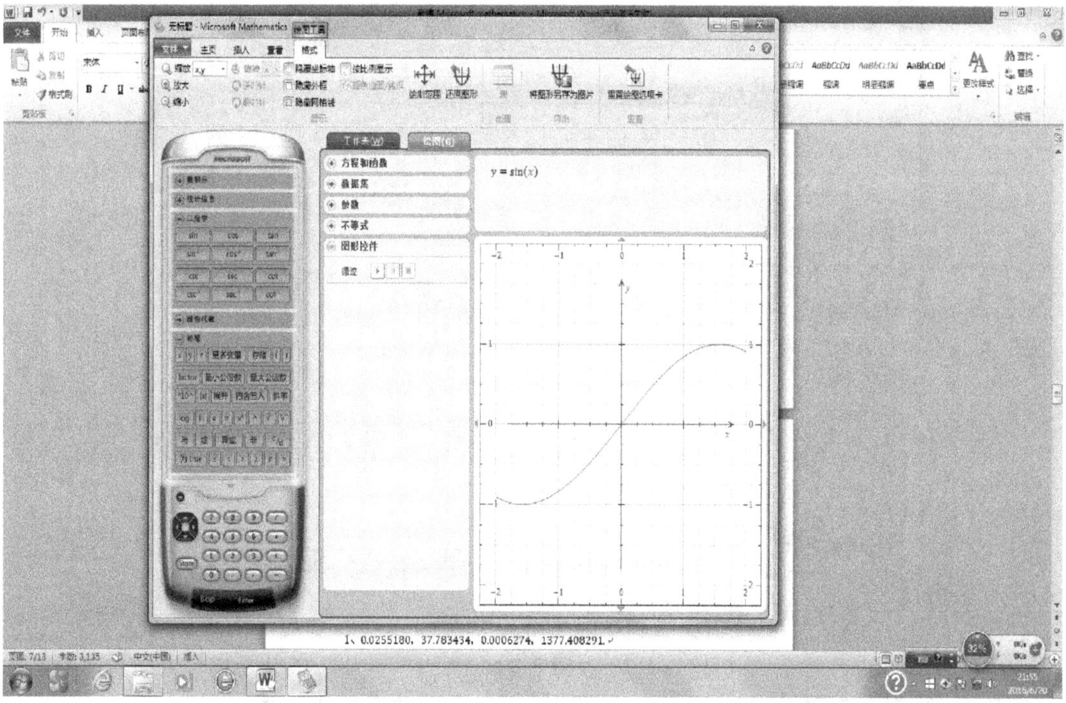

图 8-12

单击“绘制范围”按钮，可以调整函数绘制区间，如图 8-13、图 8-14 所示.

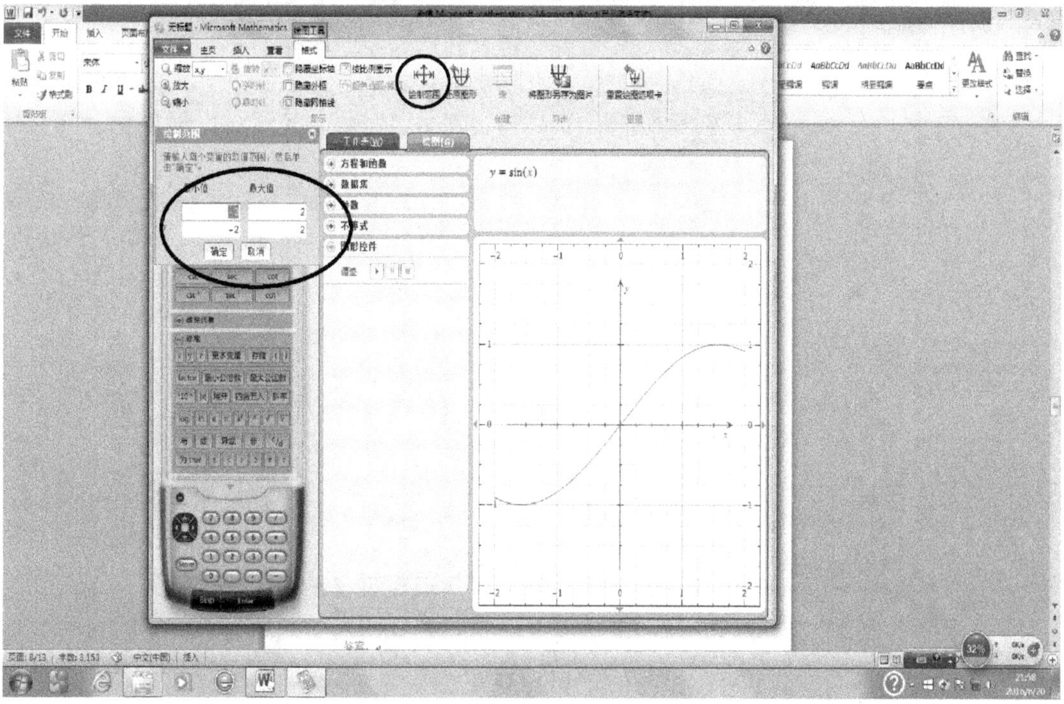

图 8-13

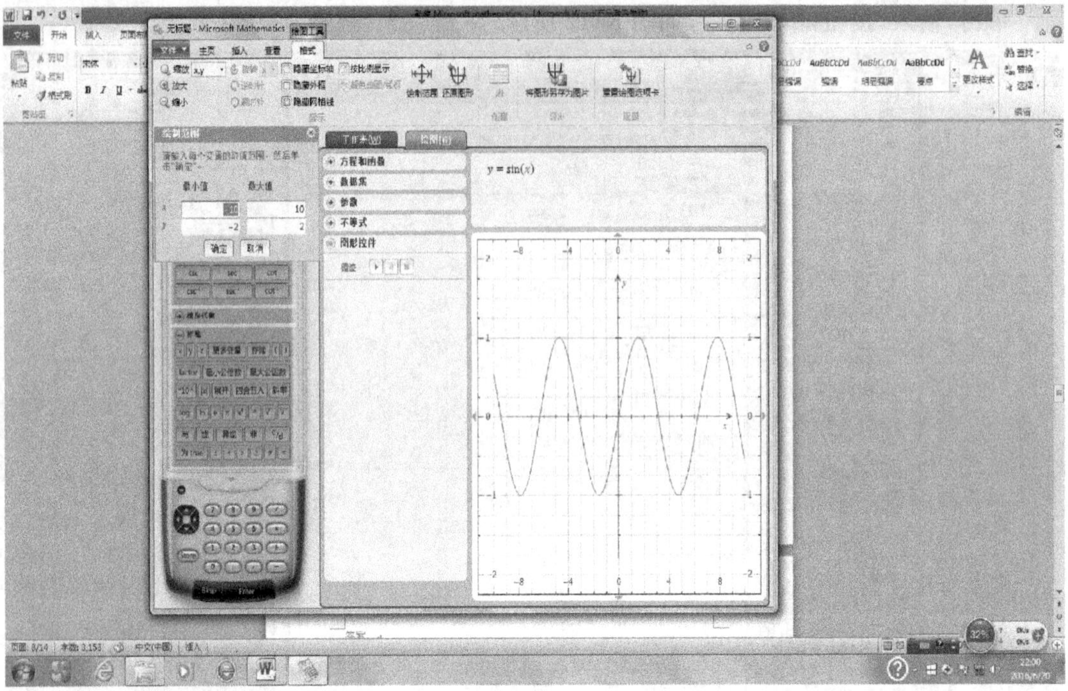

图 8-14

例 4　绘制含参数函数 $y=kx+b$ 的图形，观察图形动态变化过程.

单击“绘图工具”选项卡，如图 8-15 所示.

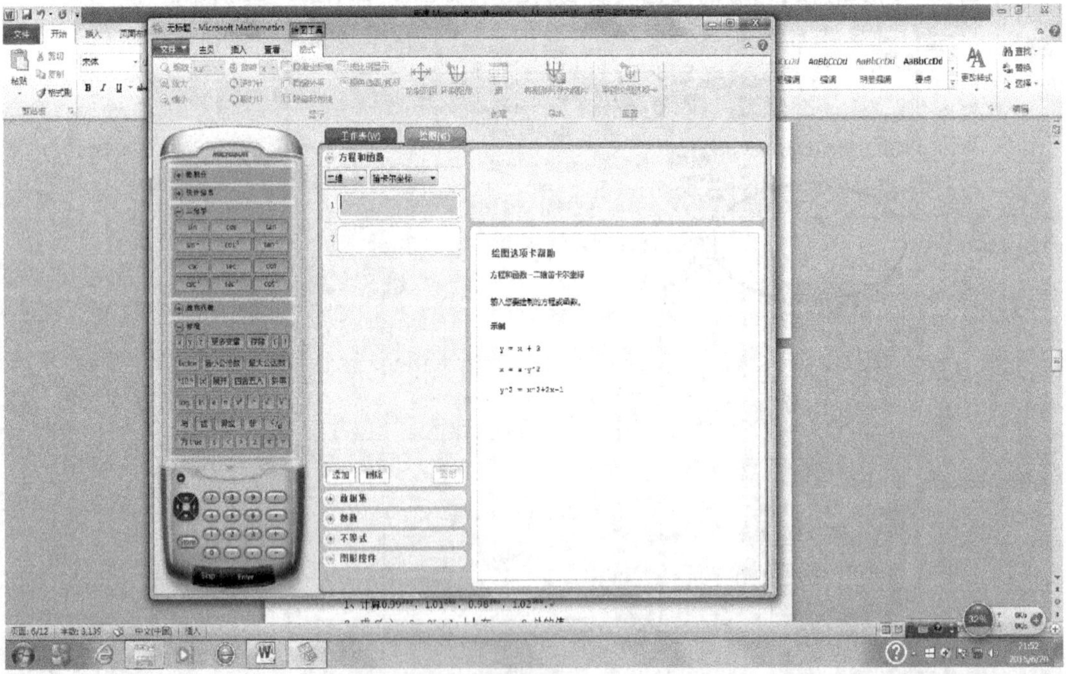

图 8-15

单击该部分中的第一个框，将打开一个输入框，输入函数 $y=kx+b$，如图 8-16 所示.

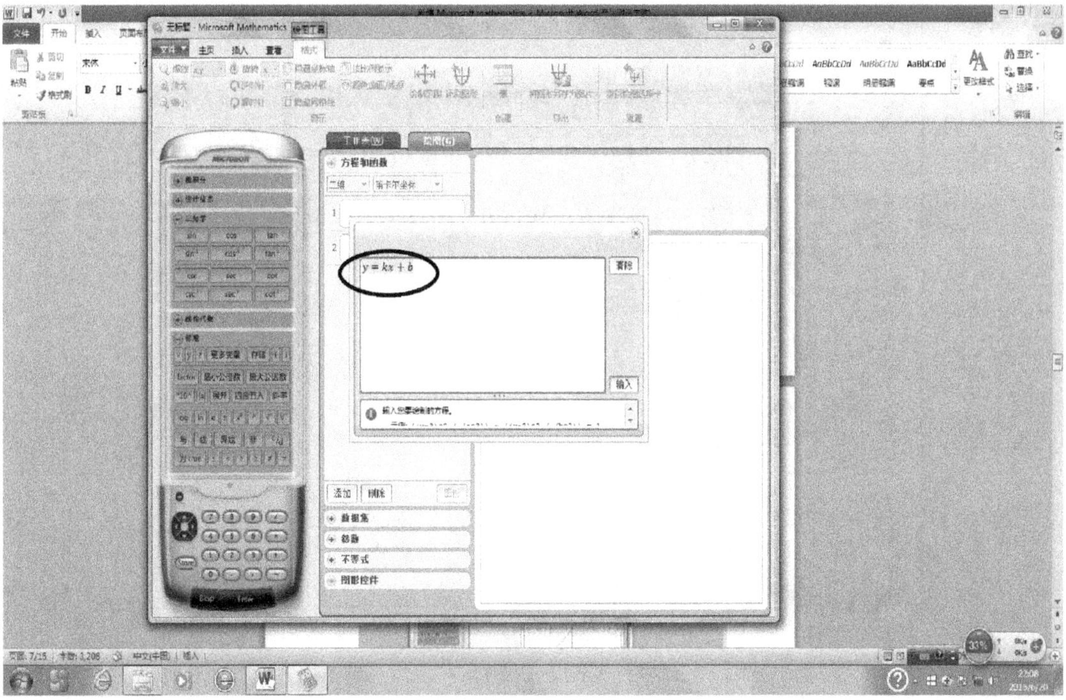

图 8-16

单击“输入”按钮，单击“图形”，如图 8-17 所示.

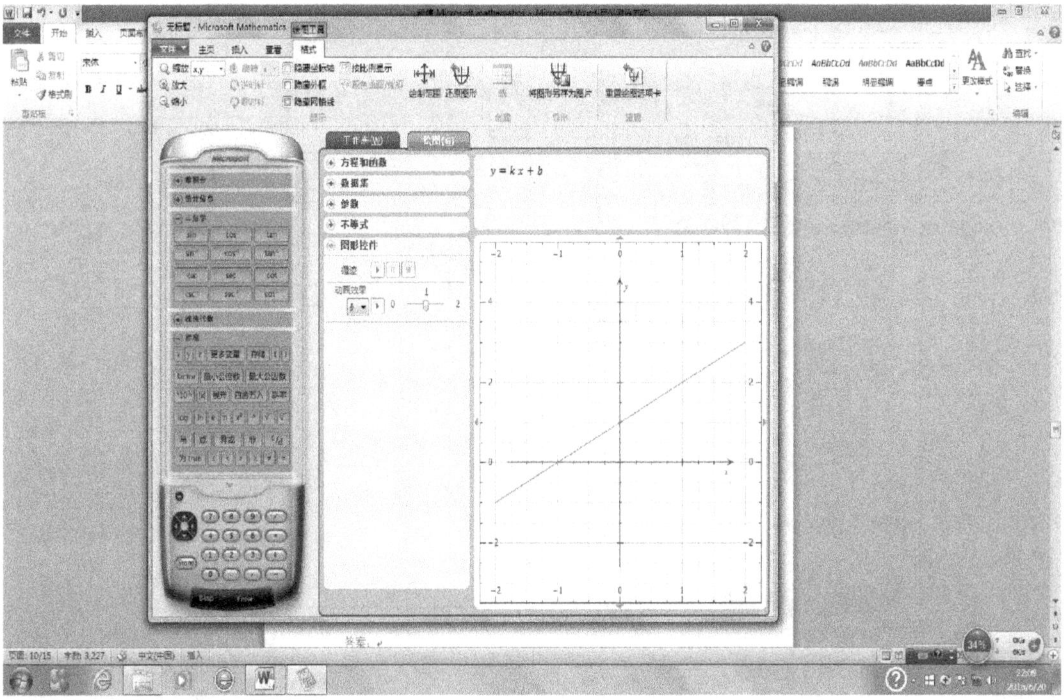

图 8-17

单击右侧“动画效果”可以观看参数的动画演示,如图 8-18 所示.

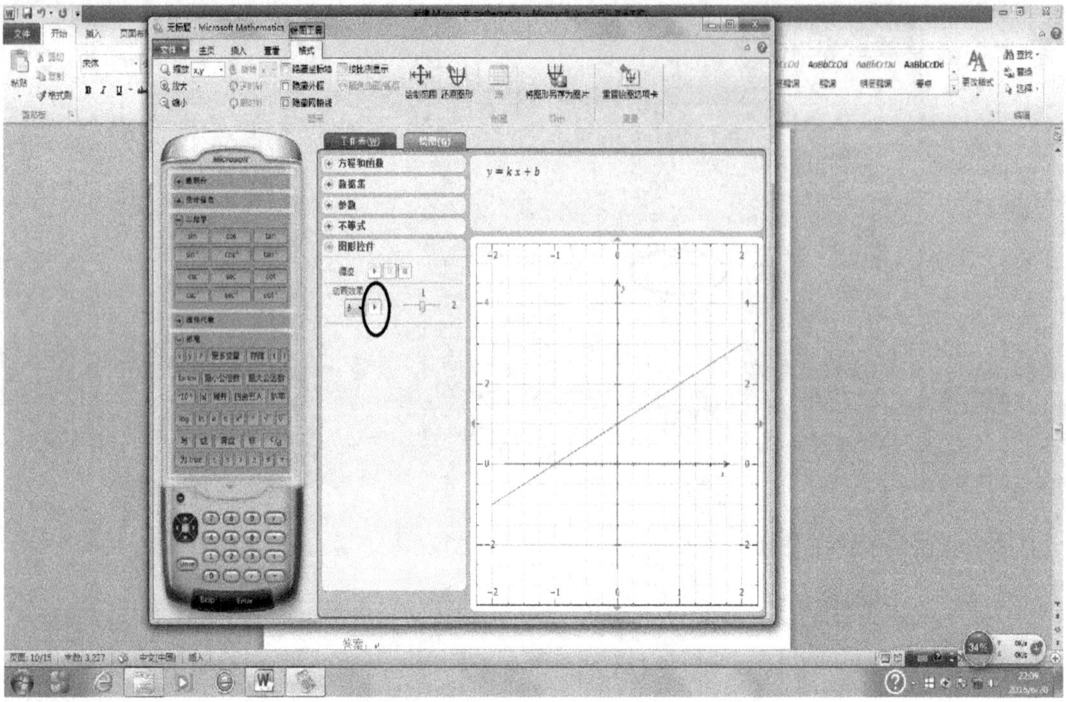

图 8-18

选定数字可以修改参数的取值范围,如图 8-19 所示.

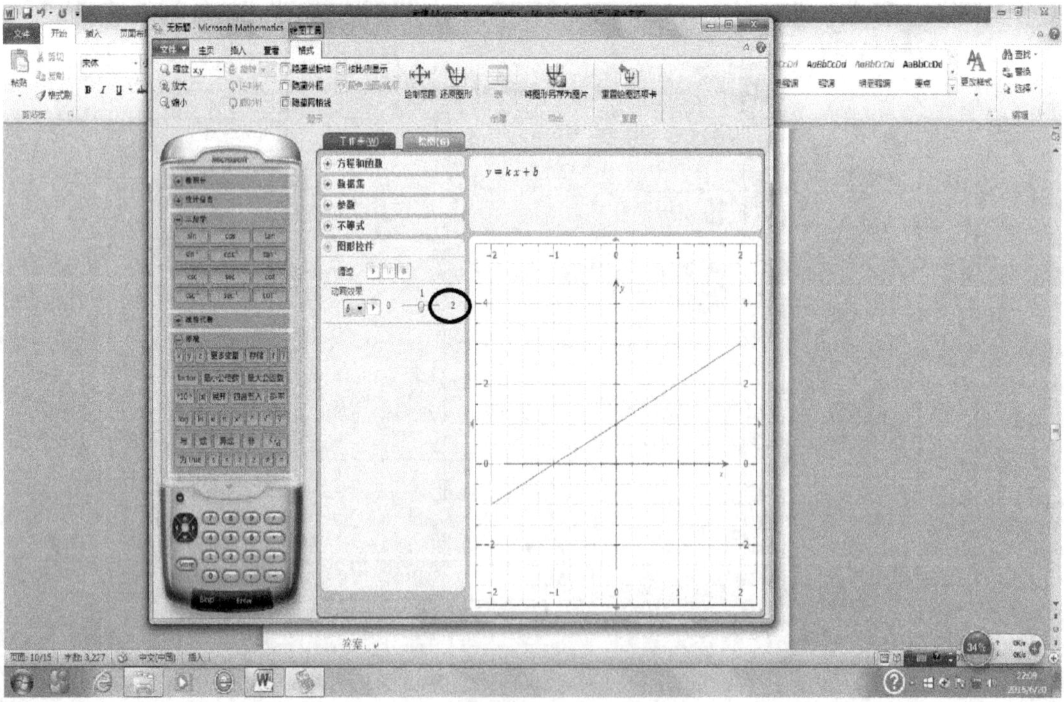

图 8-19

单击下拉菜单可以选择参数，如图 8-20 所示.

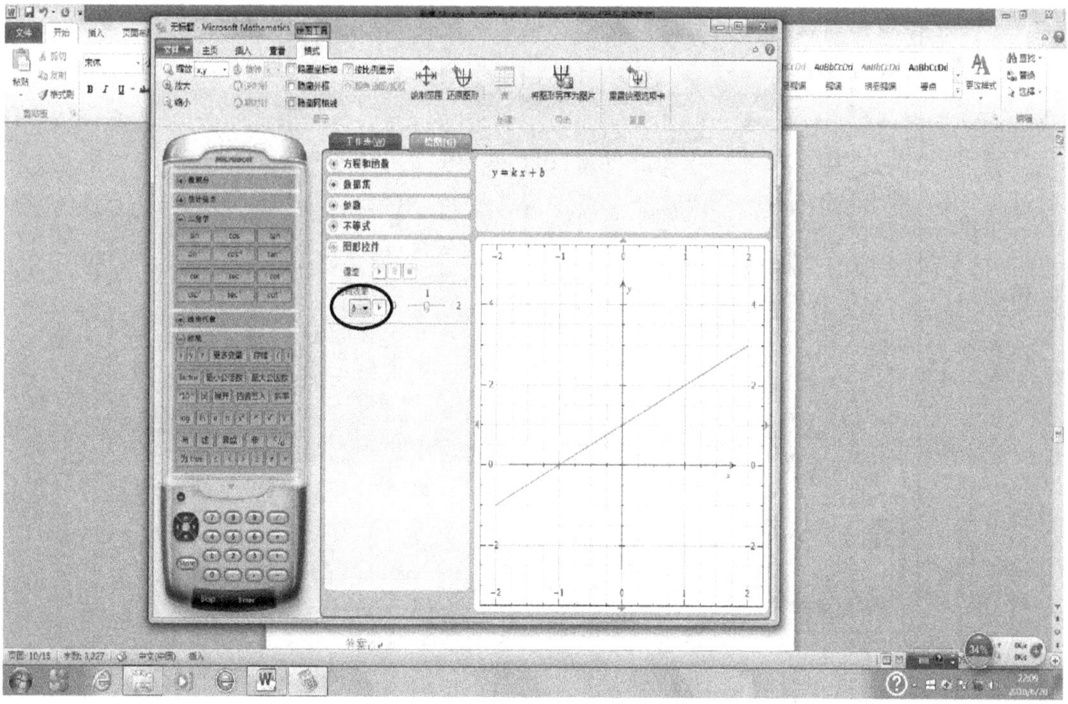

图 8-20

同步训练 8.1

1. 计算 0.99^{365}，1.01^{365}，0.98^{365}，1.02^{365}.
2. 求 $f(x)=2-3^x\ln|x|$ 在 $x=-2$ 处的值.
3. 从基本初等函数中任选一种绘制出它的图形.
4. 作出函数 $y=\sin ax$ 的图形，并观察随参数 a 变化的动态演示图.

8.2　Microsoft Mathematics 在微积分计算中的应用

8.2.1 利用 Microsoft Mathematics 求极限

例 1　求极限 $\lim\limits_{x\to 0}\dfrac{1-\cos x}{\dfrac{x^2}{2}}$.

单击工作表左侧的“微积分”按钮,如图 8-21 所示.

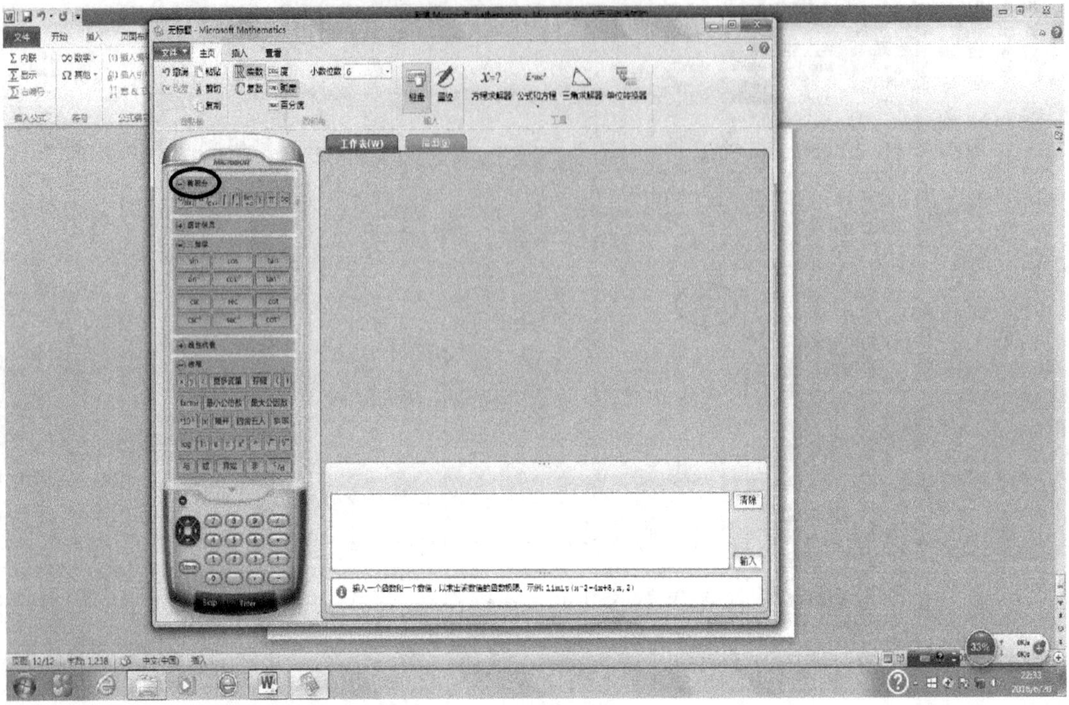

图 8-21

单击“求极限”按钮,如图 8-22 所示.

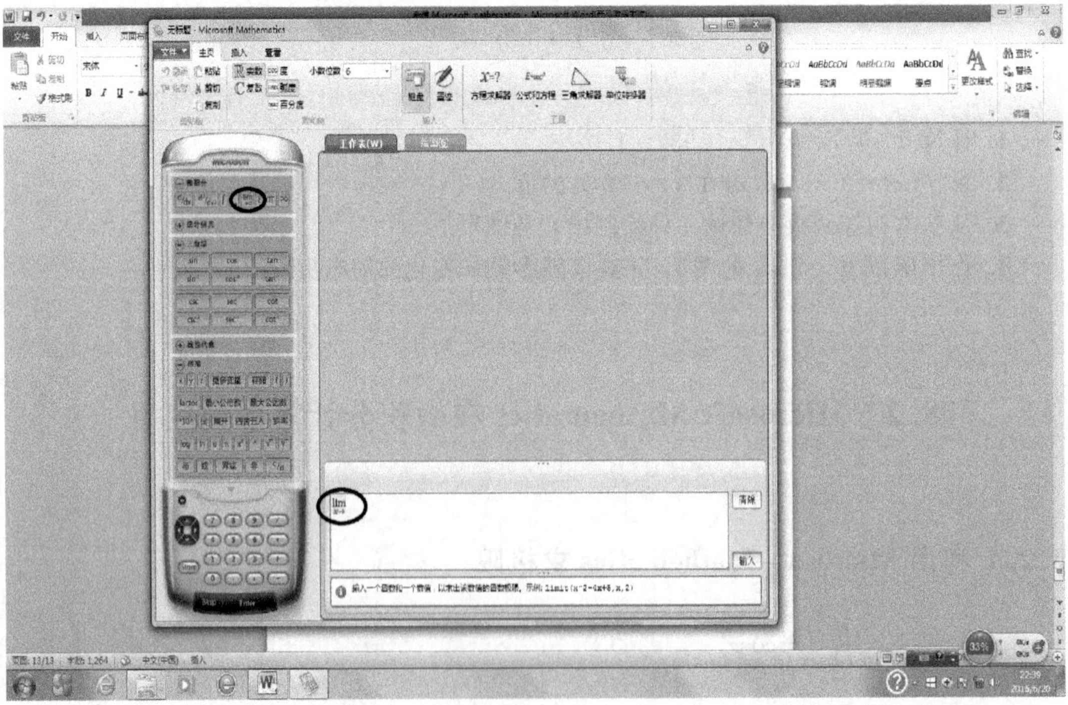

图 8-22

输入求极限的表达式，如图 8-23 所示.

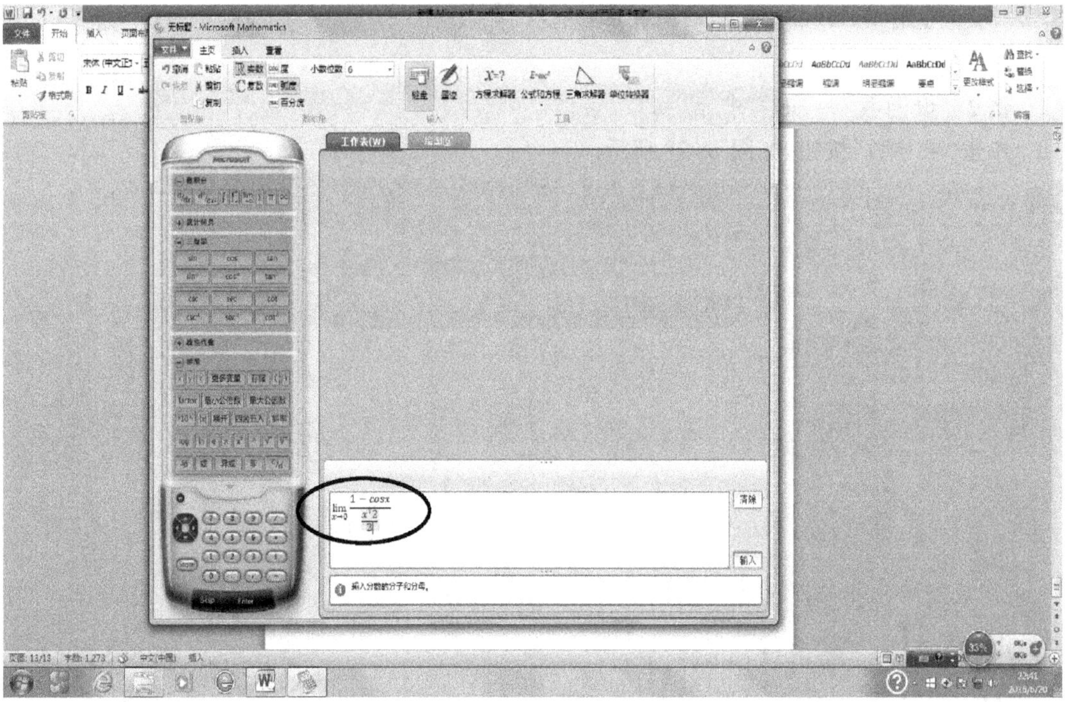

图 8-23

单击“输入”按钮，得到结果，如图 8-24 所示.

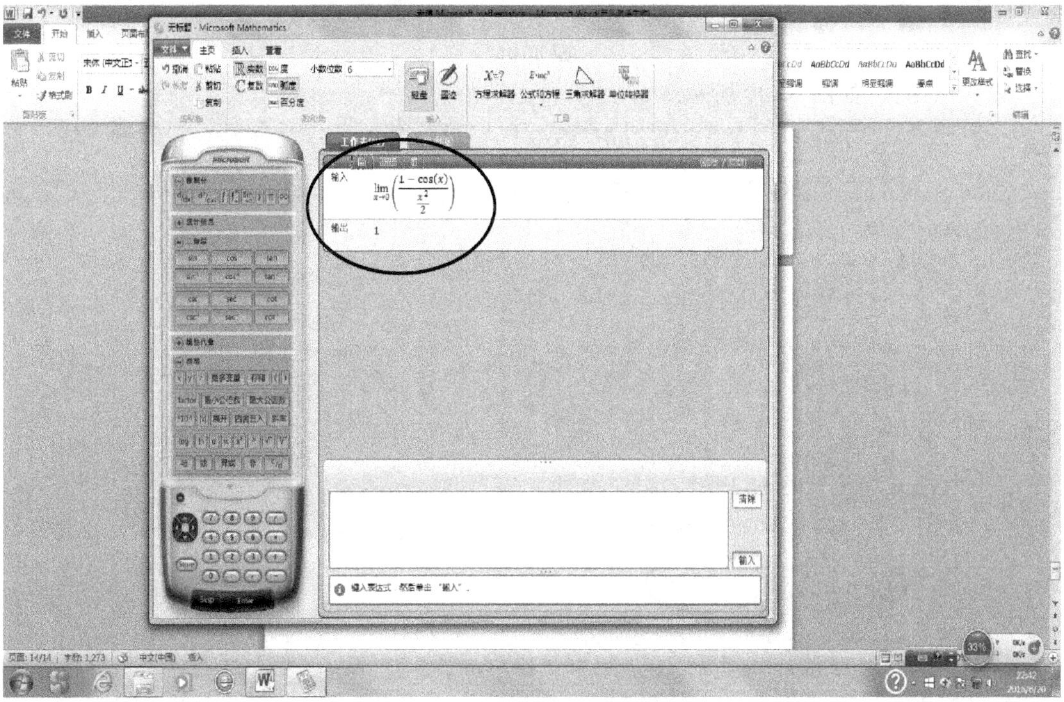

图 8-24

8.2.2 利用 Microsoft Mathematics 求导数

例 2 设函数 $y=xe^{x^2}$，求 y'，$y'|_{x=3}$.

单击“求导数”按钮，如图 8-25 所示.

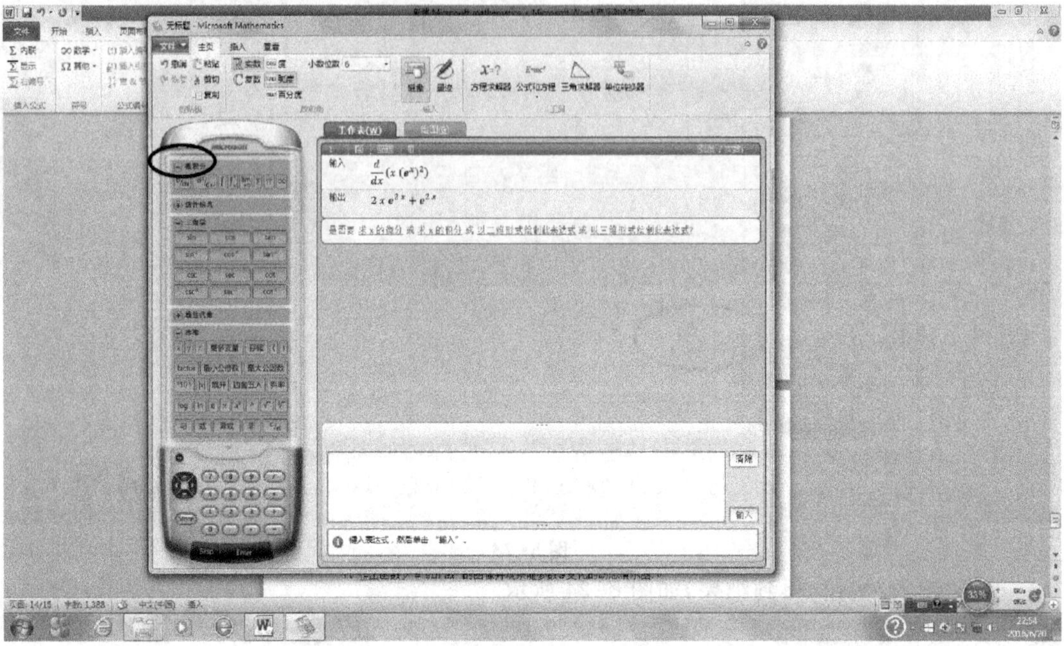

图 8-25

输入原函数，如图 8-26 所示.

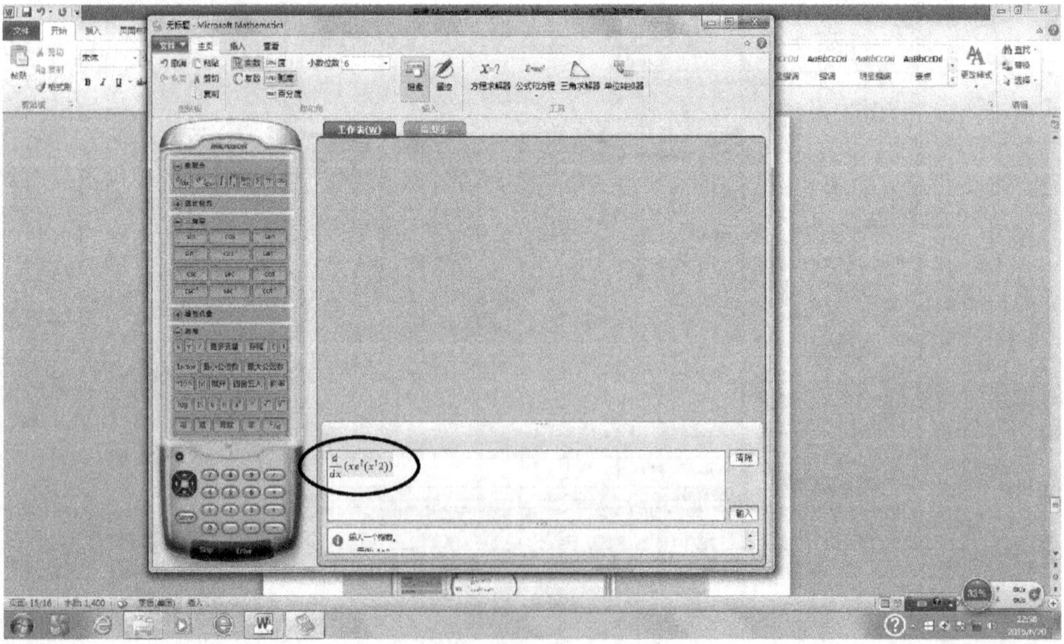

图 8-26

单击“输入”按钮，得到结果，如图 8-27 所示.

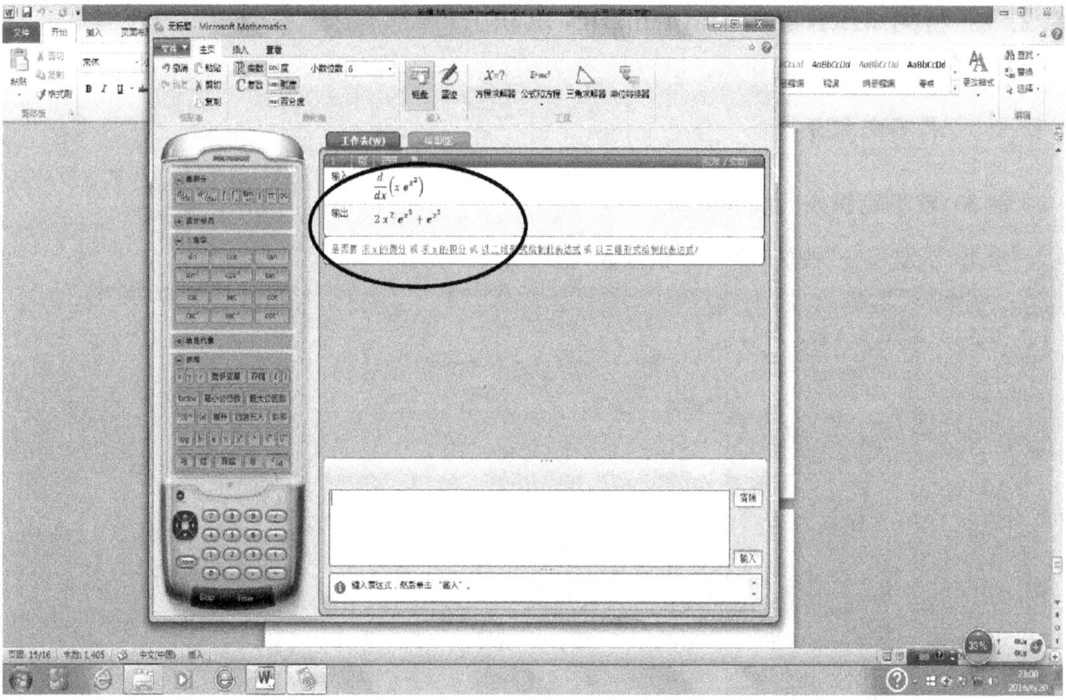

图 8-27

求在 $x=3$ 处的导数值，需要先给 x 赋值，再求导，求值，如图 8-28 所示.

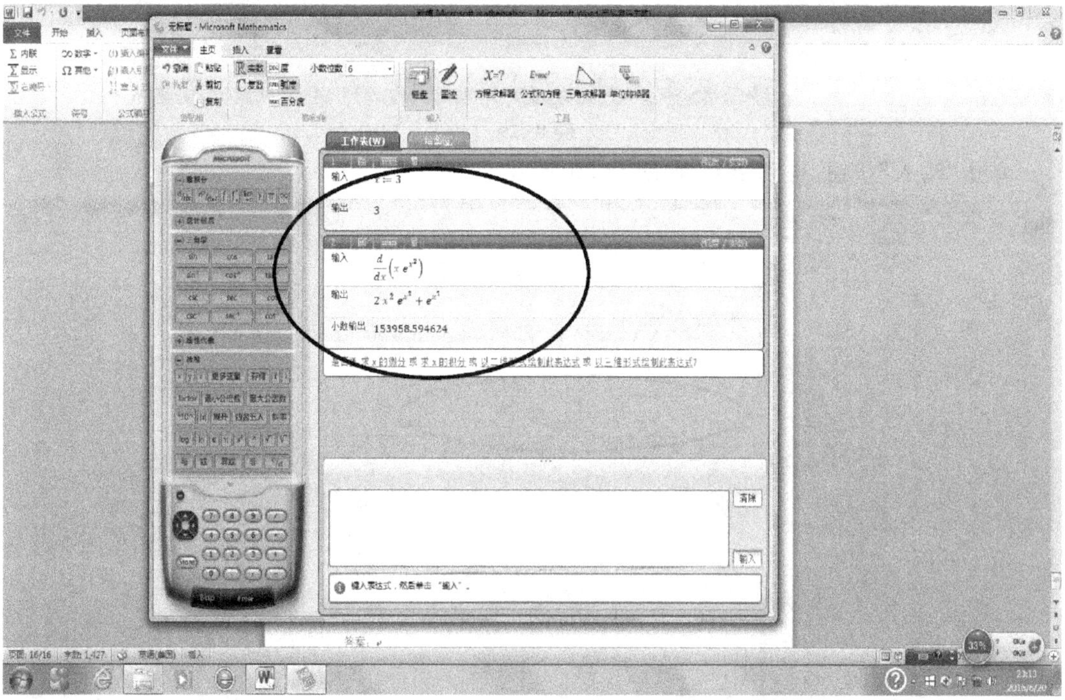

图 8-28

8.2.3 利用 Microsoft Mathematics 求积分

一、求不定积分

例 3 求不定积分 $\int e^x \sin^2 x \mathrm{d}x$.

单击"不定积分"按钮,输入被积函数,如图 8-29 所示.

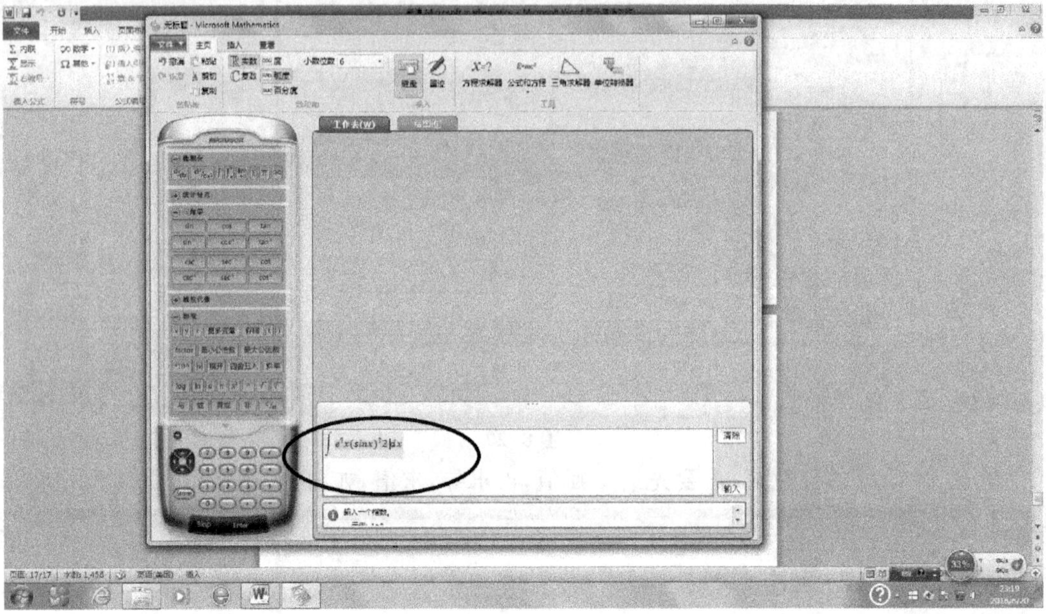

图 8-29

单击"输入"按钮,得到结果,如图 8-30 所示.

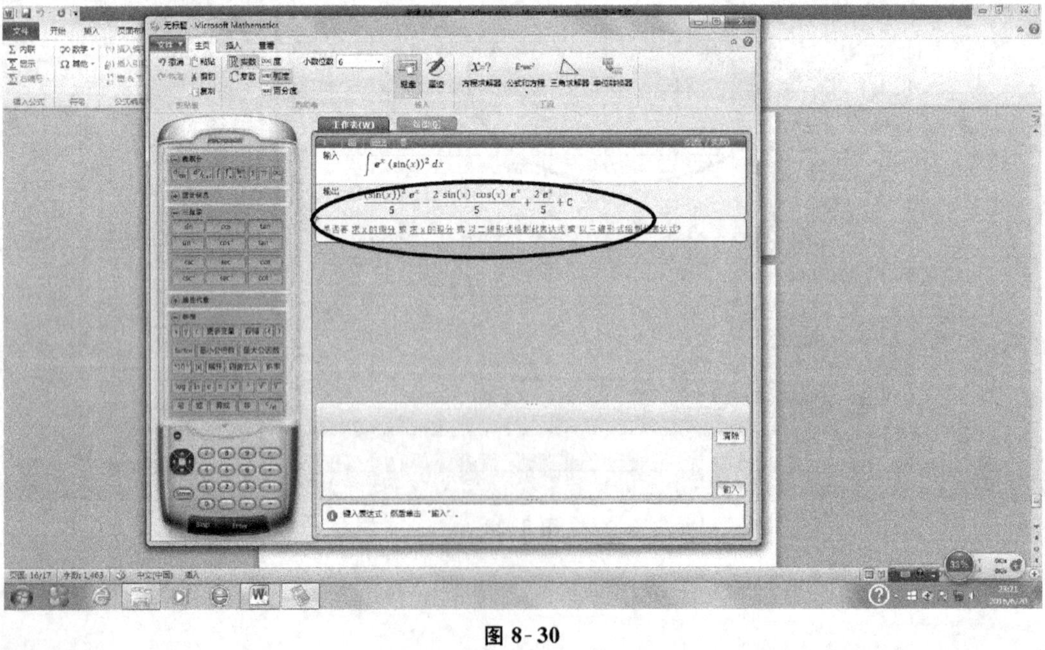

图 8-30

二、求定积分

例 4　求定积分 $\int_0^1 \sqrt{1-x^2}\,\mathrm{d}x$.

单击“定积分”按钮，输入被积函数及积分上下限，单击“输入”按钮，得到结果，如图 8-31所示.

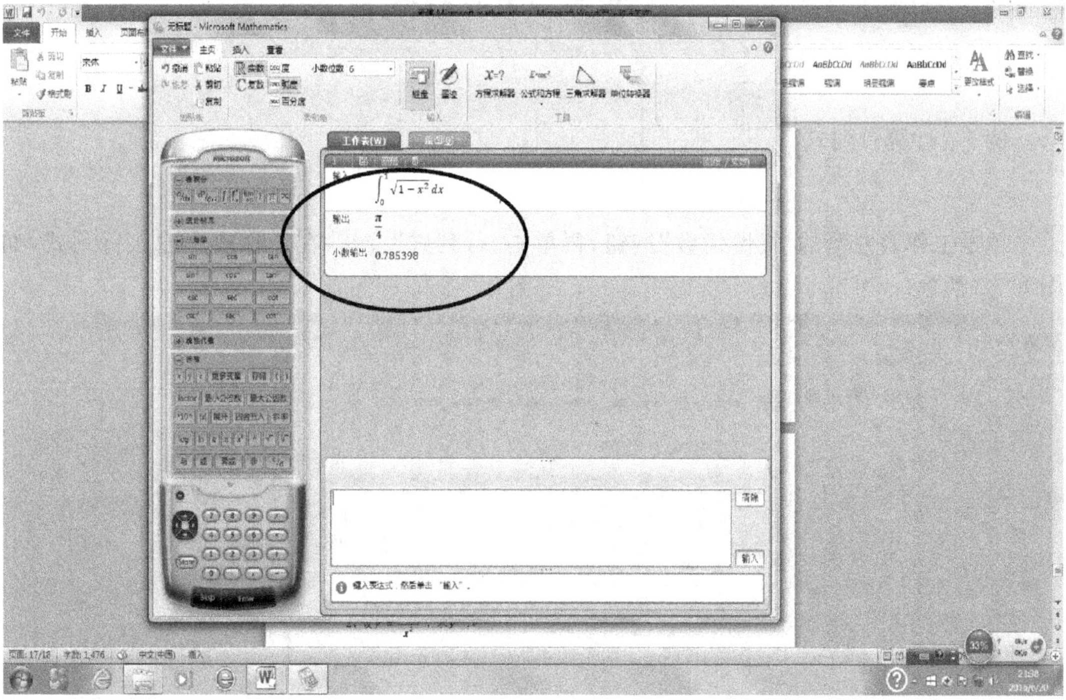

图 8-31

同步训练 8.2

1. 求极限 $\lim\limits_{x\to 2}\dfrac{x-2}{x^2-4}$.

2. 设 $y=\dfrac{\ln x}{x^2}$，求 y''.

3. 求不定积分 $\int t\ln t\,\mathrm{d}t$.

4. 求定积分 $\int_0^{\pi} x\sin x\,\mathrm{d}x$.

8.3 Microsoft Mathematics 在线性代数计算中的应用

8.3.1 利用 Microsoft Mathematics 计算行列式

例 1 计算行列式 $\begin{vmatrix} 1 & 2 & 3 & 4 \\ 2 & 3 & 4 & 1 \\ 3 & 4 & 1 & 2 \\ 4 & 1 & 2 & 3 \end{vmatrix}$.

单击工作表左侧的“线性代数”按钮，再单击“行列式”按钮，在工作表中输入行列式，如图 8-32 所示.

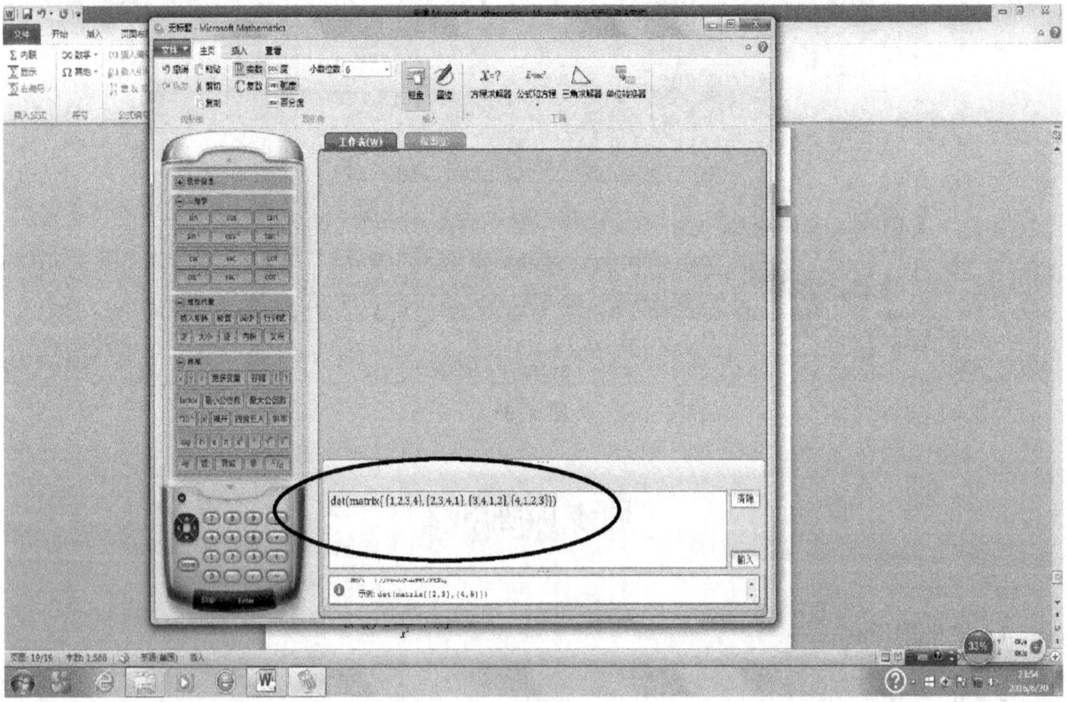

图 8-32

单击“输入”按钮，得到结果，如图 8-33 所示.

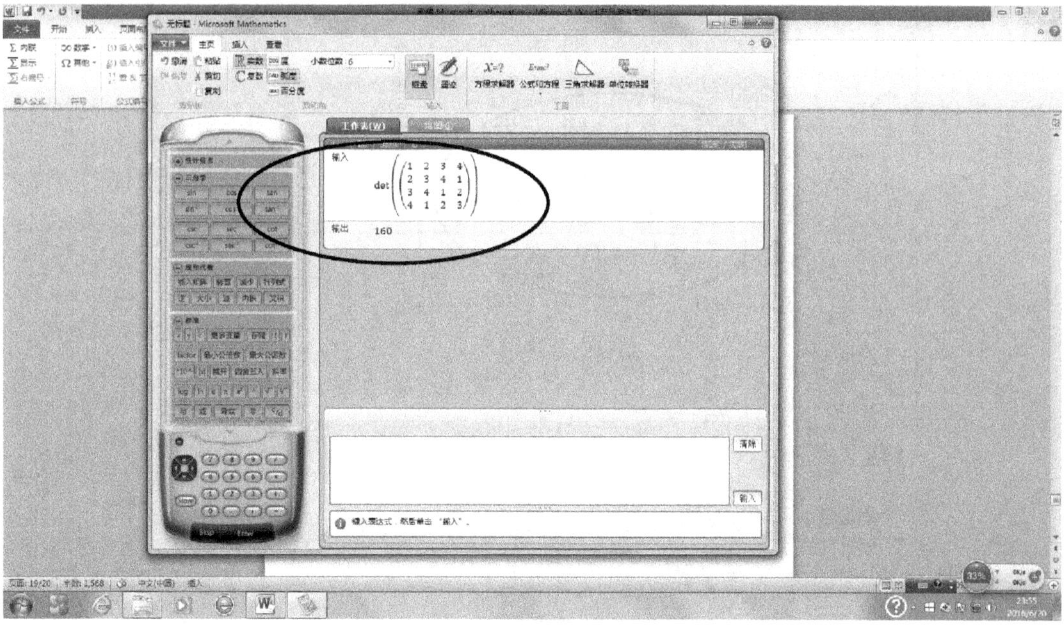

图 8-33

8.3.2　利用 Microsoft Mathematics 求矩阵的转置矩阵

例 2　求矩阵 $\begin{pmatrix} 1 & 2 & 3 \\ 4 & 5 & 6 \\ 7 & 8 & 9 \end{pmatrix}$ 的转置矩阵.

单击工作表左侧的“转置”按钮，在工作区输入已知矩阵，如图 8-34 所示.

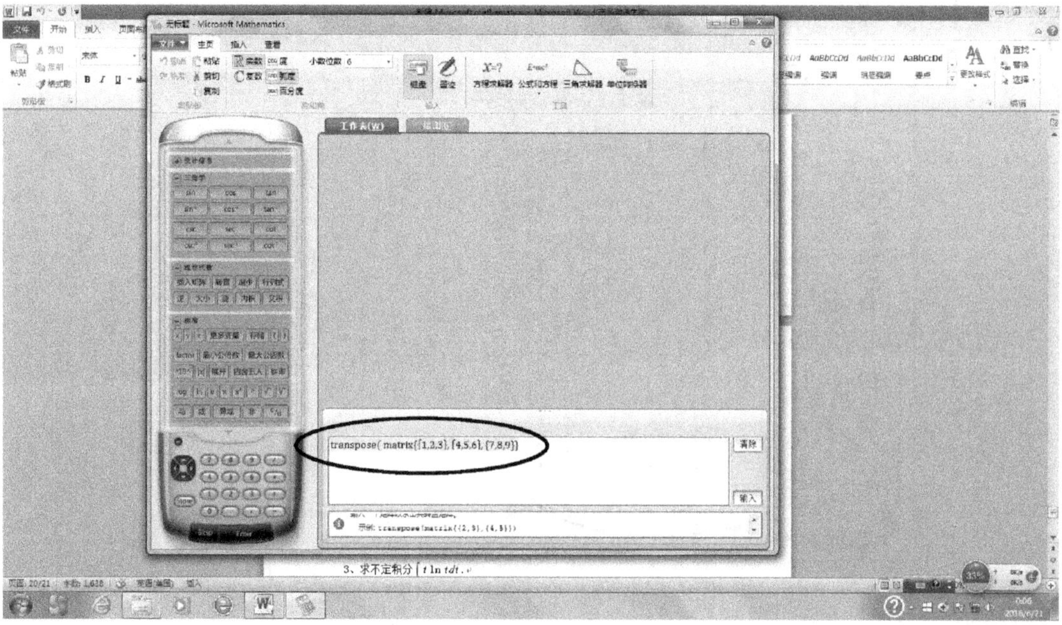

图 8-34

单击“输入”按钮,得到结果,如图 8-35 所示.

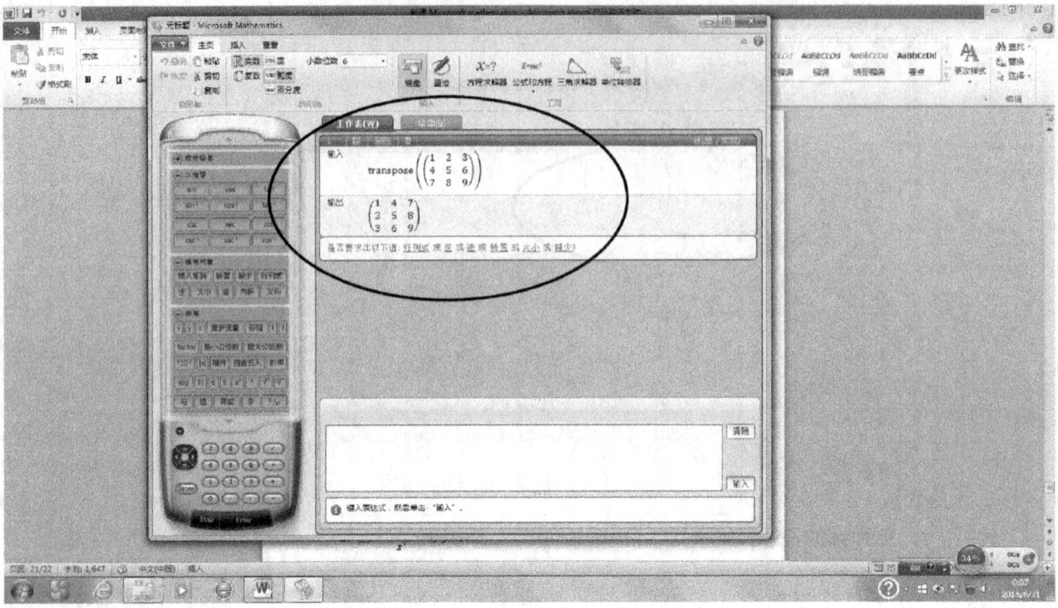

图 8-35

8.3.3 利用 Microsoft Mathematics 求矩阵的逆矩阵

例 3 求矩阵$\begin{pmatrix} 1 & -4 & -3 \\ 1 & -5 & -3 \\ -1 & 6 & 4 \end{pmatrix}$的逆矩阵.

单击工作表左侧的“求逆”按钮,再单击“插入矩阵”按钮(输入矩阵的另一种方法),输入矩阵,如图 8-36 所示.

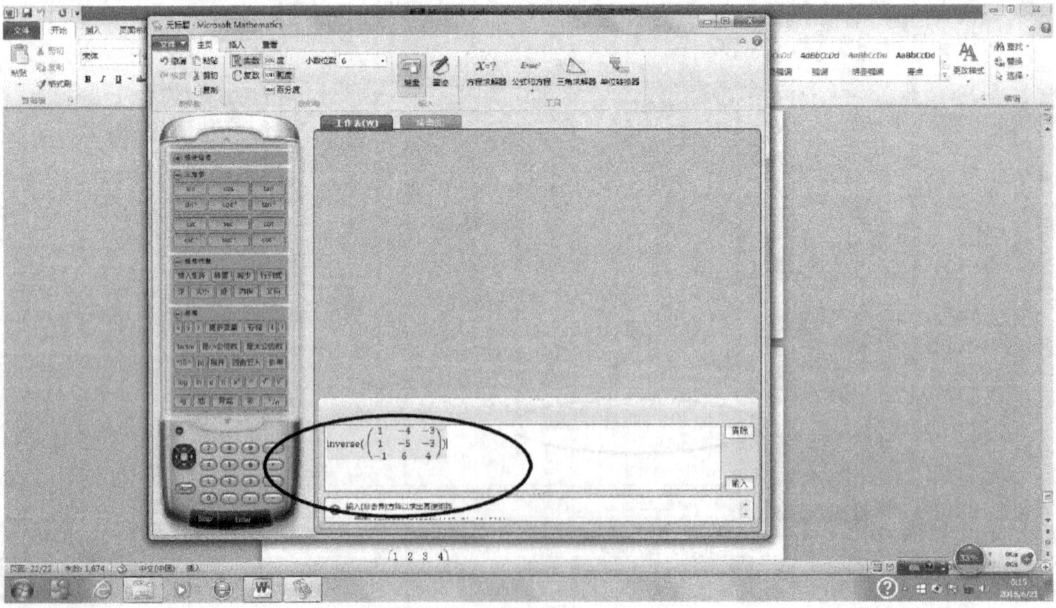

图 8-36

单击“输入”按钮，得到结果，如图 8-37 所示.

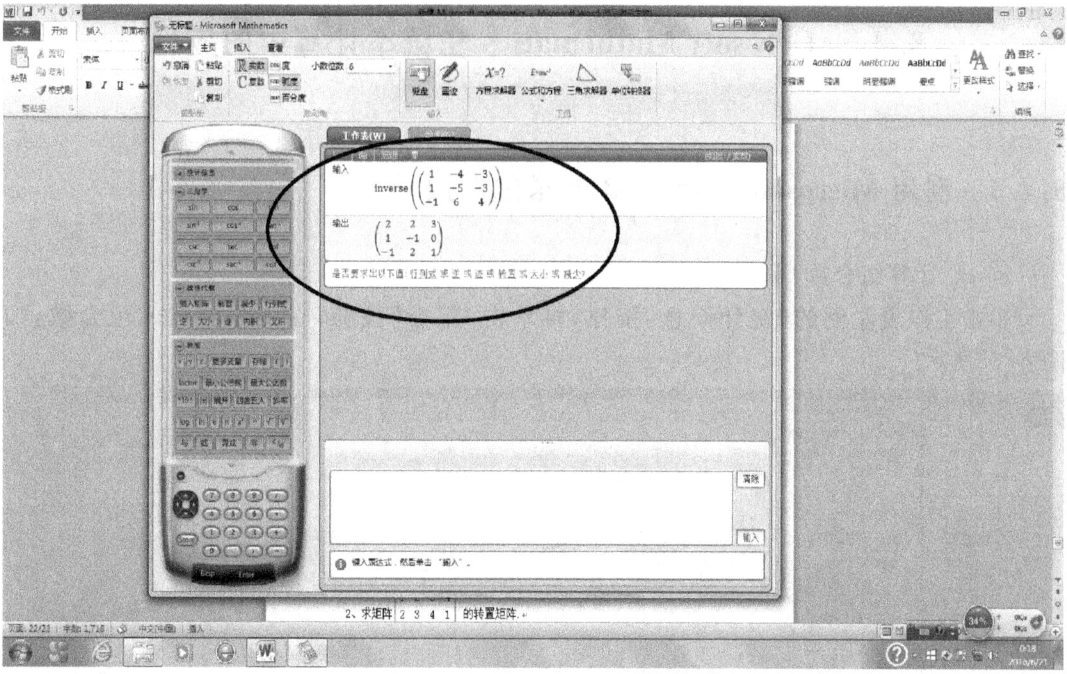

图 8-37

同步训练 8.3

1. 计算行列式 $\begin{vmatrix} 1 & 1 & 1 & 1 \\ 1 & 2 & 3 & 4 \\ 1 & 4 & 9 & 16 \\ 1 & 8 & 27 & 64 \end{vmatrix}$.

2. 求矩阵 $\begin{pmatrix} 1 & 2 & 3 & 4 \\ 2 & 3 & 4 & 1 \\ 3 & 4 & 1 & 2 \end{pmatrix}$ 的转置矩阵.

3. 求矩阵 $\begin{pmatrix} 1 & 0 & -1 \\ 2 & 1 & 0 \\ -3 & 2 & -5 \end{pmatrix}$ 的逆矩阵.

8.4 Microsoft Mathematics 在概率计算中的应用

8.4.1 利用 Microsoft Mathematics 求组合数.

例 1 计算组合数 C_4^2.

单击工作表左侧的“统计信息”按钮，再单击“组合”按钮，在工作区输入组合数，如图 8-38所示.

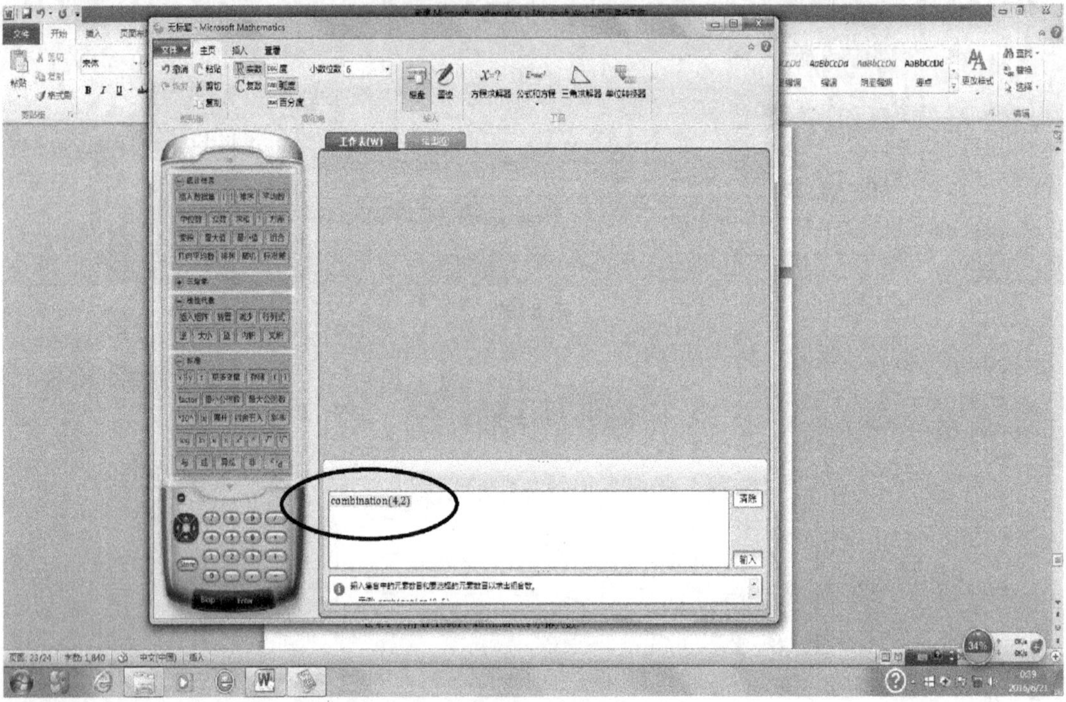

图 8-38

单击“输入”按钮，得到结果，如图 8-39 所示.

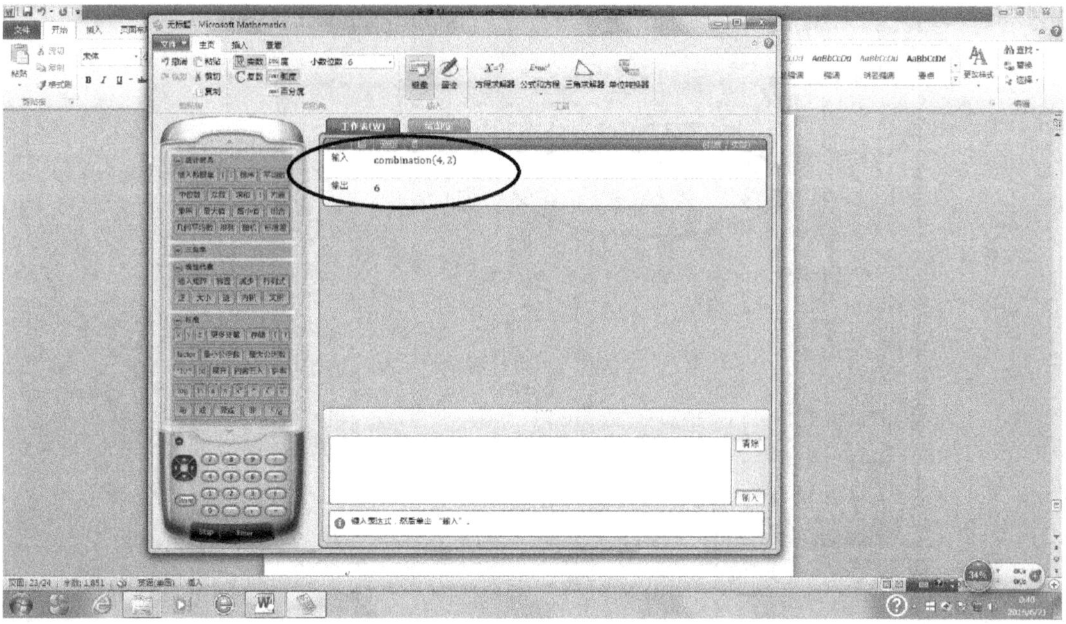

图 8-39

8.4.2　利用 Microsoft Mathematics 求排列数.

例 2　计算排列数 A_4^2.

单击工作表左侧的“统计信息”按钮，再单击“排列”按钮，在工作区输入排列数，如图 8-40所示.

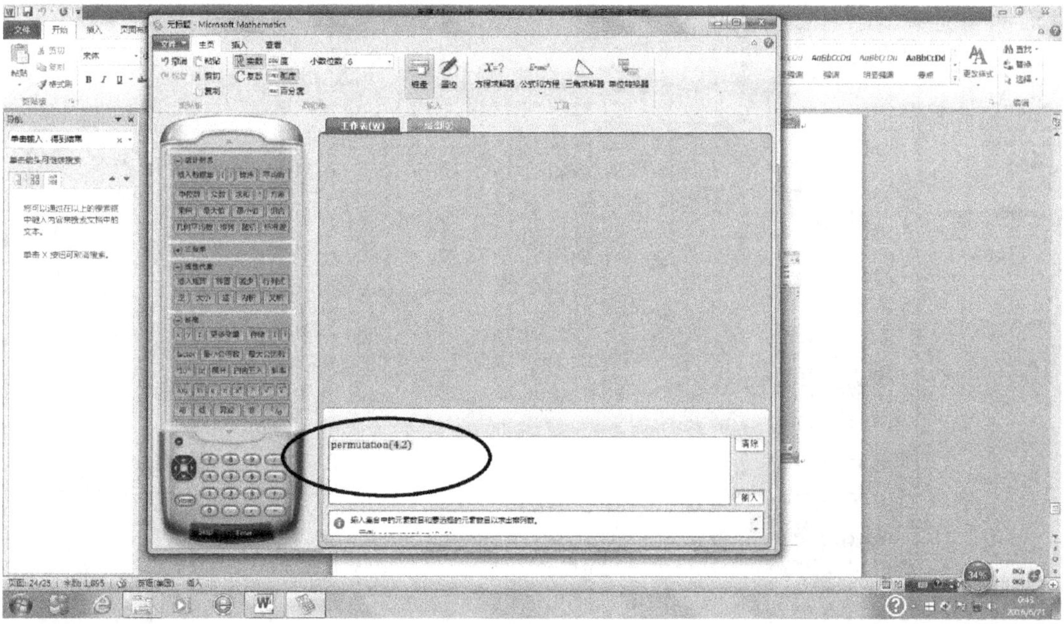

图 8-40

单击“输入”按钮，得到结果，如图 8-41 所示.

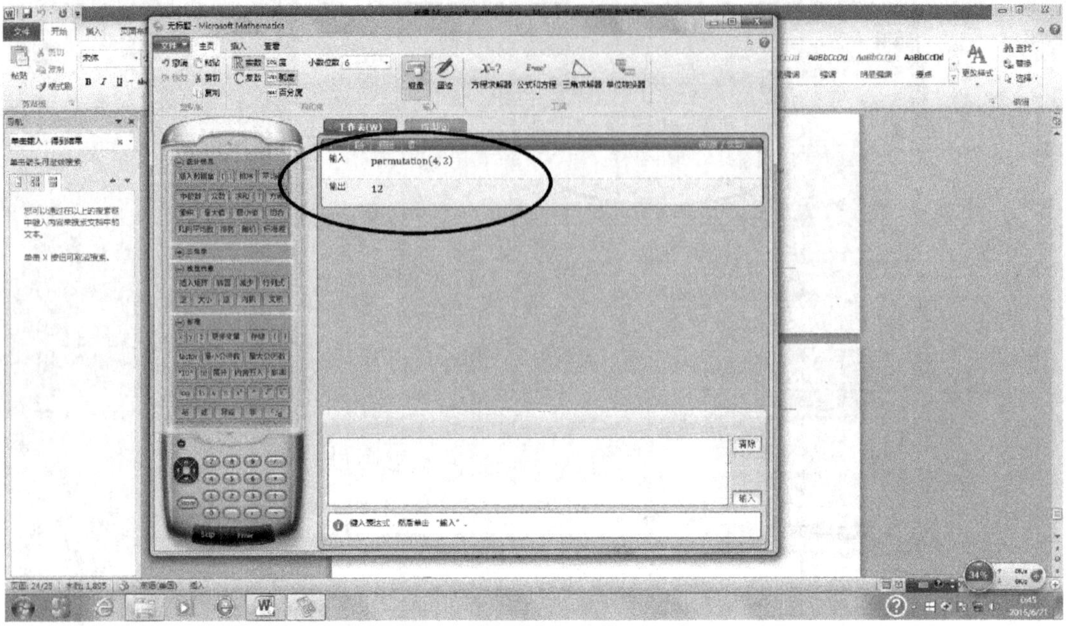

图 8-41

8.4.3 利用 Microsoft Mathematics 求阶乘

例 3 计算阶乘 10!.

单击工作表左侧的“统计信息”按钮，再单击“阶乘”按钮，在工作区输入阶乘，如图 8-42 所示.

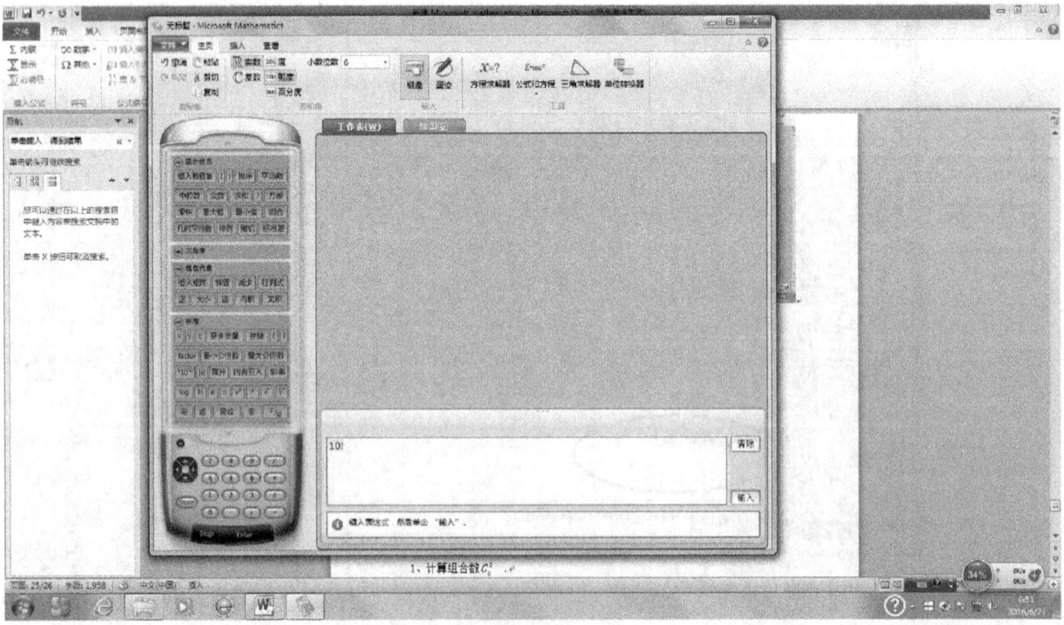

图 8-42

单击"输入"按钮，得到结果，如图 8-43 所示.

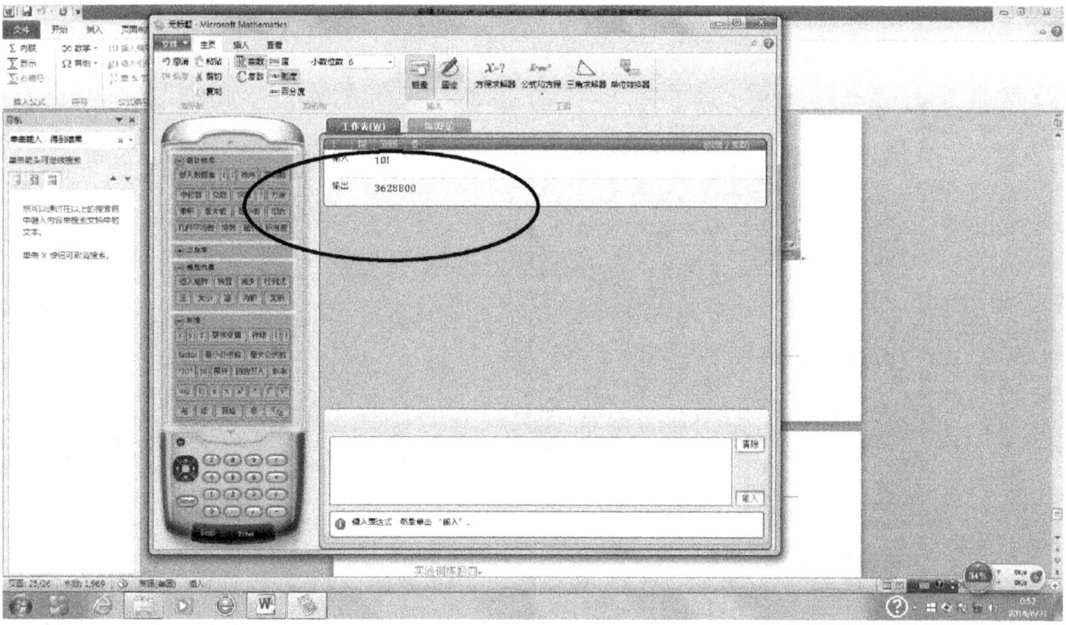

图 8-43

8.4.4　利用 Microsoft Mathematics 求几个数的方差、标准差

例 4　计算 13，23，45 三个数的方差、标准差.

单击工作表左侧的"统计信息"按钮，再单击"方差"按钮，在工作区输入这三个数，如图 8-44所示.

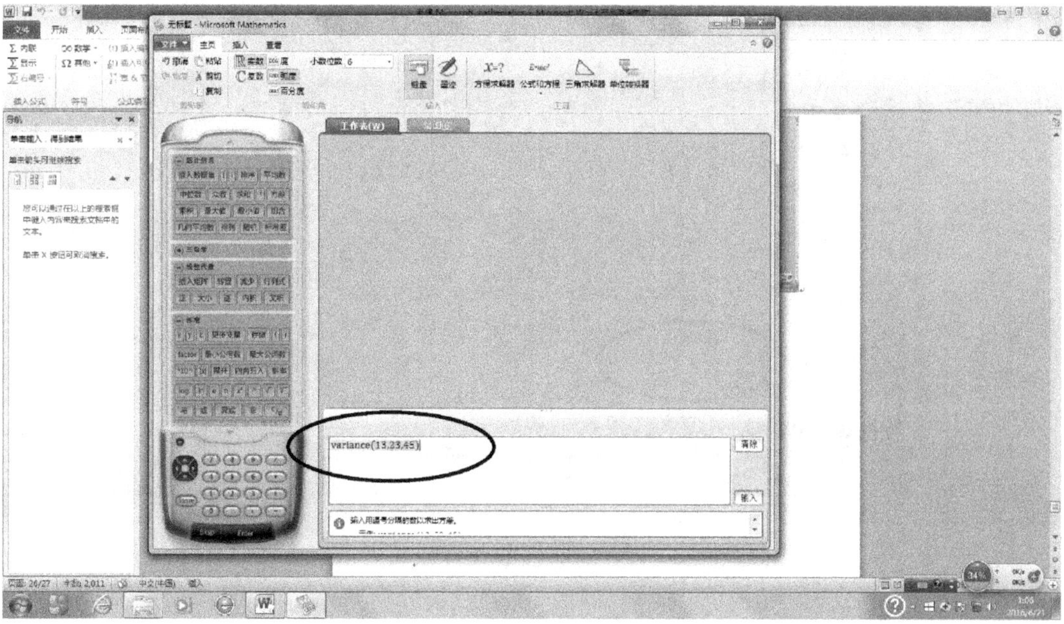

图 8-44

单击“输入”按钮,得到结果,如图 8-45 所示.

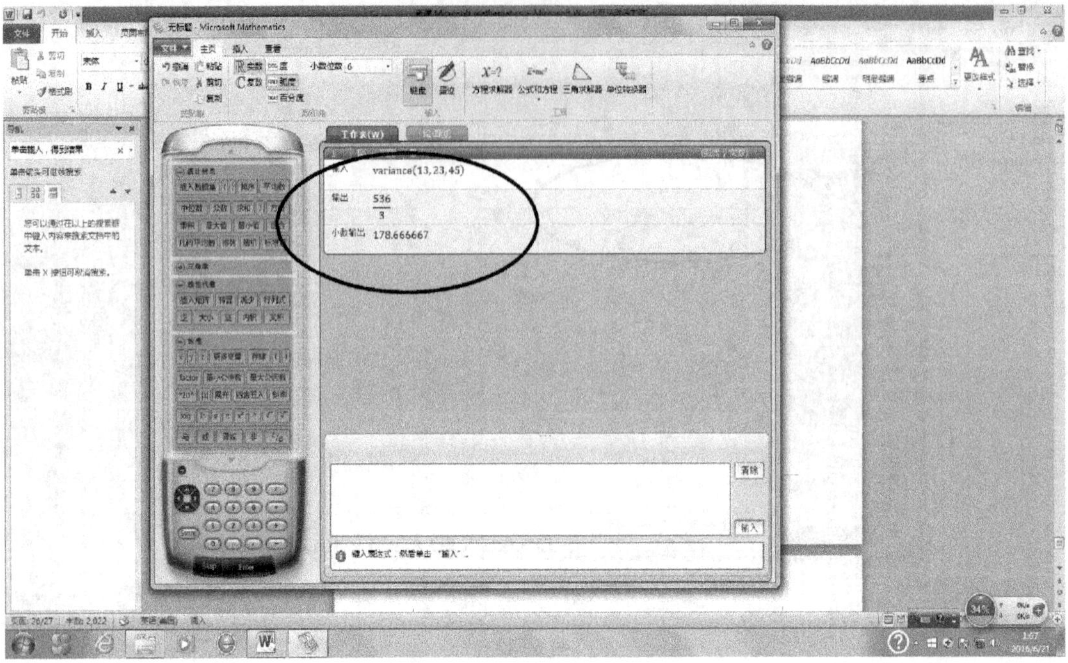

图 8-45

单击工作表左侧的“统计信息”按钮,再单击“标准差”按钮,在工作区输入这三个数,如图 8-46 所示.

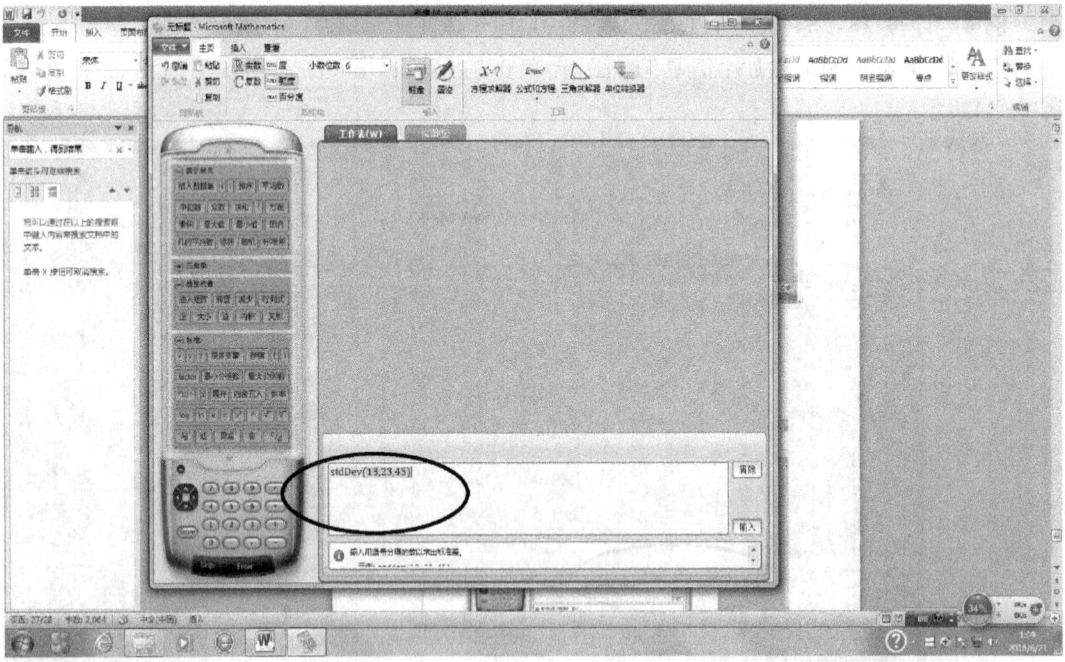

图 8-46

单击“输入”按钮，得到结果，如图 8-47 所示.

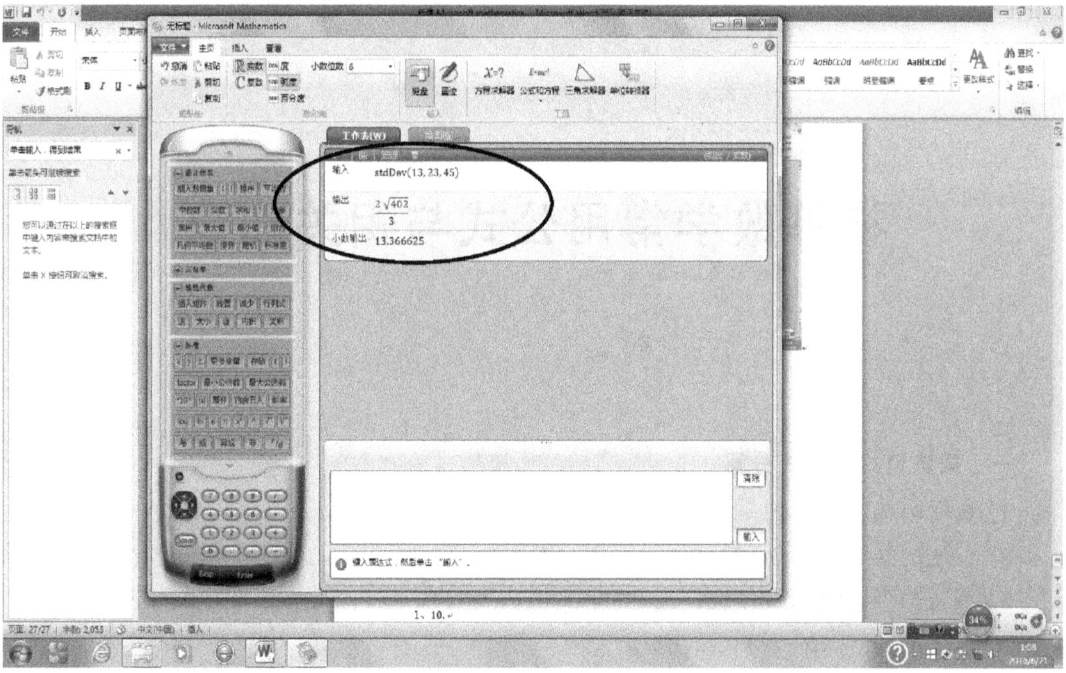

图 8-47

同步训练 8.4

1. 计算组合数 C_5^2.

2. 计算排列数 A_5^2.

3. 计算阶乘 100!.

4. 计算 12，25，33，45 四个数的方差、标准差.

附录1

初等数学常用公式与相关知识

一、乘法公式与因式分解

1. $(a+b)(a-b)=a^2-b^2$.

2. $(a\pm b)^2=a^2\pm 2ab+b^2$.

3. $(a\pm b)^3=a^3\pm 3a^2b+3ab^2\pm b^3$.

4. $(a\pm b)(a^2\mp ab+b^2)=a^3\pm b^3$.

二、一元二次方程

1. 一般形式

$ax^2+bx+c=0(a\neq 0)$.

2. 根的判别式

$\Delta=b^2-4ac$.

(1) 当 $\Delta>0$ 时,方程有两个不等的实根;

(2) 当 $\Delta=0$ 时,方程有两个相等的实根;

(3) 当 $\Delta<0$ 时,方程无实根(有两个共轭复数根).

3. 求根公式

$$x_{1,2}=\frac{-b\pm\sqrt{b^2-4ac}}{2a}.$$

4. 根与系数的关系

$$x_1+x_2=-\frac{b}{a},x_1\cdot x_2=\frac{c}{a}.$$

三、不等式与不等式组

1. 一元一次不等式的解集

若 $ax+b>0$,且 $a>0$,则 $x>-\frac{b}{a}$;

若 $ax+b>0$,且 $a<0$,则 $x<-\frac{b}{a}$.

2. 一元一次不等式组的解集

设 $a<b$.

(1) $\begin{cases}x>a,\\x>b\end{cases}\Rightarrow x>b$;

(2) $\begin{cases}x<a,\\x<b\end{cases}\Rightarrow x<a$;

(3) $\begin{cases}x>a,\\x<b\end{cases}\Rightarrow a<x<b$;

(4) $\begin{cases}x<a,\\x>b\end{cases}\Rightarrow$空集.

3. 一元二次不等式的解集

设 x_1,x_2 是一元二次方程 $ax^2+bx+c=0(a\neq0)$ 的两个根，且 $x_1<x_2$，其根的判别式 $\Delta=b^2-4ac$.

类　型	$\Delta>0$	$\Delta=0$	$\Delta<0$
$ax^2+bx+c>0$ $(a>0)$	$x<x_1$ 或 $x>x_2$	$x\neq-\dfrac{b}{2a}$	$x\in\mathbf{R}$
$ax^2+bx+c<0$ $(a>0)$	$x_1<x<x_2$	空集	空集

4. 绝对值不等式的解集

类　型	$a>0$	$a\leqslant0$
$\|x\|<a$	$-a<x<a$	空集
$\|x\|>a$	$x<-a$ 或 $x>a$	$x\in\mathbf{R}$

四、指数与对数

1. 指数

(1) 定义.

正整数指数幂：$a^n=\overbrace{a\cdot a\cdot\cdots\cdot a}^{n个}(n\in\mathbf{N}^*)$；

零指数幂：$a^0=1(a\neq0)$；

负整数指数幂：$a^{-n}=\dfrac{1}{a^n}(a>0,n\in\mathbf{N}^*)$；

有理指数幂：$a^{\frac{n}{m}}=\sqrt[m]{a^n}(a>0,m,n\in\mathbf{N}^*,m>1)$.

(2) 幂的运算法则.

① $a^m\cdot a^n=a^{m+n}(a>0,m,n\in\mathbf{R})$；

② $(a^m)^n=a^{mn}(a>0,m,n\in\mathbf{R})$；

③ $(ab)^n=a^n\cdot b^n(a>0,b>0,n\in\mathbf{R})$.

2. 对数

(1) 定义.

如果 $a^b=N(a>0$，且 $a\neq1)$，那么 b 称为以 a 为底 N 的对数，记作 $\log_aN=b$，其中 a 称为底数，N 称为真数. 以 10 为底的对数，称为常用对数，记作 $\lg N$.

(2) 性质.

① 零与负数没有对数,即 $N>0$;

② 1 的对数等于零,即 $\log_a 1=0$;

③ 底的对数等于 1,即 $\log_a a=1$;

④ $a^{\log_a N}=N$.

(3) 运算法则.

① $\log_a(M\cdot N)=\log_a M+\log_a N(M>0,N>0)$;

② $\log_a \frac{M}{N}=\log_a M-\log_a N(M>0,N>0)$;

③ $\log_a M^n=n\log_a M(M>0)$;

④ $\log_a \sqrt[n]{M}=\frac{1}{n}\log_a M(M>0)$;

⑤ $\log_a N=\frac{\log_b N}{\log_b a}(N>0)$(换底公式).

五、等差数列与等比数列

	等差数列	等比数列
定　　义	从第 2 项起,每一项与它的前一项之差都等于同一个常数	从第 2 项起,每一项与它的前一项之比都等于同一个常数
一般形式	$a_1,a_1+d,a_2+2d,\cdots$	$a_1,a_1q,a_1q^2,\cdots$
通项公式	$a_n=a_1+(n-1)d$	$a_n=a_1q^{n-1}$
前 n 项和公式	$S_n=\frac{n(a_1+a_n)}{2}$ 或 $S_n=na_1+\frac{n(n-1)}{2}d$	$S_n=\frac{a_1(1-q^n)}{1-q}$ 或 $S_n=\frac{a_1-a_nq}{1-q}$
中项公式	a 与 b 的等差中项 $A=\frac{a+b}{2}$	a 与 b 的等比中项 $G=\pm\sqrt{ab}$

注:表中 d 为公差,q 为公比.

六、排列、组合与二项式定理

1. 排列

从 n 个不同元素中取 $m(m\leqslant n)$ 个元素按照一定的顺序排成一列,称为从 n 个不同元素中取出 m 个元素的一个排列;当 $m=n$ 时,称为全排列.

从 n 个不同元素中取出 $m(m\leqslant n)$ 个元素的所有排列的个数,称为从 n 个不同元素中取出 m 个元素的排列数,记作 A_n^m,且有

$$\mathrm{A}_n^m=n(n-1)(n-2)\cdots(n-m+1).$$

特别地,

$$\mathrm{A}_n^n=n(n-1)(n-2)\cdots3\cdot2\cdot1=n!,$$

或记作

$$\mathrm{A}_n=n!.$$

规定

$$\mathrm{A}_n^m=\frac{n!}{(n-m)!}.$$

2. 组合

从 n 个不同元素中任取 $m(m\leqslant n)$ 个元素并成一组,称为从 n 个不同元素中取出 m 个元素的一个组合.

从 n 个不同元素中取出 $m(m\leqslant n)$ 个元素的所有组合的个数，称为从 n 个不同元素中取出 m 个元素的组合数，记作 C_n^m，且有

$$C_n^m=\frac{A_n^m}{A_m}=\frac{n(n-1)(n-2)\cdots(n-m+1)}{m!}$$
$$=\frac{n!}{m!(n-m)!}.$$

式中，$n,m\in\mathbf{N}$，且 $m\leqslant n$.

规定 $C_n^0=1$.

组合有如下性质：

(1) $C_n^m=C_n^{n-m}$；

(2) $C_{n+1}^m=C_n^m+C_n^{m+1}$.

3. 二项式定理

$(a+b)^n=C_n^0a^n+C_n^1a^{n-1}b+\cdots+C_n^ra^{n-r}b^r+\cdots+C_n^nb^n$. 其中 $n,r\in\mathbf{N}$，C_n^r 称为二项式展开式的系数($r=0,1,2,\cdots,n$). 其展开式的第 $r+1$ 项

$$T_{r+1}=C_n^ra^{n-r}b^r$$

称为二项式的通项公式.

七、点与直线

1. 平面上两点间的距离

设平面直角坐标系内两点为 $P_1(x_1,y_1)$，$P_2(x_2,y_2)$，则这两点间的距离为

$$P_1P_2=\sqrt{(x_1-x_2)^2+(y_1-y_2)^2}.$$

2. 直线方程

(1) 直线的斜率.

倾角：平面直角坐标系内一直线的向上方向与 x 轴正方向所成的最小正角，称为这条直线的倾角，倾角 α 的取值范围为$[0°,180°]$. 当直线平行于 x 轴时，规定 $\alpha=0°$.

斜率：一条直线的倾角 α 的正切，称为这条直线的斜率，通常用 k 表示，即

$$k=\tan\alpha.$$

如果 $P_1(x_1,y_1)$，$P(x_2,y_2)$是直线上的两点，那么这条直线的斜率为

$$k=\frac{y_2-y_1}{x_2-x_1}(x_1\neq x_2).$$

(2) 直线的几种形式.

① 点斜式.

已知直线过点 $P_0(x_0,y_0)$，且斜率为 k，则该直线方程为

$$y-y_0=k(x-x_0).$$

② 斜截式.

已知直线的斜率为 k，且在 y 轴上的截距为 b，则该直线方程为

$$y=kx+b.$$

③ 一般式.

平面内任一直线的方程都是关于 x 和 y 的一次方程，其一般形式为

$$Ax+By+C=0(A,B\text{ 不全为零}).$$

(3) 几种特殊的直线方程.

平行于 x 轴的直线:$y=b(b\neq 0)$;

平行于 y 轴的直线:$x=a(a\neq 0)$;

x 轴:$y=0$;

y 轴:$x=0$.

3. 点到直线的距离

平面内一点 $P_0(x_0,y_0)$到直线 $Ax+By+C=0$ 的距离为

$$d=\frac{|Ax_0+By_0+C|}{\sqrt{A^2+B^2}}.$$

4. 两条直线的位置关系

设两条直线方程为

$$l_1:y=k_1x+b_1 \text{ 或 } A_1x+B_1y+C_1=0,$$

$$l_2:y=k_2x+b_2 \text{ 或 } A_2x+B_2y+C_2=0.$$

(1) 两直线平行的充要条件:

$$k_1=k_2 \text{ 且 } b_1\neq b_2 \text{ 或} \frac{A_1}{A_2}=\frac{B_1}{B_2}\neq\frac{C_1}{C_2}.$$

(2) 两直线垂直的充要条件:

$$k_1\cdot k_2=-1 \text{ 或 } A_1A_2+B_1B_2=0.$$

八、三角函数

1. 角的度量

(1) 角度制.

圆周角的$\frac{1}{360}$称为 1 度的角,记作 1°,用度作为度量单位.

(2) 弧度制.

等于半径的圆弧所对的圆心角称为 1 弧度角,用弧度作为度量单位.

(3) 角度与弧度(rad)的换算.

$$360^\circ=2\pi \text{ rad},180^\circ=\pi \text{ rad},$$

$$1^\circ=\frac{\pi}{180}\approx 0.017453 \text{ rad},$$

$$1 \text{ rad}=\left(\frac{180}{\pi}\right)^\circ\approx 57^\circ 17' 44.8''.$$

2. 特殊角的三角函数值

α	0	$\frac{\pi}{6}$	$\frac{\pi}{4}$	$\frac{\pi}{3}$	$\frac{\pi}{2}$
$\sin\alpha$	0	$\frac{1}{2}$	$\frac{\sqrt{2}}{2}$	$\frac{\sqrt{3}}{2}$	1
$\cos\alpha$	1	$\frac{\sqrt{3}}{2}$	$\frac{\sqrt{2}}{2}$	$\frac{1}{2}$	0
$\tan\alpha$	0	$\frac{\sqrt{3}}{3}$	1	$\sqrt{3}$	不存在
$\cot\alpha$	不存在	$\sqrt{3}$	1	$\frac{\sqrt{3}}{3}$	0

3. 同角三角函数间的关系

(1) 平方关系.

$$\sin^2\alpha+\cos^2\alpha=1,1+\tan^2\alpha=\sec^2\alpha,1+\cot^2\alpha=\csc^2\alpha.$$

(2) 商的关系.

$$\tan\alpha=\frac{\sin\alpha}{\cos\alpha},\cot\alpha=\frac{\cos\alpha}{\sin\alpha}.$$

(3) 倒数关系.

$$\cot\alpha=\frac{1}{\tan\alpha},\sec\alpha=\frac{1}{\cos\alpha},\csc\alpha=\frac{1}{\sin\alpha}.$$

4. 三角函数式的恒等变换

(1) 加法定理.

$$\sin(\alpha\pm\beta)=\sin\alpha\cos\beta\pm\cos\alpha\sin\beta;$$

$$\cos(\alpha\pm\beta)=\cos\alpha\cos\beta\mp\sin\alpha\sin\beta;$$

$$\tan(\alpha\pm\beta)=\frac{\tan\alpha\pm\tan\beta}{1\mp\tan\alpha\tan\beta}.$$

(2) 倍角公式.

$$\sin2\alpha=2\sin\alpha\cos\alpha;$$

$$\cos2\alpha=\cos^2\alpha-\sin^2\alpha=1-2\sin^2\alpha=2\cos^2\alpha-1;$$

$$\tan2\alpha=\frac{2\tan\alpha}{1-\tan^2\alpha}.$$

(3) 半角公式.

$$\sin^2\frac{\alpha}{2}=\frac{1-\cos\alpha}{2};$$

$$\cos^2\frac{\alpha}{2}=\frac{1+\cos\alpha}{2};$$

$$\tan\frac{\alpha}{2}=\pm\sqrt{\frac{1-\cos\alpha}{1+\cos\alpha}}=\frac{\sin\alpha}{1+\cos\alpha}=\frac{1-\cos\alpha}{\sin\alpha}.$$

(4) 积化和差公式.

$$\sin\alpha\cos\beta=\frac{1}{2}[\sin(\alpha+\beta)+\sin(\alpha-\beta)];$$

$$\cos\alpha\sin\beta=\frac{1}{2}[\sin(\alpha+\beta)-\sin(\alpha-\beta)];$$

$$\cos\alpha\cos\beta=\frac{1}{2}[\cos(\alpha+\beta)+\cos(\alpha-\beta)];$$

$$\sin\alpha\sin\beta=-\frac{1}{2}[\cos(\alpha+\beta)-\cos(\alpha-\beta)].$$

(5) 和差化积公式.

$$\sin\alpha+\sin\beta=2\sin\frac{\alpha+\beta}{2}\cos\frac{\alpha-\beta}{2};$$

$$\sin\alpha-\sin\beta=2\cos\frac{\alpha+\beta}{2}\sin\frac{\alpha-\beta}{2};$$

$$\cos\alpha+\cos\beta=2\cos\frac{\alpha+\beta}{2}\cos\frac{\alpha-\beta}{2};$$

$$\cos\alpha-\cos\beta=-2\sin\frac{\alpha+\beta}{2}\sin\frac{\alpha-\beta}{2}.$$

(6) 万能公式.

$$\sin\alpha=\frac{2\tan\frac{\alpha}{2}}{1+\tan^2\frac{\alpha}{2}};$$

$$\cos\alpha=\frac{1-\tan^2\frac{\alpha}{2}}{1+\tan^2\frac{\alpha}{2}};$$

$$\tan\alpha=\frac{2\tan\frac{\alpha}{2}}{1-\tan^2\frac{\alpha}{2}}.$$

九、三角形内的边角关系

1. 直角三角形

设$\triangle ABC$中,$\angle C=90°$,三边分别是a,b,c,面积为S,则有

(1) $\angle A+\angle B=90°$;

(2) $a^2+b^2=c^2$(勾股定理);

(3) $\sin A=\frac{a}{c}$,$\cos A=\frac{b}{c}$,$\tan A=\frac{a}{b}$;

(4) $S=\frac{1}{2}ab$.

2. 斜三角形

设$\triangle ABC$中,三边分别为a,b,c,面积为S,外接圆半径为R,则有

(1) $\angle A+\angle B+\angle C=180°$;

(2) $\frac{a}{\sin A}=\frac{b}{\sin B}=\frac{c}{\sin C}=2R$(正弦定理);

(3) $a^2=b^2+c^2-2bc\cos A$,

$b^2=a^2+c^2-2ac\cos B$,　　(余弦定理)

$c^2=a^2+b^2-2ab\cos C$;

(4) $S=\frac{1}{2}ab\sin C$.

十、圆、球及其他旋转体

1. 圆

周长:$C=2\pi r$(r为半径);

面积:$S=\pi r^2$.

2. 球

表面积:$S=4\pi r^2$;

体积：$V=\frac{4}{3}\pi r^3$.

3. 圆柱

侧面积：$S_{侧}=2\pi rh$（h 为圆柱的高）；

全面积：$S_{全}=2\pi r(r+h)$；

体积：$V=\pi r^2$.

4. 圆锥

侧面积：$S_{侧}=\pi rl$（l 为圆锥的母线长）；

全面积：$S_{全}=\pi r(l+r)$；

体积：$V=\frac{1}{3}\pi r^2 h$.

附录 2

基本初等函数的图形与性质

我们学过的幂函数、指数函数、对数函数、三角函数和反三角函数,统称为基本初等函数.现将基本初等函数的定义域、值域、图形和主要特性列于下表中:

名称	解析式	定义域和值域	图　　形	主要特性
幂函数	$y=x^{\alpha}$ $(\alpha\in\mathbf{R})$	依 α 不同而异.但在 $(0,+\infty)$ 内都有定义	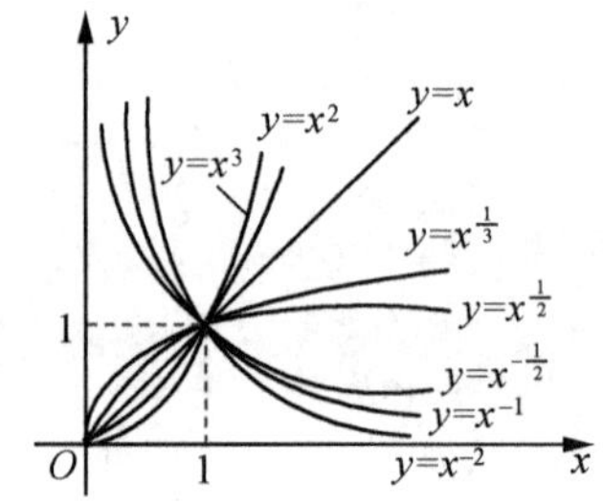	经过点 $(1,1)$.在第一象限内,当 $\alpha>0$ 时,x^{α} 为增函数;当 $\alpha<0$ 时,x^{α} 为减函数
指数函数	$y=a^{x}$ $(a>0$ 且 $a\neq1)$	$x\in(-\infty,+\infty)$ $y\in(0,+\infty)$	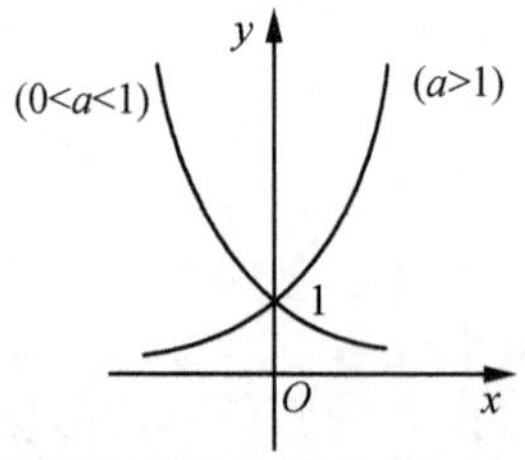	图形在 x 轴上方,都通过点 $(0,1)$.当 $0<a<1$ 时,a^{x} 是减函数;当 $a>1$ 时,a^{x} 是增函数
对数函数	$y=\log_a x$ $(a>0$ 且 $a\neq1)$	$x\in(0,+\infty)$ $y\in(-\infty,+\infty)$	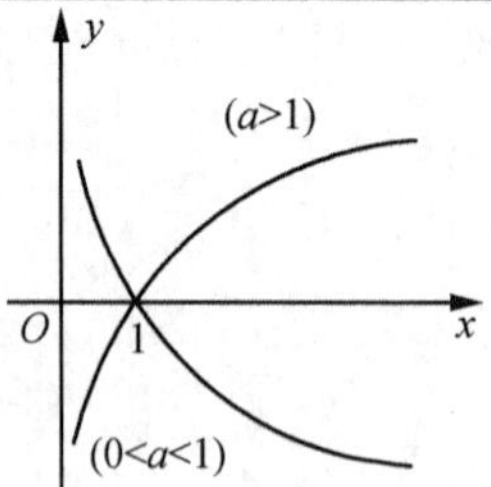	图形在 y 轴右侧,都通过点 $(1,0)$.当 $0<a<1$ 时,$\log_a x$ 是减函数;当 $a>1$ 时,$\log_a x$ 是增函数
三角函数	$y=\sin x$	$x\in(-\infty,+\infty)$ $y\in[-1,1]$	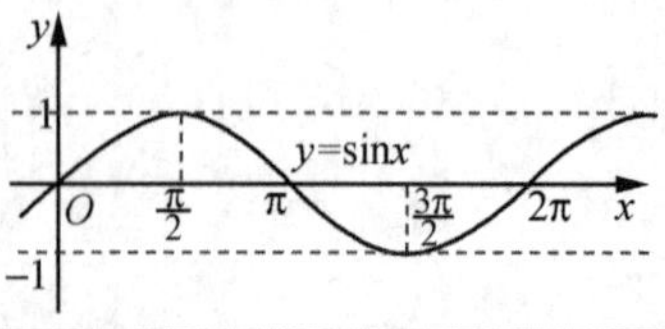	奇函数,周期为 2π,图形在两直线 $y=1$ 与 $y=-1$ 之间

续表

名称	解析式	定义域和值域	图 形	主要特性
三角函数	$y=\cos x$	$x\in(-\infty,+\infty)$ $y\in[-1,1]$	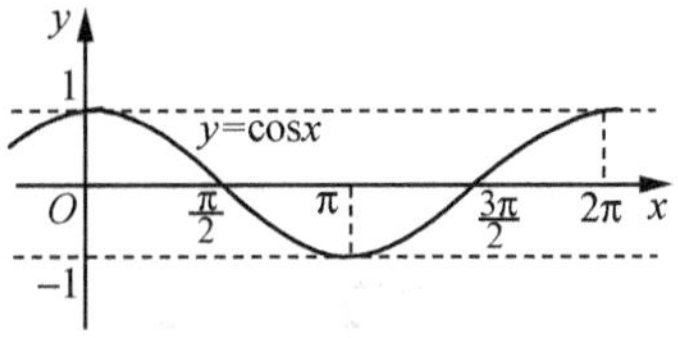	偶函数，周期为 2π，图形在两直线 $y=1$ 与 $y=-1$ 之间
	$y=\tan x$	$x\neq k\pi+\dfrac{\pi}{2}(k\in\mathbf{Z})$ $y\in(-\infty,+\infty)$	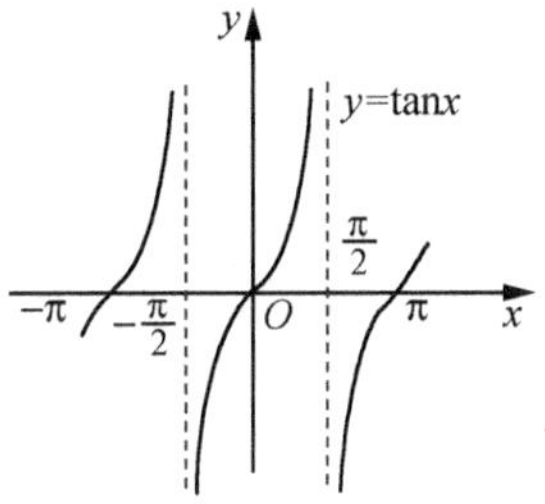	奇函数，周期为 π，在 $\left(k\pi-\dfrac{\pi}{2},k\pi+\dfrac{\pi}{2}\right)$，$k\in\mathbf{Z}$ 上单调增加
	$y=\cot x$	$x\neq k\pi(k\in\mathbf{Z})$ $y\in(-\infty,+\infty)$	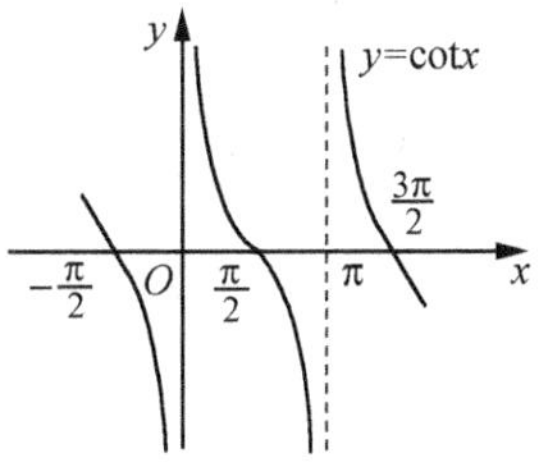	奇函数，周期为 π，在 $(k\pi,(k+1)\pi)$，$k\in\mathbf{Z}$ 上单调减少
反三角函数	$y=\arcsin x$	$x\in[-1,1]$ $y\in\left[-\dfrac{\pi}{2},\dfrac{\pi}{2}\right]$	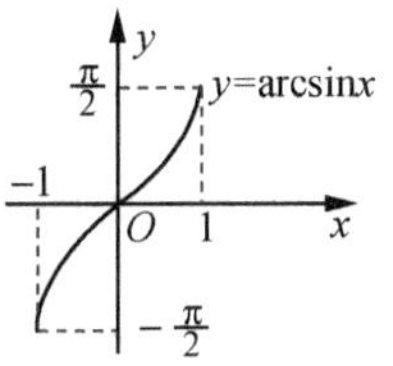	奇函数，单调增加，有界
	$y=\arccos x$	$x\in[-1,1]$ $y\in[0,\pi]$	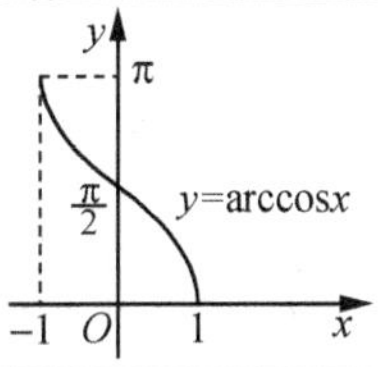	单调减少，有界
	$y=\arctan x$	$x\in(-\infty,+\infty)$ $y\in\left(-\dfrac{\pi}{2},\dfrac{\pi}{2}\right)$	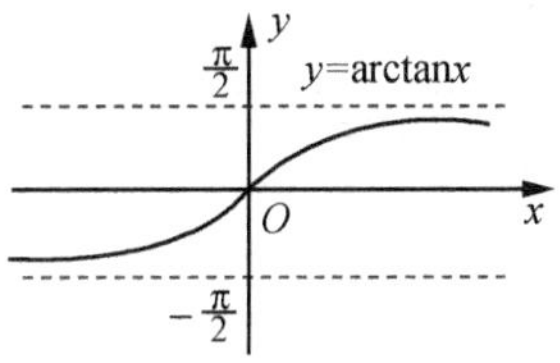	奇函数，单调增加，有界
	$y=\operatorname{arccot} x$	$x\in(-\infty,+\infty)$ $y\in(0,\pi)$	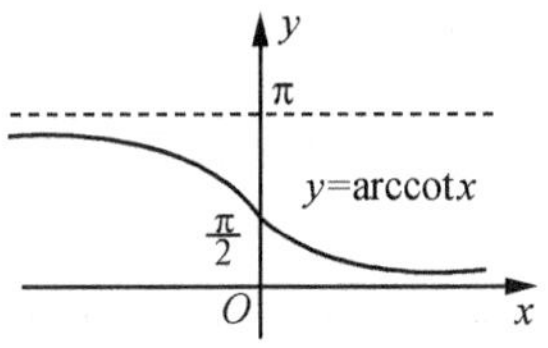	单调减少，有界

附录3

积 分 表

一、含有 $ax+b$ 的积分

1. $\int \frac{dx}{ax+b}=\frac{1}{a}\ln|ax+b|+C.$

2. $\int (ax+b)^{\mu}dx=\frac{1}{a(\mu+1)}(ax+b)^{\mu+1}+C(\mu\neq -1).$

3. $\int \frac{x}{ax+b}dx=\frac{1}{a^2}(ax+b-b\ln|ax+b|)+C.$

4. $\int \frac{x^2 dx}{ax+b}=\frac{1}{a^3}\left[\frac{1}{2}(ax+b)^2-2b(ax+b)+b^2\ln|ax+b|\right]+C.$

5. $\int \frac{dx}{x(ax+b)}=-\frac{1}{b}\ln\left|\frac{ax+b}{x}\right|+C.$

6. $\int \frac{dx}{x^2(ax+b)}=-\frac{1}{bx}+\frac{a}{b^2}\ln\left|\frac{ax+b}{x}\right|+C.$

7. $\int \frac{x dx}{(ax+b)^2}=\frac{1}{a^2}\left(\ln|ax+b|+\frac{b}{ax+b}\right)+C.$

8. $\int \frac{x^2 dx}{(ax+b)^2}=\frac{1}{a^3}\left(ax+b-2b\ln|ax+b|-\frac{b^2}{ax+b}\right)+C.$

9. $\int \frac{dx}{x^2(ax+b)^2}=\frac{1}{b(ax+b)}-\frac{1}{b^2}\ln\left|\frac{ax+b}{x}\right|+C.$

二、含有 $\sqrt{ax+b}$ 的积分

10. $\int \sqrt{ax+b}\,dx=\frac{2}{3a}\sqrt{(ax+b)^3}+C.$

11. $\int x\sqrt{ax+b}\,dx=\frac{2}{15a^2}(3ax-2b)\sqrt{(ax+b)^3}+C.$

12. $\int x^2\sqrt{ax+b}\,dx=\frac{2}{105a^3}(15a^2x^2-12abx+8b^2)\sqrt{(ax+b)^3}+C.$

13. $\int \frac{x}{\sqrt{ax+b}}dx=\frac{2}{3a^2}(ax-2b)\sqrt{ax+b}+C.$

14. $\int \frac{x^2}{\sqrt{ax+b}}dx=\frac{2}{15a^3}(3a^2x^2-4abx+8b^2)\sqrt{ax+b}+C.$

15. $\int\frac{dx}{x\sqrt{ax+b}}=\begin{cases}\frac{1}{\sqrt{b}}\ln\left|\frac{\sqrt{ax+b}-\sqrt{b}}{\sqrt{ax+b}+\sqrt{b}}\right|+C(b>0),\\ \frac{1}{\sqrt{-b}}\arctan\sqrt{\frac{ax+b}{-b}}+C(b<0).\end{cases}$

16. $\int\frac{dx}{x^2\sqrt{ax+b}}=-\frac{\sqrt{ax+b}}{bx}-\frac{a}{2b}\int\frac{dx}{x\sqrt{ax+b}}.$

17. $\int\frac{\sqrt{ax+b}}{x}dx=2\sqrt{ax+b}+b\int\frac{dx}{x\sqrt{ax+b}}.$

18. $\int\frac{\sqrt{ax+b}}{x^2}dx=-\frac{\sqrt{ax+b}}{x}+\frac{a}{2}\int\frac{dx}{x\sqrt{ax+b}}.$

三、含 $x^2\pm a^2$ 的积分

19. $\int\frac{dx}{x^2+a^2}=\frac{1}{a}\arctan\frac{x}{a}+C.$

20. $\int\frac{dx}{(x^2+a^2)^n}=\frac{x}{2(n-1)a^2(x^2+a^2)^{n-1}}+\frac{2n-3}{2(n-1)a^2}\int\frac{dx}{(x^2+a^2)^{n-1}}.$

21. $\int\frac{dx}{x^2-a^2}=\frac{1}{2a}\ln\left|\frac{x-a}{x+a}\right|+C.$

四、含有 $ax^2+b(a>0)$ 的积分

22. $\int\frac{dx}{ax^2+b}=\begin{cases}\frac{1}{\sqrt{ab}}\arctan\sqrt{\frac{a}{b}}\,x+C(b>0),\\ \frac{1}{2\sqrt{-ab}}\ln\left|\frac{\sqrt{a}\,x-\sqrt{-b}}{\sqrt{a}\,x+\sqrt{-b}}\right|+C(b<0).\end{cases}$

23. $\int\frac{x}{ax^2+b}dx=\frac{1}{2a}\ln|ax^2+b|+C.$

24. $\int\frac{x^2}{ax^2+b}dx=\frac{x}{a}-\frac{b}{a}\int\frac{dx}{ax^2+b}.$

25. $\int\frac{dx}{x(ax^2+b)}=\frac{1}{2b}\ln\frac{x^2}{|ax^2+b|}+C.$

26. $\int\frac{dx}{x^2(ax^2+b)}=-\frac{1}{bx}-\frac{a}{b}\int\frac{dx}{ax^2+b}.$

27. $\int\frac{dx}{(ax^2+b)^2}=\frac{x}{2b(ax^2+b)}+\frac{1}{2b}\int\frac{dx}{ax^2+b}.$

五、含有 $ax^2+bx+c(a>0)$ 的积分

28. $\int\frac{dx}{ax^2+bx+c}=\begin{cases}\frac{2}{\sqrt{4ac-b^2}}\arctan\frac{2ax+b}{\sqrt{4ac-b^2}}+C(b^2<4ac),\\ \frac{1}{\sqrt{b^2-4ac}}\ln\left|\frac{2ax+b-\sqrt{b^2-4ac}}{2ax+b+\sqrt{b^2-4ac}}\right|+C(b^2>4ac).\end{cases}$

29. $\int\frac{x}{ax^2+bx+c}dx=\frac{1}{2a}\ln|ax^2+bx+c|-\frac{b}{2a}\int\frac{dx}{ax^2+bx+c}.$

六、含有 $\sqrt{x^2+a^2}$ $(a>0)$ 的积分

30. $\int \frac{\mathrm{d}x}{\sqrt{x^2+a^2}} = \operatorname{arsh}\frac{x}{a}+C_1=\ln(x+\sqrt{x^2+a^2})+C.$

31. $\int \frac{\mathrm{d}x}{\sqrt{(x^2+a^2)^3}} = \frac{x}{a^2\sqrt{x^2+a^2}}+C.$

32. $\int \frac{x}{\sqrt{x^2+a^2}}\mathrm{d}x = \sqrt{x^2+a^2}+C.$

33. $\int \frac{x}{\sqrt{(x^2+a^2)^3}}\mathrm{d}x = -\frac{1}{\sqrt{x^2+a^2}}+C.$

34. $\int \frac{x^2}{\sqrt{x^2+a^2}}\mathrm{d}x = \frac{x}{2}\sqrt{x^2+a^2}-\frac{a^2}{2}\ln(x+\sqrt{x^2+a^2})+C.$

35. $\int \frac{x^2}{\sqrt{(x^2+a^2)^3}}\mathrm{d}x = -\frac{x}{\sqrt{x^2+a^2}}+\ln(x+\sqrt{x^2+a^2})+C.$

36. $\int \frac{\mathrm{d}x}{x\sqrt{x^2+a^2}} = \frac{1}{a}\ln\frac{\sqrt{x^2+a^2}-a}{|x|}+C.$

37. $\int \frac{\mathrm{d}x}{x^2\sqrt{x^2+a^2}} = -\frac{\sqrt{x^2+a^2}}{a^2x}+C.$

38. $\int \sqrt{x^2+a^2}\,\mathrm{d}x = \frac{x}{2}\sqrt{x^2+a^2}+\frac{a^2}{2}\ln(x+\sqrt{x^2+a^2})+C.$

39. $\int \sqrt{(x^2+a^2)^3}\,\mathrm{d}x = \frac{x}{8}(2x^2+5a^2)\sqrt{x^2+a^2}+\frac{3a^4}{8}\ln(x+\sqrt{x^2+a^2})+C.$

40. $\int x\sqrt{x^2+a^2}\,\mathrm{d}x = \frac{1}{3}\sqrt{(x^2+a^2)^3}+C.$

41. $\int x^2\sqrt{x^2+a^2}\,\mathrm{d}x = \frac{x}{8}(2x^2+a^2)\sqrt{x^2+a^2}-\frac{a^4}{8}\ln(x+\sqrt{x^2+a^2})+C.$

42. $\int \frac{\sqrt{x^2+a^2}}{x}\mathrm{d}x = \sqrt{x^2+a^2}+a\ln\frac{\sqrt{x^2+a^2}-a}{|x|}+C.$

43. $\int \frac{\sqrt{x^2+a^2}}{x}\mathrm{d}x = -\frac{\sqrt{x^2+a^2}}{x}+\ln(x+\sqrt{x^2+a^2})+C.$

七、含有 $\sqrt{x^2-a^2}$ $(a>0)$ 的积分

44. $\int \frac{\mathrm{d}x}{\sqrt{x^2-a^2}} = \frac{x}{|x|}\operatorname{arch}\frac{|x|}{a}+C_1=\ln|x+\sqrt{x^2-a^2}|+C.$

45. $\int \frac{\mathrm{d}x}{\sqrt{(x^2-a^2)^3}} = -\frac{x}{a^2\sqrt{x^2-a^2}}+C.$

46. $\int \frac{x}{\sqrt{x^2-a^2}}\mathrm{d}x = \sqrt{x^2-a^2}+C.$

47. $\int \frac{x}{\sqrt{(x^2-a^2)^3}}\mathrm{d}x = -\frac{1}{\sqrt{x^2-a^2}}+C.$

48. $\int \frac{x^2}{\sqrt{x^2-a^2}}\mathrm{d}x = \frac{x}{2}\sqrt{x^2-a^2}+\frac{a^2}{2}\ln|x+\sqrt{x^2-a^2}|+C.$

49. $\int \frac{x^2}{\sqrt{(x^2-a^2)^3}}\mathrm{d}x=-\frac{x}{\sqrt{x^2-a^2}}+\ln|x+\sqrt{x^2-a^2}|+C.$

50. $\int \frac{\mathrm{d}x}{x\sqrt{x^2-a^2}}=\frac{1}{a}\arccos\frac{a}{|x|}+C.$

51. $\int \frac{\mathrm{d}x}{x^2\sqrt{x^2-a^2}}=\frac{\sqrt{x^2-a^2}}{a^2x}+C.$

52. $\int \sqrt{x^2-a^2}\,\mathrm{d}x=\frac{x}{2}\sqrt{x^2-a^2}-\frac{a^2}{2}\ln|x+\sqrt{x^2-a^2}|+C.$

53. $\int \sqrt{(x^2-a^2)^3}\,\mathrm{d}x=\frac{x}{8}(2x^2-5a^2)\sqrt{x^2-a^2}+\frac{3a^4}{8}\ln|x+\sqrt{x^2-a^2}|+C.$

54. $\int x\sqrt{x^2-a^2}\,\mathrm{d}x=\frac{1}{3}\sqrt{(x^2-a^2)^3}+C.$

55. $\int x^2\sqrt{x^2-a^2}\,\mathrm{d}x=\frac{x}{8}(2x^2-a^2)\sqrt{x^2-a^2}-\frac{a^4}{8}\ln|x+\sqrt{x^2-a^2}|+C.$

56. $\int \frac{\sqrt{x^2-a^2}}{x}\mathrm{d}x=\sqrt{x^2-a^2}-\arccos\frac{a}{|x|}+C.$

57. $\int \frac{\sqrt{x^2-a^2}}{x^2}\mathrm{d}x=-\frac{\sqrt{x^2-a^2}}{x}+\ln|x+\sqrt{x^2-a^2}|+C.$

八、含有 $\sqrt{a^2-x^2}\,(a>0)$ 的积分

58. $\int \frac{\mathrm{d}x}{\sqrt{a^2-x^2}}=\arcsin\frac{x}{a}+C.$

59. $\int \frac{\mathrm{d}x}{\sqrt{(a^2-x^2)^3}}=\frac{x}{a^2\sqrt{a^2-x^2}}+C.$

60. $\int \frac{x}{\sqrt{a^2-x^2}}\mathrm{d}x=-\sqrt{a^2-x^2}+C.$

61. $\int \frac{x}{\sqrt{(a^2-x^2)^3}}\mathrm{d}x=\frac{1}{\sqrt{a^2-x^2}}+C.$

62. $\int \frac{x^2}{\sqrt{a^2-x^2}}\mathrm{d}x=-\frac{x}{2}\sqrt{a^2-x^2}+\frac{a^2}{2}\arcsin\frac{x}{a}+C.$

63. $\int \frac{x^2}{\sqrt{(a^2-x^2)^3}}\mathrm{d}x=\frac{x}{\sqrt{a^2-x^2}}-\arcsin\frac{x}{a}+C.$

64. $\int \frac{\mathrm{d}x}{x\sqrt{a^2-x^2}}=\frac{1}{a}\ln\frac{a-\sqrt{a^2-x^2}}{|x|}+C.$

65. $\int \frac{\mathrm{d}x}{x^2\sqrt{a^2-x^2}}=-\frac{\sqrt{a^2-x^2}}{a^2x}+C.$

66. $\int \sqrt{a^2-x^2}\,\mathrm{d}x=\frac{x}{2}\sqrt{a^2-x^2}+\frac{a^2}{2}\arcsin\frac{x}{a}+C.$

67. $\int \sqrt{(a^2-x^2)^3}\,\mathrm{d}x=\frac{x}{8}(5a^2-2x^2)\sqrt{a^2-x^2}+\frac{3a^4}{8}\arcsin\frac{x}{a}+C.$

68. $\int x\sqrt{a^2-x^2}\,\mathrm{d}x=-\frac{1}{3}\sqrt{(a^2-x^2)^3}+C.$

69. $\int x^2\sqrt{a^2-x^2}\,dx=\frac{x}{8}(2x^2-a^2)\sqrt{a^2-x^2}+\frac{a^4}{8}\arcsin\frac{x}{a}+C.$

70. $\int\frac{\sqrt{a^2-x^2}}{x}dx=\sqrt{a^2-x^2}+a\ln\frac{a-\sqrt{a^2-x^2}}{|x|}+C.$

71. $\int\frac{\sqrt{a^2-x^2}}{x^2}dx=-\frac{\sqrt{a^2-x^2}}{x}-\arcsin\frac{x}{a}+C.$

九、含有$\sqrt{\pm ax^2+bx+c}\,(a>0)$的积分

72. $\int\frac{dx}{\sqrt{ax^2+bx+c}}=\frac{1}{\sqrt{a}}\ln|2ax+b+2\sqrt{a}\sqrt{ax^2+bx+c}|+C.$

73. $\int\sqrt{ax^2+bx+c}\,dx=\frac{2ax+b}{4a}\sqrt{ax^2+bx+c}+$

$\frac{4ac-b^2}{8\sqrt{a^3}}\ln|2ax+b+2\sqrt{a}\sqrt{ax^2+bx+c}|+C.$

74. $\int\frac{x}{\sqrt{ax^2+bx+c}}dx=\frac{1}{a}\sqrt{ax^2+bx+c}-\frac{b}{2\sqrt{a^3}}\ln|2ax+b+2\sqrt{a}\sqrt{ax^2+bx+c}|+C.$

75. $\int\frac{dx}{\sqrt{c+bx-ax^2}}=-\frac{1}{\sqrt{a}}\arcsin\frac{2ax-b}{\sqrt{b^2+4ac}}+C.$

76. $\int\sqrt{c+bx-ax^2}\,dx=\frac{2ax-b}{4a}\sqrt{c+bx-ax^2}+\frac{b^2+4ac}{8\sqrt{a^3}}\arcsin\frac{2ax-b}{\sqrt{b^2+4ac}}+C.$

77. $\int\frac{c}{\sqrt{c+bx-ax^2}}dx=-\frac{1}{a}\sqrt{c+bx-ax^2}+\frac{b}{2\sqrt{a^3}}\arcsin\frac{2ax-b}{\sqrt{b^2+4ac}}+C.$

十、含有$\sqrt{\frac{a\pm x}{b\pm x}}$或$\sqrt{(x-a)(x-b)}$的积分

78. $\int\sqrt{\frac{a+x}{b+x}}dx=\sqrt{(x+a)(x+b)}+(a-b)\ln(\sqrt{x+a}+\sqrt{x+b})+C.$

79. $\int\sqrt{\frac{a-x}{b-x}}dx=-\sqrt{(a-x)(b-x)}+(b-a)\ln(\sqrt{a-x}+\sqrt{b-x})+C.$

80. $\int\sqrt{\frac{b-x}{x-a}}dx=\sqrt{(x-a)(b-x)}+(b-a)\arcsin\sqrt{\frac{x-a}{b-a}}+C(a<b).$

81. $\int\sqrt{\frac{x-a}{b-x}}dx=-\sqrt{(x-a)(b-x)}+(b-a)\arcsin\sqrt{\frac{x-a}{b-a}}+C(a<b).$

82. $\int\frac{dx}{\sqrt{(x-a)(b-x)}}=2\arcsin\sqrt{\frac{x-a}{b-a}}+C(a<b).$

十一、含有三角函数的积分

83. $\int\sin x\,dx=-\cos x+C.$

84. $\int\cos x\,dx=\sin x+C.$

85. $\int\tan x\,dx=-\ln|\cos x|+C.$

86. $\int \cot x \mathrm{d}x = \ln|\sin x| + C.$

87. $\int \sec x \mathrm{d}x = \ln|\sec x + \tan x| + C = \ln\left|\tan\left(\frac{\pi}{4} + \frac{x}{2}\right)\right| + C.$

88. $\int \csc x \mathrm{d}x = \ln|\csc x - \cot x| + C = \ln\left|\tan\frac{x}{2}\right| + C.$

89. $\int \sec^2 x \mathrm{d}x = \tan x + C.$

90. $\int \csc^2 x \mathrm{d}x = -\cot x + C.$

91. $\int \sec x \tan x \mathrm{d}x = \sec x + C.$

92. $\int \csc x \cot x \mathrm{d}x = -\csc x + C.$

93. $\int \sin^2 x \mathrm{d}x = \frac{x}{2} - \frac{1}{4}\sin 2x + C.$

94. $\int \cos^2 x \mathrm{d}x = \frac{x}{2} + \frac{1}{4}\sin 2x + C.$

95. $\int \sin^n x \mathrm{d}x = -\frac{1}{n}\sin^{n-1} x \cos x + \frac{n-1}{n}\int \sin^{n-2} x \mathrm{d}x.$

96. $\int \cos^n x \mathrm{d}x = \frac{1}{n}\cos^{n-1} x \sin x + \frac{n-1}{n}\int \cos^{n-2} x \mathrm{d}x.$

97. $\int \frac{\mathrm{d}x}{\sin^n x} = -\frac{1}{n-1}\frac{\cos x}{\sin^{n-1} x} + \frac{n-2}{n-1}\int \frac{\mathrm{d}x}{\sin^{n-2} x}.$

98. $\int \frac{\mathrm{d}x}{\cos^n x} = \frac{1}{n-1}\frac{\sin x}{\cos^{n-1} x} + \frac{n-2}{n-1}\int \frac{\mathrm{d}x}{\cos^{n-2} x}.$

99. $$\begin{aligned}\int \cos^m x \sin^n x \mathrm{d}x &= \frac{1}{m+n}\cos^{m-1} x \sin^{n+1} x \cos x + \frac{m-1}{m+n}\int \cos^{m-2} x \sin^n x \mathrm{d}x \\ &= -\frac{1}{m+n}\cos^{m+1} x \sin^{n-1} x + \frac{n-1}{m+n}\int \cos^m x \sin^{n-2} x \mathrm{d}x.\end{aligned}$$

100. $\int \sin ax \cos bx \mathrm{d}x = -\frac{1}{2(a+b)}\cos(a+b)x - \frac{1}{2(a-b)}\cos(a-b)x + C(a^2 \neq b^2).$

101. $\int \sin ax \sin bx \mathrm{d}x = -\frac{1}{2(a+b)}\sin(a+b)x + \frac{1}{2(a-b)}\sin(a-b)x + C(a^2 \neq b^2).$

102. $\int \cos ax \cos bx \mathrm{d}x = \frac{1}{2(a+b)}\sin(a+b)x + \frac{1}{2(a-b)}\sin(a-b)x + C(a^2 \neq b^2).$

103. $\int \frac{\mathrm{d}x}{a+b\sin x} = \frac{2}{\sqrt{a^2-b^2}}\arctan\frac{a\tan\frac{x}{2}+b}{\sqrt{a^2-b^2}} + C(a^2 > b^2).$

104. $\int \frac{\mathrm{d}x}{a+b\sin x} = \frac{1}{\sqrt{b^2-a^2}}\ln\left|\frac{a\tan\frac{x}{2}+b-\sqrt{b^2-a^2}}{a\tan\frac{x}{2}+b+\sqrt{b^2-a^2}}\right| + C(a^2 < b^2).$

105. $\int \frac{\mathrm{d}x}{a+b\cos x} = \frac{2}{a+b}\sqrt{\frac{a+b}{a-b}}\arctan\left(\sqrt{\frac{a-b}{a+b}}\tan\frac{x}{2}\right) + C(a^2 > b^2).$

106. $\int \frac{dx}{a+b\cos x} = \frac{1}{a+b}\sqrt{\frac{a+b}{b-a}}\ln\left|\frac{\tan\frac{x}{2}+\sqrt{\frac{a+b}{b-a}}}{\tan\frac{x}{2}-\sqrt{\frac{a+b}{b-a}}}\right| + C(a^2 < b^2).$

107. $\int \frac{dx}{a^2\cos^2 x + b^2\sin^2 x} = \frac{1}{ab}\arctan\left(\frac{b}{a}\tan x\right) + C.$

108. $\int \frac{dx}{a^2\cos^2 x - b^2\sin^2 x} = \frac{1}{2ab}\ln\left|\frac{b\tan x + a}{b\tan x - a}\right| + C.$

109. $\int x\sin ax\, dx = \frac{1}{a^2}\sin ax - \frac{1}{a}x\cos ax + C.$

110. $\int x^2\sin ax\, dx = -\frac{1}{a}x^2\cos ax + \frac{2}{a^2}x\sin ax + \frac{2}{a^3}\cos ax + C.$

111. $\int x\cos ax\, dx = \frac{1}{a^2}\cos ax + \frac{1}{a}x\sin ax + C.$

112. $\int x^2\cos ax\, dx = \frac{1}{a}x^2\sin ax + \frac{2}{a^2}x\cos ax - \frac{2}{a^3}\sin ax + C.$

十二、含有反三角函数的积分(其中 $a>0$)

113. $\int \arcsin\frac{x}{a}dx = x\arcsin\frac{x}{a} + \sqrt{a^2-x^2} + C.$

114. $\int x\arcsin\frac{x}{a}dx = \left(\frac{x^2}{2}-\frac{a^2}{4}\right)\arcsin\frac{x}{a} + \frac{x}{4}\sqrt{a^2-x^2} + C.$

115. $\int x^2\arcsin\frac{x}{a}dx = \frac{x^3}{3}\arcsin\frac{x}{a} + \frac{1}{9}(x^2+2a^2)\sqrt{a^2-x^2} + C.$

116. $\int \arccos\frac{x}{a}dx = x\arccos\frac{x}{a} - \sqrt{a^2-x^2} + C.$

117. $\int x\arccos\frac{x}{a}dx = \left(\frac{x^2}{2}-\frac{a^2}{4}\right)\arccos\frac{x}{a} - \frac{x}{4}\sqrt{a^2-x^2} + C.$

118. $\int x^2\arccos\frac{x}{a}dx = \frac{x^3}{3}\arccos\frac{x}{a} - \frac{1}{9}(x^2+2a^2)\sqrt{a^2-x^2} + C.$

119. $\int \arccos\frac{x}{a}dx = x\arctan\frac{x}{a} - \frac{a}{2}\ln(a^2+x^2) + C.$

120. $\int x\arctan\frac{x}{a}dx = \frac{1}{2}(a^2+x^2)\arctan\frac{x}{a} - \frac{ax}{2} + C.$

121. $\int x^2\arctan\frac{x}{a}dx = \frac{x^3}{3}\arctan\frac{x}{a} - \frac{a}{6}x^2 + \frac{a^3}{6}\ln(a^2+x^2) + C.$

十三、含有指数函数的积分

122. $\int a^x dx = \frac{1}{\ln a}a^x + C.$

123. $\int e^{ax} dx = \frac{1}{a}e^{ax} + C.$

124. $\int xe^{ax} dx = \frac{1}{a^2}(ax-1)e^{ax} + C.$

125. $\int x^n e^{ax} dx = \frac{1}{a}x^n e^{ax} - \frac{n}{a}\int x^{n-1}e^{ax} dx.$

126. $\int xa^x \mathrm{d}x = \frac{x}{\ln a}a^x - \frac{1}{(\ln a)^2}a^x + C.$

127. $\int x^n a^x \mathrm{d}x = \frac{1}{\ln a}x^n a^x - \frac{n}{\ln a}\int x^{n-1} a^x \mathrm{d}x.$

128. $\int \mathrm{e}^{ax} \sin bx \mathrm{d}x = \frac{1}{a^2 + b^2}\mathrm{e}^{ax}(a\sin bx - b\cos bx) + C.$

129. $\int \mathrm{e}^{ax} \cos bx \mathrm{d}x = \frac{1}{a^2 + b^2}\mathrm{e}^{ax}(b\sin bx + a\cos bx) + C.$

130. $\int \mathrm{e}^{ax} \sin^n bx \mathrm{d}x = \frac{1}{a^2 + b^2 n^2}\mathrm{e}^{ax} \sin^{n-1} bx(a\sin bx - nb\cos bx) + \frac{n(n-1)b^2}{a^2 + b^2 n^2}\int \mathrm{e}^{ax} \sin^{n-2} bx \mathrm{d}x.$

131. $\int \mathrm{e}^{ax} \cos^n bx \mathrm{d}x = \frac{1}{a^2 + b^2 n^2}\mathrm{e}^{ax} \cos^{n-1} bx(a\cos bx + nb\sin bx) + \frac{n(n-1)b^2}{a^2 + b^2 n^2}\int \mathrm{e}^{ax} \cos^{n-2} bx \mathrm{d}x.$

十四、含有对数函数的积分

132. $\int \ln x \mathrm{d}x = x\ln x - x + C.$

133. $\int \frac{\mathrm{d}x}{x\ln x} = \ln|\ln x| + C.$

134. $\int x^n \ln x \mathrm{d}x = \frac{x^{n+1}}{n+1}\left(\ln x - \frac{1}{n+1}\right) + C.$

135. $\int (\ln x)^n \mathrm{d}x = x(\ln x)^n - n\int (\ln x)^{n-1} \mathrm{d}x.$

136. $\int x^m (\ln x)^n \mathrm{d}x = \frac{x^{m+1}}{m+1}(\ln x)^n - \frac{n}{m+1}\int x^m (\ln x)^{n-1} \mathrm{d}x.$

附录 4

常用分布表

类型	名称	分布列或概率密度	均值	方差
离散型	两点分布	$P(X=k)=p^k q^{1-k}$ $(0<p<1,q=1-p;k=0,1)$	p	pq
	二项分布	$P(X=k)=C_n^k p^k q^{n-k}$ $(0<p<1,q=1-p;k=0,1,\cdots,n)$	np	npq
	超几何分布	$P(X=k)=\dfrac{C_M^k C_{N-M}^{n-k}}{C_N^n}$ $(M\leqslant N,n\leqslant N;k=0,1,\cdots,\min(M,n))$	$\dfrac{nM}{N}$	$\dfrac{n(N-n)(N-M)M}{N^2(N-1)}$
	泊松分布	$P(X=k)=\dfrac{\lambda^k}{k!}e^{-\lambda}$ $(\lambda>0;k=0,1,2,\cdots)$	λ	λ
	几何分布	$P(X=k)=pq^{k-1}$ $(0<p<1,q=1-p;k=1,2,\cdots)$	$\dfrac{1}{p}$	$\dfrac{q}{p^2}$
连续型	均匀分布	$f(x)=\begin{cases}\dfrac{1}{b-a}, & a\leqslant x\leqslant b,\\ 0, & \text{其他}\end{cases}\quad(a<b)$	$\dfrac{a+b}{2}$	$\dfrac{(b-a)^2}{12}$
	指数分布	$f(x)=\begin{cases}\lambda e^{\lambda x}, & x\geqslant 0,\\ 0, & x<0\end{cases}\quad(\lambda>0)$	$\dfrac{1}{\lambda}$	$\dfrac{1}{\lambda^2}$
	标准正态分布	$\varphi(x)=\dfrac{1}{\sqrt{2\pi}}e^{-\frac{x^2}{2}}\quad(-\infty<x<+\infty)$	0	1
	一般正态分布	$f(x)=\dfrac{1}{\sqrt{2\pi}\sigma}e^{-\frac{(x-\mu)^2}{2\sigma^2}}$ $(\sigma>0,-\infty<x<+\infty)$	μ	σ^2

附录 5

标准正态分布表

$$\Phi(x)=\int_{-\infty}^{x}\frac{1}{\sqrt{2\pi}}e^{-\frac{x^2}{2}}dx$$

x	0.00	0.01	0.02	0.03	0.04	0.05	0.06	0.07	0.08	0.09
0.0	5 000	5 040	5 080	5 120	5 160	5 199	5 239	5 279	5 319	5 359
0.1	5 398	5 438	5 478	5 517	5 557	5 596	5 636	5 675	5 714	5 753
0.2	5 793	5 832	5 871	5 910	5 948	5 987	6 026	6 064	6 103	6 141
0.3	6 179	6 217	6 255	6 293	6 331	6 368	6 406	6 443	6 480	6 517
0.4	6 554	6 591	6 628	6 664	6 700	6 736	6 772	6 808	6 844	6 879
0.5	6 915	6 950	6 985	7 019	7 054	7 088	7 123	7 157	7 190	7 224
0.6	7 257	7 291	7 324	7 357	7 389	7 422	7 454	7 486	7 517	7 549
0.7	7 580	7 611	7 642	7 673	7 703	7 734	7 764	7 794	7 823	7 852
0.8	7 881	7 910	7 939	7 967	7 995	8 023	8 051	8 078	8 106	8 133
0.9	8 159	8 161	8 212	8 238	8 264	8 289	8 315	8 340	8 365	8 389
1.0	8 413	8 438	8 461	8 485	8 508	8 531	8 554	8 577	8 599	8 621
1.1	8 643	8 665	8 686	8 708	8 729	8 749	8 770	8 790	8 810	8 830
1.2	8 849	8 869	8 888	8 907	8 925	8 944	8 962	8 980	8 997	9 015
1.3	9 032	9 049	9 066	9 082	9 099	9 115	9 131	9 147	9 162	9 177
1.4	9 192	9 207	9 222	9 236	9 251	9 265	9 278	9 292	9 306	9 319
1.5	9 332	9 345	9 357	9 370	9 382	9 394	9 406	9 418	9 430	9 441
1.6	9 452	9 463	9 474	9 484	9 495	9 505	9 515	9 525	9 535	9 545
1.7	9 554	9 564	9 574	9 582	9 591	9 599	9 608	9 616	9 625	9 633
1.8	9 641	9 648	9 656	9 664	9 671	9 678	9 686	9 693	9 700	9 706
1.9	9 713	9 719	9 726	9 732	9 738	9 744	9 750	9 756	9 762	9 767
2.0	9 772	9 778	9 783	9 788	9 793	9 798	9 803	9 808	9 812	9 817
2.1	9 821	9 826	9 830	9 834	9 838	9 842	9 846	9 850	9 854	9 857
2.2	9 861	9 864	9 868	9 871	9 874	9 878	9 881	9 884	9 887	9 890
2.3	9 893	9 896	9 898	9 901	9 904	9 906	9 909	9 911	9 913	9 916
2.4	9 918	9 920	9 922	9 925	9 927	9 929	9 931	9 932	9 934	9 936
2.5	9 938	9 940	9 941	9 943	9 945	9 946	9 948	9 949	9 951	9 952
2.6	9 953	9 955	9 956	9 957	9 959	9 960	9 961	9 962	9 963	9 964
2.7	9 965	9 966	9 967	9 968	9 969	9 970	9 971	9 972	9 973	9 974
2.8	9 974	9 975	9 976	9 977	9 977	9 978	9 979	9 979	9 980	9 981
2.9	9 981	9 982	9 982	9 983	9 984	9 984	9 985	9 985	9 986	9 986
3.0	0.998 65	0.999 03	0.999 31	0.999 52	0.999 66	0.999 77	0.999 84	0.999 89	0.999 93	0.999 95
4.0	0.999 968	0.999 979	0.999 987	0.999 991	0.999 995	0.999 997	0.999 998	0.999 999	0.999 999	0.999 995

附录 6

泊松分布表

$$P(X=k)=\frac{\lambda^k}{k!}e^{-\lambda}$$

k	λ=0.1	λ=0.2	λ=0.3	λ=0.4	λ=0.5	λ=0.6
0	0.904 837	0.818 731	0.740 818	0.670 320	0.606 531	0.548 812
1	0.090 484	0.163 746	0.222 245	0.268 128	0.303 265	0.329 287
2	0.004 524	0.016 375	0.033 337	0.053 626	0.075 816	0.098 786
3	0.000 151	0.001 092	0.003 334	0.007 150	0.012 636	0.019 757
4	0.000 004	0.000 055	0.000 250	0.000 715	0.001 580	0.002 964
5		0.000 002	0.000 015	0.000 057	0.000 158	0.000 356
6			0.000 001	0.000 004	0.000 013	0.000 036
7					0.000 001	0.000 003

k	λ=0.7	λ=0.8	λ=0.9	λ=1.0	λ=1.5	λ=2.0
0	0.496 585	0.449 329	0.406 570	0.367 879	0.223 130	0.135 335
1	0.347 610	0.359 463	0.365 913	0.367 879	0.334 695	0.270 671
2	0.121 663	0.143 785	0.164 661	0.183 940	0.251 021	0.270 671
3	0.028 388	0.038 343	0.049 398	0.061 313	0.125 510	0.180 447
4	0.004 968	0.007 669	0.011 115	0.015 328	0.047 067	0.090 224
5	0.000 696	0.001 227	0.002 001	0.003 066	0.014 120	0.036 089
6	0.000 081	0.000 164	0.000 300	0.000 511	0.003 531	0.012 030
7	0.000 008	0.000 019	0.000 039	0.000 073	0.000 756	0.003 437
8	0.000 001	0.000 002	0.000 004	0.000 009	0.000 142	0.000 859
9				0.000 001	0.000 024	0.000 191
10					0.000 004	0.000 038
11						0.000 007
12						0.000 001

k	λ=2.5	λ=3.0	λ=3.5	λ=4.0	λ=4.5	λ=5.0
0	0.082 085	0.049 787	0.030 197	0.018 316	0.011 109	0.006 738
1	0.205 212	0.149 361	0.150 091	0.073 263	0.049 990	0.033 690
2	0.256 516	0.224 042	0.184 959	0.146 525	0.111 479	0.084 224
3	0.213 763	0.224 042	0.215 785	0.195 367	0.168 718	0.140 374
4	0.133 602	0.168 031	0.188 812	0.195 367	0.189 808	0.175 467
5	0.066 801	0.100 819	0.132 169	0.156 293	0.170 827	0.175 467
6	0.027 834	0.050 409	0.077 098	0.104 196	0.128 120	0.146 223

续表

k	λ=2.5	λ=3.0	λ=3.5	λ=4.0	λ=4.5	λ=5.0
7	0.009 941	0.021 604	0.038 549	0.059 540	0.082 363	0.104 445
8	0.003 106	0.008 102	0.016 865	0.029 770	0.046 329	0.065 278
9	0.000 863	0.002 701	0.006 559	0.013 231	0.023 165	0.036 266
10	0.000 216	0.000 810	0.002 296	0.005 292	0.010 424	0.018 133
11	0.000 049	0.000 221	0.000 730	0.001 925	0.004 264	0.008 242
12	0.000 010	0.000 055	0.000 213	0.000 642	0.001 599	0.003 434
13	0.000 002	0.000 013	0.000 057	0.000 197	0.000 554	0.001 321
14		0.000 003	0.000 014	0.000 056	0.000 178	0.000 472
15		0.000 001	0.000 003	0.000 015	0.000 053	0.000 157
16			0.000 001	0.000 004	0.000 015	0.000 049
17				0.000 001	0.000 004	0.000 014
18					0.000 001	0.000 004
19						0.000 001

k	λ=6.0	λ=7.0	λ=8.0	λ=9.0	λ=10.0
0	0.002 479	0.000 912	0.000 335	0.000 123	0.000 045
1	0.014 873	0.006 383	0.002 684	0.001 111	0.000 454
2	0.044 618	0.022 341	0.010 735	0.004 998	0.002 270
3	0.089 235	0.052 129	0.028 626	0.014 994	0.007 567
4	0.133 853	0.091 226	0.057 252	0.033 737	0.018 917
5	0.160 623	0.127 717	0.091 604	0.060 727	0.037 833
6	0.160 623	0.149 003	0.122 138	0.091 090	0.063 055
7	0.137 677	0.149 003	0.139 587	0.117 116	0.090 079
8	0.103 258	0.130 377	0.139 587	0.131 756	0.112 599
9	0.068 838	0.101 405	0.124 077	0.131 756	0.125 110
10	0.041 303	0.070 983	0.099 262	0.118 580	0.125 110
11	0.022 529	0.045 171	0.072 190	0.097 020	0.113 736
12	0.011 264	0.026 350	0.048 127	0.072 765	0.094 780
13	0.005 199	0.014 188	0.029 616	0.050 376	0.072 908
14	0.002 288	0.007 094	0.016 924	0.032 384	0.052 077
15	0.000 891	0.003 311	0.009 026	0.019 431	0.034 718
16	0.000 334	0.001 448	0.004 513	0.010 930	0.021 699
17	0.000 118	0.000 596	0.002 124	0.005 786	0.012 764
18	0.000 039	0.000 232	0.000 944	0.002 893	0.007 091
19	0.000 012	0.000 085	0.000 397	0.001 370	0.003 732
20	0.000 004	0.000 030	0.000 159	0.000 617	0.001 866
21	0.000 001	0.000 010	0.000 061	0.000 264	0.000 889
22		0.000 003	0.000 022	0.000 108	0.000 404

参考答案

第1章 函数

同步训练 1.1

1. (1) $(-\infty,-1)\cup(-1,4)\cup(4,+\infty)$; (2) $[-5,5)$; (3) $\left[\frac{2}{3},2\right)\cup(2,5)$; (4) $(1,2)$. **2.** (1) $f(x)=g(x)$; (2) $f(x)\neq g(x)$; (3) $f(x)\neq g(x)$; (4) $f(x)=g(x)$. 理由略. **3.** (1) 奇函数; (2) 奇函数; (3) 偶函数; (4) 非奇非偶函数. **4.** (1) $T=\frac{\pi}{3}$; (2) $T=\pi$. **5.** (1) $y=u^2, u=\sin x$; (2) $y=\arcsin u, u=\ln x$; (3) $y=\log_a u, u=\sqrt{v}, v=1+x^2$; (4) $y=e^u, u=\cos v, v=\frac{1}{x}$. **6.** 4. **7.** $f[\varphi(x)]=\sin\sqrt[3]{x}$; $\varphi[f(x)]=\sin(x^{\frac{3}{2}})$. **8.** (1) $f(x)=\begin{cases}0.03x-105, & x\in(3500,5000],\\ 0.1x-455, & x\in(5000,8000],\\ 0.2x-1255, & x\in(8000,12500];\end{cases}$ (2) $f(8500)=445$(元). **9.** (1) $y=\log_2(x-1)$; (2) $y=\frac{x-1}{x+1}$.

同步训练 1.2

1. $C(q)=2000+100q(0\leqslant q\leqslant 40)$, $C(20)=4000$(元), $\overline{C}(20)=200$(元), $C(25)=4500$(元), $\overline{C}(25)=180$(元). **2.** $Q(P)=-\frac{P}{10}+120$. **3.** $P=2, Q=20$. **4.** $R(q)=10q-\frac{q^2}{5}$, $R(30)=120$, $\overline{R}(30)=4$.

能力训练 A

1. (1) 不同;(2) 不同. **2.** (1) $[-1,0)\cup(0,1]$;(2) $[-1,3]$. **3.** x^2+x. **4.** $\Delta x+4$. **5.** $\lg^2 x$, $\lg x^2$. **6.** (1) $y=\sqrt{u}, u=3x-1$;(2) $y=\sqrt{u}, u=\ln v, v=\sqrt{x}$. **7.** $f(x)=x^2+2x$. **8.** (1) $Q(P)=60-3P$, $Q(15)=15$;(2) $R(Q)=\frac{1}{3}(60-Q)\cdot Q$, $R(15)=225$. **9.** 提示:分别令 $g(x)=f(x)+f(-x)$,求$g(-x)$;令 $h(x)=f(x)-f(-x)$,求 $h(-x)$.

能力训练 B

1. (1) 不是;(2)是;(3)是. **2.** (1) $\left(\frac{2}{3},1\right)\cup(1,+\infty)$; (2) $[-4,5)$. **3.** $\frac{1}{4}(x+1)^2, \frac{1}{4}, 0, 1$. **4.** (1) $y=u^2, u=1+\ln x$; (2) $y=e^u, u=e^v, v=-x^2$. **5.** (1) $10^{\ln x}, \ln 10^x$; (2) $10^{\ln 100}, \ln 1000$. **6.** 略. **7.** $R=-\frac{1}{2}q^2+4q$. **8.** $Q=5\times 2^P+10$. **9.** 2000;20 **10.** $y=\begin{cases}1+x, & x\leqslant 2,\\ 5-x, & x>2.\end{cases}$ 图略.

第2章 极限与连续

同步训练 2.1

1. (1) 0; (2) 1; (3) 0; (4) 发散. **2.** (1) 0; (2) 不存在,理由略; (3) 0; (4) 不存在,理由略; (5) 不存在,理由略; (6) 1. **3.** (1) -1; (2) 1; (3) 1. **4.** (1) 0; (2) 不存在; (3) 1.

同步训练 2.2

1. (1) 无穷小量;(2) 无穷小量;(3) 无穷大量;(4) 无穷大量;(5) 无穷大量;(6) 无穷小量.

2. (1) $x\to\infty$；(2) $x\to\frac{1}{2}$；(3) $x\to+\infty$；(4) $x\to+\infty$. **3.** (1) $x\to0$；(2) $x\to\infty$；(3) $x\to-\infty$；(4) $x\to 0^+$. **4.** (1) 0；(2) 0；(3) 0；(4) 0. **5.** (1) 同阶无穷小量；(2) $\left(\frac{1}{2}\right)^n$ 是比 $\left(\frac{1}{3}\right)^n$ 低阶的无穷小量.

同步训练 2.3

1. (1) $-\frac{5}{3}$；(2) 0；(3) 2；(4) $\frac{9}{2}$；(5) ∞；(6) 2；(7) 0；(8) $2x$；(9) 0；(10) -1；(11) ∞；(12) $\frac{3}{2}$；(13) $\sqrt{2}$；(14) 2. **2.** 1. **3.** $a=0,b=6$. **4.** $a=-7,b=6$. **5.** $a=1,b=-1$.

同步训练 2.4

1. (1) $\frac{3}{2}$；(2) 2；(3) 2；(4) 1；(5) $\sqrt{2}$；(6) x；(7) 1；(8) 4. **2.** (1) e^{-1}；(2) e^{-1}；(3) e^{-5}；(4) e^{-2}；(5) e^2；(6) e^2；(7) e；(8) 1. **3.** 当 $x\to0$ 时，$1-\cos x$ 是比 x^3 低阶的无穷小.

同步训练 2.5

1. 0.21. **2.** (1) $x=-2$ 是第二类间断点；(2) $x=1$ 是可去间断点，补充定义 $f(1)=\frac{2}{3}$，$x=-2$ 是第二类间断点；(3) $x=0$ 是可去间断点，补充定义 $f(0)=1$；(4) $x=0$ 是可去间断点，补充定义 $f(0)=0$；(5) $x=1$ 是跳跃间断点；(6) $x=0$ 是可去间断点，补充定义 $f(0)=0$. **3.** (1) $\sqrt{3}$；(2) $\frac{1}{2}$；(3) $\frac{2}{\pi}$；(4) 1；(5) $-e$；(6) 1；(7) 1；(8) a. **4.** $a=1-\frac{\pi}{2}$. **5.** $a=1$. **6** 略. **7** 略.

能力训练 A

一、选择题

1. C. **2.** D. **3.** B. **4.** A. **5.** B.

二、填空题

6. 7. **7.** 1. **8.** 1. **9.** 1. **10.** 0.

三、解答题

11. 提示：$\lim\limits_{x\to1^-}f(x)=3$，$\lim\limits_{x\to1^+}f(x)=3$，则 $\lim\limits_{x\to1}f(x)=3\neq f(1)$，所以 $f(x)$ 在 $x=1$ 处不连续. **12.** (1) $3x^2$；(2) 0；(3) $\frac{1}{2\sqrt{3}}$；(4) 1；(5) 0；(6) e^{-1}；(7) e^{-1}；(8) $\frac{2}{3}$. **13.** (1) $x=4,x=-1$；(2) $x=0$.
14. $a=2,b=-4$. **15.** 提示：令 $g(x)=e^x-2-x$.

能力训练 B

一、选择题

1. D. **2.** D. **3.** B. **4.** C. **5.** D. **6.** B. **7.** C. **8.** C. **9.** D. **10.** C.

二、计算题

11. 4. **12.** 1. **13.** $\frac{1}{e}$. **14.** 8. **15.** -2. **16.** $\frac{1}{2}$. **17.** $\frac{1}{2\sqrt{x}}$. **18.** $\frac{1}{3}$. **19.** $-\frac{\sqrt{2}}{2}$. **20.** 2.

三、**21.** $f(x)=\frac{x^2+4}{x^2-1}$.

四、**22.** 略.

第 3 章　导数与微分

同步训练 3.1

1. $a(t)=\lim\limits_{\Delta t\to0}\frac{v(t+\Delta t)-v(t)}{\Delta t}=v'(t)$. **2.** $f'(1)=\frac{1}{2}$，切线方程：$x-2y+1=0$；法线方程：$2x+y-3=$

0. **3.** (1) $-f'(x_0)$; (2) $4f'(x_0)$; (3) $f'(x_0)$. **4.** $f'(x)=\begin{cases}3x^2, & x<0,\\ 2x, & x\geqslant 0.\end{cases}$ **5.** $a=2, b=-1$.

6. (1) $f(x)$在$x=0$处连续但不可导; (2) $f(x)$在$x=0$处连续且可导.

同步训练 3.2

1. (1) $4+\frac{4}{x^3}$; (2) $\frac{1}{8}x^{-\frac{7}{8}}$; (3) $\frac{7}{8}x^{-\frac{1}{8}}$; (4) $2x\sin\frac{1}{x}-\cos\frac{1}{x}$; (5) $\frac{2}{(x+1)^2}$; (6) $\frac{1}{2\sqrt{x-x^2}}$; (7) $(2e)^x\ln(2e)+(1-x)e^{-x}$; (8) $\frac{2x}{1+x^4}$; (9) $-2\sin\left(2x+\frac{\pi}{5}\right)$; (10) $2\sin(4x-2)$; (11) $\frac{\ln x}{x\sqrt{1+\ln^2 x}}$; (12) $\frac{x\arccos x-\sqrt{1-x^2}}{(1-x^2)^{\frac{3}{2}}}$. **2.** (1) $y'=\frac{y}{y-x}$; (2) $y'=\frac{1+x-y}{e^y(1+x)+(1+x)\ln(1+x)}$; (3) $y'=\frac{2^x\ln 2(2^y-1)}{2-2^{x+y}\ln 2}$; (4) $y'=\frac{2(e^{2x}-xy)}{x^2-\cos y}$; (5) $-\frac{1}{2}$. **3.** (1) $y'=x^{\sin x}\left[\cos x(\ln x)+\frac{\sin x}{x}\right]$; (2) $y'=\frac{y}{2}\left(\frac{1}{x-1}+\frac{1}{x-2}-\frac{1}{x-3}-\frac{1}{x-4}\right)$; (3) $y'=\left(\frac{x}{1+x}\right)^x\left(\ln\frac{x}{1+x}+\frac{1}{1+x}\right)$; (4) $y'=y\left[\frac{2}{5x}-\frac{6x}{5(1+x^2)}\right]$.

4. (1) $\frac{dy}{dx}=\frac{\sin t+t\cos t}{3t^2}$; (2) $\frac{dy}{dx}=\frac{\sin t+t\cos t}{\cos t-t\sin t}$; (3) $\frac{dy}{dx}=\frac{3e^t+1}{-3e^{-t}}, \left.\frac{dy}{dx}\right|_{t=0}=-\frac{4}{3}$. **5.** (1) $y''=12x-6$; (2) $y''=-2\sin x-x\cos x$; (3) $y''=\frac{1}{x}, y''(1)=1$; (4) $\frac{d^2y}{dx^2}=-\frac{1}{a(1-\cos t)^2}$. **6.** (1) $y^{(n)}=(-2)^n e^{-2x}$; (2) $y^{(n)}=(x+n)e^x$. **7.** (1) $\frac{2f'(2x)}{f(2x)}$; (2) $2e^x f(e^x)f'(e^x)$.

同步训练 3.3

1. $\Delta y\big|_{\substack{x=2\\ \Delta x=0.01}}=0.120601, dy\big|_{\substack{x=2\\ \Delta x=0.01}}=0.12$. **2.** (1) $dy=-\frac{x}{\sqrt{1-x^2}}dx$; (2) $dy=\frac{1}{(1-x)^2}dx$; (3) $dy=2x(1+x)e^{2x}dx$; (4) $dy=-\frac{1}{\sqrt{1-x^2}}dx$; (5) $dy=\cot x dx$; (6) $dy=e^x(\cos x-\sin x)dx$; (7) $dy=-e^{\cos x}\sin x dx$; (8) $dy=\frac{1}{x}\cos(\ln x)dx$. **3.** (1) $\sin t+C$; (2) $\ln|1+x|+C$; (3) $\frac{1}{5}\tan 5x+C$; (4) $2\sqrt{x}+C$; (5) $\frac{1}{2}\sin 2x+C$; (6) $-\frac{1}{2}e^{-2x}+C$. **4.** (1) 0.5151; (2) 9.9867. **5.** 略.

同步训练 3.4

1. (1) 350(万元); (2) 3.5(万元); (3) 2.25(万元),其经济意义是:当产量为100台时,再生产1台产品增加的成本为2.25万元. **2.** $\frac{Ey}{Ex}=\frac{2x}{3+2x}, \left.\frac{Ey}{Ex}\right|_{x=3}=\frac{2}{3}$. **3.** $\frac{Ey}{Ex}=3x, \left.\frac{Ey}{Ex}\right|_{x=2}=6$. **4.** (1) $Q'(4)=-8$,说明当$P=4$时,价格上涨(或下跌)1个单位时,需求将减少(或增加)8个单位; (2) $\eta(4)\approx 0.54<1$,说明当$P=4$时,价格上涨1%,需求减少0.54%; (3) 增加0.46%,当$P=4$时,价格上涨1%,总收益约增加0.46%; (4) 减少0.85%,当$P=6$时,价格上涨1%,总收益减少0.85%.

能力训练 A

一、选择题

1. D. **2.** C. **3.** A. **4.** C. **5.** B.

二、填空题

6. $-\frac{8}{3}$. **7.** $-e^{-x}f'(e^{-x})dx$. **8.** 0. **9.** 0. **10.** $-\frac{x}{y}$.

三、解答题

11. (1) $-\frac{1}{\sqrt{x-x^2}}$; (2) $\frac{2x}{1+x^2}$; (3) $\frac{ay-x^2}{y^2-ax}$; (4) $-\frac{e^y}{1+xe^y}$. **12.** (1) $(\sin 2x+2x\cos 2x)dx$; (2) $e^{-x}[\sin(3-x)-\cos(3-x)]dx$. **13.** (1) $4-\frac{1}{x^2}$; (2) $2xe^{x^2}(3+2x^2)$. **14.** (1) 切线:$2\sqrt{2}x+y-2=0$,

法线：$\sqrt{2}x-4y-1=0$；(2) 切线：$x+2y-4=0$，法线：$2x-y-3=0$. **15.** (1) $Q'=-24$，经济意义：当价格 $P=6$ 时，商品价格每提高 1 个单位，需求量将降低 24 个单位；(2) $\eta(6)=-1.846$，$|\eta(6)|>1$，当价格 $P=6$ 时，每提高 1% 的价格，需求量将减少 1.846%；(3) $\left.\dfrac{ER}{EP}\right|_{P=6}=-0.846$，当价格 $P=6$ 时，价格下降 2%，收益将增加 1.692%.

能力训练 B

一、选择题

1. C. **2.** D. **3.** B. **4.** C. **5.** A. **6.** D. **7.** B. **8.** A. **9.** D. **10.** B.

二、计算题

11. $\mathrm{d}f(x)=-\dfrac{1}{(1+x)^2}\mathrm{d}x$. **12.** $y'=\dfrac{(1+y^2)\mathrm{e}^x}{1+(1+y^2)\mathrm{e}^y}$. **13.** $y''=-\cos x\cdot f'(\cos x)+\sin^2 x\cdot f''(\cos x)$.

14. $a=-\dfrac{\mathrm{e}}{2}$，$b=\dfrac{3}{2}\mathrm{e}$.

三、应用题

15. (1) 14；(2) 13. **16.** (1) $-\dfrac{P}{20-P}$；(2) $-\dfrac{3}{17}$；(3) $\dfrac{2(10-P)}{20-P}$，当 $P=3$ 时，收益价格弹性 $\left.\varepsilon_{RP}\right|_{P=3}=\dfrac{2(10-3)}{20-3}\approx 0.82$，在 $P=3$ 时，若价格上涨 1%，其总收益约增加 0.82%.

第 4 章　微分中值定理与导数的应用

同步训练 4.1

1. $f(-1)=f(3)=0$，$f'(1)=0$，$1\in(-1,3)$，因此 $\xi=1$. **2.** $f(x)$ 在 $[0,1]$，$[1,2]$，$[2,3]$ 上满足罗尔定理的条件. $\xi_1\in(0,1)$，$f'(\xi_1)=0$；$\xi_2\in(1,2)$，$f'(\xi_2)=0$；$\xi_3\in(2,3)$，$f'(\xi_3)=0$. $f'(x)$ 为三次多项式，只能有三个实根. **3.** $f(x)=x^2-2x$ 在 $[1,2]$ 上满足拉格朗日中值定理. $f'(\xi)=\dfrac{f(2)-f(1)}{2-1}=1=2\xi-2$，$\xi=\dfrac{3}{2}$.
4. 令 $\varphi(x)=f(x)-g(x)$，由推论 1 可得. **5.** (1) 提示：令 $f(t)=\mathrm{e}^t$，在 $[1,x]$ 上利用拉格朗日中值定理，有 $\mathrm{e}^x-\mathrm{e}^1=\mathrm{e}^\xi(x-1)$；(2) 提示：令 $f(x)=\arctan x$，在 $[x_1,x_2]$ 上利用拉格朗日中值定理. **6.** (1) 1；(2) 1；(3) 1；(4) -1；(5) 0；(6) 3；(7) 0；(8) $\dfrac{1}{2}$；(9) 1；(10) 极限不存在；(11) e^{-2}；(12) e^{-2}. **7.** 验证略. (1) 0；(2) 1.

同步训练 4.2

1. (1) 单调增加区间 $(-\infty,0]$、$(2,+\infty)$，单调减少区间 $(0,2)$；(2) 单调增加区间 $(-1,0)$、$(1,+\infty)$，单调减少区间 $(-\infty,-1)$、$(0,1)$；(3) 单调增加区间 $(-1,+\infty)$，单调减少区间 $(-\infty,-1)$；(4) 单调增加区间 $(0,+\infty)$，单调减少区间 $(-\infty,0)$. **2.** (1) $f\left(\dfrac{3}{2}\right)=\dfrac{27}{16}$ 为极大值；(2) $f(0)=0$ 是极小值，$f(-1)=\mathrm{e}^{-1}$，$f(1)=\mathrm{e}^{-1}$ 都是极大值；(3) $f(-1)=6$ 是极大值，$f(3)=-26$ 是极小值；(4) $f\left(\dfrac{1}{\mathrm{e}}\right)=-\dfrac{1}{\mathrm{e}}$ 是极小值.
3. (1) $f(\pm1)=4$ 是最小值，$f(\pm2)=13$ 是最大值；(2) $f(2)=1$ 是最大值；(3) $f(-2)=20$ 是最大值，$f(1)=-7$ 是最小值；(4) $f(4)=6$ 是最大值，$f(0)=0$ 是最小值. **4.** 由 $y'=\dfrac{a}{x}+2bx+1$ 知 $a+2b+1=0$，$\dfrac{a}{2}+4b+1=0$，$a=-\dfrac{2}{3}$，$b=-\dfrac{1}{6}$，$f(1)=\dfrac{5}{6}$ 是极小值，$f(2)=-\dfrac{2}{3}\ln 2+\dfrac{4}{3}$ 是极大值. **5.** (1) 凹区间：$(-\infty,0)$、$(1,+\infty)$，凸区间：$(0,1)$，拐点 $(1,-1)$；(2) 凹区间：$(-\infty,2)$，凸区间：$(2,+\infty)$，拐点 $(2,12)$；(3) 凹区间：$(2,+\infty)$，凸区间：$(-\infty,2)$，拐点 $\left(2,\dfrac{2}{\mathrm{e}^2}\right)$；(4) 凹区间：$(\mathrm{e}^{-\frac{3}{2}},+\infty)$，凸区间 $(0,\mathrm{e}^{-\frac{3}{2}})$，拐点 $\left(\mathrm{e}^{-\frac{3}{2}},-\dfrac{3}{2}\mathrm{e}^{-3}\right)$. **6.** $a=1$，$b=3$. **7.** (1) 水平渐近线为 $y=-2$，垂直渐近线为 $x=0$；(2) 水平渐近线为

$y=0$,垂直渐近线为 $x=\pm1$;(3) 无水平渐近线,垂直渐近线为 $x=1$,斜渐近线为 $y=\frac{1}{4}x-\frac{5}{4}$;(4) 无水平渐近线,垂直渐近线为 $x=1,x=-3$,斜渐近线为 $y=x-2$. **8.** 略. **9.** (1) 提示:令 $f(x)=e^x-1-x$, $x\in[0,+\infty)$;(2) 提示:令 $f(x)=x-\sin x, x\in[0,+\infty)$,再令 $g(x)=\sin x-x+\frac{x^2}{2}, x\in[0,+\infty)$.

同步训练 4.3

1. $R(P)=-\frac{P^2}{100}+88P-1360, P=4400$(元). **2.** $P'(x)=-\frac{4\times10^{13}}{x^2}+2.5$,令 $P'(x)=0$ 有 $x=4\times10^6$(台). $P(4\times10^6)=2\times10^7$(元). **3.** $C(q)=20000+100q, L(q)=R(q)-C(q)$

$=\begin{cases}300q-\frac{q^2}{2}-20000, & 0\leqslant q\leqslant400,\\ 60000-100q, & q>400,\end{cases}$ $q=300$ 时,L 最大,$L(300)=25000$(元). **4.** (1) $R(20)=120, \overline{R}(20)=6$, $R'(20)=2$;(2) 25.

能力训练 A

一、选择题

1. D. **2.** A. **3.** D. **4.** D. **5.** B.

二、填空题

6. $\frac{1}{3x}$. **7.** $-\frac{1}{\ln2}$. **8.** 1. **9.** $y=0, x=-1$. **10.** $(0,0)$.

三、解答题

11. (1) 2;(2) $-\frac{1}{8}$;(3) ∞;(4) $\frac{1}{2}$;(5) 0;(6) 0. **12.** $(-\infty,-1)\cup(0,1)$为递增区间,$(-1,0)\cup(1,+\infty)$为递减区间,极小值 $y\big|_{x=0}=0$,极大值 $y\big|_{x=\pm1}=1$. **13.** $y_{\min}=y\big|_{x=0}=0, y_{\max}=y\big|_{x=2}=\ln5$.

14. 凹区间为$\left(-\infty,\frac{1}{3}\right)$,凸区间为$\left(\frac{1}{3},+\infty\right)$,拐点为$\left(\frac{1}{3},\frac{8}{27}\right)$. **15.** 令 $x^4+x^3+x^2+bx+a=0$ 的四个根分别为 x_1,x_2,x_3,x_4,且不妨设 $x_1<x_2<x_3<x_4$. 再令 $f(x)=x^4+x^3+x^2+bx+a$,在区间$[x_1,x_2]$,$[x_2,x_3]$,$[x_3,x_4]$上重复使用罗尔定理. **16.** 令 $f(x)=x\ln x-x+1, f(1)=0$,只需证明 $f(x)$在$(1,+\infty)$上单调递增. **17.** $L(q)=R(q)-C(q)=-0.01q^2+5q-200, L'(q)=0, q=250, L''(q)<0$.

能力训练 B

一、选择题

1. A. **2.** A. **3.** D. **4.** B. **5.** A. **6.** B. **7.** C. **8.** D. **9.** B. **10.** A.

二、计算题

11. $-\frac{1}{2}$. **12.** $\frac{1}{2}$. **13.** 单调增区间$(-\infty,-1)\cup(2,+\infty)$,单调减区间$(-1,2)$,极小值 $y\big|_{x=2}$,极大值 $y\big|_{x=-1}=21$. **14.** 最小值 $y\big|_{x=-5}=-83, y\big|_{x=4}=-82$,最大值 $y\big|_{x=-2}=26$. **15.** 凹区间$\left(\frac{5}{3},+\infty\right)$,凸区间$\left(-\infty,\frac{5}{3}\right)$,$(-1,2)$,拐点$\left(\frac{5}{3},-\frac{250}{27}\right)$. **16.** 水平渐近线 $y=0$,垂直渐近线 $x=-1, x=5$.

三、应用题

17. (1) $P(x)=\begin{cases}50, & x\leqslant10000\\ 50-\frac{x-10000}{2000}\times2, & x>10000;\end{cases}$ (2) $C(x)=60000+20x, C'(x)=20$;

(3) $R(x)=\begin{cases}50x, & x\leqslant10000,\\ 50x-\frac{x^2-10000x}{1000}, & x>10000;\end{cases}$ $R'(x)=\begin{cases}50, & x\leqslant10000,\\ 60-\frac{x}{500}, & x>10000;\end{cases}$

(4) $x=20000$ 件,最大利润 $L(20000)=340000$ 元.

四、证明题

18. 略.

第5章 积分及其应用

同步训练 5.1

1. (1) 正确;(2) 正确;(3) 错误. **2.** (1) $-\frac{4}{x}+\frac{4}{3}x+\frac{x^3}{27}+C$;(2) $-\frac{2}{3x\sqrt{x}}+C$;(3) $-\cot x-x+C$;(4) $\frac{8}{15}x^{\frac{15}{8}}+C$;(5) $\frac{1}{2}(x-\sin x)+C$;(6) $\frac{8}{9}x^{\frac{9}{8}}+C$;(7) $\frac{(3e)^x}{1+\ln 3}+C$;(8) $\arctan x-\frac{1}{x}+C$;(9) e^x-x+C;(10) $\frac{1}{2}(\tan x-x)+C$;(11) $\frac{1}{9}x^3-x+2\arctan x+C$;(12) $-2\csc 2x+C$. **3.** $f(x)=[\ln(1+x^2)]'=\frac{2x}{1+x^2}$.
4. $f(x)=(e^{x^2})'=2xe^{x^2}$, $\int e^{-x^2}f(x)dx=x^2+C$. **5.** $y'=x$, $y=\int x dx=\frac{1}{2}x^2+C$. $C=1$, $y=\frac{1}{2}x^2+1$.
6. $C(x)=100x-0.005x^2+1000$.

同步训练 5.2

1. (1) 2;(2) $4x$;(3) $\frac{1}{2\sqrt{x}}$;(4) $2xe^{x^2}$;(5) $\frac{1}{x}$;(6) $-\frac{2x}{\sqrt{1-x^2}}$. **2.** (1) $\frac{2}{9}(1+x^3)^{\frac{3}{2}}+C$;(2) $-\frac{1}{8}(3-2x)^4+C$;(3) $\frac{1}{3}[\ln(1+x)]^3+C$;(4) $\frac{1}{2}e^{(2x-3)}+C$;(5) $\sin(x^2-x+1)+C$;(6) $-2\sqrt{1-x^2}-\arcsin x+C$;(7) $\tan x-x+C$;(8) $\frac{1}{2}\tan^2 x+\ln|\cos x|+C$;(9) $-\frac{1}{2}e^{-x^2}+C$;(10) $e^{\left(x+\frac{1}{x}\right)}+C$;(11) $e^{\arcsin x}+C$;(12) $\arctan e^x+C$;(13) $\frac{1}{3}\ln\left|\frac{x-1}{x+2}\right|+C$;(14) $x+\ln|x^2-2x+2|+C$;(15) $\frac{1}{2}(\arctan x)^2+C$;(16) $\sin x-\frac{1}{3}\sin^3 x+C$.
3. (1) $\frac{1}{2}\ln(1+x^2)+C$;(2) $\frac{2}{3}(1+\ln x)^{\frac{3}{2}}+C$;(3) $-\frac{1}{3}\cot 3x+C$;(4) $-\frac{2}{3}(1-x)^{\frac{3}{2}}+\frac{2}{5}(1-x)^{\frac{5}{2}}+C$;(5) $(\arctan\sqrt{x})^2+C$;(6) $-\frac{\sqrt{1-x^2}}{x}+C$;(7) $\arccos\frac{1}{x}+C$;(8) $-\frac{\sqrt{1+x^2}}{x}+C$. **4.** (1) $e^x(x-1)+C$;(2) $x\arctan x-\frac{1}{2}\ln|1+x^2|+C$;(3) $\frac{1}{2}x^2\ln x-\frac{1}{4}x^2+C$;(4) $x\arcsin x+\sqrt{1-x^2}+C$;(5) $2(\sqrt{t}\sin\sqrt{t}+\cos\sqrt{t})+C$;(6) $x\arctan\sqrt{x}-\sqrt{x}+\arctan\sqrt{x}+C$. **5.** $f(x)=\frac{1-\ln x}{x^2}$, $\int xf'(x)dx=\frac{1-2\ln x}{x}+C$.

同步训练 5.3

1. $\int_0^1 x^3 dx=\lim\limits_{n\to\infty}\frac{1}{n^4}\left[\frac{1}{2}n(n+1)\right]^2=\frac{1}{4}$. **2.** (1) $\int_0^1 x^2 dx\geqslant\int_0^1 x^3 dx$;(2) $\int_1^2 x dx\geqslant\int_1^2\sqrt{x}dx$;(3) $\int_0^1 e^x dx\geqslant\int_0^1 e^{x^2}dx$;(4) $\int_1^e x dx\geqslant\int_1^e\ln(1+x)dx$. **3.** 略.

同步训练 5.4

1. (1) 0;(2) $-f(x)$;(3) $\sqrt{1+x^2}$;(4) $\sin(x^2)$;(5) $-x^2e^{-x}$;(6) $\frac{3x^2}{1+x^9}$. **2.** (1) 1;(2) $-\frac{1}{2e}$;(3) -2;(4) 2. **3.** (1) $\frac{29}{6}$;(2) $\frac{16}{77}$;(3) $\frac{\pi}{12}$;(4) $\frac{\pi}{2}$;(5) $\frac{\pi}{6}$;(6) $\frac{2e-1}{1+\ln 2}$;(7) $\frac{\pi}{4}+1$;(8) $1+\frac{\pi}{2}$;(9) $\frac{5}{2}$;(10) $\frac{\pi}{12}+1-\frac{\sqrt{3}}{3}$. **4.** (1) $\cos 1-\frac{1}{2}$;(2) $\frac{8}{3}$.

同步训练 5.5

1. (1) $\frac{\pi}{6}$;(2) $\frac{2}{9}$;(3) $e-1$;(4) $\frac{4}{3}$;(5) $3\ln 3$;(6) $\frac{8}{27}$;(7) $\frac{\pi}{16}$;(8) $\frac{2}{7}$. **2.** (1) $\frac{\pi}{2}-1$;(2) $\frac{\pi}{4}-\frac{1}{2}\ln 2$;(3) $-\frac{3}{4}e^{-2}+\frac{1}{4}$;(4) $\frac{1}{4}(3e^4+1)$. **3.** (1) 0;(2) 2;(3) 0;(4) $\frac{\pi}{2}$. **4.** 令 $t=a+b-x$,则 $x=a$

时，$t=b$，$x=b$ 时，$t=a$. **5.** $f(x)=(\sin x)'=\cos x$，$\int_0^{\frac{\pi}{2}} xf(x)\mathrm{d}x=\frac{\pi}{2}-1$.

同步训练 5.6

(1) 发散；(2) 发散；(3) $\frac{1}{2}$；(4) 1；(5) π；(6) $\frac{8}{3}$；(7) 2；(8) 0；(9) 发散；(10) $\frac{\pi}{2}$.

同步训练 5.7

1. (1) $\frac{8}{3}$；(2) $5-\ln 6$；(3) $\frac{7}{6}$；(4) $\frac{16}{3}$. **2.** (1) $V_x=\frac{7\pi}{15}$，$V_y=\frac{\pi}{6}$；(2) $V_x=\pi(\mathrm{e}-2)$，$V_y=\frac{\pi}{2}(\mathrm{e}^2+1)$；(3) $V_x=\frac{\pi}{7}$，$V_y=\frac{2\pi}{5}$；(4) $V_x=\frac{48\pi}{5}$，$V_y=\frac{24\pi}{5}$. **3.** (1) $A(1,1)$；(2) $y=2x-1$；(3) $V_x=\frac{\pi}{30}$. **4.** (1) $Q(t)=\int_0^t f(t)\mathrm{d}t=100t+5t^2-0.15t^3$(吨)；(2) $Q(8)-Q(4)=572.8$(吨). **5.** 边际利润 $L'(t)=R'(t)-C'(t)=8-4t^{\frac{1}{3}}$，令 $L'(t)=0$，得 $t=8$(年)，$t=8$(年)为最佳经营时间. $L(8)=\int_0^8(8-4t^{\frac{1}{3}})\mathrm{d}t-4=12$(亿元).

能力训练 A

一、选择题

1. C. **2.** B. **3.** D. **4.** B. **5.** C.

二、填空题

6. $\frac{1}{x}+C$. **7.** $\frac{1}{2}[f(2b)-f(2a)]$. **8.** 1. **9.** e^{2x}. **10.** 1.

三、解答题

11. (1) $\sin \mathrm{e}^x+C$; (2) $2\mathrm{e}^{\sqrt{x}}+C$; (3) $-\frac{1}{\sin x+\cos x}+C$; (4) $\ln\frac{\sqrt{1+\mathrm{e}^x}-1}{\sqrt{1+\mathrm{e}^x}+1}+C$; (5) $\frac{1}{3}\ln|3x+\sqrt{9x^2-4}|+C$; (6) $x\ln\frac{x}{2}-x+C$; (7) $x(\arcsin x)^2+2\sqrt{1-x^2}\arcsin x-2x+C$; (8) $x\tan x+\ln|\cos x|+C$.

12. $f(x)=\left(\frac{\mathrm{e}^x}{x}\right)'=\frac{x\mathrm{e}^x-\mathrm{e}^x}{x^2}=\frac{\mathrm{e}^x(x-1)}{x^2}$，$\int xf'(x)\mathrm{d}x=\int x\mathrm{d}f(x)=xf(x)-\int f(x)\mathrm{d}x=\mathrm{e}^x-\frac{2\mathrm{e}^x}{x}+C$.

13. $0\leqslant\int_1^2(2x^3-x^4)\mathrm{d}x\leqslant\frac{27}{16}$. **14.** (1) $\frac{1}{2}(25-\ln 26)$；(2) 4；(3) $4-2\ln 3$；(4) $\frac{1}{4}\left(\frac{\pi}{2}-1\right)$；(5) 1；(6) $2\left(1-\frac{1}{\mathrm{e}}\right)$. **15.** (1) 提示：变量替换，令 $t=a-x$；(2) 提示：变量替换，令 $t=\frac{\pi}{2}-x$.

16. $5(\sqrt{5}-1)$. **17.** $V_x=\frac{128\pi}{7}$，$V_y=\frac{64\pi}{5}$. **18.** $C(q)=C(0)+\int_0^q C'(t)\mathrm{d}t=\frac{1}{3}q^3-2q^2+6q+100$，$R(q)=\int_0^q R'(t)\mathrm{d}t=105q-q^2$，$L(q)=R(q)-C(q)=-\frac{1}{3}q^3+q^2+99q-100$. $L'(q)=-q^2+2q+99$，令 $L'(q)=0$，得 $q_1=11$，$q_2=-9$(舍去)，$L''(11)<0$，$L(11)=666\frac{1}{3}$.

能力训练 B

一、选择题

1. C. **2.** B. **3.** B. **4.** D. **5.** B. **6.** A. **7.** D. **8.** D. **9.** B. **10.** D.

二、计算题

11. $\frac{1}{2}\arcsin 2x-\frac{1}{4}\sqrt{1-4x^2}+C$. **12.** $-\frac{3}{8}(3-2\ln x)^{\frac{4}{3}}+C$. **13.** $x\ln|x^2+1|-2x+2\arctan x+C$.

14. $\frac{1}{4}\ln 17$. **15.** $\frac{\pi}{6}$. **16.** $f(x)=x^2+\frac{\mathrm{e}^x}{3(2-\mathrm{e})}$，$\int_0^1 f(x)\mathrm{d}x=\frac{1}{3(2-\mathrm{e})}$. **17.** 最小值为 0；最大值为 $\frac{1}{2}\ln\frac{5}{2}+\arctan 2-\frac{\pi}{4}$. **18.** $\frac{1}{4}$.

三、应用题

19. (1) $y=\frac{x}{e}$;(2) $S=\frac{e}{2}-1$. **20.** $S=\frac{\pi}{4}-\frac{1}{3}$. **21.** (1) $x=2$ 千台,$L_{max}(2)=5$ 万元;(2) 减少 0.08万元. **22.** (1) $C(y)=\frac{3}{4}y^2-\frac{1}{2}y+70$;(2) 1956.

四、证明题(略)

第6章 线性代数及其应用

同步训练 6.1

1. $2AB-3A=\begin{pmatrix}-3&-1&7\\0&-1&-8\\1&13&-9\end{pmatrix}$,$A^TB=\begin{pmatrix}-1&-1&9\\2&-5&-5\\1&3&1\end{pmatrix}$. **2.** $\begin{cases}x_1=-6z_1+z_2+z_3,\\x_2=12z_1-4z_2+5z_3,\\x_3=-10z_1-z_2+6z_3.\end{cases}$

3. (1) $\begin{pmatrix}17\\-3\\24\end{pmatrix}$;(2) 10;(3) $\begin{pmatrix}3&6&9\\2&4&6\\1&2&3\end{pmatrix}$;(4) $\begin{pmatrix}2&-3\\-3&-7\\8&15\end{pmatrix}$. **4.** 略. **5.** (1) 取 $A=\begin{pmatrix}1&1\\-1&-1\end{pmatrix}\neq O$,而 $A^2=O$;(2) 取 $A=\begin{pmatrix}1&0\\0&0\end{pmatrix}$,有 $A\neq O,A\neq E$,而 $A^2=A$;(3) 取 $A=\begin{pmatrix}1&0\\0&0\end{pmatrix}$,$X=\begin{pmatrix}1&0\\0&0\end{pmatrix}$,$Y=\begin{pmatrix}1&0\\0&1\end{pmatrix}$,有 $X\neq Y$,而 $AX=AY$. **6.** $(AB)^2=\begin{pmatrix}4&4\\0&0\end{pmatrix}$,$A^2B^2=\begin{pmatrix}4&4\\4&4\end{pmatrix}$.

同步训练 6.2

1. (1) $\begin{pmatrix}1&2&-1&1\\0&5&-4&2\\0&0&0&0\end{pmatrix}$,$\begin{pmatrix}1&0&\frac{3}{5}&\frac{1}{5}\\0&1&-\frac{4}{5}&\frac{2}{5}\\0&0&0&0\end{pmatrix}$;(2) $\begin{pmatrix}1&1&1&1&5\\0&-1&-2&-2&-11\\0&0&0&0&0\\0&0&0&0&0\end{pmatrix}$,$\begin{pmatrix}1&0&-1&-1&-6\\0&1&2&2&11\\0&0&0&0&0\\0&0&0&0&0\end{pmatrix}$. **2.** (1) $\begin{pmatrix}x_1\\x_2\\x_3\\x_4\end{pmatrix}=k\begin{pmatrix}-\frac{1}{3}\\-\frac{2}{3}\\-\frac{1}{3}\\1\end{pmatrix}$,其中 k 为任意常数;(2) 无解;

(3) $\begin{pmatrix}x_1\\x_2\\x_3\\x_4\\x_5\end{pmatrix}=\begin{pmatrix}-\frac{1}{2}\\0\\-\frac{1}{2}\\\frac{3}{2}\\0\end{pmatrix}+k_1\begin{pmatrix}-1\\1\\0\\0\\0\end{pmatrix}+k_2\begin{pmatrix}\frac{3}{2}\\0\\\frac{1}{2}\\-1\\1\end{pmatrix}$,其中 k_1,k_2 为任意常数.

同步训练 6.3

1. (1) -48;(2) $(a-b)(b-c)(c-a)$;(3) $-2(x^3+y^3)$. **2.** (1) 10;(2) $\frac{n(n-1)}{2}$;(3) $n(n-1)$. **3.** $-a_{11}a_{23}a_{32}a_{44}$,$a_{11}a_{23}a_{34}a_{42}$. **4.** (1) 40;(2) 160;(3) $-2(n-2)!$. **5.** $\lambda=1$ 或 $\lambda=-2$.

同步训练 6.4

1. (1) $\begin{pmatrix}5 & -2\\ -2 & 1\end{pmatrix}$；(2) $\begin{pmatrix}\frac{1}{2} & -1 & \frac{1}{2}\\ 0 & 1 & -1\\ -\frac{1}{2} & 1 & \frac{1}{2}\end{pmatrix}$. **2.** (1) $\begin{pmatrix}24 & 13\\ -34 & -18\end{pmatrix}$；(2) $\begin{pmatrix}-9 & 8\\ 16 & -16\\ 11 & -12\end{pmatrix}$.

3. $\begin{pmatrix}x_1\\ x_2\\ x_3\end{pmatrix}=\begin{pmatrix}5\\ 0\\ 3\end{pmatrix}$. **4.** $\boldsymbol{A}^{-1}=\frac{1}{2}(\boldsymbol{A}-\boldsymbol{E}),(\boldsymbol{A}+2\boldsymbol{E})^{-1}=\frac{1}{4}(3\boldsymbol{E}-\boldsymbol{A})$. **5.** $\begin{pmatrix}3 & -8 & -6\\ 2 & -9 & -6\\ -2 & 12 & 9\end{pmatrix}$. **6.** 略.

同步训练 6.5

1. 都可能有. **2.** $\begin{pmatrix}1 & 0 & 1 & 0 & 0\\ 1 & -1 & 0 & 0 & 0\\ 0 & 0 & 1 & 0 & 0\\ 0 & 0 & 0 & 1 & 0\\ 0 & 0 & 0 & 0 & 0\end{pmatrix}$. **3.** (1) $R=1$; (2) $R=3$; (3) $R=3$. **4.** $k=-3$.

同步训练 6.6

1. (1) $\boldsymbol{A}=\begin{pmatrix}1 & 2 & 2 & 1\\ 2 & 1 & -2 & -2\\ 1 & -1 & -4 & -3\\ 5 & 4 & -2 & -3\end{pmatrix}$, $\overline{\boldsymbol{A}}=\begin{pmatrix}1 & 2 & 2 & 1 & 0\\ 2 & 1 & -2 & -2 & 0\\ 1 & -1 & -4 & -3 & 0\\ 5 & 4 & -2 & -3 & 0\end{pmatrix}$；(2) $\boldsymbol{A}=\begin{pmatrix}1 & 3 & 1 & 2\\ 3 & 4 & 2 & -3\\ -1 & -5 & 4 & 1\\ 2 & 7 & 1 & -6\end{pmatrix}$,

$\overline{\boldsymbol{A}}=\begin{pmatrix}1 & 3 & 1 & 2 & 4\\ 3 & 4 & 2 & -3 & 6\\ -1 & -5 & 4 & 1 & 11\\ 2 & 7 & 1 & -6 & -5\end{pmatrix}$. **2.** $\begin{cases}x=-1,\\ y=-3,\\ z=3.\end{cases}$ **3.** (1) $\begin{cases}x_1=2x_3+\frac{5}{3}x_4,\\ x_2=-2x_3-\frac{4}{3}x_4;\end{cases}$ (2) $\begin{cases}x_1=3,\\ x_2=-1,\\ x_3=2,\\ x_4=1.\end{cases}$

4. (1) $\begin{pmatrix}x_1\\ x_2\\ x_3\\ x_4\end{pmatrix}=c\begin{pmatrix}6\\ 12\\ 8\\ 13\\ 3\end{pmatrix}$,其中 c 为任意常数；(2) 通解 $\boldsymbol{X}=\begin{pmatrix}3\\ 1\\ -2\\ 0\end{pmatrix}+c\begin{pmatrix}5\\ -2\\ -1\\ 3\end{pmatrix}$,其中 c 为任意常数.

能力训练 A

一、填空题

1. $\begin{pmatrix}2 & 4\\ 6 & 8\end{pmatrix}$. **2.** $-m^4$. **3.** $\begin{pmatrix}1 & 2 & 3\\ 2 & 4 & 6\\ 3 & 6 & 9\end{pmatrix}$. **4.** 0. **5.** -15.

二、选择题

6. C. **7.** B. **8.** B. **9.** B. **10.** D.

三、解答题

11. $i=8,j=3$. **12.** (1) $D=120$；(2) $D=x^n+(-1)^{n+1}y^n$. **13.** $\mu=0$ 或 $\lambda=1$. **14.** $\boldsymbol{A}=\begin{pmatrix}1 & -1 & 2\\ 2 & 1 & 3\\ 4 & k & 1\end{pmatrix}\to\begin{pmatrix}1 & -1 & 2\\ 0 & 3 & -1\\ 0 & 0 & -7+\frac{k+4}{3}\end{pmatrix}$. 当 $-7+\frac{k+4}{3}=0$,即 $k=17$ 时,$R(\boldsymbol{A})=2<3$；当 $-7+\frac{k+4}{3}\neq0$,即 $k\neq17$ 时,$R(\boldsymbol{A})=3$. **15.** $(\boldsymbol{A}-\boldsymbol{E})\boldsymbol{B}=\boldsymbol{A}$, $\boldsymbol{B}=(\boldsymbol{A}-\boldsymbol{E})^{-1}\boldsymbol{A}$, $\boldsymbol{A}-\boldsymbol{E}=\begin{pmatrix}0 & 2 & 1\\ 3 & 3 & 2\\ 1 & 2 & 1\end{pmatrix}$ $(\boldsymbol{A}-\boldsymbol{E})^{-1}=$

$\begin{pmatrix}-1&0&1\\-1&-1&3\\3&2&-6\end{pmatrix}$. **16.** 由已知有 $2\boldsymbol{A}-\boldsymbol{A}^2=\boldsymbol{E}$,故 $\boldsymbol{A}(2\boldsymbol{E}-\boldsymbol{A})=\boldsymbol{E}$,所以 $\boldsymbol{A}$ 可逆,且 $\boldsymbol{A}^{-1}=2\boldsymbol{E}-\boldsymbol{A}$.

17. $\boldsymbol{A}^{-1}=\begin{pmatrix}0&\frac{1}{3}&\frac{1}{3}\\0&\frac{1}{3}&-\frac{2}{3}\\-1&\frac{2}{3}&-\frac{1}{3}\end{pmatrix}$. **18.** 提示:易得 $f(0)=f(1)$,由罗尔定理即可得证. **19.** (1) $\begin{pmatrix}x_1\\x_2\\x_3\\x_4\end{pmatrix}=c_1\begin{pmatrix}3\\7\\2\\0\end{pmatrix}+c_2\begin{pmatrix}-1\\-2\\0\\1\end{pmatrix}$,其中 c_1,c_2 为任意常数;(2) $\begin{pmatrix}x_1\\x_2\\x_3\\x_4\\x_5\end{pmatrix}=c_1\begin{pmatrix}1\\-2\\1\\0\\0\end{pmatrix}+c_2\begin{pmatrix}1\\-2\\0\\1\\0\end{pmatrix}+c_3\begin{pmatrix}5\\-6\\0\\0\\1\end{pmatrix}$,其中 c_1,c_2,c_3 为任意常数. **20.** (1) $\begin{pmatrix}x_1\\x_2\\x_3\\x_4\end{pmatrix}=\begin{pmatrix}1\\0\\-1\\0\end{pmatrix}+c\begin{pmatrix}-1\\-1\\1\\1\end{pmatrix}$,其中 c 为任意常数;(2) $\begin{pmatrix}x_1\\x_2\\x_3\\x_4\\x_5\end{pmatrix}=\begin{pmatrix}2\\-1\\3\\0\\0\end{pmatrix}+c_1\begin{pmatrix}27\\4\\41\\1\\0\end{pmatrix}+c_2\begin{pmatrix}22\\4\\33\\0\\1\end{pmatrix}$,其中 c_1,c_2 为任意常数.

能力训练 B

一、填空题

1. $\begin{pmatrix}0&-6&-6\\0&3&3\\0&-9&-9\end{pmatrix}$. **2.** $\sum\limits_{i,j=1}^{3}a_{ij}x_ix_j$. **3.** $R(\boldsymbol{A})=n$. **4.** 2,2. **5.** -1.

二、选择题

6. B. **7.** D. **8.** A. **9.** B. **10.** A.

三、解答题

11. $\begin{pmatrix}3&6\\-4&1\\3&-2\end{pmatrix}$. **12.** $\boldsymbol{A}^{-1}=\frac{1}{4}(\boldsymbol{A}+2\boldsymbol{E})$,$(\boldsymbol{A}+3\boldsymbol{E})^{-1}=\boldsymbol{A}-\boldsymbol{E}$. **13.** $x_1=-2,x_2=0,x_3=1,x_4=-1$.

14. 当 $\lambda=0,1$ 时,方程组有非零解.当 $\lambda=0$ 时,通解为 $\boldsymbol{X}=k_1\begin{pmatrix}-1\\1\\1\end{pmatrix}$,$k_1$ 为任意常数.当 $\lambda=1$ 时,通解为 $\boldsymbol{X}=k_2\begin{pmatrix}-1\\2\\1\end{pmatrix}$,$k_2$ 为任意常数. **15.** 当 $\lambda\neq1,\lambda\neq10$ 时,方程组有唯一解.当 $\lambda=10$ 时,无解.当 $\lambda=1$ 时,有无穷多个解.通解为 $\boldsymbol{X}=\begin{pmatrix}1\\0\\0\end{pmatrix}+k_1\begin{pmatrix}-2\\1\\0\end{pmatrix}+k_2\begin{pmatrix}2\\0\\1\end{pmatrix}$,$k_1,k_2$ 为任意常数. **16.** 当 $\lambda=17$ 且 $\mu\neq2$ 时,方程组无解;当 $\lambda\neq17$时,方程组有唯一解;当 $\lambda=17$ 且 $\mu=2$ 时,方程组有无穷多个解,方程组的通解为 $\begin{pmatrix}x_1\\x_2\\x_3\end{pmatrix}=\begin{pmatrix}2\\2\\0\end{pmatrix}+$

$c\begin{pmatrix}-5\\1\\1\end{pmatrix}$,其中 c 为任意常数.

四、证明题

17. 通解为 $\begin{pmatrix}x_1\\x_2\\x_3\\x_4\\x_5\end{pmatrix}=\begin{pmatrix}a_1+a_2+a_3+a_4\\a_2+a_3+a_4\\a_3+a_4\\a_4\\0\end{pmatrix}+c\begin{pmatrix}1\\1\\1\\1\\1\end{pmatrix}$,$c$ 为任意常数.

第7章 概率初步

同步训练 7.1

1. A,B. **2.** (1) 三次都取到合格品:$A_1A_2A_3$;(2) 至少有一次取到合格品:$A_1+A_2+A_3$;(3) 三次中最多有一次取到合格品:$\overline{A_1}\,\overline{A_2}+\overline{A_1}\,\overline{A_3}+\overline{A_2}\,\overline{A_3}$;(4) 三次中恰有两次取到合格品:$A_1A_2\overline{A_3}+A_1\overline{A_2}A_3+\overline{A_1}A_2A_3$. **3.** (1) $\overline{A}$表示:甲未击中目标,$\overline{B}$表示:乙未击中目标;(2) AB 表示:甲和乙都击中了目标;(3) $A+B$表示:甲和乙至少有一人击中了目标;(4) $A\overline{B}$或 $A-B$ 表示:甲击中了目标而乙未击中目标;(5) $\overline{A}B$ 或 $B-A$ 表示:甲未击中目标而乙击中了目标;(6) $\overline{A}\,\overline{B}$表示:甲和乙都未击中目标;(7) $A\overline{B}+\overline{A}B$ 表示:甲和乙中仅有一人击中了目标或甲和乙中恰有一人击中了目标. **4.** $\frac{5}{36}$. **5.** (1) $\frac{1}{3}$;(2) $\frac{8}{15}$;(3) $\frac{2}{3}$. **6.** (1) $\frac{2}{5}$;(2) $\frac{7}{15}$;(3) $\frac{14}{15}$. **7.** 0.94,0.06.

8. $\frac{5}{9}$. 提示:$|x-y|\leqslant 20$,如右图所示.

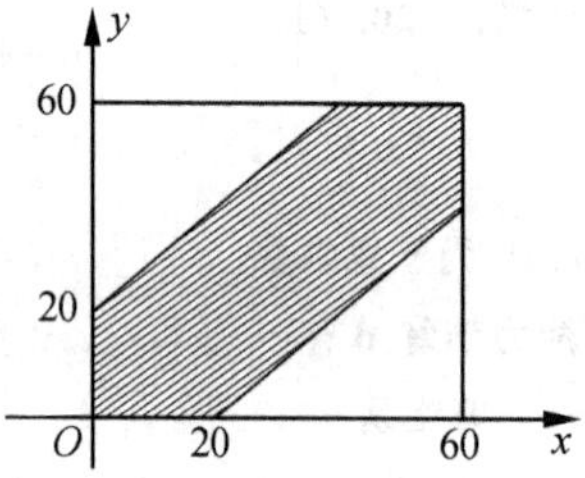

第8题图

同步训练 7.2

1. (1) 0.6;(2) 0.1;(3) 0.07;(4) 0.7. **2.** $\frac{1}{3}$. **3.** 43.2%. **4.** (1) 0.82;(2) 0.991.

5. $\frac{2}{2695}$. **6.** 提示:若事件 A 与 B 独立,则 $P(AB)=P(A)P(B)\neq 0$,故有 $AB\neq\varnothing$,即事件 A 与 B 相容;若事件 A 与 B 互斥,则 $P(AB)=P(\varnothing)=0$,而 $P(A)\neq 0$,$P(B)\neq 0$,故有 $P(AB)\neq P(A)P(B)$,即事件 A 与 B 不独立. **7.** 0.924. **8.** (1) $\frac{3}{20}$;(2) 他乘火车来的可能性最大.

同步训练 7.3

1.

X	0	1	2	3	4
P	$\frac{1}{2}$	$\frac{1}{4}$	$\frac{1}{8}$	$\frac{1}{16}$	$\frac{1}{16}$

. **2.** (1) $\frac{144}{343}$;(2) $\frac{18}{35}$. **3.** 提示:(1) 因为 $0<p<1$,$q=1-p$,所以 $0<q<1$. 于是 $P(X=k)=C_n^kp^kq^{n-k}>0$ $(k=0,1,2,\cdots,n)$;(2) $\sum\limits_{k=0}^{n}P(X=k)=\sum\limits_{k=0}^{n}C_n^kp^kq^{n-k}=(p+q)^n=1$. **4.** 提示:$(n+1)p=(5+1)\times 0.3=1.8$,而 k_0 为区间[0.8,1.8]上的整数,因此 $k_0=1$. **5.** 0.199. **6.** (1) 0.3712;(2) $n\geqslant 9$. 即在上月没有库存的情况下,该商场需进 9 台摄像机才能保证当月不脱销的概率大于 0.99. **7.** $\frac{232}{243}$. **8.** e^{-2}. **9.** (1) 0.6826;(2) 0.9544;(3) 0.9973. 由此看出:X 的取值几乎全部落在区间$(\mu-3\sigma,\mu+3\sigma)$内,落在以 μ 为中心、3σ 为半径的区间外的概率不到 0.003. 此即为实用中的三倍标准差规则,也称 3σ 规则. **10.** (1) 0.3372,0.5934;(2) x 的最小值为 129.8.

同步训练 7.4

1. $E(X)=-0.3, E(Y_1)=0.4, E(Y_2)=0.9$. **2.** 提示：由于 X 的分布列为 $P(X=k)=p(1-p)^{k-1}$，$k=1,2,\cdots,n$，于是，令 $q=1-p$，则 $E(X)=\sum_{k=0}^{n}x_k p_k=\sum_{k=0}^{n}kpq^{k-1}=p\sum_{k=0}^{n}kq^{k-1}=p\sum_{k=0}^{n}(q^k)'=p\cdot\left(\frac{q}{1-q}\right)'=p\cdot\frac{1}{(1-q)^2}=\frac{1}{p}$. **3.** $\frac{1}{3}ka^2$. **4.** $\frac{4}{5}$. **5.** 提示：$E(X)=\int_{-\infty}^{+\infty}xf(x)\mathrm{d}x=\int_{0}^{+\infty}x\lambda\mathrm{e}^{-\lambda x}\mathrm{d}x=-\frac{1}{\lambda}\int_{0}^{+\infty}\mathrm{e}^{-\lambda x}\mathrm{d}(-\lambda x)=-\frac{1}{\lambda}\mathrm{e}^{-\lambda x}\Big|_{0}^{+\infty}=\frac{1}{\lambda}$. **6.** $D(X)=1.21, D(Y)=0.49$，故乙比甲的技术好. **7.** $D(X)=E\{[X-E(X)]^2\}=E\{X^2-2X\cdot E(X)+[E(X)]^2\}=E(X^2)-2E(X)\cdot E(X)+[E(X)]^2=E(X^2)-[E(X)]^2$.

能力训练 A

一、选择题

1. B. **2.** C. **3.** B. **4.** D. **5.** B. **6.** A. **7.** A. **8.** B. **9.** B. **10.** A. **11.** A. **12.** B.

二、计算题

13. (1) 0.8429；(2) 0.3636. **14.** 0.97. **15.** 0.25，0.583，0.75. **16.** 0.95. **17.** (1) 0.56；(2) 0.94；(3) 0.38. **18.** 0.225；0.999796. **19.** 0.1678. **20.** 0.973. **21.** (1) 3.45%；(2) 0.3623，0.4058，0.2319. **22.** (1) 0.38；(2) 0.3947. **23.**

X	0	1	2
P	$\frac{1}{4}$	$\frac{1}{2}$	$\frac{1}{4}$

. **24.**

X	0	1
P	$\frac{1}{3}$	$\frac{2}{3}$

.

25. (1) 0.0729；(2) 0.4095. **26.** (1) 0.04979；(2) 0.44808. **27.** 8. **28.** (1) 0.4；(2) 0.5. **29.** 0.8413；0.7745；0.0668. **30.** (1) 0.5328，0.3023，0.6977，0.5；(2) 0.5. **31.** 0.9544. **32.** -0.2；-1.4；2.8；2.76. **33.** 1；1. **34.** 0. **35.** 0；$\frac{2\sqrt{2}}{\pi}$. **36.** 9.

能力训练 B

一、选择题

1. B. **2.** C. **3.** A. **4.** B. **5.** C. **6.** B. **7.** B. **8.** B. **9.** D. **10.** D.

二、计算题

11. 0.95. **12.** (1) 0.36；(2) 0.3. **13.** (1) 0.612；(2) 0.997. **14.** 0.512；0.992. **15.** 0.0512；0.9933. **16.** 0.09693. **17.** 0.458. **18.** $\frac{8}{33}$. **19.** (1) $\frac{7}{120}$；(2) $\frac{119}{120}$. **20.** $\frac{1}{10}$. **21.** (1) 0.27；(2) 0.15. **22.** 0.9. **23.** $\frac{1}{2}$；$\mathrm{e}^{-\lambda}$. **24.**

X	$-\sqrt{3}$	$-\frac{1}{2}$	0	π
P	$\frac{1}{4}$	$\frac{1}{4}$	$\frac{1}{4}$	$\frac{1}{4}$

；$\frac{1}{2}$；$\frac{3}{4}$；1. **25.** 0.1272.

26. (1) 0.224；(2) 0.576；(3) 0.95. **27.** (1) $P(X=k)=C_5^k\cdot 0.2^k\cdot 0.8^{5-k}(k=0,1,2,3,3,4,5)$；(2) 0.0579. **28.** (1) 44；(2) 4 或 5. **29.** (1) 0.19537；(2) 0.43347. **30.** (1) $\frac{1}{2}$；(2) $\frac{\sqrt{2}}{4}$. **31.** 0.0272. **32.** $\frac{8}{27}$. **33.** 车门的高度最少应为 183.98cm. **34.** (1) 6.68%；(2) 15.9%. **35.** $\frac{5}{8}$；$\frac{7}{8}$；$\frac{53}{8}$；$\frac{2}{8}$. **36.** 0；2；1；2. **37.** $\frac{2}{3}$；$\frac{1}{2}$；$\frac{1}{18}$；$\frac{8}{9}$. **38.** (1) $\frac{2}{5}$，$\frac{6}{5}$；(2) 0.27.

第 8 章　数学实验

同步训练 8.1

1. 0.02551180；37.783434；0.0006274；1377.408291. **2.** 1.922984. **3.** 略. **4.** 略.

同步训练 8.2

1. 0.25. **2.** $\dfrac{6\ln(x)-5}{x^4}$. **3.** $\dfrac{t^2\ln(t)}{2}-\dfrac{t^2}{4}-C$. **4.** π.

同步训练 8.3

1. 12. **2.** $\begin{pmatrix}1&2&3\\2&3&4\\3&4&1\\4&1&2\end{pmatrix}$. **3.** $\begin{pmatrix}\frac{3}{12}&\frac{1}{6}&-\frac{1}{12}\\-\frac{5}{6}&\frac{2}{3}&\frac{1}{6}\\-\frac{7}{12}&\frac{1}{6}&-\frac{1}{12}\end{pmatrix}$.

同步训练 8.4

1. 10. **2.** 20. **3.** 9.332622×10^{157}. **4.** 144.1875,12.00781.

主要参考文献

1. 赵树嫄.经济应用数学基础(一):微积分[M].北京:中国人民大学出版社,2007.
2. 宣立新.高等数学(上册)[M].北京:高等教育出版社,2001.
3. 骆汝九,曹玉平,邓友祥.高等数学[M].苏州:苏州大学出版社,2006.
4. 同济大学函授数学教研室.高等数学[M].上海:同济大学出版社,2005.
5. 华东师范大学数学系.数学分析(第三版)[M].北京:高等教育出版社,2001.
6. 侯风波.应用数学(经济类)[M].北京:科学出版社,2007.
7. 姚孟臣.大学文科高等数学(第2版)[M].北京:高等教育出版社,2007.
8. 王志龙,石国春.经济数学[M].北京:中国轻工业出版社,2008.
9. 曾文斗.经济数学[M].北京:高等教育出版社,2005.
10. 姬天富,骆汝九.线性代数[M].合肥:中国科学技术大学出版社,2006.
11. 曹玉平,骆汝九.概率论与数理统计[M].合肥:中国科技大学出版社,2006.
12. 刘洪宇.经济数学[M].北京:中国人民大学出版社,2012.
13. 冯翠莲.经济应用数学[M].北京:高等教育出版社,2014.
14. 陈笑缘. 经济数学[M].北京:高等教育出版社,2014.
15. 顾静相.经济数学基础[M].北京:高等教育出版社,2014.